鲁迅·周作人·胡适浅论

张菊香 著

南开大学出版社
天　津

图书在版编目(CIP)数据

鲁迅·周作人·胡适浅论/张菊香著.—天津：南开大学出版社，2015.9
ISBN 978-7-310-04932-5

Ⅰ.①鲁… Ⅱ.①张… Ⅲ.①鲁迅(1881～1936)—人物研究②周作人(1885～1967)—人物研究③胡适(1891～1962)—人物研究 Ⅳ.①K825.6②K825.4

中国版本图书馆 CIP 数据核字(2015)第 212859 号

版权所有　侵权必究

南开大学出版社出版发行
出版人：孙克强
地址：天津市南开区卫津路94号　邮政编码：300071
营销部电话：(022)23508339　23500755
营销部传真：(022)23508542　邮购部电话：(022)23502200
*
天津泰宇印务有限公司印刷
全国各地新华书店经销
*
2015年9月第1版　2015年9月第1次印刷
230×155毫米　16开本　21.125印张　2插页　314千字
定价：45.00元

如遇图书印装质量问题，请与本社营销部联系调换，电话：(022)23507125

目 录

李何林《周作人年谱　序》..1
张中行《周作人年谱》（增订版）序..1
1. 雕塑人的灵魂的伟大艺术..1
2. 鲁迅杂文的艺术风格...17
3. 浅探鲁迅杂文对中国古典散文传统的继承...................................32
4. 鲁迅杂文美学特征断想...45
5. 鲁迅三十年代杂文的艺术成就...55
6. 鲁迅研究上的别一洞天——喜读《籍海探珍》...............................61
7. 周作人出任伪职的前前后后...65
8. 从封建阶级的叛逆士到帝国主义的附庸——漫评周作人
    的道路...86
9. 近年来周作人研究综述..103
10. 周作人传略...116
11. 周作人传...123
12. 周作人的散文艺术...141
13. 周作人附逆原因浅探...156
14. 忧患寂寞的童年生活——周作人的童年少年时期...........................159
15. 南京时期的勤奋苦读——周作人的青年时代...............................170
16. 怡怡兄弟　成为参商——周作人与鲁迅之间的兄弟分裂.....................181
17. 三年的囚牢生活——周作人在老虎桥监狱.................................189
18. 周作人在上海迎接解放...199
19. "双百方针"照耀下的周作人...208
20. 周作人的最后日子——周作人在文化大革命前后...........................218
21. 红楼奠基的深情——周作人和李大钊.....................................229
22. 从携手到分裂——周作人与陈独秀之间的交往.............................235

23. 周作人的一篇佚文..................................241
24. 《周作人年谱》后记（一）........................246
24. 《周作人年谱》后记（二）........................248
25. "周氏兄弟"与中西文化............................252
26. 鲁迅、周作人文化心态异同论......................269
27. 鲁迅周作人早期作品署名互用问题考订..............286
28. 概论胡适..297
29. 胡适与周作人二三事..............................317
后　记..322

代　序

《周作人年谱》序

李何林

应南开大学出版社之约，我阅读了张菊香同志主编的《周作人年谱》。这是搜集相当完备的有关周作人一生的生活和著作的编年记录，是中国第一部《周作人年谱》，记载了周作人一生的生活状况及其背景，有他的社会政治思想及活动、文学艺术思想及活动，以及他一生的著作和文章。对于他的著作和文章，凡稍有意义者都作了"提要""题解"或"摘录"，供读者参考、研究。这个工作，编者是花了不少力气的。

周作人在中国现代文学史上是一个比较复杂而且有过好的和坏的影响的作家。"五四"时代（1918～1921）是他的黄金时代，当时他以一个反封建的战士形象出现于文坛，可以说与鲁迅并驾齐驱，被誉为"周氏兄弟"闻名于世。到20世纪20年代中期，周作人有时还发表一些有反帝反封建内容的文章，但在思想感情上已经逐渐显露出赶不上进步思想界的形势了。到20世纪20年代后期，随着马克思列宁主义的社会科学和文学艺术思想的输入、无产阶级革命文学的提倡和讨论，周作人原有的那一点点软弱的"五四"时代资产阶级民主主义思想和"为人生而艺术"的思想，是远远落在进步思想界的后面了，被抛在马列主义思想潮流的沙滩上。

到30世纪30年代，他就越向下坡路滑去；"七七"抗战后更是越滑越远，终于做了汉奸。由此，周作人终于做了汉奸的主要原因，是他一生思想的逐渐蜕化变质导致，他的日本妻子和环境的逼迫是次要的。这一切都可以从《周作人年谱》中找到答案：他一生所写文章内容和社会政治活动实践向我们提供了答案。

其实，作为他"黄金时代"的思想也不如鲁迅思想进步：姑不论除了1918年鲁迅在《狂人日记》中明确指出中国几千年的历史是"吃人"的历史，这种思想他没有以外，即使在对待文艺和人生社会的关系问题上，他也远远不如鲁迅。鲁迅强调文学要"为人生"而且要"改良这人生"，周作人怎么说的呢？他说：

> "为艺术的艺术"将艺术与人生分离，并且将人生附属于艺术，……固然不很妥当……"为人生的艺术"以艺术附属于人生，将艺术当作改造生活的工具而非终极，也何尝不把艺术分离呢？……总之，艺术是独立的，却又原来是人性的，所以既不必使它隔离人生，又不必使它服侍人生，只任它成为浑然的人生的艺术便好了。(《自己的园地》)

他说的很明白：被称为"文学研究会""为人生派"的代表思想家的周作人，他是既反对"为艺术而艺术"，也反对"为人生而艺术"，因为这两者都是"把艺术分离"。艺术是"独立的"，有它的"终极"目的，这"终极"目的不言而喻是艺术本身之美。这就和当时创造社诸公的"为艺术而艺术"，说艺术的目的只在表现它本身的美，没有什么区别了。鲁迅则斩钉截铁坚定地说：文艺应该"为人生"，而且要"改良这人生"，并且付诸于一生的创作实践。

从"五四"时代到1949年全国解放这将近30年的中国现代文学史，其主流是无产阶级思想领导的、反帝反封建反买办官僚资产阶级及其帮凶的新民主主义革命的文学。但也有在无产阶级思想领导和影响之外，被资产阶级和小资产阶级思想领导和影响的文学，它们在一定时期或一定程度上也反封建反帝，但往往反得不彻底，或者昙花一现。这是中国现代文学的支流。还有一些文人，在买办资产阶级思想、19世纪末没落的资产阶级逃避现实的现代派文艺思想、法西斯民族主义思想和中国封建主义遗毒等等的影响下，他们反苏反共，宣传法西斯民族主义和封建主义遗毒，粉饰或歌颂帝国主义，模仿逃避现实和反现实主义的现代派，写象征派的朦胧诗，提倡唯美主义，描写色情肉感等等，这是中国现代文学的"逆流"。周作人一生主要的还是属于支流，但"七七"抗战以后他就逐步地走向逆流中去了。

中国现代文学史是在各种思想不断斗争中发展的，主流内部也有斗争。主流、支流和逆流，都曾用他们的文艺理论和批评以及他们的创作，进行过斗争，周作人也不例外。他不止一次地反对"左翼"文艺和马克思主义文艺思想，这就是斗争。对于周作人这样一个复杂而又有过好坏两面影响的作家，他一生走过的文学道路，具体情况是怎样的呢？《周作人年谱》现在提供了虽然不能说是十分完备，但能够查到的东西都查到了的一份资料：我翻阅了一遍这部《年谱》原稿后，真是大开眼界；它所介绍的周作人的千篇上下（未准确统计）作品，竟有十分之九是我未见过的；因而通过《年谱》我才对周作人有了个比较全面的了解，对于一般读者也会是这样的吧？至于用《年谱》作为线索进一步进行"周作人研究"，也会省去许多力量吧？因此特为介绍，写了这篇序。

1985 年 3 月于北京序

《周作人年谱》(增订版)序

张中行

记得是1998年2月中旬,我收到南开大学张菊香女士一封信,说她和张铁荣先生合编的《周作人年谱》(1985年南开大学出版社出版)一书正在增订,不久之后可以完工,希望我为增订本写一篇序。这本年谱我看过,印象好,甚至有钦敬之感,原因是:一,材料丰富,可见是费了大力;二,传主是毁多于誉的人物,写他就难免沾染一些毁,未计较。初版本有李何林先生序,说了编年谱的必要性和优点,再写,像是也增加不了什么新意,当然,我也不能不想到由毁而来的难,所以未再思就先感谢而后谢绝。以为这件事就算了结,没想到不久又接到张女士信,说距最初编时已经十几年,外,境和风不尽同,而且有关的材料增加不少;内,想法也应该不尽同,所以还是无妨说说,总之是还希望我写。这之后,总不少于半年吧,他们曾亲自来,谈增订的情况,并送来一部分增订稿,以便我能够更清楚地了解增订后的面貌。形势是不拿笔不行了,决定再一次知难而进。编者希望畅所欲言,畅,就容易触及多方面,为了思路略有个条理,想大致谈四个方面:一,泛说编年谱;二,传主的人和文;三,关于弟兄对比;四,增订后的年谱。以下依次谈。

一

为周作人编年谱,推想会引来非议,我问过张女士,她说是这样。我是认为人各有所见,至少是人各有所重,别人重视编年谱,自己没有兴致看可以不看,背后说三道四就可以不必。此意还可以由积极方面说。我有时想,为了减少"逝者如斯夫",如果可以抛开经济的原则

（费纸，读者少）不计，年谱也是多多益善。比如街头的赵老汉、巷尾的钱大妈，百年之后，有人为之编了年谱，至少是与之有关的后辈，必愿意看看。乏成就可述吗？没有成就，不惊天动地，也是一种人生，在上帝眼里，价值应该是一样的。此外是经历不平凡，对社会有小影响或大影响的，影响可以好，可以坏，可以香，可以臭，好，香，不用说，坏而臭呢？为了引为旧语的前车之鉴，新语的反面教员，也就宜于编入年谱。周作人是个经历不平凡、对社会有影响而且评价比较难的人物，说他臭也罢，香也罢，某时期臭、某时期香也罢，某方面臭、某方面香也罢，臭而兼有些香也罢，至少是为了辨别香臭，与他的作品相比，详述经历的年谱也许是更需要的吧？

二

难于评价，是因为说他多有可取，有同情汉奸之嫌；说他一文不值，而上千万字的著译俱在。我在家也守妄语之戒（为活命而随着看小红书、喊万岁例外），中学阶段读新出版的文学作品，最推重周氏弟兄的，以为受益最大（包括有什么情意能够勉强说明白），古人一饭之恩终身不忘，所以一直视他们二位为老师。大学时期出入红楼，其时鲁迅先生已不在北京，直到20世纪60年代前期，与长寿的周作人断断续续有些来往。这就加深了谈他之难，因为除适才提到的困难之外，如果因观风而说得偏轻偏重，心里还会感到不安。上策是不说，更不写。想不到会遇见另一方面的困难。是20世纪80年代初写《负暄琐话》，其中多触及我亲历的红楼内外的旧人旧事，完稿，交老友吕冀平看，他发现没有胡适和周作人，知道是畏难，就说难也要写，我不得已，补了《胡博士》和《苦雨斋一二》。称为"一二"，是不想多说；但也不愿意违心，所以开头说他一反吕端之为人，大事糊涂，小事不糊涂。又过些年，受改革开放之风的影响，像是口和笔也可以更加开放，我应人之约，先后写了《再谈苦雨斋》（收入《负暄续话》）和钟叔河编的《周作人文选》序。写这两篇，用了钟叔河的"人归人，文归文"的原则，就是说，承认既有优又有劣，或较具体说，人，某一时期下滑，学问文章还是值得重视的，至少是不应该视而不见的。

《再谈苦雨斋》一篇是补充《苦雨斋一二》那一篇的，就是彼时心里有而没写出来的，由交往的琐事到行藏的大节，到学问、文章的评价，都写了，所以长到超过万言书。已经说过的不想再说；但想了想，关于为人，像是还可以补充说一些。总的是他（也许可以扩大为一切人）身上具有神鬼二气，神显鬼隐。隐的，至少是有时，力量未必小。我在中学阶段，以及20世纪30年代前期出入红楼时期，主要是读他的作品，所见都是神的一面，典雅，温厚，淡泊，清高，学识、文章都是最上乘的。这种印象，不只我们年轻一代如此，老一辈，如马幼渔、钱玄同、刘半农、胡适，直到蔡元培、陈独秀等等，也是这样看。不幸是生不逢时，来了日本侵略者。古语云，岁寒，然后知松柏之后凋，他未能如松柏，只是霜降，就枯萎了。这情况使很多人初则大惊，继则大愤，可见他的神的一面在别人的心里植根是如何深。看看、想想别人的心境，他的枯萎就更加可惜。我出于"吾爱吾师"，在风传有附敌意之时，曾写信表示要珍惜清名。我人微言轻，奇怪的是许多旧知交，文化界的大名人，始则劝，继则声讨，他像是也听而不闻。时间不留情，几年之后就换来，先是南京老虎桥的监狱生活，后是蜷缩于八道湾旧居的后院，门外可设雀罗，外加虽无形却重如泰山的耻辱。他应该悔恨，推想也不能不悔恨，可是他不说，笔下也没有承认过。我推测，这是他的学业和文章的包袱太重，多少年曾凝聚为"知堂"或"智堂"的帽子，还缺少用自己的手摘掉的勇气。

应该承认，他的所知确是不少。语言，通中、日、英、希腊，还有世界语。读得多，写得多，专就勤说，罕见。可惜是还有失误的一面。最大的失误当然是附敌，做伪官。看《年谱》中所记，那时期，在敌伪官场上周旋，作肉麻相，说肉麻话，间或写肉麻文，想到一个曾写《谈龙集》《谈虎集》，我推重其学识、文章之人竟至这样，心里很不好过。也有些疑惑，比如就在那个时期，他还勤于读，勤于写，写他往昔惯于写的，对于其时的多种肉麻，他是怎么想的呢？在这方面，他也未能修辞立其诚，至少由推重勇于改过的人看，这就使他的失误显得更加严重。另一个严重失误是1923年7月的与鲁迅先生失和。这件事的内情，知者（张凤举、徐祖正等）不言，言者（许多外界人）不知。传闻是他的夫人羽太信子背后说了什么不满鲁迅先生的话，究竟说了什么，他们夫妇不说，别人也不好问。假定是有关礼仪的，我一直认为，失误还是在周作人一面。妥善的处理办法应该是：背后之言偏于饮食，用刘伶之说"妇人之言，慎不可听"；偏于男女，用蔼理斯之说，情动于中乃人之常情，可不计较。可是他听了夫人的话，与提携关照他几十年、有至高成就的胞兄翻了脸。这件事制造了一个时代的黑影，蒙在许多知交以及很多文化界人士的心上。也应该蒙在他的心上，尤其是鲁迅上世纪30年代逝世、50年代他写《鲁迅的故家》等书的时候，他应该明白表示，他一时冲动，对不起鲁迅，可是他仍是不说。还有一件性质相类的小事，是上世纪40年代前期为点什么事与弟子沈启无翻了脸，用明信片的形式发"破门声明"，内情如何且不管，我总觉得近于范雎的"睚眦之怨必报"，与他曾有的典雅、温厚面貌不能调和，总之也应该算作失误。此外还有个不怎么明显的，难于定名，生活之道？生活习惯？不好说；更难于定性，好？不好？也不好说，只说现象，是维持个有书、有笔墨、有茶的"寒斋"，安坐于其中，读，写。说寒斋，也是文人的门面话，其实就是冬日，屋里仍是温暖安适的，据说，他不能耐寒，总是深秋略有寒意就生火。这是小节，但会有大影响，如30年代晚期，很多人劝他南下，他不动，舍不得书斋的安适平静也许是一个不小的原因吧？若然，这留恋安适，怕苦，总当算作他生活习惯或性格上一个大缺点，甚至称为致命伤也不为过。

　　以上谈人，话说了不少，是因为有些情况，我们年岁大的熟悉，年轻一代未必知道。谈文就可以不这样繁琐。不是因为有定评，是因为一，我已经谈过，没有新意；二，他的著作，近年也印了不少，味甜味苦，最好由读者自己品尝。可是有人认为，既是错误的多事，也就不值得品尝，因为人已臭，文就不会有什么价值。这是不承认可以"人归人，文归文"。我不同意，至少是不采取这种一扫光式的处理办法。单说人归人，假定生年可以满百，周作人的生活和著作还有前半生（事实是多于50岁），也一扫而光吗？实事求是，解放以后的十几年，著不少，译更多，甚至敌伪时期，在书斋内所写自以为可以编入文集的，也不当笼而统之评为毫无价值。我们应该承认人各有见，承认可以坚持自己的所见，但同时要尊重旁人的所见。这旁人，就写五十自寿诗的时候说，包括蔡元培在内，可以扩大到全国绝大多数文化人，对于周的学识和文章，都是既欣赏又钦佩的。我认为这样的评价不错，直到人跌了跤，专就学识和文章说，仍不错。学识，一半来于多读，一半来于多思，然后一以贯之。关于读书多而杂，就我的所见所闻说，在红楼的范围之内，他是第一位。关于由学而培养的见识，多方面，大到人生、社会，小到花木虫鱼，我们可以不同意，但要承认，他能言之成理，没有冬烘气。文章呢，就算作先入为主吧，我的感觉还是中学时期的，绍兴周氏弟兄，一位长枪大戟，或刚劲；一位细雨和风，或冲淡，至少就韵味说，没有人能赶上。现在呢，也许真就"后来居上"了，据说年轻人中，已经有看不起鲁迅的，周作人当然更不在话下。我是保守派，或如有的人所评，落后，还要加上目力不济，所读少，但胆量未缩，也就敢放肆一次说，包括看不起那二位的诸君在内，笔下的造诣离绍兴周氏弟兄的境界还相当远。单说周作人，我的想法是，人，某一时期可以唾弃，至于学识和文章，是不宜于一揽子计划扔到垃圾堆上的。

三

近些年来，著文谈鲁迅的不少，谈周作人的也有一些，也许因为一母所生，又同在南京、同往东京、同住北京，在文学界都有高名吧，谈兄，就常常触及弟，反之也一样。同时触及两位，就难免比较、评价。附敌，任伪官，鲁迅没有，这方面黑白分明，用不着费话。比，大多是比上世纪二三十年代，兄在上海写"惯于长夜过春时"，弟在北京写"前世出家今在家"。结论是兄有救世的抱负，而且知后即继以行，可敬；弟则没落，安于在寒斋吃苦茶，可耻。如此评断，像是是非分明，其中不再有问题。我有时想到这方面，觉得情况并不如此简单。对世事积极，或说热，不积极，或说冷，是立身处世方面的分歧。弟兄在这方面确是有分歧。分歧，既来于性格的不同，又来于学识方面的所见不同。当然都自以为是。据我所知，对于兄的由热而信，弟的由冷而疑，或说，兄的由信而热，弟的由疑而冷，双方都不以对方为然，并有争论，只是未过于表面化。两种态度，不能都对，从世风，定了案，说兄是而弟非，我不想表示什么意见，因为内涵过于复杂，越深入想越感到拿不准。比如说，也可以设想，时间拉长，兄更高寿，入上世纪50年代，不能写"自由谈"式的杂感，他还那样热吗？时间再拉长，上世纪八九十年代，苏联解体，许多秘密档案公开，他还费力印《引玉集》吗？这情况表示，在冷热方面对比两弟兄，是热而非冷，受推举的兄是未必永远点头的。

四

弟兄对比会有困难，更足以显示周作人是个很复杂的人物，为了有些人想了解他，为他编年谱就颇有意义。据《年谱》1985年第1版编者"后记"，编者是接受编写《中国现代文学史资料汇编》的一种《周作人研究资料》而编成年谱的。编年谱是费力的事，尤其周作人这样的人，经历复杂而且长寿。费力则难。难之一是搜集材料，各处找，有时还要到大海里去捞针。难之二是选择，要取重舍轻。难之三是编排，要条理清楚，以求便于查考。1985年本我大致看了一遍，觉得以上几个难题都处理得很好，这证明编者有才有学之外，还有敬业精神。也就因为有敬业精神，他们不满足于过去的成绩，又费大力，增补了许多新材料，总数超过二十万字。这增订本原稿，我看了一部分，看时有个感觉，是不只能看到周作人的清晰影像，比如出入红楼时期，还能看到不少其时文化界高层人士的活动情况。此外还有个优点，也值得说说，是让材料说话，编者不在旁边添油加醋，这就使读者多有自己思考的余地。优点很多，对比之下，我的序文就很差，字数不少，大多是自己一时的胡乱想法，闭门在屋里说说可以，放在书前，附骥尾以传，纵使编者原谅，我是不能不抱愧的。

1998年11月18日病中

今将李何林先生写的《周作人年谱·序》（南开大学出版社1985年出版）和张中行先生为这部年谱的增订本写的序文（天津人民出版社2000年出版）重刊与此，作为本书的代序。

之所以以这两篇序文为本书的代序,是因为我对这两位师长的怀念和敬重。

回想起来,我是在何林先生的指引下走上现代文学的教学和研究道路的。上世纪50年代中期,我怀着懵懵懂懂的对文学的爱好,由工作岗位考入南开大学中文系,当时中文系系主任即李何林先生。何林先生以其在文学理论、现代文学和鲁迅研究上的卓著成就,以其直言敢谏、刚正不阿、光明磊落的性格和对师生们的关怀爱护,不仅在中文系受到广泛的爱戴与敬重,而且在全南开大学乃至学术界和社会上都有着良好的口碑。对于这样一位系主任,我自然是崇拜敬重有加。

大学毕业后我很意外地被保送到何林先生的门下,当了他的研究生,从而有机会更多聆听他的教导。研究生毕业后,又被留在何林先生所在的现代文学研究室工作,直到1997年何林先生被调至北京鲁迅研究室工作。此后,因工作上的联系,也从未间断过向何林先生的请教。

几十年来,何林先生以他的身教言传,对我在人生态度、治学精神上的泽被与影响,实难细数。所以当我回望此生,如果说,我在灵魂上有了些许净化、现代文学的教学和研究领域里做出过一些小小的成绩,第一感念的,当是我的恩师李何林先生。

几十年来,我难忘何林先生在校系大大小小的会议上那声音洪亮、观点鲜明的讲话;难忘在课堂上先生那言简意赅、深刻而透辟的讲课;难忘在知识分子最苦难的"文化大革命"岁月中,先生那一丝不苟的拔草、洁厕的身影;难忘在批判先生的大会上,他那不畏权贵、敢于捍卫真理、掷地有声的申辩;难忘他在我历次作业和论文上悉心修改的工整笔迹和每次来信中的谆谆叮咛和嘱托;更难忘在他生命的最后,在病床上,他握着我的手似有歉疚地说:"我不应该活到80岁以后,给别人添了太多的麻烦!"此时此刻,先生还在为别人着想!足见先生人格的纯净、高尚!

张中行先生也是我一向崇敬的前辈学者、著名作家。上世纪90年代末,天津人民出版社有意再版我们编写的《周作人年谱》时,首先想到的是请中行先生为这版《年谱》再作序文。因中行先生是当代仅存的几位与周作人有过交往并在那些年撰写过一些回忆知堂文章的作者之一。且以中行先生开放的思想、渊博的知识，以及他对人对事圆融贯通、精到透彻的理解，相信先生一定会写出对周作人这一复杂人物的独到理解。况且中行先生当时年事已高，应该抢救出这份宝贵的财富。出于这些考虑，我便冒昧地给中行先生写信，请他为增订的《周作人年谱》作序。让我未敢料及的是：中行先生竟以耄耋之高龄，很快就给了我们回信，并在我们的恳请之下，慨然允诺给再版的《周作人年谱》作序，且邀约与他相见面叙。此后中行先生多次热情地接待了我们的造访，对周作人研究以及年谱的编写提出了不少中肯而宝贵的意见。应该说在我此后的周作人研究中，中行先生也是我永志难忘的导师。

有道是"良师难遇"，我为我在从学道路上能遇到这样两位"良师"，感到无比的幸运。

今将两位导师为《周作人年谱》所写的序文作为本书的代序，以志我对他们永远的怀念，并仅以这薄薄的小册子聊做一瓣心香，忝献在已逝先辈的灵前，作为学生永久的祭奠。

学生　张菊香
2015年1月

1. 雕塑人的灵魂的伟大艺术

——浅谈鲁迅小说的人物塑造

"人"在生活里是中心，在艺术里也是中心。而刻划人的灵魂，又是塑造人物的中心。只要把活的灵魂贯注到所写的人物中去，人物就有了生命，就能再现出生活中"实在人物的真实性"。对人的灵魂挖掘、表现得愈深，人物性格把握得也就愈准确，艺术形象也就愈丰满、深厚、感人。古今中外，一切优秀的文学创作，之所以摄人心魄，莫不是因为它们深刻地挖掘和艺术地再现了人的灵魂。俄国革命民主主义美学家车尔尼雪夫斯基说过："对人的心灵有着真知灼见，而且善于为我们揭示它的奥秘——这是我们评论写出了让我们惊奇作品的那些作家时，所说的第一句话。"他还称赞托尔斯泰，说："认识人的心灵，乃是托尔斯泰伯爵才华的最基本的力量。"别林斯基谈到艺术品不同于肖像时，也曾指出：艺术品"不仅抓住外部的相似，并且还把握住原物的整个灵魂"。

中国的传统艺术，更加强调传神，更加注重艺术创作在"形似"基础上的"神似"。清代沈宗骞在《芥舟学画编》中，曾经详细地论述过艺术创作所以强调"神似"的原因，指出："不曰形，曰貌，而曰神者，以天下之人形同者有之，貌类者有之，至于神则有不能相同者矣。作者若但求之形似，则方园肥瘦，即数十人之中，且有相似者矣。乌得谓之传神？今有一人焉，前肥而后瘦，前白而后苍，前无鬚髭而后多髯，乍见之，或不能相识，即而视之，必恍然曰，此即某某也，盖形变而神不变也。故形或小失，犹之可也，若神少乖，则竟非其人矣。"中国传统的戏曲、绘画、小说作者，都得力于"传神"的艺术手法，创造出众多感人肺腑、扣人心弦的艺术名作。

可见，揭示人的灵魂，传出摹写对象的神韵，乃是艺术创作的普遍规律，更是中国艺术的宝贵传统。伟大的艺术家鲁迅深谙这一规律，并精湛地运用它，创造出一系列神态多姿、风采各异的人物形象，大大丰富了中国现代艺术的宝库。

鲁迅曾经说过：能"将灵魂显示於人的是'在高的意义上的写实主义者'"，他在谈到自己的创作时又说："我虽然已经试做，但终于自己还不能很有把握，我是否真能够写出一个现代的我们国人的魂灵来。"事实上，鲁迅的小说篇篇都以刻划人的灵魂之深，震撼着读者，显示出鲁迅的小说不愧为中国现代文学史上，"在高的意义上"的写实主义文学。

一、画出人物灵魂上的"眼睛"

雕塑人的灵魂，首先就要刻划出人物精神的主要特征，人物精神上的主要特征写出来了，人物就活了。鲁迅说过："要极省俭的画出一个人的特点，最好是画他的眼睛，我认为这话是极对的，倘若画了全副的头发，即使细的逼真，也毫无意思。"中国传统的艺术理论，也很注重"点睛"的作用，宋人赵希鹄说："人物鬼神生动之物，全在点睛，睛活则有生意。"着力写出人物精神上的主要特征，可以做到笔墨洗练地刻划出生动传神的人物形象，而不浪费笔墨于细枝末节。文学艺术区别于现实生活的地方，就在于它比实际生活更典型、更集中、更理想、更有普遍性。文学艺术不能纯客观地、如实地表现生活中人的各个方面，在艺术提炼的过程中，总是要舍弃了人物的某些次要方面，而强调和突出人物精神上的主要特质。所以"画眼睛"的确是艺术创作中的一种高妙手法。鲁迅之所以能在几千字的短篇里，刻划出一个个不朽的艺术形象，首先就得力于这种"画眼睛"的艺术手法。鲁迅总是牢牢地把握住人物精神上的主要特征，即人物性格的主要特点，笔墨集中地刻划人物，所以在他笔下的人物，个个都有独特的、鲜明的个性，对这些人物，尽管我们并不全部知道他的外貌怎样，身世如何，也不尽得知他的全部生活经历和某些具体情状，只是因为作者集中描写的几个生活片断，鲜明地刻划出他们性格的主要特征，就使这些人物永远生动地铭刻在读者的记忆中。即或是同一类型的人物，也因其具有各自不同的性格特征，而互相鲜明地区别开来。单四嫂子、祥林嫂、爱姑，同是鲁迅笔下描写的被压迫、被损害的劳动妇女形象，三个人的性格却又迥然不同：单四嫂子是那么孤苦无告，祥林嫂是那样安分勤劳，而爱姑则又是那么勇敢、泼辣。为了突出这三个劳动妇女精神上的不同特征，鲁迅精心选择了最适于表现他们性格特征的不同的生活片断。本来就守了寡的单四嫂子，其唯一的生活依托宝儿生病致死的场景，最有利于表现单四嫂子在那个冷漠社会中的孤苦无告。给鲁四老爷家帮工的祥林嫂想争得起码的劳动权利而不得的情节，也最宜于描写祥林嫂的安分勤劳。面对强大的对手，敢于去进行离婚抗争的片断，则最便于突出表现爱姑的泼辣、勇敢。鲁迅牢牢把握住人物精神上的不同特征，选取最能表现这一特征的生活片断，集中突出地加以描写，就使这三个本质上相似、命运也极相似的劳动妇女，呈现出不同的面貌和风采；使读者绝不会把他们混淆起来。

孔乙己和陈士成，同是封建科举制度戕害的牺牲者，两个人的性格却各有不同。一个是那么穷酸，一个又这样狂热；一个是那么好吃懒做，一个则财迷心窍，一个人夜半去破土掘银；一个终于穷死，一个最后疯死。为了突出这两个不同形象的精神特征，作者着重写了孔乙己潦倒后靠偷维持生计而依然去酒店喝酒的情节，写陈士成，则选了他第十六次科举落第后发疯致死的场景。前者，便于表现主人公潦倒后的穷酸，后者则宜于刻划主人公官迷心窍的狂热。正是由于作者准确地把握住人物精神上的不同特征，又选择了最宜于表现这些特征的生活片断、场景，使遭遇相似、结局相同的两个形象，显示出迥然不同的风貌，读者看后，绝不会有雷同、重复之感。

把握住人物精神上的主要特征，绝不意味着把人物性格简单化，只强调人物性格的某一方面，而不要写出血肉丰满、多样化的性格来。相反，鲁迅笔下的人物，其性格既是鲜明的，又是丰富的，既是统一的又是多样的。阿Q精神上的主要特征，无疑是精神胜利法。但是，作为一个生动可感的艺术形象，他的性格又是异常丰富的：阿Q自尊自负，喜欢颂扬，他又自轻自贱，善于忘却；他对自己讳过饰非，对别人欺软怕硬，他有恋爱的要求，又有求生的欲望；他不理解革命，却又要求革命。作为生动的艺术形象，阿Q的性格的确是十分丰满的，然而阿Q性格的所有方面又都统一在精神胜利法这个阿Q精神的主要特征下。他的自尊自负是阿Q型的，他的自轻自贱也是阿Q相的，他的讳过饰非、欺软怕硬，莫不都带着阿Q的特征，他的恋爱悲剧，他的求生计谋，他的"革命"方式，以至他在法庭上画圆圈而羞愧于自己画得不圆，在法场上又"无师自通"地说出："过了二十年又是一个"的话，莫不都显示着阿Q的精神特征。正因为鲁迅用阿Q性格的种种不同方面，反复渲染强调了他的主要性格特征，所以，阿Q的性格就异常鲜明、突出。黑格尔在他的美学论文中曾经说过：在艺术创作里，人物性格必须显出丰富性，"同时这种丰富性必须显得凝聚于一个主体，不能只是杂乱肤浅的东西，或是偶然心血来潮的激动"，"如果一个人不是这样本身整一的，他的复杂性格的种种不同的方面，就会是一盘散沙，毫无意义"。鲁迅在他的小说创作中，既写出了人物性格的丰富性，这些复杂性格的种种不同的方面，又总是将这些性格特征有机地凝聚于一个主体，从而集中、有力地表现出这个人物精神上的主要特征，使人物鲜明、难忘地活在读者的心目中。

二、调动各种艺术手段雕塑人物灵魂

鲁迅善于调动各种艺术手段来雕塑人物的灵魂。诸如肖像描写、行为动作描写、环境描写、心理描写等等在他的小说中都不是外在的、附加的或游离的部分，它们都被用来为艺术创作的中心任务——刻划人物的内蕴性格，雕塑人物的灵魂服务。

传神的肖像描写

在鲁迅的小说中，用于人物肖像描写的笔墨不多。鲁迅总是用简练的肖像描写，最大限度地为刻划人物的内在性格服务，为显示人的灵魂服务，即用"形"显"神"，以"貌"言"心"。为此，他从不静止地、孤立地描绘人物的肖像，总是在故事情节的发展中，摄取那些最能反映人物性格特征、最能表现人物灵魂的一刹那的镜头，既描绘了人物的肖像，又透过简练的肖像描写，深邃地表现了人物的内心和灵魂。《白光》里，作者勾画了陈士成在看过县考的榜后的肖像：凉风拂拂地"吹动他斑白的短发""他似乎被太阳晒得头晕了，脸色愈加变成灰白，从劳乏的红肿的两眼里，发出古怪的闪光"。寥寥几笔既显示了人物的年龄、身份，又描绘出人物的精神状态；既表现出这个官迷心窍的老童生，看到自己第十六次科举落第时的失望心情，又为后来他的发疯致死，埋下伏笔，做了铺垫。《肥皂》中，作者又着意把四铭的肖像放在晚餐的桌前加以描绘："合家的人们便都齐集在中央的桌子周围。灯在下横；上首是四铭一人居中，也是学程一般肥胖的园脸，但多两撇细胡子，在菜汤的热气里，独据一面，很象庙里的财神。"想一想吧：在全家齐集吃饭这个特定的场合里，在菜汤的热气的升腾中，长着肥胖园脸、两撇细胡子的四铭，独霸一方，像庙里财神一样地坐着，这是何等霸道的封建家长的一副尊容，无须细画须眉，一位专横伪善的封建卫道士的神态，已经跃然纸上了。《高老夫子》里，作者又摄下了主人公照着镜子时的镜头，写高老夫子如何"格外留长头发，左右分开，又斜梳下来"，以便勉强掩住小时因偷桑椹跌下树来，磕破了头的瘢痕，好不被女学生发现。写照镜子的一刹那，既可写出高老夫子长发斜梳下来的尊容，又便于表现他整容时的心理，既写了形，又传了神。总之，鲁迅小说的肖像描写，绝不仅仅为了描绘人物的外形，而是刻划人物性格、揭示人物灵魂的一种艺术手段。这种追魂摄魄的肖像描写，给读者心目中留下永远难忘的印象。

揭示灵魂的行为动作描写

人物的行为动作描写，在作品中当然是推动情节、故事发展的因素，但是艺术的高手们却绝不止于用它达到这个目的，更重要的是借以由表及里地刻划人的性格，揭示人的灵魂。有些作品也写了很多情节，写了不少人的活动，但是仍令人感到"看不见人"，其原因概在于没有通过写人物的行为动作，刻划出人物内蕴的性格，显示给读者以人物的灵魂。有的作者则求助于冗长的心理描写，去填补这个不足，然而这样的心理描写，也往往成为作品的游离成份或赘疣。鲁迅的小说创作最善于在故事情节的发展中，通过人物外在活动各个细节的描写，意味深刻地揭示人物的灵魂。小说《药》写华老栓去买人血馒头的情节，就是细致入微的传神之笔：

"'喂！一手交钱，一手交货！'一个浑身黑色的人，站在老栓面前，眼光正象两把刀，刺得老栓缩小了一半。那人一只大手，向他摊着，一只手却撮着一个鲜红的馒头，那红的还是一点一点的往下滴。"

"老栓慌忙摸出洋钱，抖抖的想交给他，却又不敢去接他的东西。那人便焦急起来，嚷道：'怕什么？怎么不拿！'老栓还踌躇着，黑的人便抢过灯笼，一把扯下纸罩，裹了馒头，塞与老栓；一手抓过洋钱捏一捏，转身过了，嘴里哼着说：'这老东西……'。"

面对人血馒头，华老栓和黑衣人显示出截然不同的动作和表情，老栓是那样胆怯、畏缩。他"慌忙摸出洋钱""抖抖的想交给他"又"踌躇着""不敢去接他的东西"，显示出他心地的纯良、和善。而黑衣人看到老栓的踌躇，便焦急起来，"抢过灯笼""一把扯下纸罩裹了馒头，塞与老栓"，又"一手抓过洋钱，捏一捏"。显示出这个刽子手，统治者的帮凶，视人命为草芥，惯于出卖别人的鲜血，牟取重利。一个细节映照出两个多么不同的灵魂。

再如写孔乙己教给酒店小伙计"茴"字的写法，小伙计不以为然，初则未加理会，继之又懒懒地答了一句："不是草头低下一个来回的回字吗"于是：

"孔乙己显出极高兴的样子，将两个指头的长指甲敲着柜台点头说：'对呀对呀！……回字有四样写法，你知道么？'我愈不耐烦了，努着嘴走远。孔乙己刚用指甲蘸了酒，想在柜上写字，见我毫不热心，便又叹一口气，显出极婉惜的样子。"

这段描写，有声——孔乙己"将两个指头的长指甲敲着柜台"；有形——孔乙己用指甲蘸了酒，想在柜上写字；有色——"极高兴""极婉惜的样子"；有语言，有动作。通过这些描写，把孔乙己此时此地的行为、动作，栩栩如生地活现出来，这"形"的描绘中，贯串着孔乙己神态的特点——即他恳切地要教小伙计"茴"字的四种写法。这神态反映出孔乙己心灵中的寂寞无告和纯真善良。这种寓神于形的生动描绘，使孔乙己在读者心目中留下可感可触的鲜明印象。

不单是人物的行为动作能显示人的灵魂,鲁迅笔下就是人物的一颦一笑,某种表情,都能深深地表达着人物的内心世界。

在《祝福》中,鲁迅有层次地三次描写了祥林嫂满足的表情。第一次是祥林嫂在鲁四老爷家做工,她勤勤恳恳,毫不懈怠,"到年底扫尘、洗地、杀鸡、宰鹅、彻夜的煮福礼,全是一人担当,竟没有添短工。然而她反满足,口角边渐渐的有了笑影,脸上也白胖了"。第二次,当祥林嫂第二个丈夫病死,孩子阿毛也被狼吃掉,卫老婆子重来鲁四老爷家时,四婶踌躇着,"想了一想",才"教拿圆篮和铺盖到下房去",这时"祥林嫂比初来时候神气舒畅些"。第三次当柳妈告诉祥林嫂:到土地庙里去捐一条门槛,当作替身,免得死了去受苦。祥林嫂用辛勤劳动了一年积存的十二元鹰洋去捐门槛:"不到一顿饭时候,她便回来,神气很舒畅,眼光也分外有神,高兴似的对四婶说,自己已经在土地庙捐了门槛了。"

没费更多笔墨,在这里,鲁迅只是以人物的表情,一次比一次更深刻地揭示了祥林嫂那被摧残的灵魂。第一次,她嘴角边的笑影,表明这个诚实的劳动妇女是这样安分,她的希望和要求是这样微末、可怜。只要能以自己的劳动,换得起码的生活权利,哪怕是再辛苦、再劳累,哪怕是很不公平地给人家做牛马,当奴隶,她都感到莫大的满足。这笑影,实在是带着很大的悲剧色彩。映照出祥林嫂那颗朴实悲苦的灵魂。然而,就这一点可怜的希望和微末的满足,也很快归于破灭。祥林嫂嫁过第二个丈夫后,她竟连当奴隶的权利也几乎被褫夺:四婶踌躇了一会,才勉强把她留下,这一次她神气的舒畅,透露出现实对她心灵的更大打击,所以她一旦能得到做奴隶的地位,也便满足。然而,现实的残酷还未止于此,对她打击更大的是:她连做奴隶的劳动权利都不能获得,鲁四老爷认为她"败坏风俗""不干不净",祭祀时不让她沾手。捐过门槛后,她神气很舒畅,其实表现出现实对祥林嫂的心灵进行了更残酷地蹂躏,所以她不惜以更大的代价,更努力的挣扎,去改变自己的命运。就是这样,鲁迅对祥林嫂表情、神态的描绘,洞照着人物的心灵,表达出某些平庸的作者费上千言万语也难以表达出来的人物潜在的精神世界。

烘托人物灵魂的环境描写

车尔尼雪夫斯基曾经谈到艺术创作的任务在于揭示"环境怎样影响人",而"人又怎样影响他周围的世界"。恩格斯的"典型环境中的典型性格",更是尽人皆知的名言。可见,在艺术创作中,典型环境的描写绝不是孤立的东西,它应该为刻划人物性格、雕塑人的灵魂服务。环境和人物之间不应该是一种外在的、机械的联系,而应该是一种内在的、有机的联系,二者应该融合在一起,发生相互映衬、相互推动的作用。

伟大的艺术家鲁迅,最善于为他的人物找到独特的环境,并且把环境的描写与人物的描写融合、纽结在一起,使其相互制约、相互映衬,从而在特有的环境背景上,浮雕似地烘托出人物,塑造出人物的灵魂。在《明天》里,作者把孤苦无依的单四嫂子,放在咸亨酒店的隔壁这样一个典型环境中加以描写。原来在鲁镇这个地方深更半夜没有睡的只有两家,一家是咸亨酒店,一家便是隔壁的单四嫂子。这边咸亨酒店里几个酒肉朋友,正围着柜台吃喝得高兴,那边单四嫂子却孤苦地只靠着自己双手纺纱,养活自己和3岁的儿子,这边酒店里的人们,不只是高兴地吃喝,还呜呜地唱着小曲,那边单四嫂子纺过纱又在心里盘算着明天如何去给宝儿诊病。酒肉朋友们愈是兴高采烈地吃喝,咿咿呜呜地大唱,也就愈显示出那个冷漠的社会对于单四嫂子孤儿寡母的冷酷无情。这里,作者用环境强烈地映衬出单四嫂子孤独寂寞的灵魂。《祝福》中,鲁迅又把祥林嫂的悲剧,放在爆竹连绵的"祝福"的环境里,用弥漫在作品中的祝福的空气,有力地反衬出祥林嫂那哀哀无告的灵魂。《故乡》里,闰土的悲剧则被放置在隆冬的严寒里、萧索的荒村中加以描绘,用凛冽的环境氛围,映照出主人公的悲凉心境。《在酒楼上》,作者则以"空空如也"的酒楼,深冬雪后、风景凄清的自然环境,去衬托主人公吕纬甫那颓唐、消沉的心情。总之,鲁迅在他的小说中总是或以反面衬托之笔,或以正面渲染之文,色彩浓郁地写出人物生活的典型环境,在鲜明的环境背景上,烘托出他的人物,映照出人物的灵魂。

在鲁迅的小说中,环境的描写不仅和人物的心灵契合无间、互相映衬，还为发展人物性格，展示人的灵魂起到积极的推动作用。《孤独者》中，作者为魏连殳安置了这样一个社会环境：他自幼丧失了父母，由继祖母抚养，受到亲族的压迫，后来，他出洋留学，接受了新思想，更被人视为异类。这样的环境使魏连殳从小就与之格格不入，有着尖锐的矛盾，他孤独的性格正是这种环境的影响。而他对环境的蔑视和反抗，更引起反动势力的反扑：匿名的攻击，学界的流言、校长的辞退接踵而来。环境又推动着他性格的发展，由于他敌不过强大的黑暗势力，便由积极的反抗，变为消极的报复：他屈身于反动派，当了杜师长的顾问。魏连殳变态的反抗，又促使那些曾经攻击他的舆论，变成对他肉麻的颂扬，愈加暴露了那个趋炎附势、卑劣虚伪的社会环境，终于在他对周围一切的嘲弄和报复中断送了自己，完成了魏连殳的性格发展。魏连殳与形成他的环境是这样不可分割地胶结在一起，互相影响，互相制约，又互相促进，互相推动，成为一个有机的整体。作品中对环境层层深入的描写，为步步深刻地揭示魏连殳的灵魂、刻划魏连殳的性格展开了广阔的天地。

直接剖析灵魂的人物心理描写

鲁迅的小说创作中绝无静止冗长的心理描写，作者总是适应于刻划不同人物、不同性格的需要，结合着情节发展，简练地写出人物在特定情景下的心理情状，通过这样的心理描写，直接勾画和解剖着人物的灵魂。

直接抒写人物的灵魂，描绘人物的内心活动，是鲁迅小说在特定情景下刻划人物性格的有力手段。小说《药》里，随着情节的进展，作者对老栓夫妇的心理作了这样的描绘：当华老栓包好银元去买人血馒头时，虽然街上比屋子里冷得多了："老栓倒觉爽快，仿佛一旦变了少年，得了神通，有给人生命的本领似的，跨步格外高远，而且路也愈走愈分明，天也愈走愈亮了。"当老栓拿着人血馒头，走在回家的路上时，他顾不上答理别人的问话："他的精神现在只在一个包上，仿佛抱着一个十世单传的婴儿，别的事情，都已置之度外了，他现在要将这包里的新的生命移植到他家里，收获许多幸福。"当小栓吃着人血馒头时，老栓夫妇立在两旁："两人的眼光，都仿佛要在他身里注进什么，又要取出什么似的。"所有这些描写,既显示出老栓夫妇的单纯、朴质——他们全部的希望就是把儿子的病治好,而别无所求,又深刻地表现出他们灵魂上受统治者的戕害、愚弄,达到了何等麻木的程度,以至他们用革命者鲜血蘸过的馒头来给儿子治病时,还毫无觉悟。

小说《明天》里,作者对孤苦无告的单四嫂子也作了较多的心理描绘。作品中迭连用了四个"单四嫂子心里计算":始而她"心里计算"着怎样去为宝儿诊病,诊病回来后她"心里计算"着:宝儿该有活命了,待到宝儿死后,她还"心里计算"着:"这些不过是梦罢了,待明天醒过来,宝儿还会好好的睡在自己身边。"尽管作者对单四嫂子作了这许多心理描写,然而这个朴质的劳动妇女,她"心里计算"的全部内容仅仅是希望她的儿子有一条活命,只此而已,别无其他。甚至当宝儿被安葬后,单四嫂子孤自一个人在屋子里还一面哭一面想,仍然想的是她的宝儿生前如何如何,然而现在呢,他"实在没有想到什么","他能想出什么呢?他单觉得这屋子太静、大大、太空罢了"。这些心理描写极其贴切地反映出单四嫂子在她唯一的生活依托——宝儿病死后的心理情状,也生动、有力地刻划出单四嫂子那孤独、寂寞、淳朴而善良的灵魂。

鲁迅在描写某些讽刺或反面人物的心理情状时,他的笔像一支犀利的解剖刀,直接伸向人物的灵魂深处,搜寻出它的隐蔽所在,一笔刺下,使人物灵魂深处隐蔽着的一切肮脏、丑恶、污秽,赤裸裸地显露出来,从而收到心理描写所能达到的独特的艺术效果。

《白光》里,作者这样描写了科试落第的陈士成的心理:"他屈指计数着想,十一,十三回,连今年是十六回,竟没有一个考官懂得文章,有眼无珠,也是可怜的事。"他愤然地拿着誊真的制艺和试帖要去找考官时,他又看到好像连一群鸡也正在笑他,便禁不住心头突突的狂跳,只好缩回家去了,他就了坐,又仿佛看到"是倒塌了的糖塔一般的前程躺在他面前,这前程又只是广大起来,阻住了他的一切路"。这里生动地写出了陈士成接连十六次科试落第后那种失望、恼恨、烦乱,而又无可奈何的心情,又直刺向人物灵魂深处,剖析了他之所以感到如此失望、懊恼的原因,从而对这个深受科举制度毒害的落魄文人的灵魂,进行了深入底里、沦肌浃髓的解剖。

《高老夫子》里，作者也是借助对人物的心理描写，入木三分地剖析了高老杆卑劣腐朽的灵魂。高老杆这个一贯长于打牌、看戏、喝酒、跟女人，不学无术的伪道学者，为了去看女学生，便硬要去充任贤良女校的教员。结合着情节的进展，作者对高老杆的心理进行了细致入微的描绘：他先是责备父母不将儿女放在心上，致使他幼时偷桑椹吃跌下树来磕破头，留下一个永不消灭的瘢痕；继之，他又责备《中国历史教科书》的编纂者不为教员设想，使他难于备课。上课前，他烦躁愁苦的心绪中，涌出许多断片的思想来。"上堂的姿势应该威严，额角的瘢痕总该遮住，教科书要读得慢，看学生要大方。"上课中，他忽而疑心学生们对他窃笑，忽而又盼望着下课铃快响，但是他既不敢正眼去看学生，又怕学生要小觑，不敢去看手表，终于在极度慌乱、狼狈中，跨下讲台，逃进教员预备室。很明显，在这里如果只以人物的语言和动作，很难如此惟妙惟肖地刻划出高老杆此时此地的神情，惟其借助了细致的心理描写，才把这个不学无术而又伪饰假装，内心丑恶而又故作正经的伪道学先生的丑陋灵魂，剖析得如此情伪毕露、淋漓尽致。这样的心理描写，实在是不能或缺又无可代替的。

综观上述，在鲁迅小说中，不论是肖像描写、行为动作描写，还是环境描写、心理描写，都不是孤立进行，可有可无的，各种手段都紧紧地为艺术创作的中心任务——雕塑人的灵魂服务。适应于雕塑人的灵魂的需要，各种艺术手段又成为有机的整体，在不同的作品中，运用上各有取舍，各有着重。有的作品或无肖像描写，有的作品或没费笔墨于环境描绘，有的作品或无心理刻划。但由于作者善于选用适当的艺术手段，百计千方地赋予他笔下的人物以活的灵魂，所以，鲁迅的作品篇篇都以人物的鲜明突出，给读者留下难忘的印象，表现出鲁迅小说简洁凝练的独特的艺术风格。

三、"显示出灵魂的深"

鲁迅曾经称赞俄国作家陀思妥耶夫斯基，说他确凿是一个"残酷的天才""人的灵魂的伟大的审问者"，又说："凡是人的灵魂的伟大的审问者，同时也一定是伟大的犯人，审问者在堂上举劾着他的恶，犯人在阶下陈述他自己的善；审问者在灵魂中揭发污秽，犯人在所揭发污秽中阐明那埋藏的光耀，这样，就显示出灵魂的深。"

鲁迅在小说中刻写人物，从不满足于写出人物的表面性格，他总是刻意地去搜寻那些隐蔽在人物灵魂深处的东西，把它们揭示出来，从而透过表面的烟雾，显示出埋藏在人物灵魂深处的美或丑，所以鲁迅笔下的人物绝不简单化，他们的性格绝不是单一、干瘪、一览无余的，而是丰厚饱满、耐人品味的。

孤独者魏连殳，表面上已经被现实折磨成那样一个冷漠、阴沉的人，他对一切都逆来顺受，甚至甘愿屈身于反动势力，去"躬行先前所憎恶、所反对的一切，拒斥先前所崇仰、所主张的一切"。然而，作者并没有停留在对魏连殳表面行为的描写上。伟大的灵魂审问者鲁迅，既在作品中举劾着魏连殳行为中的种种丑恶污秽，又划破这些丑恶污秽，陈述了魏连殳灵魂深处埋藏的洁白和光耀：魏连殳在祖母的大殓中，虽然顺从了封建族长们的一切安排，然而在大殓后，他却失声地长嚎："象一匹受伤的狼，在深夜的旷野中嗥叫，惨伤里夹杂着愤怒和悲哀。"他虽然好像已变得那样冷漠阴沉，但对一切忧郁慷慨的青年，怀才不遇的奇士和腌臜吵闹的孩子，却格外热忱，甚至把他们的生命"看得比自己的性命还宝贵"；他虽然屈身于反动派，当了杜师长的顾问，但却因"偏要为不愿意我活下去的人们而活下去"；他虽然在躬行自己所憎恶的一切，但却以嘲弄、轻蔑的态度去玩味那"新的宾客、新的馈赠、新的颂扬、新的钻营"；甚至当他死后"口角间仿佛还含着冰冷的微笑，冷笑这可笑的死尸"。总之，作者绝没有停留于去写魏连殳的表面行为，却处处让读者透过魏连殳的表面行为看到他内心深处的无比悲愤，从魏连殳那被扭曲了的反抗行动中，看到他灵魂深处埋藏的圣洁的光耀。读者从这样一个令人颤栗的灵魂中，无疑会更加清楚地认识到旧社会的罪恶、旧势力的顽固，从而也更加深刻地去总结魏连殳们斗争的教训。

鲁迅对阿Q灵魂解剖之深更是令人叹服的，阿Q是这样一个落后、不觉悟，集种种缺点、丑恶之大成的人。然而，读过作品以后，我们并没有停留在仅仅对阿Q落后、不觉悟的批评上，这是因为，作者通过对他的艺术描写，不仅表现了阿Q性格中的全部污秽和丑恶，而且还透过阿Q身上所有的污垢，显示出他灵魂深处埋藏着的洁白和善良，从而引导读者深刻地去思考造成阿Q悲剧的全部社会历史原因。

例如，关于阿Q姓氏的那段描写：当赵太爷的儿子进了秀才，锣声喤喤地报到村里来的时候，阿Q正喝了两碗黄酒，便手舞足蹈地说他和赵太爷原来是本家，细细的排起来，他还比秀才长三辈呢，却不料第二天地保便叫阿Q到赵太爷家里去，赵太爷满脸溅朱地喝道："阿Q，你这浑小子，你说我是你的本家么？""我怎么会有你这样的本家"，说着就跳过去，给了他一个嘴巴，在外面又被地保训斥了一番，谢了地保二百文酒钱。阿Q去攀附赵太爷，自称是他的本家，这种精神上的自欺固然令人憎恶，然而阿Q姓赵，又何罪之有？竟遭来这场祸殃，并从此不敢再提自己的姓氏了，这又深刻地反映出阿Q被凌辱、被迫害的地位，显示出阿Q那令人怜悯的、无辜者的灵魂！

阿Q恋爱的悲剧也具有同样的性质。阿Q遭到"假洋鬼子"哭丧棒的一阵毒打后，遇见了静修庵的小尼姑，他把自己遭受的屈辱，全部转嫁在小尼姑身上，对这个更弱的弱者进行了一番欺侮。然而对小尼姑的欺侮并没有使阿Q感到胜利者的欢喜，"反而感到了胜利的悲哀"：他产生了恋爱的要求，他大着胆子对赵太爷家女仆吴妈求爱了。阿Q对吴妈求爱本来无可责备，却惹来赵秀才的毒打恶骂和地保的干预勒索，被迫订了屈辱的五个条件，阿Q一一答应，还把仅有的一条棉被质了二千大钱履行条约。阿Q欺侮小尼姑，诚然可憎，然而当赵秀才们联合地保，借机对阿Q进行更加残酷的迫害和欺凌时，阿Q作为劳动人民又显示出他的老实无辜。

对于革命的态度也表现出阿Q一方面没觉悟、不理解革命，一方面作为劳动人民他又本能地对剥削者憎恶、反抗，从心底里对革命渴念、向往。因"恋爱悲剧"发生了"生计问题"后，阿Q本应崛起而革命了，然而精神上受毒害极深的阿Q，并不那么容易觉醒，他先是翻过静修庵的墙头去偷萝卜，继而又进城去入伙偷窃，从城里回来还兴高采烈、眉飞色舞地大谈城里"杀革命党。唉，好看好看"。受统治阶级思想的影响，他以为"革命党便是造反，造反便是与他为难，所以一向是深恶痛绝之"的。但是，阿Q因为看到举人老爷对革命党"这样害怕"，看到未庄的一群鸟男女的"慌张的神情"，他又本能地产生了一种快意和对革命的"神往"："革命也好罢，阿Q想，革这伙妈妈的命，太可恶，太可恨！……便是我也要投降革命党了。"阿Q被卷进了革命，然而可笑的是：阿Q心目中的革命是："我要什么就是什么，我喜欢谁就是谁。"阿Q如此麻木、不觉悟，诚然可悲。然而，更其可悲的是：即便如此，阿Q仍遭到反动派的镇压，被无辜地处死，成了反动派镇压革命运动的牺牲品。

就这样，鲁迅既作为人的灵魂的伟大的审问者，举劾着阿Q的种种"罪恶"，又作为"伟大的犯人"，在所揭发的污秽中陈述着埋藏在阿Q灵魂深处的真正洁白和无辜。所以《阿Q正传》就像一面洞察幽微的镜子，它不仅反映出阿Q的行为活动，还映照出这个落后农民的灵魂，照彻了在这个灵魂深处隐藏着的一切，从而使读者不仅看到阿Q的可笑、可鄙、可憎，还在掩卷一笑之后，肃然看到阿Q那颗可悲悯、可同情的灵魂，引起读者震撼、颤栗、回荡和思索。

显示出灵魂的深，不仅表现于鲁迅对人物性格挖掘的深，还表现于鲁迅笔下的人物，一个个都植根于深厚的社会生活的土壤之中，都是从时代的五脏六腑中孕育出来的，因而他们的灵魂都映照着时代的色彩，闪耀着历史的光芒。这些人物不是偶然存在着的个人，他们既是具有鲜明个性特点的活生生的个人，又是体现了一定时期社会历史本质的典型。如鲁迅描写的知识分子形象，不管是显示在孔乙己灵魂深处的纯真善良，还是体现在陈士成灵魂深处的恶浊腐朽，都不是属于他们个人性格中的偶然因素，而是深深地体现出封建科举制度对一代知识分子的腐蚀和戕害，这些人物的灵魂映照着封建科举制度必然灭亡这一历史时期的时代色彩。四铭、高老夫子这些伪道学先生们的丑恶灵魂，也绝不是纯然属于他们个人的性格特征，而是体现了"五四"新文化运动分化后，一批封建卫道士向新文化运动反扑时期的历史特色。吕纬甫、魏连殳、子君、涓生这些狷傲、孤独、愤世嫉俗，然而软弱无能的性格，又反映了"五四"以来新思潮对一代知识分子的哺育，同时也反映出这些知识分子在没有和工农大众结合起来之前，他们身上存在的不可避免的弱点，带有"五四"时期的时代特色。从孔乙己到涓生、子君，这些形象连缀起来恰好反映了辛亥革命到"五四"前后这个历史阶段中国知识分子的历史道路，从一个侧面再现出这个历史时期的中国社会生活。其他类型的作品也无不如此。鲁迅笔下的阿Q，既是一个具有显明性格特点的活生生的个人；作为艺术典型，他又深深地植根在辛亥革命前后中国农村社会生活的土壤中。阿Q那颗被侮辱、被戕害、愚顽的、毫无觉悟的灵魂，既是阿Q个人的，又映照出辛亥革命前后，中国工人阶级还没登上政治历史舞台之前的时代特点。巴尔扎克在《人间喜剧·前言》中曾经称赞司各特"把小说提高到历史哲学的地位"，说他笔下的人物由于反映了一定时代的历史真实，因而这些"人物的存在""同他们所生活着的世代的存在相比，变得更为悠久，更为真实确凿"。恩格斯也曾极口称赞巴尔扎克的作品，说："我从这个卓越的老头子那里得到了极大的满足，这里有1815年到1848年的法国历史。"鲁迅的作品、鲁迅笔下的人物也是如此。由于这些作品和人物植根在深厚的生活土壤中，映照出鲜明的时代色彩，就使他们不仅深刻地反映了当时的社会生活，而且具有悠久存在的历史价值。

鲁迅能使他笔下的人物"显示出灵魂的深"绝不是偶然的，这不仅由于革命民主主义的政治观点和深厚广博的社会历史知识，使作者对社会生活观察和认识得无比深刻，特别是由于作者有着严格的现实主义的创作态度。从一步上文学的道路，他就把文艺视为"改良这人生"的有力武器，他写小说，目的是要揭出社会的病苦，"引起疗救的注意"。正因如此，鲁迅一贯反对"瞒和骗"的文艺，主张"作家取下假面，真诚地、深入地、大胆地看取人生，并且写出他的血和肉来"。1926年，鲁迅在译完《穷人》后所写的"小引"中又曾指出："灵魂的深处并不平安，敢于正视的，本来就不多，更何况写出？因此有些柔软无力的读者，便往往将他（按指陀思妥耶夫斯基）只看作'残酷的天才'。"的确，现实主义的伟大作家鲁迅也是这样一位"残酷的天才"。为了真正揭出社会的病苦，鲁迅从来不伪饰生活，不回避矛盾，他敢于把生活中一切最尖锐的矛盾、最残酷的斗争，所映射在人物灵魂深处所有的美和丑、洁白和污秽，和盘托出，让它们赤裸裸地呈现在读者的面前，从而引起读者的深刻思索，使这些作品发挥出教育人民、启发人民觉醒的巨大作用。

总之，由于鲁迅在小说中以惊人的深邃刻写着人物的灵魂，所以他小说中的人物，哪怕是次要人物，哪怕只写了寥寥数笔，都那么耐人思索、揣摩，都能紧紧扣住读者的心，给读者永远难忘的印象。也正如鲁迅称赞的陀思妥耶夫斯基的作品那样："因为显示着灵魂的深，所以一读那作品，便令人发生精神的变化。"

　　鲁迅小说问世已经半个多世纪了，这些作品中反映的社会生活，虽然早已不复存在，然而，作为艺术形象，鲁迅小说中的人物却将超越时空的阻隔，在人间永存。这些形象显示出来的难以企及的艺术境界，也将永久成为我国文学艺术宝库中的一份优秀遗产，永放光辉。因而研究这些作品的艺术经验，特别是研究它们在雕塑人物灵魂方面的艺术经验，对于继承我国文学艺术的优秀传统，繁荣社会主义文艺有着十分重要的现实意义。

　　　　　　（载南开大学中文系1980年《语言文学研究辑刊》下）

2. 鲁迅杂文的艺术风格

鲁迅的杂文，继承了中国古典散文的优秀传统，借鉴了外国散文创作的艺术经验，适应着现实斗争的需要，创造出一种独特的艺术风格。鲁迅杂文的基本风格是锋利而切实，熔深邃的哲理、醇厚的抒情、巧妙的讽刺于一炉。表现为下列风格特色：一、锋利泼辣的文章气势；二、深邃透辟的哲理思索；三、浓郁醇厚的抒情色彩；四、寓庄于谐的讽刺格调；五、舒卷自如的章法结构。

锋利泼辣的文章气势

鲁迅的杂文，往往篇幅不长，每篇论及的问题也不多，但因能在要害处下笔，笔锋所至，直析主题，锋利泼辣，力透纸背；而对一切可有可无之处，则严加剪裁，因而，这些杂文艺术上极简练，而思想上又至深刻，能用最省略的笔墨，获取最深远的思想和艺术效果。鲁迅曾经批评所谓"女性"的文章，说它们一遇辩论，"即历举对手之语，从头至尾，逐一驳去，虽然犀利，而不沉重，且罕有正对'论敌'之要害，仅以一击给予致命之重伤者"。他说他自己则"每遇辩论，辄不管三七二十一，就迎头一击"（《两地书》）。鲁迅的杂文，深深得力于这种手法。不管是抨击某个论敌，论辩某种问题，或阐述某一事理，他都能紧紧把握住对象的要害，深入底里，集中笔墨，透彻地将其本质解剖出来，绝不拖泥带水。如《新月社批评家的任务》一文，是鲁迅针对买办资产阶级文人梁实秋攻击一些左翼作家抨击现状的文字而写。文中鲁迅抓住梁实秋言论的本质和要害——即它尽着为反动派维持治安的任务，犀利泼辣地进行了解剖，文章所及之处，正是论敌的致命伤，从而收到以一击致敌于死命的战斗效果。

驳斥某个论敌的文章是这样，论述某一问题，或阐发某种事理的文章，也莫不如此。如《拿来主义》一文，文章起始便开门见山地指出，中国由于一向的闭关主义，别人的一切，都不许来。帝国主义入侵之后，变成什么都是送去主义了。接着鲁迅针锋相对地论述，我们必须运用脑髓，放出眼光，自己去拿，即"拿来主义"。拿来后，或使用，或存放，或毁灭，使外国的文化成为对自己有用的东西。文章仅用三言两语，就剖析出主题，锋利泼辣，简洁而又透辟！

宋代禅师宗杲有一句名言："弄一车兵器，不是杀人手段，我有寸铁，便可杀人。"[1] 这话后来为许多文艺批评家所欣赏、引用，借以阐明艺术的表现规律。鲁迅的杂文正用这规律。他的杂文，绝不"载一车刀枪"，弄十八般武艺，而是着力于那足以"杀人"的"寸铁"，即在要害处下笔，单刀直入，写深写透。这就形成他杂文锋利泼辣的独特气势。

这种锋利泼辣的气势，是鲁迅在长期斗争中逐渐磨砺出来的。他早期的文章，多表现为"激昂慷慨，顿挫抑扬"，篇幅也比较长。随着斗争形势的发展，鲁迅愈加感到："现在是多么切迫的时候，作者的任务，是在对于有害的事物，立刻给以反响或抗争，是感应的神经，是攻守的手足。"[2] 愈加感到，在那风沙扑面、狼虎成群的年代里，"生存的小品文，必须是匕首，是投枪，能和读者一同杀出一条生存的血路的东西"[3]。随着马克思主义观点的成熟，他也更加磨砺着自己的笔锋，锋利泼辣的文章气势也就更成熟更鲜明了。

深邃透辟的哲理思索

读鲁迅的杂文，我们常常感到作者好像是站在高山之巅，俯瞰环宇，遍览古今，从全局、历史的高度把问题论述得是那样深刻透辟。我们又感到作者好像带有一种特制的显微镜和放大镜，察幽洞微，照彻一切事物的底里，把锱铢小事中埋藏的真理，挖掘解剖出来，给人以深刻的思想启迪。

鲁迅最善于从普通的、平凡的生活现象中提炼出深邃的思想，概括出有普遍意义的真理。报刊上的一则琐闻，社会上的一件小事，文章的一个标题，画报的一个插页，电影的一个镜头，孩子的一张照相，小贩的一声叫卖，都能成为鲁迅杂文的极有意义的题材。这些微末细小、往往为人们忽略的小事，一经鲁迅的点化、生发，常常揭示给人们以博大精深的道理，闪发出熠熠耀眼的光辉。雷峰塔倒塌了，塔砖被迷信的乡下人挖走。在生活中，这是一件很平常的，甚至为人们所不屑顾盼的事。然而鲁迅却从这一事件推而论及：这种偷挖废铁古砖的寇盗奴才式的破坏与建设无关，又引申抨击了那些"日日偷挖中华民国的柱石的奴才们"，呼唤："我们要革新的破坏者，因为他内心有理想的光。"从而提炼出《再论雷峰塔的倒掉》一文要求彻底反封建传统的主题。辛亥革命以后，由于袁世凯的复辟，人们惶恐于钞票的贬值，争相以钞票折价兑回现银。这也是当时社会生活中司空见惯、不足为奇的事，然而鲁迅却从这个平平常常的事情中引申出，中国人极容易变为奴隶，而且变了之后还万分喜欢，又进而论述到：一部中国封建社会的历史，不过是想做奴隶而不得和暂时做稳了奴隶这两种时代的更迭交替，提炼出《灯下漫笔》这篇光辉杂文的主题，对中国封建社会的历史进行了深刻的概括和解剖。在国民党反动政权的统治之下，反动当局以各种名目，役使小学生募集捐款，搜刮人民。鲁迅就从自己付给小学生赈济水灾的捐款这一小事上生发开去，阐述了在虎狼成群、贪官遍地的国民党反动统治下，这样的捐款明明是不会送到灾民手里的，捐款不过是一种买得自己心的平安，买得天真烂漫孩子的欢喜的骗人举动，引申开去又论述了这种"骗人的学问"不毕业或者不中止，恐怕是写不出圆满的文章来的，从而提炼出《我要骗人》一文抨击国民党反动政府腐朽统治的主题。

鲁迅又善于把深邃透辟的思想和闪光的生活真理，借助生动、具体的形象表述出来，从而给读者以鲜明、亲切、难忘的印象。他的杂文从没有空疏肤阔的说理，而是寓理于具体生动的形象之中。

鲁迅在《这个与那个》一文中批判中国传统的旧习惯、旧道德中的"捧"，如"捧阔老""捧戏子""捧总长"之类。为了说明"捧"其实是自讨苦吃的根苗，而"挖"才是自求多福之道，他用了这样一个生动的形象做比：国民党统治下的北几省的河道，当初为防其溃决，所以壅上一点土，不料愈壅愈高，一旦溃决，那祸害就更大，如果当初见河水泛滥，不去增堤却去挖底，那就不致有这样的危害了。这个比喻说明了中国传统的苟安之道"捧",是怎样地反给老百姓带来无穷的灾祸。《由聋而哑》一文中,鲁迅用生理上的聋导致哑,贴切地譬喻出在国民党反动统治下,统治者堵塞了一切运输精神食粮的航路:不介绍外国思潮,不翻译世界名作,使青年们在精神上由聋而哑,枯涸渺小,成为末人,抨击了反动派的文化禁锢政策。类似例子,俯拾即是。

鲁迅的杂文又常常把一些深刻的思想和对客观事物的透辟分析,凝结成为哲理意味很浓的警句,穿插在作品之中,成为全篇文章的灵魂。如:"世间只要有权门,一定有恶势力,有恶势力,就一定有二花脸,而且有二花脸艺术。"(《二丑艺术》)"名人的话并不都是名言,许多名言,倒出自田夫野老之口。"(《名人和名言》)或成为某段议论的点睛之笔,如:"战斗正未有穷期,老谱将不断的袭用"(《伪自由书·后记》)。"事实是毫无情面的东西,它能将空言打得粉碎。"(《安贫乐道法》)

还有些警句不仅哲理深邃,而且诗意醇厚,是哲理,也是诗,如:"革命有血,有污秽,但有婴孩……。只要有新生的婴孩,'溃灭'便是'新生'的一部分。"(《〈毁灭〉第二部一至三章译后附记》)"什么是路,就是从没路的地方践踏出来的,从只有荆棘的地方开辟出来的。""以前早有路了,以后也该永远有路。"(《随感录六十六·生命的路》)

浓郁醇厚的抒情色彩

鲁迅是一位腾涌着革命激情的伟大作家。他的杂文,字里行间无不熔铸着热烈、丰富、深厚、崇高的感情。这种感情像诗一样浓烈,像酒一样醇厚。读鲁迅的杂文,常使人感情上波涛起伏,激荡不已。

鲁迅杂文所抒之情具有强烈的政治色彩,宽广而博大,强劲而深沉,跳动着时代的脉搏。它不仅是一个伟大心灵的激越呼喊,而且显示着时代历史前进的足音。这些杂文所抒之情,不仅在当时激起了广大读者的震荡共鸣,而且使后人感受到中国人民在苦难中斗争、前进的步伐,从而窥见到真实具体的历史图画。鲁迅杂文抒情上的这个显著特点,使他的杂文在同时代作家的散文中,达到了独有的高度。"五四"以后,中国文坛上的散文作家多属上层的知识阶层,他们的作品,正如鲁迅所说:"诚然大抵很致力于优美,要舞得'翩跹回翔',唱得'宛转抑扬',然而所感觉的范围却颇为狭窄,不免咀嚼着身边的小小的悲欢,而且就看这小悲欢为全世界。"[4]当时一些作家的散文作品,或叙写个人凄寂飘零的感怀,或抒发自己愤激郁闷的情思,或讴歌大自然的神妙和母爱的圣洁,这固然有着时代的印迹,显示着一个时代的苦闷,但毕竟表露出作家思想感情的境界,还不那么广远、宽阔。

鲁迅却不。鲁迅从拿起杂文这个武器开始,就以杂文抒写自己忧国忧民的情怀,探索中华民族自立于世界民族之林的道路,进行反帝反封建的抗争。他的杂文清楚地映照出近代中国政治舞台上的风云变幻,传达出时代生活的强烈音响。这些杂文着眼处是这样广远,绝不拘泥于身边琐事,所抒之情是这样博大,绝不局限于个人的悲欢。鲁迅杂文鲜明、强烈的政治色彩,显示出一位革命家、思想家宽阔的襟怀,也使鲁迅的杂文在中国革命史、思想史上具有独特的、崇高的地位。

鲁迅还善于运用各种各样的抒情手段,造成丰富多变的抒情格调。单调总是和贫乏、低能伴随在一起的。正如鼓瑟弹琴,须切切操操、抑扬错落,才能悦耳动听、婉转有致;点墨绘形,须明暗相间,浅深搭配,才能色彩绚烂,赏心悦目。文学创作也是这样。

鲁迅就是一位能驾驭自如地表达自己感情的伟大作家。他内心中腾涌着的革命激情,总是随着客观题材的不同,而以不同的格调和色彩,摇曳多姿地体现在作品之中。

鲁迅杂文中的抒情,有时如奔突火山,迸发而出,如直流瀑布,宣泄而下,不可遏止。感情高亢、激越,给人的震荡强悍猛烈。作者在宣泄这样的感情时,常以放笔直书的写法,用激昂直率的语言、斩截简短的句子、讽刺尖刻的用语,造成一种咄咄逼人的气势。这样的抒情多在批驳某种谬论,怒斥某个论敌时使用。

例如:"好个'友邦人士'!日本帝国主义的兵队强占了辽吉,炮轰机关,他们不惊诧;阻断铁路,追炸客车,捕禁官吏,枪毙人民,他们不谅诧。中国国民党治下的连年内战,空前水灾,卖儿救穷,砍头示众,秘密杀戮,电刑逼供,他们也不惊诧。在学生的请愿中有一点纷扰他们就惊诧了!"

"好个国民党政府的'友邦人士',是些什么东西!"(《"友邦惊诧"论》)

又如:"我们目下的当务之急,是:一要生存,二要温饱,三要发展。苟有阻碍这前途者,无论是古是今,是人是鬼,是《三坟》《五典》,百宋千元,天球河图,金人玉佛,祖传丸散,秘制膏丹,全都踏倒他。"(《忽然想到五·六》)

作者迭连用了那么多斩截简短的句子或短语,造成了一种激昂陈辞、气势逼人的格调,从而表达出作者慷慨激越、怒火中烧的感情。

鲁迅杂文中的抒情,有时又如清泉流水,细渡微澜,百回千转,绵绵不止。在幽婉、细密的格调中,露出深情。这种抒情常用于作者叙今昔,道故旧,写对挚友的怀念,话对往事的追忆。作者在抒发这样的感情时,常用回环的叙述、舒缓的节奏、隽永的语言,造成一种浓郁的诗意。

如在《忆韦素园君》一文中,叙写韦素园的特点:"他太认真;虽然似乎沉静,然而他激烈。认真会是人的致命伤的么?至少,在那时以至现在,可以是的。"

又回环往复地说:素园"并非天才,也非豪杰,当然更不是高楼的尖顶,或名园的美花,然而他是楼下的一块石材,园中的一撮泥土,在中国第一要他多。他不入于观赏者的眼中,只有建筑者和栽植者,决不会将他置之度外"。

通过这样婉曲、回环的叙述,把对挚友的深情怀念,充溢于作品之中,令人十分感动。

鲁迅杂文中还有一种抒情,似深山幽谷,含蕴深厚。作者抒发这样的感情时,常用含而不露的写法,语言凝炼而深婉,沉郁而顿挫,有时还故意用些反语,表达自己的一腔激愤,这样的抒情多用于解剖自己的思想,抒写自己久郁在胸的愤懑。

如《答有恒先生》中,作者解剖自己沉默的原因和思想变迁的路径,一是"我的一种妄想破灭了。我至今为止,时时有一种乐观,以为压迫、杀戮青年的,大概是老人。……现在我知道不然了,杀戮青年的,似乎倒大概是青年,而且对于别个的不能再造的生命和青春,更无顾惜";二是"我现在发现了,我自己也帮助着排筵宴"。

这些,无疑是作者长期思考之所得,久结在胸,所以话语一出,似有千钧重量,而又不放笔直书,却是欲言又止:

"这种变迁的径路,说起来太烦,姑且略掉罢,我希望自己将来或者会发表。"

"我这回自己说一点,当然不过一部分,有许多还是隐藏着的。"

显示出作品的蕴藉无穷,含蓄深厚。在抒写难以直抒的激愤时,又常用些反语:

"但我也在救助我自己,还是老法子:一是麻痹,二是忘却。"

说想用麻痹和忘却救助自己,一则显示出现实不能使他麻痹和忘却,所以他才极力劝慰自己要麻痹和忘却;二则说明,面对现实的种种黑暗,不麻痹和忘却,就不足以救助自己。这样的反语,显示出作者淤结在胸的是多么深广的激愤。

鲁迅杂文抒情的另一大特色是:内热外冷,寓热于冷。作者常常把激荡的感情热潮,裹在冷峭的外壳之中。从表面上看,鲁迅的杂文,常常不过是客观而平静的叙述,是冷言冷语的尖刻讽刺。然而,掩卷之后,我们又会感到作者在平静的叙述中,在冷峭的言语间,汹涌着巨大的热潮,激荡着感情的风暴,正是由于感情强烈到白热化的程度,往往才以相反的形式表现出来。郁达夫在论述鲁迅作品的时候曾说:"在鲁迅的刻薄的表皮上,人只见到他的一张冷冰冰的青脸,可是皮下一层,在那里潮涌发酵的,却正是一腔沸血,一股热情。"[5]鲁迅自己着意把自己的杂文集命名为《热风》,也是对歪曲或误以为他的杂文只是冷嘲的人们的驳斥。

鲁迅杂文抒情的这一特色是时代使然。在早期,他的杂文受到辛亥革命前后到五四时期时代气氛的影响,较多地表现为慷慨激昂,热情外露,犹如他自己所说:"这真好像是'乳犊不怕虎',乱攻一通,虽然无谋,但自有天真存在。"[6]随着五四文学革命阵营的分化,随着二三十年代反动压迫的逐日加紧,鲁迅杂文在风格上愈来愈趋于冷隽、深沉。这绝非意味着作者战斗意气的消沉,而是斗争环境使他更加坚韧。作者激昂的热情披上了一层冷峭的外衣,表现为一种热到发冷的热情。

寓庄于谐的讽刺格调

"寓庄于谐"的讽刺格调，是鲁迅杂文风格上的又一特色。常常有这样的情况：人们读鲁迅杂文的时候，被作品描写的幽默、诙谐或讽刺的辛辣所吸引，情不自禁地莞尔失笑甚至躬腰捧腹起来。而笑过以后，又蓦然感到蕴蓄于作品中作者的辛酸、痛苦和悲愤，伴随而来的是同情或憎恶，甚至是怒火，是激愤。别林斯基在论述果戈理小说的时候曾经说过：果戈理君的中篇小说显著的特色是"以愚蠢开始，接着是愚蠢，最后以眼泪收场"。这些小说都是"开始可笑，后来悲伤"，"这里有着多少诗，多少哲学，多少真实"！[7]鲁迅在论述契诃夫的《坏孩子和别的奇闻》的时候，也曾指出：这些作品"没有一篇是可以一笑就了的。""它不是简单的只招人笑。一读自然往往会笑，不过笑后总还剩下些什么，——就是问题。"[8]鲁迅的杂文也是这样。鲁迅借助他那天才的、讽刺家的才能，把生活中丑恶的东西，不留情面地揭露出来，给予辛辣的嘲笑和无情的抨击，在引读者发笑的同时，使读者感受到艺术的美，同时思想上受到教育。

鲁迅在他的杂文中是怎样运用讽刺艺术的呢？

一下子撕去丑恶事物上面好看的外衣，赤裸裸地显露出它们的本来面目，这是鲁迅杂文讽刺艺术的基本特征之一。

好的讽刺应该是写实。然而在现实生活中，实情往往被掩盖着，丑恶的事物常常披着华美的外衣。把丑强装成美的现象，便构成讽刺的基础。讽刺家的任务就在于剥开假象，显露出丑恶事物的原形。鲁迅最善于在人们司空见惯，而实际上却是装丑为美的平凡现象里，摄取讽刺的题材，以快刀斩乱麻的爽利揭出丑恶事物的本来面目，把它们的可笑、可鄙、可憎之处明白地指示给读者。鲁迅在《论语一年》中曾经这样称赞肖伯纳说：对于那些披着绅士、淑女外衣的蛆虫们，肖伯纳"使他们登场，撕掉了假面具，阔衣装，终于拉住耳朵，指给大家道，'看哪，这是蛆虫！'连磋商的工夫，掩饰的法子也不给人有一点"。鲁迅采用的，正是这样的方法。

自古以来，反动统治阶级残酷地剥削压榨人民，却又总是制造种种理论，阐明剥削制度的合理，使劳动人民承认自己理应被吃，心甘情愿，誓死不二。鲁迅在《夏三虫》这篇五、六百字的短文里，以讨厌的蚊子和可恶的苍蝇作比，斩截明快地指出：古今统治者其实是些连苍蝇、蚊子也不如的蛆虫们。因为蚊子、苍蝇们，虽然吃人或要在美的、干净的东西上拉些蝇屎，但还不至于欣欣然反过来嘲笑这东西不洁，总要算还有一点道德的。又如：在上世纪二三十年代的中国文坛上有一些反动的和资产阶级的文人，为反动派帮忙帮闲，或充当着为反动派维持治安的刽子手或皂隶，或为反动派尽着送丧的任务，或似资本家的乏走狗，这些人又无不披着种种好看的外衣，如文人、学者、教授、大师等。鲁迅在一系列杂文中撕其画皮，揭露其帮闲法、登龙术，使他们在读者面前，一下子显露出本来面目，连磋商的工夫，掩饰的法子也不留一点。

鲁迅杂文讽刺艺术的另一个特色，是旨微而语婉。鲁迅在《中国小说的历史的变迁》中说："讽刺小说是贵在旨微而语婉的，假如过甚其辞，就失了文艺上底价值。"在杂文的写作上，鲁迅一贯主张：战斗的作者应该注重论争，倘因情不可遏而愤怒或笑骂时，也必须止于嘲笑，止于热骂，要嬉笑怒骂，皆成文章。

在讽刺艺术的领域里，最忌的是轻薄、猥亵，词意浅露。常常有这样的情况，有的作者，声嘶力竭地挖苦谩骂，结果不惟不能引起读者感情上的共鸣，倒恰恰露出自己浅薄、平庸的本色。而另一作者，无一贬词，无一鄙语，不流轻薄，不涉猥亵，闲闲写来，却以其讽刺与鞭挞正中论敌，使读者在不经意中受到莫大教育，引起共鸣。这就是轻僡和讽刺、浅露与婉曲在艺术效果上区别之所在。鲁迅在批评《钟馗捉鬼传》这部小说时也曾指出：其"词意浅露，已同谩骂，所谓'婉曲'，实非所知"。故说它称不上是"讽刺之书"[9]。鲁迅的杂文不是这样。他的杂文虽然"也照秽水，也看脓汁，有时研究淋菌，有时解剖苍蝇"[10]，然而却不坠轻薄，不涉鄙语，旨微而语婉，嬉笑怒骂，皆成文章。

鲁迅杂文的讽刺所以能"旨微而语婉"，一则，作者用摆事实、讲道理的办法，把生活中不合理的事实，或某些事物的现象和本质自相矛盾的情况,用白描的手法,不加雕饰地比列出来,使之情伪毕露。如《学生与玉佛》,作者把国难声中国民党报刊上的两则新闻,如实地引录下来,一是反动派仓皇地将古物南迁;一是反动当局下令不许大学生妄自惊扰,放假逃难。这事实本身就带着如此大的讽刺色彩,把它比列出来,不需多加评述,就能对国民党反动派对外实行不抵抗政策,对内视人命如草芥的嘴脸,给予辛辣的嘲讽。

再则,借助广博、丰富的历史知识和社会知识,通过饶有趣味地讲述历史故事或生动贴切的比喻,来讽刺现实生活中的某些丑恶现象,尖锐辛辣又妙趣横生。《病后杂谈》一文,鲁迅讽刺的是买办资产阶级文人林语堂之流鼓吹的"雅""性灵"等麻痹人民的谬论,但通篇文章都是饶有风趣地讲述历史故事,讲明清统治者如何凶残无道,封建士大夫又是如何从血泊里寻出"闲适"来,以掩盖统治者的暴行,借历史故事深刻地讽刺了当时的现实。《春末闲谈》一文,作者讽刺了统治阶级维护自己的统治而奴役和麻痹劳动人民的丑行,用的是极生动、贴切的比喻,即细腰蜂用神奇的毒针去麻痹青虫的运动神经,致青虫于不死不活状态。鲁迅指出:人类的统治者其实也是希望自己能有细腰蜂般的毒针,使被统治者处于不死不活状态。这样他们对统治者既可贡献玉食,又可服从作威。用生动有趣的比喻,深刻地讽刺了古今统治阶级。

三则,有时又借用征引的语言来进行讽刺。或征引古典:"非其鬼而祭之,谄也!"(《清明时节》)借以讽刺国民党反动派的文武官员们去祭扫文武周公及汉武帝陵墓的把戏。"'非礼勿视,非礼勿听,非礼勿言,非礼勿动',静静的等着别人的'多行不义,必自毙',礼也。"(《礼》)讽刺了国民党反动派对日本帝国主义实行不抵抗主义的政策。或引论辩对方的言论:"'除了万不得已之外','我希望'一个文人也不要化为'社',倘使只为了自吹自捧,那真是'就近又有点卑劣了'。"(《新化名法》)鲁迅用苏汶自己的话,来讽刺他化名出书而又吹捧自己的丑行。

鲁迅杂文的讽刺艺术还有一个特色,即在文章中运用的讽刺色调,因题而施,不拘一格,体现出作者对讽刺对象的不同感情色彩。或辛辣的讽刺,鲁迅用这样的讽刺,痛快淋漓地将敌人丑恶的本质,揭示在读者面前。这样的讽刺是无情的、锋利的,具有摧毁性的力量。它所引起读者的笑,是仇视、憎恨的冷笑。在笑的同时,激起人们对黑暗势力的憎恶,鼓舞人们进行庄严的斗争。这样的讽刺,一般是对准政治上的反动、黑暗势力。如《"友邦惊诧"论》《我们不再受骗了》《答托洛斯基派的信》《夏三虫》等。或冷峭的讥嘲,用嘲谑、俏皮、含而不露的语言,把能暴露被揭露者丑态的、具有戏剧性的情节表述出来,使其"刻露而尽相"。这样的讽刺,多对准反动派的御用文人。如《知难行难》《好政府主义》《言论自由的界限》等。或轻松的讪笑,它不像第一种讽刺那么锋利泼辣,也不若第二种讽刺那么冷峭、尖刻,笔调较为舒缓轻松,但嘲讽、讥笑的意味还是溢于言表。作者用这样的讽刺多不是对着政治上的敌人,而是对着社会生活中的怪现象和文坛上的丑闻轶事,通过讽刺,引起人们对讽刺对象的厌恶、轻蔑、鄙视。如《唐朝的盯梢》《以脚报国》《登龙术拾遗》《各种捐班》等。或带着善意的揶揄,它不怀敌意或轻蔑,而是通过讽喻来劝诫,引起讽喻对象的警觉。它所嘲笑的是被讽者的缺点和不觉悟,目的是使他们抛去缺点,提高觉悟。这种揶揄的对象,一般都是人民自己,它所引起读者的,是同情、惋惜、善意的笑,或者说是一种含着泪的微笑。如《娜拉走后怎样》《上海的少女》以及在革命文学论争中对创造社、太阳社批评的一些文章。

此外,鲁迅杂文中,在叙事、议论时又常杂以诙谐、幽默、风趣的笔致,使作品在庄重之中时有风趣间出。

舒卷自如的章法结构

鲁迅的杂文在经营结构,布局谋篇方面,也因题而施,不拘一格。每篇杂文采取哪种结构方式,都经过精心的选择,严格地服从着内容的需要,不主故常,不落陈套。大体上来说,鲁迅杂文的结构,有如下几种情况:

一类杂文,结构布局严谨简炼,在主题的贯串下,层次井然,逻辑严密,首尾呼应,无懈可击。鲁迅大多数杂文都属这类情况。如:《论"费厄泼赖"应该缓行》《"丧家的""资本家的乏走狗"》《门外文谈》《拿来主义》等。

一类杂文，表面上看是信笔写来，援古例今，谈天说地，好似拉杂而下，实则形散而神不散，始终一线贯串，不离主旨，如：《忽然想到》《马上日记》《病后杂谈》《题未定草》等等。

还有一类杂文，章法结构不拘成法，敢于创新立异，独辟蹊径。有的直截了当地回答或声明某个问题，如《答国际文学社问》《答北斗杂志社问》《青年必读书》《在上海的鲁迅启事》等。有的剪贴或摘引报刊杂志上的奇文，加以简短的按语，讽刺或抨击某种事物，如《立此存照》《匪笔三篇》《某笔两篇》等。有的模拟社会上的某种谬论，加以比列，不着一语，而丑态尽露，如：《论辩的灵魂》《牺牲谟》《评心雕龙》等。

鲁迅的杂文在结构上绝无平板单调之嫌。他总是用纵横多变的笔势，使文章起伏层出，波澜迭起，形成错综变化、千姿百态的结构。数千字的长文固不必说，几百字的短篇也莫不若此。

鲁迅在结构他的杂文时，运用艺术的辩证规律，造成文章的波澜。他常常在杂文中用欲抑故扬或欲扬先抑的相反相成的方法，使对立的两个方面，相互比较，相互映衬，使之相映成趣、相得益彰，造成强烈的艺术美感，如《为了忘却的记念》一文，从标题就强调"为了忘却"，开篇第一段又说："我很想借此算是竦身一摇，将悲哀摆脱，给自己轻松一下，照直说，就是我倒要将他们忘却了。"结尾与开头相互呼应，再次强调："夜正长，路也正长，我不如忘却，不说的好罢。"这样反复再三强调"为了忘却"，正从相反的方面表明烈士们的牺牲，实在给作者的心灵上留下了难以忘却、无可摆脱的悲愤。《作文秘诀》一文，为了指出作文本无秘诀，却用欲抑故扬的笔法从相反的方面对所谓的"秘诀"，大加铺陈，大加渲染：先讲拳师的秘诀，继述医生的秘方，厨子的秘法，开点心铺子的秘传，以至关于国家大事的秘密。至此，似乎作文也必该有秘诀的了。然而，笔锋一转，却写了作文"偏偏并无秘诀"，以这样的相对比较，形成了文章的第一个波澜。继而，又用欲抑又扬、一扬再扬的手法，渲染了作古文的秘诀，即通篇都有来历，而非古人的成文；修辞上则"一要朦胧，二要难懂"，述说了人们惯用朦胧术去掩丑的心理，和对"难"无端崇拜的脾气，从相反的方面阐明这样的作文秘诀，只是一种骗人之术而已。铺叙至此，作者笔锋再转，指出"'白描'却并没有秘诀。如果要说有，也不过是和障眼法反一调，有真意，去粉饰，少做作，勿卖弄而已"。形成了文章的又一层波澜，又一个顿挫。

鲁迅也常运用正衬的笔法造成文章的波澜。如《夏三虫》一文，虽六、七百字，却写得那么曲折有致，蕴藉无穷。作者先写跳蚤的吮血，一声不响，就是一口，何等直截爽快；继写蚊子，在叮人之前，"要哼哼地发一篇大议论"，使人殊觉讨厌；再写苍蝇嗡嗡地闹了大半天，却只舐一点油汗，只添一点腌臜，更招人厌烦。至此，作者又叙一笔。即或最令人厌恶的苍蝇，也还不至于"在好的，美的，干净的东西上拉了蝇屎之后"，还"欣欣然反过来嘲笑这东西的不洁"，比之"古今君子"，总还算有一点道德的。这就以令人厌恶的物事，从正面更加衬托出古往今来吃人的统治阶级，是怎样的连禽兽、昆虫也不如。

有人说：在艺术作品中，好的开头，有如青云初展、鲜花含露，叫人一见钟情；好的结尾，有如咀嚼干果、品尝香茗，令人回味再三，首尾照应，相映生辉，则更得艺术之三昧，臻结构之佳境。这确是艺术上的悟道之言。

然而，所谓好的开头，绝不是攀奇就怪，故作惊人之语，倒往往趋于简朴、平淡，在平淡简朴中自有一种慑人的魅力。鲁迅杂文的开头正是这样。如："中国的无产阶级革命文学在今天和明天之交发生，在诬蔑和压迫之中滋长，终于在最黑暗里，用我们的同志的鲜血写了第一篇文章。"（《中国无产阶级革命文学和前驱的血》）何等简洁地概括了全篇的主旨，是通篇文章的纲。而"'靠天吃饭说'是我们中国的国宝。"（《"靠天吃饭"》）"'揩油'是说明着奴才的品行全部的。"（《"揩油"》）则又一句话就树起了批判的靶子，引起了下面的全篇议论。"我觉得中国有时是极爱平等的国度。有什么稍稍显得特出，就有人拿了长刀来削平它。"（《徐懋庸作〈打杂集〉序》）这开头，为全篇奠立了哲理的基础，让人读到下文时，愈体味到开头那含蓄不尽的深意。"我也还有记忆的，但是，零落得很。我自己觉得我的记忆好像被刀刮过了的鱼鳞，有些还留在身体上，有些是掉在水里了，将水一搅，有几片还会翻腾，闪烁，然而中间混着血丝，连我自己也怕得因此污了赏鉴家的眼目。"(《忆韦素园君》)这个开头,定下了全篇的抒情基调,令人预感到下面的回忆,熔凝着作者深挚的情感。

鲁迅杂文的开头,看上去很朴实,很平淡,实际上却有一种摄人的艺术魅力,在平淡中见精粹,在朴实中有深意,它们在作品的结构中起着提纲挈领的作用,并能让人顾盼生情,爱不忍释。

中国的传统艺术,很讲求结尾处的余音,韵味。鲁迅杂文的结尾就有一种蕴蓄无穷的艺术力量,启人深思,耐人吟味。

有的杂文,通篇所述,似与主题无关,至结尾处,闲闲点化一笔,便与主题巧妙地勾联起来,起到画龙点睛的作用。如《现代史》,全文写看变戏法,结尾才点化出:"到这里我才记得写错了题目,这真是成了'不死不活'的东西。"一笔点明了主题。

有的杂文结尾用满蕴哲理的文字,对全文加以概括、总结,不仅升华了文章的思想,又给读者留下盎然的余味。如《赌咒》一文的结尾:"你知道现在是什么时代!现在是盗也摩登,娼也摩登,所以赌咒也摩登,变成宣誓了。"《寻开心》一文的结尾"'玩玩笑笑,寻开心',就是开开中国许多古怪现象的锁的钥匙。"

有的杂文,全篇叙述在此,而实际意义在彼,也只借助结尾加以表明。如《捣鬼心传》,全篇叙捣鬼之术,结尾才阐明,"捣鬼有术,也有效,然而有限,所以以此成大事者,古来无有"。

还有的杂文,结尾给读者留下了丰富的联想天地,如:"帮闲的盛世是帮忙,到末代就只剩了这扯淡。"(《从帮忙到扯淡》)"我们活在这样的地方,我们活在这样的时代。"(《〈且介亭杂文〉附记》)

总之,鲁迅杂文的结尾几乎都是那么蕴藉无穷,大有"意到处言不到,言到处意不尽"之趣。

注释:
1 转引自朱熹《朱子语类》卷八。
2 《且介亭杂文·序言》。
3 《小品文的危机》。
4 《中国新文学大系小说二集序》。
5 《中国新文学大系·散文二集导言》。

6《集外集·序言》。
7《论俄国中篇小说和果戈里君的中篇小说》。
8《〈坏孩子和别的奇闻〉前记》。
9《中国小说史略》。
10《做"杂文"也不易》(集外集拾遗补编)。

(载《南开学报》1981年第5期)

3. 浅探鲁迅杂文对中国古典散文传统的继承

读鲁迅杂文，犹如到了一个浩瀚无边的汪洋大海，其所容之博大深厚，其景色之奇伟瑰丽，都令人感到目不暇给，难以尽览。然而这大海，却是广汇众流集聚而成，人类一切优秀的文化遗产，都是鲁迅创作的重要源流。

然而，作为中国古代散文发展到"五四"以后的一脉支流，鲁迅的杂文，更集中、更突出地继承了中国古代散文的优秀传统。

鲁迅的杂文，在思想上继承了中国古典散文忧愤深广、有所为而发的战斗传统；在风格上继承了中国古典散文平实朴素、"提炼如不炼"，寓庄于谐、形象而风趣的美学传统；在语言使用上，继承了中国古代散文简炼、准确，讲究形象美、色彩美、音乐美等语言表达上的优秀传统。

一、忧愤深广　有所为而发

我国古典散文，滥觞于先秦时期。这个时期出现了我国散文发展史上第一个辉煌的高峰，产生了一批有影响的历史散文和诸子散文。而历史散文和诸子散文，都是适应当时社会经济的发展，诸侯间的激烈争战，社会矛盾的不断深化，用文学的形式总结成败兴亡的历史经验，表述各派的政治见解——即适应着现实斗争的需要而产生的。先秦时期的散文作家们，或要捍卫儒家的道统，或为抒发自己的激愤，或因屡谏朝政不听，愤而著书，因而，他们的作品多感情恣肆，慷慨激愤，气势磅礴，富于论辩锋芒。正如司马迁曾总结的："昔西伯拘羑里，演《周易》，孔子厄陈、蔡，作《春秋》，屈原放逐，著《离骚》，左丘失明，厥有《国语》，孙子膑脚，而论《兵法》，不韦迁蜀，世传《吕览》，韩非囚秦，《说难》《孤愤》，诗三百篇，大抵圣贤发愤之所为也。此人皆意有所郁结，不得通其道也，故述往事，思来者。"[1]由此可见先秦时期，就已奠定了我国散文忧愤深广、有所为而发这一优良的战斗传统。

此后，历代优秀的散文，无不承继了这个优良的传统。西汉时期最重要的散文作品司马迁的《史记》，是作者惨遭李陵之祸、忧于缧绁之后的愤激之作，所以作者针对现实，述往事思来者，借助史传文体，吐露了一腔的忧愤。正始时期优秀的散文作家阮籍、嵇康，敢于蔑视虚伪的礼法，"非汤武而薄周孔"，他们用散文抒发了自己愤世嫉俗、鄙薄邪佞的忧愤感情，表达了敢于向旧礼法挑战，敢于嘲弄官场权贵的大无畏战斗精神。韩愈、柳宗元散文中最有价值的部分，也是他们那些针对现实，针对昏君暴政，抒发自己忧思愤懑的"不平之鸣"。近代大散文家章太炎，用散文宣传革命民主主义的政治主张，表达强烈的忧国排满思想，鲁迅称赞他的文章"所向披靡，令人神往"。又说"战斗的文章，乃是先生一生中最大最久的业绩"[2]。正是由于战斗精神的相印，鲁迅在思想上、文学上都受章太炎直接较大的影响。

总之，有所为而发，深广的忧愤，正是我国古代优秀的散文作家们相承的传统，体现在他们的作品中，无不具有强烈的战斗精神，正如鲁迅所论述的："小品文的生存，也只仗着挣扎和战斗的。"它们，"必须是匕首，是投枪，能和读者一同杀出一条生存的血路的东西"[3]。

鲁迅的杂文继承了我国古典散文这个优秀的传统。早年的鲁迅正是因为痛感于祖国"如同隆冬，没有歌唱，也没有花朵"[4]，为要冲破这令人窒息的寂寞，才弃医从文。他怀着对祖国的满腔忧思，拿起杂文这个武器，希望用自己战斗的呐喊，"起国人之新生""破中国之肖条"。他用杂文抒写自己反帝爱国的情怀，呼唤精神界战士的产生，探索中华民族自立于世界民族之林的道路，批判妨害民族发展进步的各种谬论。"五四"以后，深广的忧愤更使他一发而不可收，他写了大量的杂文，猛烈地抨击戕杀中国人民的封建伦理道德，热情地鼓吹为冲决一切封建的网罗而反抗战斗，抨击帝国主义者的侵略罪行，戳穿形形色色反动文人为其主子张目的行径，充分发挥了杂文这种文体战斗的武器作用。当一些人"奉劝"鲁迅应该"带住""不要再混斗"下去，不然就会"失了大学教授的体统"，鲁迅当即指出："我自己也知道在中国，我的笔要算较为尖刻的，说话有时也不留情面。但我又知道人们怎样地用了公理正义的美名，正人君子的徽号，温良敦厚的假脸，流言公论的武器，吞吐曲折的文字，行私利己，使无刀无笔的弱者不得喘息。倘使我没有这笔，也就是欺侮到赴诉无门的一个；我觉悟了，所以要常用，尤其是用于使麒麟皮下露出马脚。"[5]愤激之情，溢于言表。上世纪30年代以后，当有些人，或则好意，或则别有用心地告诫鲁迅，不要只写这些骂人的杂感，要去创作托尔斯泰、莎士比亚那样伟大的创作时，鲁迅毅然回答："对于这样又有感想，对于那样又有感想，于是而时时有杂感，这的确令人讨厌的，但因此也更见其要紧。"[6]在给友人的通信里他说："写这些短评，正是为了适应社会的需要。""时势所迫，也无可如何。"[7]后期的鲁迅，面对着帝国主义的铁蹄蹂躏，面对国民党反动派的野蛮暴行，面对着反动势力对革命文化运动的残酷围剿，他把自己的一腔怒火和满腹忧愤，熔铸成为一把把匕首和投枪，射向敌人，射向国内外反动势力。

总之，斗争形势的需要，是鲁迅杂文产生的客观环境，深广的忧愤是鲁迅杂文得以产生的主观因素。正是在这样环境和条件下产生的鲁迅杂文，发挥了那样巨大的战斗作用。在那革命的转折年代，鲁迅的杂文是批判旧世界的最锐利的武器，是迎接新世界的最响亮的号角。在我国近现代的文学史上，像鲁迅杂文这样充分发挥了艺术的武器作用的，实在还是独一无二、没有任何其他作家的作品所能比拟的。

二、平实朴素 "提炼如不炼"

在长期的历史发展中，我国散文逐渐形成了另一个重要的传统，即：具有一种不假雕饰的平实朴素的美，对于这种美，各个时代的作家、评论家曾经用不少辞汇论述、赞美过，如朴淡，平淡，澹泊，简古，不隔，自然，质朴等等。

这个传统，早在先秦时期就已开始奠定。先秦的散文作家们都很注重文学的"致用"原则，主张"辞达而已矣"，反对"以文害用"。[9]诸子的散文正是他们这种文学主张的实践，他们的散文多有这种不假雕饰的、朴素自然的美。司马迁的史传文也具有这种平实朴素的风格，班彪父子就曾称赞过《史记》具有不事雕饰的实录精神，指出它"善序事理，辩而不华，质而不俚，其文直，其事核，不虚美，不隐恶，故谓之实录"[10]。

两汉和南北朝时期，文坛上盛行过追求辞藻的辞赋和骈文，但这并没有成为我国散文发展的正宗，刘勰的《文心雕龙》在抵制这种浮靡的文风方面，起过重要的作用。他力倡"为情而造文""要约而写真"的作品，摒斥"为文而造情""淫丽而烦滥"的著作。唐代的古文运动，也是为了反对那种追求形式、讲究藻饰的骈体文风，恢复注重内容的古文。唐代古文运动的主将、散文大家韩愈主张"惟陈言之务去"[11]。提倡"因事陈词""辞事相称"。他自己的散文在简洁朴素、流畅明快之中，洋溢着一种逼人的气势、论理的力量，给人以朴素的美感。唐代另一散文大家柳宗元在总结自己的创作经验时曾这样说："始吾幼且少，为文章以辞为工。及长，乃知文者以明道，是固不苟为炳炳烺烺务彩色夸声音而以为能也。"[12]足见早年柳宗元写文章也很崇尚华美的辞采，后来才懂得了文章是要"明道"，而不能以追求辞采和声律为能事，这，确是艺术上的悟道之言。

唐代以后，提倡创作上这种不待雕饰的平实朴素的美，在文学批评上已渐渐成为正统。唐代大诗人李白曾称赞韦良宰的诗为"清水出芙蓉，天然去雕饰"[13]。司空图则称赞王维、韦应物的作品"澄澹精致，格在其中"，提出诗人应该追求的是这种"近而不浮，远而不尽"[14]的艺术境界。清朝人许印芳又对司空图所说的"澄澹精致"作了进一步的阐释，说："人但见其澄澹精致，而不知其几经淘洗而后得澄澹，几经熔炼后得精致。"[15]从理论上进一步阐明了这种平实朴素的美是经过千锤百炼，苦吟而后得的。

宋代以后，唐代所形成的这个美学传统被继承下来，并有所发展。欧阳修曾批评那种一味铺排辞藻，"由磨饰染濯之所为"而成的文章毫不足取，他自己的散文风格则明白晓畅，平易浅近，气度从容。他的《醉翁亭记》朴素自然而情味隽永，被历代所称颂。苏轼也很称赏那些"高风绝尘"，外平淡而中纤浓的艺术创作，他称赞韦应物、柳宗元的作品"发纤浓于简古，寄至味于澹泊"。[16]苏轼给他侄子的家书中曾说"大凡为文，当使气象峥嵘，五色绚烂，渐老渐熟，乃造平淡"。[17]这正体现了他自己艺术创作上的经验之谈，是极有见地的。苏轼自己的诗文完全扫荡了浮华雕琢的唯美主义文风，达到了汪洋恣肆而又朴素裕如的地步，正如他自己所说："吾文如万斛泉源，不泽地而出……，常行于所当行，常止于不可不止，如是而已矣。"[18]即舒卷自如，而不囿于雕字琢句。

明清以后的诗文论著，对于这个审美传统又多所发挥。袁枚进一步总结了创作中"朴"与"巧""淡"与"浓"，自然与雕饰之间的辩证关系，指出："诗宜朴不宜巧，然必须大巧之朴，诗宜淡不宜浓，然必须浓后之淡。"[19]这一说法准确、精炼地道出了艺术创作的规律。刘熙载在《艺概》中又有相似的论述，他说："古乐府至语本是常语，一经道出，便成独得，词得此意，则提炼如不炼，出色如本色，人籁悉归天籁矣！"[20]林纾也说文章"洗伐到精粹处，转归平淡，浅人以平易为平淡，便不是矣"[21]。

综上所述，两千多年以来，我国散文在发展中形成了这样一个优秀的传统，即，讲求那种不待雕饰的、平实朴素的美。唐以后更从文学理论上对这一传统加以总结，加以阐发。这样的美学理论，又反过来促进了作家们对这种审美趣味的追求，使我国散文形成了独特的民族风格和民族气派。古典艺术理论还进一步指出这种平实朴素、不待雕饰的自然美的取得，是艺术上千锤百炼的结果，是艺术家们惨淡经营的结果，是"成如容易却艰辛"的。

鲁迅深谙这一艺术规律，他从中国古典散文中继承了这个优秀的传统，并进行了创造性的发挥。鲁迅的杂文在平实朴素中透露出锋利与泼辣，透露出精辟与深刻，透露出作者那精湛纯熟的艺术技巧，显示出作者那种"大巧若朴""提炼如不炼"的艺术功力。鲁迅的杂文，无论是战斗锋芒很强的论辩文，还是感情炽烈的抒情文，抑或是论理透辟的说理文，看上去写得都是那么朴素、平淡、不事纷华，好像字字都是沛然从肺腑中流出，毫无雕饰斧凿、修章琢句的痕迹，但在这朴素、平淡、自然之中却令读者感到这些作品真是朴中有灵、平中有奇。如果作者没有纯熟地驾驭语言艺术的功力，没有在艺术锤炼上达到炉火纯青的地步，达到这样的艺术境界是绝无可能的。

战斗锋芒很强的论辩文，如《答托洛斯基派的信》：

"你们的'理论'确比毛泽东先生们高超得多，岂但很多，简直一是在天上，一是在地下，但高超固然是可敬可佩的，无奈这高超又恰恰为日本侵略者所欢迎，则这高超不免要从天上掉下来，掉到地上最不干净的地方去。"

都是常言俗语，却形成强烈的战斗锋芒！

感情炙烈的抒情文，如《为了忘却的纪念》，通篇都是质朴地记述作者与白莽、柔石等交往的情况，却感人至深，其中一段，如：

"在一个深夜里，我站在客栈的院子中，周围是堆着破烂的什物，人们都睡觉了，连我的女人和孩子，我沉重的感到我失掉了很好的朋友，中国失掉了很好的青年，我在悲愤中沉静下去了，然而积习却从沉静中抬起头来，凑成了这样的几句。"

没有一个造作的句子，没有一个冷僻的辞语，所用都是最普通的生活用语，却织成这样一篇艺术的典范、抒情的至文！

论理透辟的说理性杂文，如《二丑艺术》，作者揭示了这样深刻的道理："世间只要有权门，一定有恶势力，有恶势力，就一定有二花脸，而且有二花脸艺术。"而文章却是平凡地开头的：

"浙东的有一处的戏班中，有一种角色叫作'二花脸'，译得雅一点，那么'二丑'就是。他和小丑的不同，是不扮横行无忌的花花公子，也不扮一味仗势的宰相家丁，他所扮演的是保护公子的拳师，或是趋奉公子的清客。总之，身分比小丑高，而性格却比小丑坏。"

像是在叙家常，谈闲天，平易亲切，朴素无华，却论及那样深刻的哲理！

鲁迅的杂文，几乎篇篇都是这样，朴中有灵，平中有奇，看上去，很像是信笔所之，没有一字一句吃力，实际上篇篇都经过作者精心的构思，句句都显示出作者那纯熟的艺术功力。这种寓极灵于极朴，寓至奇于至平的艺术境界，充分显示出艺术大家的手法，也表现出我国散文的优良传统，确已被鲁迅继承下来，并发扬开去。

三、寓庄于谐　形象而风趣

中国古典散文,特别是说理性、政治性散文多庄中有谐,讲求风趣。它们很少枯燥的论理、说教,却常常是借助生动的形象、有趣的比喻,去抨击某个对象或阐明某种道理,以达到褒扬贬抑的教育目的,因而中国古典说理性、政论性散文,往往都带有很强的形象性、文学性,具有巨大的艺术感染力。

先秦的散文即具有这样的特点。《孟子》善用生动贴切的比喻来论辩某些道理,《孟子》全书使用了100多种譬喻。这些譬喻不仅增加了文章的诙谐风趣,还把许多深刻的道理借助人们容易感受的直觉形象,鲜明而简练地表现出来,加深了读者的印象。《庄子》散文运用的比喻、想像更加丰富优美,有的还运用寓言故事进行比喻,如用"庖丁解牛"的故事,比喻人们应该掌握事物的规律,才能做到干事情得之于心而应之于手。用河伯见到大海望洋而兴叹的故事,比喻天地广阔,而人们眼界狭小。这些形象贴切的比喻,生动地阐明了深刻的道理,又赋予文章以极大的艺术感染力。

晋朝文人阮籍继承了先秦散文这一传统,他的散文善用比喻、寓言进行讽刺、说理。如他的著名文章《大人先生传》,把那些礼法之士喻为钻在人们裤裆里叮人吸血的虱子,说他们"逃乎深缝,动不敢出裤裆,自以为得绳墨也。饥则啮人,自以为无穷食也",讽刺辛辣而又意趣横生。

唐朝柳宗元也写过不少这类讽刺辛辣的散文。如《蝜蝂传》借一个贪得无厌、负物不止,终于累死的小虫。讽刺了那些"日思高其位,大其禄"、搜刮不厌的统治阶级,揭示出他们"虽其形魁然大者也,其名,人也,而智则小虫也"。《三戒》是对那些恃强而暴的统治者和狗仗人势的帮凶的讽刺。如临江之麋,恃主人保护而与犬嬉,终被犬伤身。黔驴,技穷而虚有其表,终被虎吃掉。永州某氏徙居后,其鼠仍盗暴不已,终被歼灭。作者用这些有趣的寓言,讽刺了那些恃宠骄横、不学无术的权贵和奴才们,在生动与风趣中寓含着辛辣的讽刺和深刻的道理,趣味隽永,很耐寻味。

晚唐期间陆龟蒙，也是善写小品的一位散文作家。他的文章常用寓言色彩的故事或幽默风趣的比喻，讽刺昏暗腐败的统治阶级。如《记稻鼠》一文，把统治集团的官吏喻为偷吃粮食的老鼠。晚唐另一作家罗隐，也常用生动的比喻文字，抨击统治者。

对于中国古典散文这种寓庄于谐、形象而风趣的传统，清朝桐城派文人刘大櫆在《论文偶记》中曾予以理论上明确的总结，他说："理不可以直指也，故即物以明理；情不可以显言也，故即事以寓情。"又说："即物以明理，庄子之文也。"明确指出：庄子以来的散文，就有着"即物以明理"的传统，并把它作为散文创作应遵循的规律，提了出来。

鲁迅的杂文，明显地继承了中国古典散文这个优良的传统。他的杂文不管是论及多么重大严肃的主题，阐述多么深奥的哲理，都不是空疏肤阔地推理说教，而常常借助某种生动有趣又具有艺术概括力的形象表现出来，从而使这些道理通过那些直接易感的形象，很容易地被读者所理解、所接受，同时还给文章增添了不少风趣和活气。这就使鲁迅的杂文有别于一般的理论性文章，而成为一种艺术性很强的美文学。

如《春末闲谈》一文，作者提出了这样一个深刻而严肃的问题，即封建统治者的那些圣经贤传和一些御用学者文人编造的各种戒律训条，都不过是治服劳动人民的麻痹术，使受治者处于不死不活状态，以便使他们对统治者，既可贡献玉食，又可服从作威。对这样一个等级社会中严峻的阶级剥削的事实，鲁迅在杂文中是借助这样一个生动、有趣的形象加以比喻的：细腰蜂，即果蠃（蝇），用它神奇的毒针在小青虫的运动神经上一螫，即可使小青虫处于不死不活状态。这就使文章既具有深远的思想，又有了美妙的情趣。《一点比喻》里，作者把那些标榜为群众引路人的御用学者文人们，比喻为脖子上挂着小铃铎，能率领羊群走向死路的山羊；把上流社会的人们比喻为个个身上长着长刺的毫猪，他们彼此之间保持着一定的距离又可以任意刺着别人而取得温暖等等。总之，在鲁迅杂文中，那"折中、公允、调和、平正之状可掬"的"叭儿狗"，媚态的猫，哼哼地发了一大通议论才咬人一口的蚊子，嗡嗡地闹了大半天，才舐人一点油汗的苍蝇，拔着自己的头发想离开地球、焦燥着、仍离不开的人，这些生动而有趣的形象，在鲁迅笔下都已成为寄寓着某种深刻哲理、具有很大艺术概括力的典型，这就使鲁迅杂文严肃庄重的思想理趣，常寓于生动、风趣、诙谐的情趣之中，诚可谓庄中有谐、寓庄于谐。

四、语言准确精炼　诸美皆备

中国古典散文，很讲究锤字炼句，讲究语言的准确、精炼。上古散文的"竹简精精"，相传孔子修订春秋时以一字寓褒贬的"春秋笔法"，这些优秀的传统被我国历代散文家所继承和发扬。优秀的古典散文都讲究"篇中不可有冗章，章中不可有冗句，句中不可有冗语"[22]，有的文学批评家，更把"简"立为"文章尽境"。[23]

除简炼外，还有准确。"用词准确，字字皆安"，是我国古典散文锤炼语言的另一原则，讲究"文章到极妙处"要"一字不可移易"[24]，一字不可更迭。所等"推敲"，不独在诗的创作中这样要求，在散文的创作里，也十分重视。

此外，中国古典散文，又很讲究语言的各种美，诸如：形象美、色彩美、音乐美等。

语言的形象美。写景、记游的散文尚且不说，即使是议论事理的散文，也常运用语言创造出一种鲜明而生动的形象。如荀况的《劝学》："积土成山，风雨兴焉；积水成渊，蛟龙生焉；积善成德，而神明自得，圣心备焉。故不积跬步，无以至千里；不积小流，无以成江海。骐骥一跃，不能十步，驽马十驾，功在不舍。锲而舍之，朽木不折，锲且不舍，金石可镂。"全部是用形象化的语言，阐明学习必须长期坚持的道理，不仅思想上给人以深刻的启示，语言上也给读者以形象的美感。

语言的色彩美。许多古典散文，读后闭目凝思，犹如色彩斑斓的图画。如王羲之的《兰亭集序》，首段叙集合的地点、时间："此地有崇山峻岭，茂林修竹，又有清流激湍，映带左右，引以为流觞曲水，列坐其次，虽无丝竹管弦之盛，一觞一咏，亦足以畅叙幽情。是日也，天朗气清，惠风和畅，仰观宇宙之大，俯察品类之盛，所以游目骋怀，足以极视听之娱，信可乐也。"这里状物述景，都极富色彩，虽寥寥数行，胜似色彩绚丽的长卷。

语言的音乐美。中国古典优秀的散文，多语调铿锵，易于成诵。六朝文学批评家陆机提出"暨音声之迭代，若五色之相宣"（《文赋》）为创作原则之一。刘勰也把语言的声律美，视为评价文学作品的标准之一。古典优秀的散文，如范仲淹的《岳阳楼记》、周敦颐的《爱莲说》、苏轼的《赤壁赋》等都是兼有声律之美，读之琅琅上口的千古绝唱。

鲁迅杂文，继承了中国古典文在语言运用上的这些优良传统，并有所发展地形成他自己语言使用的独特风格。

鲁迅杂文的语言，简洁、凝炼。

鲁迅的杂文，一般地说篇幅都很短小，这除得力于他的深刻的思想，能一下子抓住事物的症结和要害外，另一重要原因，就是他的语言简洁、凝炼，包孕性很大。特别是到了后期，语言使用上的这个特色，更趋明显。如《伪自由书》《花边文学》《准风月谈》中的许多作品，都是六七百字的短文。像《天上地下》一篇，仅以国民党报刊上的两则新闻为例，尖锐地讽刺了反动派"先安内而后攘外"的卖国投降政策，可谓无一长字。

鲁迅还常常用很简洁、凝炼的语言，构成警语或格言式的句子，来表达极丰富的思想内容，如：

"石在，火种是不会绝的。"——《题未定草（六一九）》

"旧瓶可以装新酒，新瓶也可以装旧酒。"——《重三感旧》

"有缺点的战士，终究是战士，完美的苍蝇，也终究不过是苍蝇。"——《战士和苍蝇》

"言路的窄，现在也正如活路一样。"——《商定文豪》

这些语言简洁凝炼，含蓄，包孕性极大，虽只短短的一句话，却包含着深刻、丰富的思想和哲理。

鲁迅杂文的语言，准确，贴切。

他善于用准确、贴切的语言状物、叙事。如《夏三虫》中写蚤、蚊、蝇的吃人，所用语言各不相同：

"跳蚤的来吮血，……"

"蚊子便不然了，一针叮进皮肤……"

"苍蝇嗡嗡地闹了大半天,……只舐一点油汗……"

这些区分,实在贴切而又生动!

《一点比喻》中形容胡羊:

"通常,领的赶的多是牧人,胡羊便成了一长串,挨挨挤挤,浩浩荡荡,凝着柔顺有余的眼色,跟定他匆匆地竞奔它们的前程。"

这里的形容极为贴切、形象。

鲁迅又善于用准确、贴切的语言描述人的感情,如:《为了忘却的纪念》中:

"我知道这失明的母亲的眷眷的心,柔石的拳拳的心。"

眷眷,说明母亲念念不忘;拳拳,描绘出柔石的恳切诚挚,准确,贴切,二者不可更迭代替。

《这个与那个》中:

"我独不解中国人何以于旧状况那么心平气和,于较新的机运就这么疾首蹙额,于已成之局那么委曲求全,于初兴之事就这么求全责备。"

这里,对不同色彩感情的描述,极为恰切!

鲁迅杂文,在语言使用上,还继承了中国古典散文讲究语言形象美、色彩美、音乐美的优良传统。

他善于运用形象的语言来阐释问题,说明情况,表述感情。如:

"革命青年的血,却浇灌了革命文学的萌芽。"

——《中国文坛的鬼魅》

"现在的光天化日,熙来攘往,就是这黑暗的装饰,是人肉酱缸上的金盖,是鬼脸上的雪花膏。"

——《夜颂》

"我的记忆上,早又蒙上许多新鲜的血迹。"

——《白莽作〈孩儿塔〉序》

这些语言不仅鲜明生动地阐明了问题,描述出某种事理或情状,而且给读者以形象的美感。

鲁迅杂文的语言，又很富于色彩的美。如《秋夜纪游》中，这样描绘不同等级的人们的住所：

"中等华人的窟穴却是炎热的，吃食担，胡琴，麻将，留声机，垃圾筒，光着的身子和腿。相宜的是高等华人或无等洋人住处的门外，宽大的马路，碧绿的树，淡色的窗幔，凉风，日光，然而也有狗子叫。"

简直可以据以绘出两幅色彩各异，格调不一的画图。

《忆韦素园君》一文：

"记忆好像被刀刮过了的鱼鳞，有些还留在身体上，有些是掉在水里了，将水一搅，有几片还会翻腾，闪烁，然而中间混着血丝，连我自己也怕得因此污了赏鉴家的眼目。"

这些表达情感的文字，也是写得这样富于诗意，富于色彩。

鲁迅杂文，读起来声调铿锵，琅琅上口，具有语言上的音乐美。

如：

"我们目下的当务之急是：一要生存，二要温饱，三要发展。苟有阻碍这前途者，无论是古是今，是人是鬼，是《三坟》《五典》，百宋千元，天球河图，金人玉佛，祖传丸散，秘制膏丹，全都踏倒他。"

鲁迅杂文几乎篇篇都兼有声律之美，易于成诵。

总之，鲁迅杂文的语言，除具有上述简炼、准确，富有形象美、色彩美、音乐美等古典散文语言具有的传统特色外，还有锋利、泼辣、幽默、诙谐等特点，它们融合在一起，形成鲁迅杂文语言上独有的风格特色。这里，既是继承，又有发展和创新。

注释：

1 《史记·太史公自序》。

2 鲁迅：《且介亭杂文末编·关于太炎先生二三事》。

3 鲁迅：《南腔北调集·小品文的危机》。

4 鲁迅致青木正儿（1920、11、14）。

5 鲁迅：《华盖集续编·我还不能带住》。

6 鲁迅：《准风月谈·后记》。

7 鲁迅致增田涉（1933、3、1）。
8 《论语·卫灵公》。
9 《韩非子·外储说左上》。
10 班固：《汉书·司马迁传赞》，班彪：《史记略论》。
11 韩愈：《答李笠书》。
12 柳宗元：《答韦中立论师道书》。
13 李白：《经乱离后天恩　流夜郎忆旧游书怀赠夏韦太守良宰》。
14 司空图：《与李生论诗书》。
15 许印芳：《与李生论诗书跋》。
16 苏轼：《书黄子思诗集后》。
17 转引自周紫芝《竹坡诗话》。
18 苏轼：《文说》。
19 袁枚：《随园诗话》。
20 刘熙载：《艺概》。
21 林纾：《春觉斋论文》。
22 转引自林纾《春觉斋论文》。
23 刘大櫆；《论文偶记》。
24 同上。

（载《天津市语文学会 1982 年年会论文选》）

4. 鲁迅杂文美学特征断想

鲁迅杂文,令人百读不厌,堪称中国现代散文百花园中的一簇奇葩,它不仅思想上哺育了几代中国人民,而且在艺术上,以其感人至深的魅力,雄辩地证明,它不但已经进入文学的园囿,并且以其自身的繁荣,开拓和推动了中国现代散文的发展,丰富了中国现代美文学的宝库。然而,迄今为止,某些港台海外学者拒不承认杂文属于文学的范畴,竟然提出这样的咄咄怪论:"无论如何,杂文是不能算做文学作品的。"它"完全是政治斗争的工具",在这样的情况下,"陶冶性情"或"修身养性"乃至"怡情悦""杂文都是做不到的"。还说:"在中国新文学的第二个十年里,给予真正散文最大打击的是杂文,罪魁祸首乃是鲁迅。"[1]甚至国内某些人也认为,鲁迅杂文思想性固强,而给人于美的愉悦和享受不足。因而,研究鲁迅杂文的美学特征,从美学价值上阐明鲁迅杂文怎样体现了艺术的根本规律和特质,从而阐明鲁迅杂文如何在特定的历史条件下开拓了美文学的领域,仍是很有意义的一个课题。

一

艺术的本质在于以个别反映一般,以有限的艺术形象反映无限生活的宽广内容。因而这个"个别的""有限的"事物或形象,愈是蕴藉深厚,愈能深刻广阔地反映生活,愈能诱发读者去广泛地联想。从这一本质引发而来的、艺术的另外一个重要特征,在于通过艺术作品所描写的直接性的事物或形象,引导人们领悟到寄寓其中的间接性的思想和道理。惟其如此,才能调动艺术欣赏者的丰富想象,从艺术描写的事件或形象中领悟出丰富的"象外之致""文外之旨",不停留在作品表面的"象"和"文"上,而阻抑了艺术欣赏中想象翅膀的飞驰。

愈是体现了这样一些本质特征的艺术作品，其美学的价值也就愈高。因而，蕴藉深厚、旨意渺远就成为我国传统艺术在美学上的普遍要求。

鲁迅的杂文就具有蕴藉深厚、伏采稳发的艺术魅力。诵读鲁迅的杂文，我们常常会被作品那深厚的包含和渺远的旨意所吸引，唤起连翩的浮想和深长的思考，从而享受到艺术欣赏时的无限愉悦。

鲁迅杂文中所写的，往往看起来是生活中一些平常的、有形的事物，实际上作者经过严格的艺术开掘和提炼，以这些事物寄寓着生活中某些深刻的哲理。因而这些事物的意义已远远超越了它的本身，而成为带有普遍意义的某种艺术类型。阅读这些作品就能引导人们通过这些直接描写的事物而领悟到那蕴蓄于中的间接性的深刻哲理，这也就是鲁迅作品能够化平淡为神奇的奥秘。如《推》这篇杂文，作者借助报纸上所刊载的一则新闻：一个卖报的孩子，踏上电车的踏脚去取报钱，误踹住了一个下车客人的衣角，孩子跌入车下被车辗死。从这一具体的事件中，议论出这样抽象的哲理，即：住在十里洋场的上海"想不遇到这推和踏，是不能的，而且这推和踏也还要扩大开去，要推倒一切下等华人中的幼弱者，要踏倒一切下等华人"。这就隐喻了在旧社会，上层统治阶级对下层劳动人民广泛存在的无辜迫害，引导和启发读者在作品之外去进行广泛的联想，从而领悟出现实生活中某些深邃的哲理，这就使《推》这篇杂文区别于报刊上的新闻纪事，而成为寓有哲理情趣，耐人品味、咀嚼的艺术作品。《夜颂》这篇散文诗一样的杂文，鲁迅借写人们的言行在白天和黑夜常常显得两样，赞颂了那"普复一切人，使他们温暖安心，不知不觉的自己渐渐脱去人造的面具和衣裳"的暗夜，赞颂了它的诚实，抨击了装饰黑暗的、熙来攘往的光天化日，称它们是"人肉酱缸上的金盖，是鬼脸上的雪花膏"，鲁迅以这样直接性、有形的事物，寄寓了对一切装点和美化黑暗现实的反动势力的抨击，使读者受到思想上的启迪的同时，感受到作品笔墨之外的艺术趣味，满足了人们在艺术欣赏上反复回味、自由联想的心理要求，从而产生审美愉悦。

鲁迅在杂文中又常以婉曲的表现手法，达到艺术上的蕴藉之美。这婉曲的表现形式正如薛雪在《一瓢诗话》中所说的："其正处精神，多在侧处渲染，近处位置，又从远处衬贴。"直话易尽而婉道无穷，这是审美上的要求，人们厌弃那些直落浅露、一览无余的作品，而欣赏那些云龙藏影、欲露不露的艺术。鲁迅杂文正满足了这样的审美要求。如《新的女将》一文，开始写各种画刊、月刊、画报多女士照片，进而写："不料日本兵恰恰侵入了东三省，于是画报上就出现了白衣长衫的看护服或托枪的武装的女士们"，而"陈了多年的军人，一声鼓响，突然都变了无抵抗主义者"，于是造成了这种"雄兵解甲而密斯托枪"的富于戏剧性的局面。鲁迅对国民党反动派对日不抵抗、对内欺骗人民反动政策的辛辣嘲讽，不是直落落地表述的，而是从远处落笔，迂余曲折地表现出来的，所以使文章那么曲折有致、耐人诵读。《捣鬼心传》一文，开始写中国人很有些喜欢奇形怪状、鬼鬼祟祟的脾气，因而怪胎畸形就成为报纸的好资料，总结概括出："捣鬼精义在切忌发挥。"进一步又举《鬼趣图》及中华民国的宣布罪状大抵十条为例，阐明揭鬼之术在使事物浑沦、模糊，最后得出结论："捣鬼有术，也有效，然而有限，所以以此成大事者古来无有。"文章在叙写过程中欲露又隐地抨击了国民党反动派本无治国平天下的妙计，却总以捣鬼之术，宣扬他们似乎"自有治国平天下的妙法在"，主旨隐秘潜发，在侧处、远处多多渲染、衬贴，造成艺术上"深文隐蔚、余味曲包"的蕴蓄之美，给人以言不尽意、含蓄无垠的美学感受。

鲁迅杂文，还常常故意使用反笔来表达难于正面直说的思想和感情，造成文外曲致，激发人们在阅读之时，去探求那隐匿在表面文字背后的深邃的意蕴和激越的情感。《我要骗人》一文，作者说："为了希求心的暂时的平安，作为穷余的一策，我近来发明了别样的方法了，这就是骗人。"接着，作者又叙述了他怎样把一块钱交给募集水灾捐款的十二三岁的小孩子，怎样地换取这个孩子的称赞和高兴，然而他明明知道这些钱是不会到灾民的手里的，因为它"连给水利局的老爷买一天的烟卷也不够"。作者剖析了自己付一块钱的举动，不过是为了买得自己心的暂时的平安，买得天真烂漫的孩子的欢喜的"骗人"的行动，而且，现实的生活更使他"愈加恣意的骗起人来了"。从这故意使用的反语的叙述中，我们可以体会到作者那埋藏于衷的深广忧愤和对祖国命运的担心，对人民热爱的一腔沸血。这反笔的运用，大大增强了作品的蕴藉之美，诱发读者去体味，去领会那寄在作品笔墨之外的微情妙旨，使玩之者无穷，味之者不厌。《登错的文章》一文，作者说："印给少年们看的刊物上，现在往往见有描写岳飞呀、文天祥呀的故事文章。""不过这两位，却可以励现任的文官武将，愧前任的降将逃官，我疑心那些故事，原是为办给大人老爷们看的刊物而作的文字，不知怎么一来，却错登在少年读物上面了……"国民党反动派自己实行不抵抗的媚日投降政策，却虚伪地对青少年宣传岳飞、文天祥的事迹，以迷惑视听，欺世盗名，因而在给少年们看的刊物上，多有岳飞、文天祥的故事，这是客观事实，何错之有呢？鲁迅故意说这是"登错的文章"，实际上是以反笔讥讽了反动派的虚伪宣传，抨击了反动派实行不抵抗主义的现任的文官武将们，使文章增添了曲折、含蓄的艺术力量，别趣横生，妙味无垠。

应该说，鲁迅杂文造成蕴藉之美的这些手段，虽与小说、戏剧等其他艺术样式有所不同，但它们在审美规律上却有相通之处。即，作者把他的思想、倾向、对生活的本质认识，溶解在某些个别的直接性的事件或形象中，而这些个别的直接性的事件或形象，又足以使读者领悟到寄寓其中的间接性的深邃的思想或具有普遍意义的生活的哲理，造成一种寓意深远、隐秀蕴藉的艺术境界，诱引读者在艺术欣赏时产生广泛的联想、想象，从而激发起对作品反复玩索、再三体会的兴味，在尽享艺术欣赏时的愉悦和乐趣之中，得到思想上的启示。歌德说过："优秀的作品无论你怎样去探测，它都是探不到底的。"[2]蕴藉隐秀的美学特点，使鲁迅的杂文也像一座开掘无尽的矿藏，任你怎样开掘，都见不到底，这就是鲁迅杂文令人百读不厌的奥秘。

二

读鲁迅的杂文，我们还常常感受到一种艺术情趣诙谐的美，从而使人得到愉悦和休息。不言而喻，鲁迅的杂文，如果仅仅是板起面孔的论理、说教，道理说得再深刻透辟，文字再流畅严密，人们也会像雒诵教训文字一样，难免觉得枯燥乏味。然而，读鲁迅的杂文，人们常常会被一种诙谐的情趣所吸引，读着读着会忍俊不禁，甚至捧腹大笑起来。作者那些深刻的思想是那样浑然天成，无斧凿痕迹地从诙谐的艺术情趣中流出,使读者爱不释手。在得到美的愉悦和享受的同时,受到思想教育,即所谓寓教于乐、寓庄于谐。这是鲁迅杂文审美价值上的又一重要特色。

这种诙谐的艺术情趣,有时表现为纯然喜剧的格调,即,将生活中那些不符合规律的、荒谬、悖理的现象,一针见血地揭露出来,把"无价值的东西"撕破给人看,有力地嘲笑了假恶丑,使读者感到真善美的力量及其不可战胜性,从而获得精神的愉悦和美的享受。如:《答杨邨人先生公开信的公开信》一文,作者以辛辣的讽刺语调批驳了杨邨人给鲁迅公开信中无理取闹地提出的一些问题,又入木三分地揭露了杨邨人作为革命场中有些投机气味的一位小贩的卑劣丑恶面目。从作品那痛快淋漓的喜剧格调的讽刺中,读者感受到对丑恶势力严加鞭挞之后的痛快和解气,享受到由于美对丑的否定、揭露,而带给人们情感上的愉悦。又如《登龙术拾遗》一文,作者嘲讽了旧中国上海文场上的丑恶现象之一——借做富岳家女婿而登上文坛,用陪嫁钱作文学资本。"或寻一个家里有些钱,而自己能写几句'啊呀!我悲哀呀'的'女诗人',待到看得她有了'知己之感',就照电影上那样的屈一膝跪下,说道,'我的生命'啊呀,我悲哀呀!"——则由登龙而乘龙,又由乘龙而更登龙……"文场上的丑事在旧中国,人们也许已经司空见惯,不以为奇。然而,一经鲁迅点化,其丑态毕露,从而使读者感受到这种丑恶现象的可卑、可笑,激起人们对它的轻视、蔑视,显示出美的力量及其不可战胜性。

鲁迅杂文诙谐的艺术情趣,更多地表现为融入悲剧的喜剧格调。即作者在撕破生活中那些"无价值的东西"的时候,隐含着对"有价值的东西"被撕破而感到的那种沉痛、严肃的感情。它给读者的感受是含泪的笑,是寓哭于笑。这种融入悲剧感的喜剧感,从审美价值上来讲"比起单纯的悲剧或喜剧都较优越"[3],即它给读者的审美快感更为强烈,更为深刻。

读鲁迅的杂文,人们往往先是哑然失笑,但是笑过之后,又会油然袭来一种沉重和忧虑的感情,人们再也笑不出来了,代之而来的,是对丑恶势力的憎恶、愤怒,是对祖国、对人民命运的深切担心、忧虑。《这个与那个》一文中,鲁迅抨击了中国传统的习惯势力:对统治者的"捧"。作者以诙谐的语调写:"记得有一部讲笑话的书,名目忘记了,也许是《笑林广记》吧,说,当一个知县的寿辰,因为他是子年生,属鼠的属员们便集资铸了一个金老鼠去作贺礼。知县收受之后,另觅了机会对大众说道,明年又恰巧是贱内的整寿,他比我小一岁,是属牛的。其实,如果大家先不送金老鼠,他决不敢想金牛。一送开手,可就难于收拾了,无论金牛无力致送,即使送了,怕他的姨太太也会属象。象不在十二生肖之内,似乎不近事理罢,但这是我替他设想的法子罢了,知县当然别有我们所莫测高深的妙法在。"读到这里,谁能不哑然失笑。但进而再读:"民元革命时候,我在S城,来了一个都督。他虽然出身绿林大学,未尝读经……可是自绅士以至于庶民,又用了祖传的捧法群起而捧之了。这个拜会,那个恭维,今天送衣料,明天送翅席,捧得他连自己也忘其所以,结果是渐渐变成老官僚一样,动手刮地皮。"并进一步总结说:"中国人的自讨苦吃的根苗在于捧,'自求多福'之道却在于挖。"读后掩卷,人们猝然感到,在诙谐的情调中,寄寓着作者对统治者逐日严酷地搜刮人民的无比悲愤和对广大人民命运担心忧虑的无限深情。又如《看变戏法》一文,一开头,作者就诙谐地说:"我爱看变戏法"接着写那些走江湖如何借助一只黑熊、一个小孩子来变戏法,"被虐待至死的再寻幼小的来""大了之后,另寻一个""仍归来变照样的戏法"。结尾处又说:"事情真是简单得很,想一下,就好象令人索然无味,然而,我还是常常看。此外,叫我看什么呢,诸君?"从这闲闲的两笔中,可以体会到作者对统治阶级愚弄人民把戏的深刻愤慨,体会到作者那无比的沉痛寄寓在这貌似闲闲的诙谐文字之中,使人们读过之后沉入严肃的思考之中。

  鲁迅杂文诙谐的情趣,有时又表现为叙事或论理时的"随手拈来,涉笔成趣",比如:鲁迅在《病后杂谈》中,从《蜀碧》序文后面乐斋先生的批语而引申批评了那些鼓吹闲适、幽默的士大夫是从血泊里寻出闲适来,他说,这正如"君子远庖厨也",是"自欺欺人的办法""君子非吃牛肉不可,然而他慈悲,不忍见牛的临死的觳觫,于是走开,等到烧成牛排,然后慢慢的来咀嚼。牛排是决不会'觳觫'的了,也就和慈悲不再有冲突,于是他心安理得,天趣盎然,剔剔牙齿,摸摸肚子,'万物皆备于我矣'了"。

在《路》一文中，鲁迅批评一些革命文学工作者，轻视世界观的改造，似乎可以轻而易举地"把握住"无产阶级世界观，他诙谐地揶揄：

"上海的文界今年是恭迎无产阶级文学使者，沸沸扬扬，说是要来了。问问黄包车夫，车夫说并未派遣。这车夫的本阶级意识形态不行，早被别阶级弄歪曲了罢，另外有人把握着，但不一定是工人，于是只好在大屋子里寻，在客厅里寻，在洋人家里寻，在书铺子里寻，在咖啡馆里寻。"

……

鲁迅杂文在叙事论理时，这种趣笔的插入，大大增添了文章的活气和风趣，使人在诵读时感到妙趣横生而爱不释手，并使人享受到艺术情趣的诙谐所带给人们的愉悦。

三

艺术作品要求简洁，这是一条重要的美学原则。法国18世纪美学家莱辛说："艺术把事物或各种事物的组合，在我们的感觉所能接受的限度内尽可能纯真，尽可能简洁地呈现给我们"。[4]对篇幅短小的散文来说，简洁更是它的"首要美质"。[5]中国传统的美学理论十分重视艺术作品的简练美，以为"简"是作品骨力的表现，并将"简"立为"文章尽境"。[6]

鲁迅也非常注重艺术作品的简练美，他曾谆谆告诫作者："写完后至少看两遍，竭力将可有可无的字、句、段删去，毫不可惜。"[7]他说他自己"好作短文"，并批评那些"意思完了，而将文字拉长"的文章"更是无聊之至"。[8]

鲁迅杂文简洁的美质，首先表现为立意的简洁。作家善于以他特有的锐利深邃、透视底里的眼光抓住事物或对象的最本质特征，即事物或对象的神韵，并以他那勾魂摄魄的生花妙笔，加以解剖，从而最简洁地阐明问题，揭示主题，中外美学家们都阐述过这个道理：写出事物或对象的神韵者才为美，"艺术的目的是表现事物的本质"[9]。

鲁迅议论、说理性的杂文中，最善于抓住问题或事物的要害——

即其最本质的特征，给以简洁有力地剖析。对那些次要之处及细枝末节，则严加删削，这样就能集中笔墨，在要害处写深写透，以最简练的手法，换取最大最好的艺术效果。如《中国现代的孔夫子》一文，作者抓住中外反动派搞尊孔，归根结底是把孔夫子当敲门砖这一要害之处，鞭辟入里地进行剖析。文章虽旁征博引、说古道今，但却没有在次要之处浪费笔墨，而是紧紧围绕着孔夫子在生前不遇，死后却被当敲门砖使用，常被抬到吓人的高度这一要害，点化生发，笔墨集中，说理透辟。整个文章立意十分简洁，令人读后能得到永志不忘的印象。《隐士》一文，围绕着"归隐也是噉（啖）饭之道"这一隐士的最本质特点进行论述，阐述了自古以来那些挂着"声闻不彰""息影山林"招牌的人物，或已有生财之道，或以隐来挣扎谋生，一语中的道出了隐者们的要害，使人读后，永难忘怀。

鲁迅一部分杂文立意的简洁，还表现为它不是阐述或议论某一些具像的事物，而是避实就虚，寄意广泛地从大量相类的事物中抽取它们共同的本质特征，加以议论或评述。这样的文章，浓缩度极大，哲理意味深厚，寓指广泛。如《可恶罪》一文，鲁迅总结了反动统治阶级锻炼周纳、陷人于罪的大量事实，即被统治者往往因不服从统治，就被花言巧语地捏造出种种罪名，这些罪名实际上可以一语概之，即：可恶罪。文章虽未涉及到任何具体的人和事，但它泛写的这种情况，因为是从大量事件的本质特征中概括而来的，是博观概取的，因而可以使读者联系到众多的人和事，使这篇不到三百字的文章寓指极为广泛，意蕴十分丰富，充分显示出鲁迅杂文简洁的美质；又如《帮闲法发隐》一文，作品并没有具体议论或抨击某一个帮闲文人，而是从大量的帮闲者的事例中提炼和概括出帮闲们的伎俩，即："帮闲，在忙的时候，就是帮忙，倘若主子忙于行凶作恶，那自然也就是帮凶，但他的帮法，是在血案中而没有血迹，也没有血腥气的。"这正是帮闲们的本质特征，全文围绕这一点加以议论，从这一议论中，可以引起读者无限丰富的联想，更加认清某一具体帮闲者的面目，从而收到以一当十的艺术效果。

总之，鲁迅的杂文，不论是抨击论敌，还是议论事理，不论是抒写自己情怀，还是叙述生活中的感受，都是艺术家运用其特有的思维去反复地捕捉、琢磨、集中、提炼生活中那些个别、偶然、表象的素材，使之成为能反映事物、对象的神韵或本质特征的典型事例。而对于摹写对象的神韵或本质特征的获得过程，就是艺术家思想凝聚、升华的过程，就是艺术表现上由繁复到简约的提炼过程，因而，这种写出事物神韵、本质特征的艺术，其重要的美学特征，就是简洁，即：言简而意丰，以一能见十。

鲁迅杂文简洁的美质，还表现在语言表达上的简洁。

鲁迅杂文的语言简洁、凝炼、包孕性很大，读鲁迅的杂文，我们常觉得如品尝浓缩度很高的醇酒，如食用营养丰富的压缩饼干，在简洁的行文中，包含着丰富的意蕴。比如：

"这空地上，暂时是沉寂了。过了些时，就又来这一套。俗语说：'戏法人人会变，各有妙巧不同，'其实是许多年间，总是这一套，也总有人看，总有人 Huazaa，不过其间必须经过沉寂的几日。"

多么简练地概括了一部统治阶级不断变幻把戏欺骗愚弄人民的中国历史！

"我们从古以来，就有埋头苦干的人，有拚命硬干的人，有为民请命的人，有舍身求法的人，……虽是等于为帝王将相作家谱的所谓正史，也往往掩不住他们的光辉，这就是中国的脊梁。"

又多么言简意赅地描述了中国人民自古以来相承不衰的凛然无畏的英雄气概！

"所以我想，中国革命的闹成这模样，并不是因为他们杀错了人，倒是我们看错了人。"

"杀人者在毁坏世界，救人者在修补它，而炮灰资格的诸公，却总在恭维杀人者。"

多么意蕴深厚地概括了发人深省的阶级斗争的历史经验！

"帮闲的盛世是帮忙，到末代就只剩了这扯谈。"

"经验使我知道，我在受着武力征伐的时候，是同时一定要得到文力征伐的。"

多么简约准确地概括出了令人信服的文坛斗争的普遍规律！

类似这样简洁凝炼、意蕴深厚的语言，在鲁迅的杂文中比比皆是，这种语言表达上简洁的审美特征，使鲁迅的杂文犹如一块块璞玉，不待雕饰，而纯美袭人。然而这简洁、纯美的取得，却是艺术上千锤百炼、惨淡经营的结果，是成如容易却艰辛的。

注释：

1 周丽：《中国现代散文的发展》。

2 歌德：《歌德谈话录》。

3 瓜里尼：《悲喜混杂剧体诗的纲领》。

4 莱辛：《汉堡剧评》。

5 普希金：《评早期的叙事诗》。

6 刘大櫆：《论文偶记》。

7 鲁迅：《答北斗杂志社问》。

8 鲁迅 1934、12、25 致赵家壁

9 丹纳：《艺术哲学》。

（原拟收入 1983 年《北师大纪念李何林执教四十周年论文集》,后因故未出）

5. 鲁迅三十年代杂文的艺术成就

鲁迅 20 世纪 30 年代写作的杂文，共结为 8 个集子，即：《二心集》《南腔北调集》《伪自由书》《准风月谈》《花边文学》及《且介亭杂文》《且介亭杂文二集》《且介亭杂文末编》。这些杂文是鲁迅后期留给我们的最宝贵的遗产，也是中国革命史、思想史、文学史上的一座丰碑。适应着当时白色恐怖的严酷形势的需要，鲁迅所创造的这种熔深邃的哲理、辛辣的讽刺、醇厚的抒情于一炉的杂文文体，不仅成为打击敌人的锐利匕首、动员群众的响亮号角，而且还开拓了中国现代散文的领域，把现代中国的散文艺术推向了一个新的高峰。

锋利尖锐的风格

鲁迅早期的文章多"激昂慷慨，顿挫抑扬"，篇幅也比较长。20 世纪 30 年代以后，鲁迅的杂文逐渐磨砺成为锋利尖锐的匕首投枪式的文章风格，即在论争问题或阐述事理时能抓住问题或事物的最本质和要害之处，集中笔墨进行深刻透辟的解剖和鞭辟入里的抨击，对次要或旁枝末节之处则严加删削、剪裁，从而能够做到在论辩中，一击给论敌予致命之重伤；在论述问题时用三言两语，就剖析出主题。如《答托洛斯基派的信》这篇文章，鲁迅没有就托派来信中所提出的问题，逐一进行驳斥，而是抓住托派分子的"高超的理论为日本所欢迎"这一要害进行批驳，从而对托派分子给予迎头致命的痛击。论辩问题的文章是这样，阐述事理的杂文也是如此。如《隐士》一文，作品围绕着"归隐，也是啖饭之道"这一隐士最本质的特征进行论述，阐明了自古以来那些挂着"声闻不彰，息影山林"招牌的人物，或已有生财之道，或以"隐"来挣扎谋生，一语中的道出了隐士们的本质。

鲁迅杂文这种锋利尖锐的风格，是在风沙扑面、狼虎成群的斗争环境下磨砺出来的。正如他自己所说:"生存的小品文,必须是匕首、是投枪,能和读者一同杀出一条生存的血路的东西。"同时也显示出,后期鲁迅由于逐渐掌握了马克思主义的观点,他能运用自己丰富广博的历史文化知识,对事物和问题进行深入底里的解剖和精辟透彻的分析。

鲁迅这种锋利尖锐的杂文风格,不仅在20世纪30年代的政治思想战线的斗争中,极好地发挥了匕首投枪的战斗作用,而且独步文坛,享誉广远。它是对我国先秦以来,善"以寸铁杀人"的论辩散文优良传统的继承,又开创了我国现代散文史上杂文这支散文流派的新风,对我国现代以至当代散文的发展,都产生了深远的影响。

熔哲理、抒情、讽刺于一炉的手法

杂文,固然是一种议论、说理性的文体,但是鲁迅的杂文能把深邃透辟的哲理、浓郁醇厚的抒情、诙谐辛辣的讽刺,巧妙地熔于一炉,从而创造出一种具有高度审美价值的杂文文体,使人读后在获得美的愉悦和享受的同时,受到思想上的教育和启迪,这就是鲁迅的杂文不仅已"侵入高尚的文学楼台",而且已经成为文学园圃中一支奇葩的重要原因之一。

鲁迅最善于把深邃的哲理熔铸在人们常见的平凡的事物或现象中,借助那些生动、具体、鲜明、可感的形象表述出来。因而,在鲁迅那些看似模写和议论生活琐事的杂文中,往往寓意着启人深省的透辟哲理,这就是艺术大师们常有的那种点铁成金、化平凡为神奇的本领。如《二丑艺术》这篇杂文,鲁迅从人们习见的旧戏舞台上的"二花脸"——二丑的特色谈起,进一步议论到:"人世间只要有权门,一定有恶势力,有恶势力,就一定有二花脸,而且有二花脸艺术"这个社会生活中具有哲理意味的普遍规律,使人们从平凡而具体的生活现象中,领悟到深刻的道理,从而得到思想上的教育与启示。

在鲁迅那些寓有深刻哲理的杂文中,又无不寄托着作者热烈、丰富、深厚、崇高的感情。因而,鲁迅的杂文对读者不仅能晓之以理,而且能动之以情。鲁迅善于以各种不同的抒情格调,表达不同色彩的感情。在抨击敌人时，往往使用放笔直书的写法，用激昂直率的语言、斩截简朴的句子、讽刺尖刻的文字宣泄出慷慨激越、怒火中烧的感情。如《"友邦惊诧"论》："好个'友邦人士'！日本帝国主义的兵队强占了辽吉，炮轰机关，他们不惊诧；阻断铁路，追炸客车，捕禁官吏，枪毙人民，他们不惊诧。中国国民党统治下的连年内战，空前水灾，卖儿救穷，砍头示众，秘密杀戮，电刑逼供，他们也不惊诧，在学生的请愿中有一点纷扰他们就惊诧了！好个国民党政府的'友邦人士'！是些什么东西！"在怀念挚友时，鲁迅又常常用一种幽婉、细密的格调、回环隽永的语言，造成一种浓郁的诗意，表达自己对友人怀恋眷念的缱绻深情，如《忆刘半农君》："但半农的活泼，有时颇近于草率，勇敢也有失之无谋的地方。""不错，半农确是浅。但他的浅，却如一条清溪，澄澈见底，纵有多少沉渣和腐草，也不掩其大体的清。"鲁迅杂文醇厚的抒情色彩，给这些作品增添了浓郁的诗意，使人读后感情上波涛起伏，回荡不已。

　　鲁迅杂文在议论或说理时，又常常杂以辛辣的讽刺或诙谐的趣笔，不仅有力地揭露和抨击了论敌，而且给文章增添了一种艺术情趣。鲁迅杂文讽刺艺术的最大特色是：他善于一下子撕去丑恶事物上面的好看外衣，赤裸裸地显露出它们的本来面目，从而给读者一种"快刀斩乱麻"般的痛快淋漓的感受。在这些辛辣的讽刺中，读者感受到对那些丑恶势力一下子撕破其伪装、揭露了他们本来面目，并对其严加鞭挞之后的痛快和解气。鲁迅杂文中还常杂以诙谐的趣笔，使作品在庄重之中时有风趣间出，如《病后杂谈》中，鲁迅批评在虎狼成群的时代，那些鼓吹"闲适"、标榜"高雅"的大夫，揭出"雅，要地位，也要钱"，并举出陶渊明的"采菊东篱下，悠然见南山"为例说："这是渊明的好句，但我们在上海学起来就难了。""单单为了采菊""就得每月译作净五万三千二百字。吃饭呢？要另外想法子生发，否则，他只好'饭来驱我去，不知竟何之'了"。在《论"第三种人"》中，鲁迅批评那些生在阶级社会里要做超阶级的第三种人，"恰如用自己的手拔着头发，要离开地球一样，他离不开，焦躁着，然而并非因为有人摇了摇头，使他不敢拔了的缘故"。鲁迅杂文中这些趣笔的插入，大大增添了文章的生动性，使人在诵读时感到妙趣横生而爱不释手，并使读者享受到诙谐的艺术情趣带给人们的愉悦。

鲁迅杂文中这样巧妙地把哲理、抒情、讽刺熔于一炉的艺术手法，继承了中国古典散文讲求"理、情、趣"结合的艺术传统，把杂文这一散文形式的美学价值推向了一个前所未有的新高峰，奠定了杂文这种文体在中国现代文学史上崇高的历史地位。

舒卷自如的章法结构

鲁迅杂文结构上的最大特点是舒卷自如、不拘一格，每篇杂文采取的结构方式，都因主题、内容而异，不主故常、不落俗套。

有的杂文，结构严谨简练，层次井然，逻辑严密，首尾照应，无懈可击。这样的结构方式，一般多用于论辩文和说理文，如《论"第三种人"》《"丧家的""资本家的乏走狗"》《非革命的急进革命论者》《拿来主义》等等。

有的杂文，表面上看起来是信笔而写，旁征博引、援古例今，貌似拉杂而下，实则漫而不散、杂而不蔓，全文一线贯串，不离主旨，如《病后杂谈》《"题未定"草》等。

还有的杂文，在结构上敢于打破成法、大胆地创新立异，给杂文抒写上的自由，或以絮语或散文诗的形式叙写自己的感受，如《夜颂》《半夏小集》；或摘引报刊上的奇文加以简短的按语，如《立此存照》《九一八》等等。

鲁迅杂文在结构上很注重调动各种艺术手段，使作品开合变化、曲折有致、起伏层出、波澜迭起、错综变化、千姿百态。

运用艺术的辩证规律，造成文章的波澜

对立统一的法则是一切事物的普遍规律。鲁迅在组织他的杂文时，也纯熟地运用了这个规律。鲁迅常常在他的杂文中用相反相成的方法，使对立的两个方面相互比较、相互映衬，从而形成相映成趣、相得益彰的局面，形成文章的波澜，造成强烈的艺术美感。如《作文秘诀》一文，作者本欲说明作文是无秘诀的，然而作者从标题上就故

意写为"作文秘诀"。文中又对各方面的所谓秘诀,大加铺陈、大加渲染:先讲拳师的秘诀,继述医生的秘方、厨师的秘法、开点心铺子的秘传,甚至连关于国家大事的会议,也总是"内容非常秘密"——至此,似乎是要说作文的秘诀了吧?然而,作者笔锋一转,却写了作文"偏偏并无秘诀",用这样欲抑故扬的笔法形成了文章的第一个波澜。继而,作者又用欲抑又扬、一扬再扬的手法,渲染了作古文的秘诀:"一要朦胧,二要难懂。"从相反的方面说明,这样的作文秘诀,不过是一种骗人之术而已。铺叙至此,作者笔锋再转,指出"白描"却并没有秘诀。如果要说有,也不过是和障眼法反一调:有真意,去粉饰,少做作,勿卖弄而已,形成了文章的又一层波澜,又一个顿挫。

中国传统的艺术,很讲究"疏密相间""虚实相生",鲁迅结构他的杂文时也运用了这个艺术规律,这就不仅使他的杂文波澜多姿,而且能使文章笔墨虽少而意蕴无穷。他有的文章以实写为主,以虚映实;有的文章以虚写为主,以实证虚;有的则虚实相间、互映成趣。如《我谈"堕民"》一文,在写了浙东堕民的种种状况之后,于结尾处虚写一笔:"为了一点点犒赏,不但安于做奴才,而且还要做更广泛的奴才,还得出钱去买做奴才的权利,这是堕民以外的自由人所万想不到的罢。"这一笔虚写,引起读者广泛的联想,大大开拓了文章的意蕴,升华了文章的思想。《现代史》一文,则以虚写为主,写"我"怎么样常常在空地上看变戏法,"戏法人人会变,各有巧妙不同","许多年间,总是这一套,也总有人看"。结尾处,才意在言外地表明,作者正是用这样的虚写,影射整个现代史的,从而给读者留下了丰富的联想天地。《推背图》则是用虚实相间的写法,先虚写"推背"的意思,即"从反面来推测未来的情形";再实写所见的文章中要从反面看的情形。这样,既抨击了国民党反动派新闻的虚伪性,又以虚映实,深化了文章的思想,增加了文章的韵味。

另有一部分杂文,特别是论辩性的杂文,则借助严密的逻辑,用层层递进或剥茧抽丝的笔法,造成文章的层次与波澜,如《"丧家的""资本家的乏走狗"》《"友邦惊诧"论》等等。

简明凝炼的语言

鲁迅后期杂文艺术上另一重要成就,就是语言使用上更趋简洁凝炼。简洁是人们对艺术作品审美上的普遍要求,对篇幅短小的杂文来说,简洁更是它的"首要美质"。鲁迅20世纪30年代的杂文,一般地说,篇幅都很短小,这除得力于他的深刻的思想、能一下子抓住事物的症结和要害的功力,重要的原因就在于他的语言的简洁凝炼,包孕性极大,如《伪自由书》《花边文学》《准风月谈》中的许多作品,都是六七百字的短文。鲁迅还常常用很简洁、凝炼的语言构成警语或格言式的句子,表达极为丰富的思想内容,如:"杀人者在毁坏世界,救人者在修补它,而炮灰资格的诸公,却总在恭维杀人者。""帮闲的盛世是帮忙,到末代就只剩了这扯淡。""言路的窄,现在也正如活路一样。""我们活在这样的地方,我们活在这样的时代。"这样的警句,在鲁迅杂文中比比皆是。这种简洁凝炼的语言特色是作者在艺术上千锤百炼的结果。

(载1985年《天津电大文科园地》)

6. 鲁迅研究上的别一洞天

——喜读《籍海探珍》

时下出版学术著作谈何容易，而赵英同志竟殚精竭虑，在友人们的协助下，不惜借贷，将她积十几年的心血，在阅读和研究鲁迅大量手稿的基础上写下的一部史料翔实、立论精当的著作《籍海探珍》出版了，这是对鲁迅诞辰110周年的最好纪念，也是近年来鲁迅研究工作的又一可喜收获。

鲁迅，诚然是说不尽的。几十年来，鲁迅研究的著作，就数量而言，可谓汗牛充栋。研究的范围，也已相当广泛：有生平史料的研究，传记的撰著；有对其著作的注解、诠释或评论；有对鲁迅思想发展的探讨；有对其美学观、文学观的剖析；有将鲁迅与其他中外作家进行比较的研究，有把鲁迅置于中外文化背景上去进行评价；有的则研究鲁迅作品的语法；有的又专门探讨鲁迅作品的教学……等等，不一而足，未允细数。然而，就在这块被学者们关注最多的学术领地里，也还有一片人们涉足较少的半荒地——这就是鲁迅对祖国文化遗产整理这片领域。在这片领域里，尽管过去凤毛麟角地也有过个别的研究文章，然而，像《籍海探珍》这样全景观、多侧面地介绍和评论鲁迅对祖国文化遗产整理的专著，应该说还是第一部。

《籍海探珍》一书系统而全面地介绍和评论了鲁迅辑录、整理古籍的情况；搜集、整理、研究金石碑帖的情况；搜求、研究佛经的情况，并附录了一份较详尽的鲁迅整理祖国文化遗产年编。由于作者有幸接触和研读鲁迅搜求、抄录和整理古籍的大量手稿，她的研究所据都是这些珍贵的第一手材料，因而，这一研究专著毋庸置疑地具有拓荒的性质。赵英同志以她辛勤的劳动，在摩挲和研究鲁迅整理古籍的大量手稿的基础上开垦出了这一块迄今为止人们还涉足甚少的研究领域，而这一领域又是如此辉煌、如此灿烂。严格地说，如果缺少了对这一领域的研究，就构不成完整的鲁迅研究格局；缺少了对这一领域的研究，就不能全面地认识和评价鲁迅对祖国文化事业的伟大贡献；没有对这一领域的研究，就难以认清文化巨人鲁迅是怎样地在祖国这个蕴藏丰富的文化摇篮里诞生和成长起来的轨迹。从这一意义上说，《籍海探珍》的问世的确是填补了几十年来鲁迅研究领域里的一块空白，打开了鲁迅遗产宝藏中别一洞天的大门，从那里，我们可以由又一角度上认识鲁迅的伟大价值，更加开阔我们研究鲁迅的视野和思路，从而推动鲁迅研究向更深层次上拓进。

《籍海探珍》一书资料翔实，论必有据。鲁迅整理祖国文化遗产的工作，涉及的内容十分广泛，天文地理、草木虫鱼、经济文化、风俗人情，几乎均在鲁迅的瞩目之中而有所涉猎。即将编辑出版的《鲁迅辑校古籍手稿》，赵英是整理、编辑者之一。

《籍海探珍》的作者在整理编辑《鲁迅辑校古籍手稿》之余，写下的这部研究专著，对鲁迅辑录的 22 部古籍抄撮、整理过程，分别进行了概要介绍；对鲁迅购阅、收藏、抄录、校勘佛经以及收集、编排考证佛教石刻拓片的情况做了概要的介绍；对鲁迅搜集、整理与研究造象、墓志、碑帖的情况进行了概要的介绍；对鲁迅研究中国汉字、研究古籍《说郛》、研究和使用唐宋类书的情况也做了研究性的介绍。所有这些介绍和研究，都有着凿凿的史料依据，作者的评价、论说也都建筑在对史料考证与研究的基础上，因而，这些论述扎实有据，令人信服。如，在《辑录杂俎》一组文章中谈到鲁迅接触中国古代类书的种类繁多，特别是与唐宋类书的关系渊远流长。作者阐明不仅《会稽郡故书杂集》《古小说钩沉》等大多辑自唐宋类书，而且鲁迅编教材、写文章、搞创作也常以唐宋类书为资料源泉，并列举了鲁迅的一些杂文及《野草》《故事新编》等创作取材或引用唐宋类书的情况，从而阐明鲁迅"对于唐宋类书中的古代故事，已熟悉到可以信手拈来的程度并能融古人古事于今人今事中，通古贯今，古为今用"。这一结论无疑有着确凿的史料依据，令人十分信服，而这对研究鲁迅著作与传统文化的渊源关系至为重要。

另如本书所附录的关于《铸剑》故事出典讨论中作者所撰写的两篇文章，也是依据鲁迅所辑佚的《列异传》等古籍与鲁迅自己所述《铸剑》出典的回忆进行比照，从而说明《铸剑》的出典不像有的同志所论证的只有《搜神记》一书，而是包括《搜神记》在内的几种古籍，而《列异传》更是《铸剑》的重要出典。这一结论，所据充实，令人信服。

《籍海探珍》另一突出特色就是作者对资料的考索细密，发现了一些前人所忽略了的重要资料，从而使我们对鲁迅辑录、整理祖国文化遗产的情况，有了更完备的了解。比如过去我们只知道鲁迅曾辑录过一部收罗宏富、考订精审的《古小说钩沉》，而对鲁迅是如何在繁杂零落、浩如烟海的古小说资料中，以水滴石穿的功夫抄录、考订、校勘，终于成书的过程并不知晓，《籍海探珍》的作者在研究了鲁迅辑录《古小说钩沉》的全部手稿后，对零落杂多的手稿进行了细密的考索、精心的整理，较为清晰地告诉我们：鲁迅留下的《古小说钩沉》手稿大约几类和它的成书、出版过程。尤为可喜的是，过去《鲁迅全集》所收《古小说钩沉》，既无总序，也无各篇小序。连许广平先生也说："《古小说钩沉》原意似乎是在每一卷之前有一序文来说明这一卷小说是从那里搜集得来，……但是因为屡次想付印都没有成功，同时因别方面的写作也抽不开时间来整理，所以至今印在全集的仅只是小说逸文的部分，这是很值得惋惜的。"（许广平《研究鲁迅文学遗产的几个问题》）而今《籍海探珍》的作者经过细密的查阅考索，发现了过去湮没无闻的鲁迅为《古小说钩沉》各篇小说撰写的短序的初稿32篇，这些序文，记录了每部小说在隋、唐、汉、宋各个朝代的志书、类书中记载的情况，介绍了作者所处的时代、官职以及作品的卷数，间有鲁迅的注文或按语等等。这一重要发现无疑对我们了解鲁迅辑录《古小说钩沉》的情况有了更深入的了解，对鲁迅钩沉辑录的这些小说的研究也有重要的价值。而这一重要的发现的取得，如果没有作者在大量繁杂的资料手稿中不厌精详的细密考索精神，是难以想象的。

总之，《籍海探珍》的出版，使鲁迅毕其一生、呕心沥血整理研究祖国文化遗产的辉煌成果得以鸣世，这不仅在鲁迅研究上有着开拓性的贡献，而且对读史者、学文者、汉文学研究工作者在他们各自的研究工作上也大有裨益。

自然,这一研究专著的问世,绝不意味着它已穷尽了对鲁迅整理中国古代文化遗产的研究。相反,它仅仅是为这方面的研究开启了一扇大门。我们衷心地祈盼着在这方面有着更多的研究成果问世。

(载《鲁迅研究月刊》1992年第1期)

7. 周作人出任伪职的前前后后

1937年，卢沟桥事变发生，华北地区沦陷。这时北平文化界的不少有志之士，纷纷南下，参加抗战救亡工作。北京大学、清华大学一部分迁往昆明，一部分迁到西安。当时的北大校长蒋梦麟正在南方，刚从南京回到北平的文学院院长胡适之以及教授叶公超、梁实秋、姚从吾、饶毓泰等也于8月9日离平南下，留在北平的只有秘书长郑天挺与教务长樊际昌及一些教授，如杨振声、孟心史、魏建功、罗常培、陈雪屏、邱椿等36人。11月17日，留平的郑天挺、陈雪屏、邱椿等人，又乘"河北轮"南下了。11月29日，北大留平教授在孟心史家举行第二次集会，参加这次集会的只有孟心史、马裕藻、冯祖荀等人了。周作人参加了此次集会。他没有南下，决定"苦住"北平，并将他所住的"苦雨斋"易名为"苦住斋"。

周作人的留平，引起了文化界许多人士的注意。8月23日，刚从日本辗转回国参加抗日救亡工作的郭沫若，写了一篇题为《国难声中怀知堂》的短文，对"苦住在敌人重围中"的周作人，表示了深切的关注。他说：

> 他那娓婉而有内容的文章，近来在《宇宙风》上已有好两期不见了。记得最后一篇文章的末尾，是把苦雨斋记成为"苦住斋"的。苦住在敌人重围中的知堂，目前不知怎样了。
>
> 前天王剑三来看我，他是才从青岛回上海的，我问到他，有没有关于知堂的消息？
>
> 他说，有人造他的谣言，说他花了九千块钱包了一架飞机，准备南下。
>
> 其实这"谣言"，我倒希望它要不是谣言才好。九千块钱算得什么，虽然在鼎沸时期要拿出九千块钱的现金未免也夸张得一点，然而，我们如损失了一个知堂，那损失是不可计量的。

近年来能够在文化界树一风格，撑得起来，对于国际友人可以分庭抗礼，替我们民族争得几分人格的人，并没有好几个。而我们知堂是这没有好几个中的特出一头地者，虽然年青一代的人不见得尽能了解。

"如可赎兮，人百其身"，知堂如真的可以飞到南边来，比如就象我这样的人，为了掉换他，就死上几千百个都是不算一回事的。

日本人信仰知堂的比较多，假使得到他飞回南边来，我想，再用不着要他发表什么言论，那行为对于横暴的日本军部，对于失掉人性的自由而举国为军备狂奔的日本人，怕已就是无上的镇静剂吧。[1]

这篇文章，实际上反映了文化界不少人对留住北平的周作人的担心和关切。人们担心他在敌人重围中的行止，盼望他能在国难鼎沸时期尽快南下，参加救亡工作。

郭沫若的短文，由当时主持《宇宙风》的陶亢德转给周作人。周作人10月25日在复陶亢德的明信片中说："鼎堂先生文得读，且感且愧，但亦不敢不勉耳。"[2] 可是对郭敦促他南下之意，却避而不谈。其时周作人已做好了按兵不动、留住北平的打算。在此之前，他曾多次写信给陶亢德，说明自己决定留平的原因。如在8月20日的信中说："寒家系累甚重，交通又不便，只好暂苦住于此。绍兴亦无老屋可居，故无从作归计也。"8月26日的一封信中，再次表示："弟以系累甚重（家中共有九人，虽然愚夫妇及小儿共只三人），未能去北平，现只以北京大学教授资格蛰居而已，别无一事也。"同时，他还表示绝不当汉奸。"有同事将南行，曾嘱其向王教长蒋校长代为同人致一言，请勿视留北诸人为李陵，却当做苏武看为宜。此意亦可以奉告别位关心我们的人，至于有人如何怀疑或误解殊不能知，亦无从一一解释也。"[3] 在一段时间里，周作人似也确有蛰居之意。闲来无事他躲在苦住斋里，翻阅旧时笔记："一个月中差不多检查了二十几种，共四百余卷……"[4] 写些闲适小品：发表的有《谈搔痒》《俞理初的诙谐》《儿时杂事》等；翻译希腊神话：为胡适主持的文化基金编译委员会翻译《希腊拟曲》。他眷恋八道湾的安宁，痴迷于燕山柳色，害怕颠沛流离的生活，更畏惧于抗日斗争的烽火。他幻想着躲在"十字街头的塔"里，仍过和平宁静的书斋生活。

然而，在国难鼎沸声中，在敌寇铁蹄的蹂躏之下，哪里能安放周作人蛰居的"象牙之塔"？不久，就有人来邀周作人"出山"。

据《周作人二、三事》一文揭载："抗战之后大约半年，已有人来邀周作人'出山'。那时与周常在一起的有沈兼士，马幼渔、钱玄同。传说有一次钱、马都在周家中，周提起'出山'之类的话。钱玄同那时很胆小，每天提心吊胆怕日本人来搜查，一提起日本人就怕到不得了。他听了周作人的活，默默无言，马幼渔当时也没有说话。事后马又去访周作人，去劝劝他，见了周之后，马就骂当时已附逆的徐某（原北大日文教授），周作人却又附和着马一起骂。马幼渔老先生见他装傻，一时说不出话来，但是过了几天又下了决心去劝周，一见周就问：'前次你说要出山，决定了什么时候没有？'周作人说：'现在还谈不到，日军还没有退出红楼呢。'（当时北大驻有日本军队）这是第一次'出山'计划的打消。"[5]

时隔不久，日本的文化特务、文化界已经附逆的大小汉奸，更加紧了对周作人的拉拢。而这个前不久还扬言要做文化界苏武的周作人，也服服帖帖地成了他们的座上客。1938年2月9日，周作人出席了日本大阪《每日新闻》社在北京饭店举行的招待宴会[6]。这次宴会，实际上就是大阪《每日新闻》在不久后召开的"更生中国文化建设座谈会"的预备会议。参加此次宴会的日本方面有：大使馆参事官森岛守人，新民学院教授泷川政次郎，陆军特务部成田贡、武田熙。中国方面有：伪华北临时政府议政委员长兼教育总长、大汉奸汤尔和，新民会副会长张燕卿，前华北大学校长何克之，清华大学教授钱稻荪以及北京大学教授周作人。4月9日，大阪《每日新闻》社为了鼓吹中日两国的"文化提携"，实现日本帝国主义对中国的文化侵略，在北京饭店正式召开了"更生中国文化建设座谈会"，出席人员除《每日新闻》社的支局长三池和各特派员外，日、中方面的代表正是上述诸人。大阪《每日新闻》刊载了这一会议的消息：

中日两国的文化提携这问题，于"中华民国临时政府"的机构之扩充及其活泼的推动上，是具有促进底作用的。因之，它早已为在华日人有志之士所慎重考虑了。还有，他方面，既在日本国内，也希望这个问题能早日得到妥善的措置。日前广田外相于议会的答辩中，曾言及这一问题的具体方案，并将我政府对两国文化合作的准备及热诚，加以公开，然则，此时中国的"新首脑"对这一问题究有若何的准备与抱负呢？又，于通过现地的文化的握手中负着种种任务的日本各方面果有如何的方案呢？究要将它循着怎样的轨道推进呢？本社北京支局特于九日正午在北京饭店招请下列各位，开一"更生中国文化建设座谈会"，于觥筹交错的欢笑声列中，许多极有"意义"的话源源而出。

该报还发表了会议参加者的照片。在这幅照片中，周作人长袍马褂，跻身于戎装的日本特务头子与华服西装的汉奸文人之间，露出一副洒然自得之态。这是周作人附逆投敌的起始。

《每日新闻》的这则消息一发，震惊了全国文坛。成都、武汉、上海的文士们议论纷纷，有的愤怒谴责，有的半信半疑，有的为之辩解……四月底上海出版的《文摘·战时旬刊》第19期上，全文译载了大阪《每日新闻》所发的关于"更生中国文化建设座谈会"的消息，还转发了照片。"译者评语"抨击了周作人"甘为倭寇奴狗，认贼作父"的汉奸丑行，同时指出："当孤岛上的文士们正'李陵苏武'地论述得颇为起劲的时候，我们把这篇记载译述出来，似乎不失其特殊意义吧？"

5月初，周作人附逆的消息传遍全国。

5月5日，武汉文化界抗敌协会通电全国文化界，严厉声讨周作人等的附逆行为。电文指出："请援鸣鼓而攻之义，声明周作人钱稻荪及其他参加所谓'更生中国文化建设座谈会'诸汉奸，迅即驱逐出我文化界以外，藉示精神制裁。"次日武汉《新华日报》就这件事发表了题为《文化界驱逐周作人》的短评[7]，短评指出"周的晚节不忠实非偶然"，正是他"把自己的生活和现社会脱离得远远的"的必然结果。6月3日，陕甘宁边区文化界救国协会，也向全国发出讨周通电。

周作人的附逆行为，理所当然地引起了抗战前线与大后方文化界人士的同声谴责。然而，文艺界的同事与友人们，仍然希望周作人能够勒马刹车，幡然悔悟。5月14日出版的《抗战文艺》三日刊第四期上发表了茅盾、郁达夫、老舍、冯乃超、胡风、张天翼、丁玲、舒群，奚如、夏衍、郑伯奇、孔罗荪、锡金、以群、适夷等18位作家联合写的《致周作人的一封公开信》：

  作人先生：

  去秋平津沦陷，文人相继南来，得知先生尚在故都。我们每听到暴敌摧残文化，仇害读书青年，便虑及先生的安全。更有些朋友，函电探问；接先生复书，知道决心在平死守。我们了解先生未能出走的困难，并希望先生做个文坛的苏武，境逆而节贞。可是，由最近敌国报章所载，惊悉先生竟参加敌寇在平召集的"更生中国文化座谈会"：照片分明，言论具在，当非虚构。先生此举，实系背叛民族，屈膝事仇之恨事，凡我文艺界同人无一人不为先生惜，亦无一人不以此为耻。先生在中国文艺界曾有相当的建树，身为国立大学教授，复备受国家社会之优遇尊崇，而甘冒此天下之大不韪，贻文化界以叛国媚敌之羞，我们虽欲格外爱护，其如大义之所在，终不能因爱护而即昧却天良。

  我们觉得先生此种行动或非出于偶然，先生年来对中华民族的轻视与悲观，实为弃此就彼，认敌为友的基本原因。埋首读书，与世隔绝之人，每易患此精神异状之病，先生或且自喜态度之超然，深得无动于心之妙谛，但对素来爱读先生文学之青年，遗害正不知将至若何之程度。假如先生肯略察事实，就知道十个月来我民族的英勇抗战，已表现了可杀不可辱的伟大民族精神；同时，敌军到处奸杀抢劫，已表现出岛国文明是怎样的肤浅脆弱；文明野蛮之际于此判然，先生素日之所喜所恶，殊欠明允。民族生死关头，个人荣辱分际，有不可不详察熟虑，为先生告者。

  我们最后一次忠告先生，希能幡然悔悟，急速离平，间道南来，参加抗敌建国工作，则国人因先生在文艺上过去之功绩，及今后之奋发自赎，不难重予以爱护。否则惟有一致声讨，公认先生为民族之大罪人，文化界之叛逆者。一念之差，忠邪千载，幸明辨之！

  这封据说是由楼适夷起草、经郁达夫修改的公开信，既写出了文艺界人士对周作人附逆行为的谴责，又语重心长地给他指出了幡然悔悟的出路。

6月，诗人艾青写了《忏悔吧，周作人！》[8]一诗：

  周作人
  在祖国艰苦地战斗着的时候叛变了
  （我用灼痛的心接受这消息）
  ……
  周作人
  你不能想一想你所走过来的路么
  周作人
  你曾护卫过德谟克拉西
  你曾抨击过北洋军阀的政府
  你曾无畏地走在思想斗争的最前面
  ——中国的青年
  不曾忘记你的名字

  周作人
  你——
  曾为祖国的文化
  举起过革命的旗帜的
  今天
  在不正的暴力的前面
  你胆怯了么？

  忏悔吧，
  周作人！
  不然
  你站稳
  我要向你射击……
  中国的青年
  要向你射击……

  诗人在对周作人投敌行为进行抨击之余，仍希望他念及过去的战斗荣光，而忏悔于今日的投敌变节，改弦易辙，另谋新路。

可惜周作人并没有接纳这些良言忠告，没有幡然悔悟。

同年 8 月 4 日，远在伦敦的胡适，写了一首白话诗[9]寄给周作人：

　　藏晖先生昨夜作一个梦，
　　梦见苦雨庵中吃茶的老僧，
　　忽然放下茶盅出门去，
　　飘然一杖天南行。
　　天南万里岂不大辛苦？
　　只为智者识得重与轻。
　　梦醒我自披衣开窗坐，
　　谁知我此时一点相思情。
　　　　　　一九三八、八、四。伦敦。

9 月 20 日周作人接到了胡适的寄诗，于次日，也写了一首白话诗[10]作答。

　　老僧假装好吃苦茶，
　　实在的情形还是苦雨，
　　近来屋漏地上又浸水，
　　结果只好改号苦住。
　　晚间拼好蒲团想睡觉，
　　忽然接到一封远方的话，
　　海天万里八行诗，
　　多谢藏晖居士的问讯。
　　我谢谢你很厚的情意，
　　可惜我行脚却不能做到；
　　并不是出了家特地忙，
　　因为庵里住的好些老小。
　　我还只能关门敲木鱼念经，
　　出门托钵募化些米面，
　　老僧始终是个老僧，
　　希望将来见得居士的面。
　　（廿七年九月廿一日，知堂作苦住庵吟，略仿藏晖体，却寄居士美洲）

因闻胡适要赴美,周作人的诗寄到华盛顿的中国使馆,托人转交。

如果说胡适的诗还有劝勉周作人离平南下之意,那么周作人的答诗就纯是油腔滑调,玩弄词藻了。他仍托词不能离平的原因系什么家中"好些老小"需要他"出门托钵募化些米面"。可见他已毫无弃暗投明,别图新生的打算,甘愿与敌寇为伍,而不惜自己的名节,不识"重"与"轻"了。

周作人的附逆行为虽已铁证如山,毋庸置疑。然而,一则,由于周作人在新文化运动初期享有过盛名令誉,不少人迷醉过他的平和冲淡的随笔小品,不相信甚至不愿意相信他的投敌是真的;二则,由于当时的战争环境,消息阻隔,所以周作人事件仍然引起大后方人们的不少猜疑与争论。

《抗战文艺》继一卷四期刊登了茅盾等18位作家的公开信后,一卷五期的"编后记"中却写道:"上期本刊登有十八位作家给周作人的一封公开信,希望他速即表明态度,现周氏已有信寄此间友人,声明摄影系受骗,座谈会记录则完全为日本记者所捏造,下期准备将周先生原函制版发表,以明真相。"这里所说的周氏寄此间友人的信,本不存在,原函制版发表之说也无从落实。而周作人确有致上海周理庵的信,5月27日周作人致周理庵的信中佯称,"大阪每日所载何事,容托人查阅来看",又自述他在北平的生活,"此一年来唯以翻译为业,希腊神话已写有二十万字,大约至秋间可以毕事矣。以后拟再译别的希腊作品,赫洛陀斯多怕太多,故暂定选取路吉巫诺斯也。下学年功课,只有燕大友人为接洽大约有四小时,不能当做生计,但有此则可以算不是失业而已"。[11]7月9日,《抗战文艺》在第一卷第十二期上,刊登了一篇署名"记者"的《关于周作人事件》的文章,说明了所谓"周氏已有信寄此间友人"系听徐霞村传言以及陶亢德自香港来信谓周有《复十八作家信》寄汉,但实际上并未见到,文中还摘载了上述周作人寄周理庵的信,以飨读者。

与此同时,在成都关于周作人事件,也有过不同的反响。成都出版的《工作》第五期上,发表了何其芳的《论周作人事件》一文,分析了周作人堕落的必然性。接着在《工作》第六期上发表了朱光潜的《再论周作人事件》一文,引述了北平友人的来信,认为周作人并未落水,并对何文有所指责。

可见周作人事件,在当时的抗敌前线与后方,曾引起过相当广泛的注意。文化界持各种不同政见和观点的人士,对周的附逆事件虽有过不同的认识和态度,然而,其中绝大多数人的共同之点,却是希望在新文学运动中有过自己战斗荣光、有过爱国热忱、在知识界和青年中广有影响的周作人,能在国难中保全自己的名节,勿与倭寇同流合污。

然而,周作人却辜负了人们的期望。

当然也应看到,参加"更生中国文化建设座谈会"虽为周作人附逆之始,而他在事敌投降的道路上,也并非全无犹豫和矛盾。1938年倾,给他出版希腊神话译稿的文化基金编译会,自北平迁香港。周作人又曾托燕京大学国文系主任郭绍虞觅得在燕大教书的职务。1938年5月12日,郭绍虞给周作人送去燕大聘书[12]。自1938年下半年起,周在燕大教书,功课每周四至六小时,以讲师论,燕大特给报酬百元,并一个"客座教授"的名义。周作人以此也辞谢了别处的一些劝诱。据此期间他的日记记载:8月6日,"往访子崔,辞女院课,并嘱勿为加入文化协会";16日,"罗文仲来访,走后又交来聘书";18日:"往师院退还聘书";30日,"东西文化协议会晚宴,均不去";9月18日,"子崔来以尔和意令为北京大学校长兼文学院长,嘱为转辞"。

辞谢了这一次次的劝进,说明这个曾经声言过要"闭户读书",并放言绝不做文化界李陵的周作人此时也还想只靠译著、教书为业。但软弱、动摇的本性又使他抗拒不了汉奸朋友们更殷勤的劝诱及日本人愈来愈频繁的胁迫,他颇有些感到欲隐而不能,欲走又不肯的思想的苦闷了。1938年末,他写了这样三首诗,记叙当时的情绪:

禹迹寺前春草生,沈园遗迹欠分明。
偶然拄杖桥头望,流水斜阳太有情。

禅床溜下无情思,正是沉阴欲雪天。
买得一条油炸鬼,惜无白粥下微盐。

不是渊明乞食时,但称陀佛省言辞。

　　　　　携归白酒和牛肉，醉倒村边土地祠。

　　"流水斜阳太有情"，周作人此时的情绪，只是对八道湾生活的眷恋之情，只是对自己一家妻儿老小不忍离别的曲曲私情，而不是站在民族大义立场上，对祖国忠贞不渝、与敌寇不共戴天的凛然豪情。所以，周作人的矛盾和苦闷很快就被1939年元旦刺客的枪声冲得烟云般消散了。

　　1939年元旦上午九时左右，沈启无去周作人家贺年，周、沈在八道湾西屋客室谈话，工役徐田来说有天津中日学院的李姓求见，周令进来。这人一进来只说："你是周先生么？"便是一手枪，那时沈启无站了起来，说道："我是客。"那人却不理他，对他也是一枪，沈应声倒地。那人从容出门，徐田将刺客拦腰抱住，喊人来拿下他的武器，人们忙乱中，躲在外面的刺客助手，也进来协助，开枪数响，刺客借机逃脱。在场的车夫张三伤重即死，其他数人受伤。后经医院检查，沈启无弹中左肩，周作人因子弹打在毛线衣钮扣上，未伤。

　　当天傍晚，周作人被招到日本宪兵队问话，约两小时。第二天，警察署便派便衣三人进驻周家"护卫"。

　　周作人遇刺的这段公案，至今仍无确说。

　　日本宪兵称，可能国民党因周动摇而下手。1946年，一位署名卢品飞（Loo Pin Fei）的在美国出版了《黑暗的地下》（It is Dark Under-ground）一书，书中自认他是刺周的凶手之一，与他合谋的是高姓、王姓两人。1961年，周作人致函香港的鲍耀明，对此说加以否定。

　　另一说则认为刺杀周作人与周丰三有关。因沦陷初期的两三年间，日本人常来迫周作人出任伪职，周则敷衍延宕，形势日趋严重，周的侄子丰三当时在辅仁大学附中读书，便很忧郁苦闷，其中一个激烈的同学告丰三说："令伯既然走又不能，出又不甘，情势演变了这步田地，为保一生清白的令名起见，我们倒不如干脆设法把他弄死，使他得以杀身成仁。"丰三对这个建议一笑置之，而这个同学竟暗中准备，并最后实行了出来。不料这一枪不但没能保全周作人的声誉，反促成他与敌人同流合污下去。丰三因精神上受到打击，烦闷无以自遣，遂自杀。查丰三自杀时间确在1941年3月，即周作人出任伪华北教育总署督办以后不久，此说也许并非全无根据。

而周作人自认，这一事件是日本军部所为。因为，"第一，日本宪兵在这案件上对于被害者从头就取一种很有恶意的态度""第二，刺客有两个，坐汽车来到后面胡同，显然大规模的""他们大举的找上门来"而"不用简单直捷的办法"（即在周作人去燕大的路上劫拦），"岂不是为避免目标"？周作人认为他到燕大当了客座教授，而谢绝了另外的邀请，这件事情第一触怒的显然是日本军部[13]。

元旦行刺事件发生后，周作人作了两首打油诗[14]以自遣。他写道：

橙皮权当屠苏酒，赢得衰颜一霎红。
我醉欲眠眠不得，儿啼妇语闹哄哄。
　　　　一月八日作

但思忍过事堪喜，回首冤亲一惘然。
饱吃苦茶辨余味，代言觅得杜樊川。
　　　　一月十四日作

一贯畏惧斗争的周作人，被元旦刺客的枪声吓破了胆，他从刺客的子弹中"辨得"的"余味"就是不能再对日本人仅仅敷衍下去。从此，他在事敌投降的道路上，便来了一个急转直下的转折。

1938年寒假一过，周作人辞去了在燕大教书的职务。1939年1月12日，他收下了伪北大任命他为北大图书馆馆长的聘书，当天的日记中记："下午收北大聘书，仍是关于图书馆事，而事实上不能不当。" 3月28日，他又接受了委派他为北大文学院筹备员的职务[15]。在此期间，他已和日本军部、文化界汉奸往来频繁，打得火热。如4月28日，他"往北大本部陪宴，来者皆日宪兵队官，共三席"；5月8日，他"往北大赴招考会"后，又"往赴尔和招宴"；5月26日，又"往北大办公处，应公宴，来者皆胁方教育文化之官"。是年8月，周作人与当时已被委任为伪北京大学秘书长的钱稻荪等人，共同商定了北大文学院教职员的人事安排，他自己也接任了北京大学教授兼北大文学院院长之职。9月3日，周作人参加了东亚文化协议会文学部的会议，成为日本帝国主义为在中国进行文化侵略而设立的组织"东亚文化协议会"的成员。

1940年11月8日，伪华北教育总署督办汤尔和病死。次日周作人撰写挽联送至汤宅。在挽联中，周作人称赞这个大汉奸"救民苦难"的"功德"，并对他的死表示惋惜[16]。

汤尔和死后，伪华北教署督办一职暂由伪华北政务委员会委员长王揖唐兼任。这段时间，王揖唐便加紧了对周作人的"劝进"。据周作人日记记载：11月19日"上午八时至北大，候王揖唐、瞿兑之来"。11月24日，"上午王揖唐来访，十时至协会赴瞿兑之之招，来者共十一人"；11月26日，"下午兑之来，以王揖唐之命来劝进"；12月10日，"上午王揖唐来访"。经过大汉奸王揖唐这一番紧锣密鼓的劝进，周作人终于决定出任伪教育总署督办的职务。

1940年12月29日，在汪伪中央政治委员会第三十一次会议上，正式通过了"特派周作人为华北政务委员会委员，并指定为常务委员兼教育总署督办"一案[17]。第二天，北京《实报》上披露了这一消息。当天，周作人就接待了《东亚新报》与福冈、伪满洲、伪蒙疆等各报记者和伪中华通讯社记者络绎不绝的采访。日本帝国主义在中国特设的文化特务机关兴亚院文化局的调查官松井大佐，也于是日特访了周作人，并对《庸报》记者发表谈话表示："此次以平素不喜欢政治生活之当代文学界权威者周作人氏，出任巨艰，鄙人觉得非常荣幸。"并称："日本方面学界舆论界及华北各机关团体，无不在庆幸鼓舞。"总之，在日本帝国主义者看来，周作人的出任实在是日伪统治下"华北民众及教育界之莫大幸福"[18]。

1941年元旦，周作人正式接到汪精卫签署的伪南京政府的委任状。4日，他赴教育总署举行了就职典礼。周作人在向教署全体职员致训中说"今日来任斯职，得与诸教育界先进，晤谈一室，极为欣慰"，并表示要在前汤督办"经数年之苦心维持与整顿已具良好之基础"上，"继续以往之成绩，努力推进华北教育"。[19] 接着，他在教署接见了伪国立各院校长，进行了训示。当天，他往访了日本军部司令官多田，兴亚院森冈，并赴华北政委会谒见了王揖唐，向他汇报了就职经过。又历访了华北政委会常委汪时璟、齐燮元、殷同、王荫泰等汉奸[20]。6日，周作人又就任了伪华北政务委员会委员兼常委的职务[21]。至此，这个一贯标榜不喜欢政治，抗战初期还扬言要蛰居北平，绝不当汉奸的周作人，便在日本帝国主义者的导演下，在一群已经附逆下水的汉奸们的怂恿中，在华北地区汉奸群丑活跃的政治舞台上粉墨登场了。这是周作人汉奸生涯的转捩点。

那么，周作人为什么会堕落成为帝国主义的附庸，成为背叛祖国和人民的民族罪人呢？事情绝非偶然。

首先，周作人对中国的抗日战争一直持"必败论"的观点。"七·七"事变以前，郑振铎将离平时，曾与周作人谈话，郑劝他必要的时候离开北平。周不以为然，他说："和日本作战是不可能的，人家有海军，没有打，人家已经登岸来了。我们的门户是洞开的，如何能够抵抗人家。"[22] "必败论"使他太不相信中华民族的前途，一心以为日本人会胜利，这是他不肯也不敢去参加抗日斗争的直接原因。

其次，一群汉奸们的劝诱与日本人的胁迫是造成周作人附逆下水的客观因素。当时在平的诸汉奸如王揖唐、王克敏、汤尔和等，他们多为日本留学生，与周作人早有过从。如汤尔和是日本金泽医专出身，与周作人又是同乡故交；王揖唐的外孙女，是周作人的一个儿妇，他们屡次诱周出山，再加上日本人的胁迫和夫人羽太信子的怂恿，这些都是周接受伪职的客观因素。

另外，抗日战争爆发后，他贪恋八道湾的舒适生活，甚至为了一己私利之需要，不惜牺牲国家的利益和自己的名节。他在致友人的书信中说："关于督办事，既非胁迫亦非自动（后来确有费力气自己运动的人），当然由日方发动，经过考虑就答应了。……该职特任官俸初任一千二，进一级加四百元，至二千元为止，任期无定，遇变动后下台，有的虽短，只几个月而已。"[23] 较丰腴的经济收入——这也透露出周作人出任伪职的另一原因。

周作人在出任伪华北政委会委员和教育总署督办期间，还兼任了新民会中央委员之职。1941年10月，他被推选为伪东亚文化协议会会长。1942年4月14日，伪华北政委会又任命周作人兼代北平图书馆馆长之职。1943年3月，因华北政委会改组，周作人遂辞去华北政委会委员及教育总署督办之职。

有人说，周作人在出任伪职期间，不但对于"中日亲善"没有丧心病狂地去献媚，即对"大东亚新秩序"也拥护得不起劲，因而"在其任内毫无作为"，事实并非如此。

周作人出任伪职期间之所为，归纳起来有如下几个方面：
一、兴办汉奸教育

周作人在任伪教育总署督办期间，曾主持召开过三次华北各省市伪教育厅局长会议，即1941年5月26—28日华北伪第二次教育行政会议，1942年3月20—21日华北各省市伪教育厅局长会议，以及1942年12月25日召开的华北各省市伪教育厅局长临时会议。举办过六次各种类型的讲习班和短训班，即：1941年7月16日—8月8日，举办的华北各省市中等学校教员第三届暑期讲习班；1941年9月29日—10月4日，举办的华北地区社会教育人员短期讲习班；1941年10月7—16日，举办的华北各省市伪教育行政人员短期讲习班；1942年7月13日—8月1日，举办的华北各省市中等学校教员第四届暑期讲习班；1942年7月27日举办的第一届农事教育人员暑期讲习班，以及1942年12月14日举办的华北各省市伪教育行政人员讲习班。参加过北平《晨报》社举办的"华北教育家笔上座谈"。在这些会议、讲习班、笔上座谈中，周作人迎合日本侵略者的需要，大力鼓吹汉奸教育的理论，把教育纳入为"大东亚建设"服务的轨道。如1941年10月7日，周作人在华北各省市伪教育行政人员短期讲习班的训话中，强调要大家"深切明了在当前中日两国的百年大计上所负的使命。中日两国壤地相接，同文同种，无论在国情上，在共同利害上，都应当相爱相助，以完成辅车相依的任务"，说"现在所施行的教育方针，是以亲仁善邻为主旨。从事实际教育工作的人员，要对国民随时灌输其应当善邻友好的思想"，"更要对国民随时晓喻共产制度的绝对不适宜于中国，藉以肃正民众的思想，完成民众的心理建设"，"总之，藉着教育行政的力量，以圆满达到善邻友好共同防共经济提携的三种目的"，这是教育"在当前中日两国百年大计上所负的重要使命"。在这个讲话中，他还把日本侵略中国归之为"我国以往国策的错误，实是重大原因之一"[24]，完全是一派汉奸理论。

1942年3月20日，在华北各省市伪教育厅局长会议上，周作人代表伪教署在颁发的指示事项中提出"教育指导方针，应以协力东亚之建设为目的"，"积极增进中日文化之交流，以期适合于东亚社会之实情"。"肃正思想，最为切要"，"务使一般国民咸具善邻防共，及协力建设东亚新秩序之理念"[25]。

1942年6月1日,周作人在《晨报》举办的"华北教育家笔上座谈"中,发表笔谈意见表示:"现在要紧的是养成青年学生以及一般知识阶级的中心思想,以协力于大东亚战争。所谓中心思想,即是大东亚主义的思想。"

1942年7月13日,周作人在第四届中等学校教员暑期讲习班上所作的题为《树立中心思想》的讲话中,又着重讲述了要培养学生树立"大东亚主义"为中心思想的问题,他说:"我们现在要谈的就是如何树立中心思想,以助成东亚解放,以保持中日协和,同时,要怎样以此种思想灌输给青年学生以至一般知识阶级。"他还说"所谓中心思想,就是大东亚主义的思想""大东亚主义的思想的出发点,还是在儒家的思想之内""大东亚战争的意义""也不外是"儒家的"仁"的思想的"实行"。在这个讲话里周作人叫嚷:共产主义思想"与中国的固有国民思想格格不入,再若将大东亚主义的思想确立起来,共产主义的思想根本不成问题了"[26]。

1942年,汪伪政府发起所谓"新国民运动"训练青少年,华北也成立了"中华民国新民青少年团中央统监部",王揖唐任统监,周作人任副统监。1942年12月8日下午,举行了统监部成立大会。周作人在会上致了题为《齐一意志,发挥力量》的训词。下午在天安门检阅青少年团训练的分列式,周作人头戴日本军帽,身着日本军装,主持了这次检阅式,完全是一副汉奸丑态。

二、积极协助推行汪伪政权当时在华北地区开展的,以"剿共自卫"为中心目的的"治安强化运动"。

从1941年3月至1942年11月,汪伪政权在华北地区,先后开展了五次以所谓"解放东亚"、"防共自卫"、"勤俭增产"为目的的"治安强化运动"。周作人积极协助推行这一运动。如1941年7月17日华北各地举行第二次"治安强化运动",周作人在北平伪中央广播电台播送题为《治安强化运动与教育之关系》的广播讲话,鼓吹:"治安强化运动是和平建国的基础,是华北反共最重要的工作,同时也是使民众得以安居乐业的唯一的途径。"并称"治安强化运动,是与教育相辅而行的,二者互为因果,关系极为密切,以后当依此进行,以期教育发展,治安确立"[27]。

1941年11月至1942年11月期间,周作人曾先后三次至苏北、华北各地视察治安强化运动的开展情况。如1941年11月13至15日,周作人去徐州视察苏北地区第三次治安强化运动实施情况时,在徐州听取了徐州市伪警察局长的治安报告,又赴露天市场参观了表演的"灭共"新剧。1942年4月20日,周作人与伪教育署长张心沛等人去涿县、保定一带视察第四次治安强化运动的推进实施情况。22日回平后,周作人发表谈话称:"河北省前三次治安强化运动的成绩甚佳,第四次治运尤为努力,除使人民坚定信念认识环境以协力大东亚战争外,并完成保甲制度办理清乡县警备队以期剿共自卫,至于厉行节约,筹划生产亦在进行中。"1942年11月19日至25日,周作人等又赴井陉、彰德、石门等处视察第五次治运情况。在石门,周作人访问了当地日本宪兵队、特务机关及医院,并向日伪伤病员捐赠五百元,以示慰问[28]。

三、参与媚日亲满的汉奸外交活动,为日寇"大东亚共荣圈"的罪恶计划效力。

出任伪职后不久,正当中国人民的抗日战争进入艰苦卓绝的相持阶段,1941年4月6日,周作人、钱稻荪等赴日本东京出席东亚文化协议会文学部会。周作人一行在东京往访了日本帝国主义侵略中国的总司令部日本内阁及外务、陆、海军诸省。4月16日,周作人与钱稻荪同往汤岛圣堂参拜,并往汤岛第一陆军病院慰问在侵华战争中负伤的日军伤病人员,捐赠五百元;次日,又赴横须贺海军病院慰问日本海军伤病人员,捐赠五百元[29],完全丧尽了作为一个中国人起码的民族气节。周作人等在日本东京和京都逗留了一周,于22日返抵北平。

1940年11月30日,大卖国贼汪精卫同日本大使阿部、伪满代表臧式毅签订了《中日满共同宣言》,公开承认日本军国主义侵略政策的产物伪"满洲国"。1941年5月2日至10日,为庆祝伪"满洲帝国"十周年纪念,周作人作为汪精卫的随员,赴伪满访问。当时随同汪精卫赴伪满访问的有:汪伪外交部长褚民谊、参谋总长杨揆一、宣传部长林柏生、侨务委员会委员兼全国经济委员会秘书长陈君慧、航空处长陈昌祖等汪伪政府要员。而周作人作为伪华北政权的唯一代表,参加了这一访问。在新京（长春），周作人随同汪精卫谒见了伪满洲国傀儡皇帝溥仪，拜会了日本官员梅津，参观了建国大学。5月6日晚，周作人还受到了汪精卫的单独召见。这次出访，周作人备受汪伪的青睐与礼遇。

回平后，周作人在《晨报》"华北教育家笔上座谈"栏内，发表了赴满观感，谓："就经过所见，新京建设成绩甚佳，少年皆有训练，到处见有新的气象。"并说："建国大学，集合国内民族优秀青年，施以严格的教育，将来可担当国事之用……正是百闻不如一见。"[30] 对日本帝国主义统治下的伪满洲政权极尽吹捧，完全适应了日本帝国主义者当时鼓吹的"实现中日满三国永远友好，共臻兴隆，以结成东亚轴心"，并建立"大东亚共荣圈"的罪恶计划。

四、攀附汪伪汉奸集团的头面人物。

周作人出任伪职后，不仅与华北地区的汉奸们来往宴饮，过从频繁，还极力攀附汪伪汉奸集团的头面人物。

1942年4月26日，周作人为张次溪编的《汪精卫先生庚戌蒙难实录》一书作序，序言中，周作人吹捧汪精卫具有"挺身犯难，忍辱负重"，"投身饲饿虎"的精神，并对于自己留学东京时期"未得一见汪先生以至于今"而感到遗憾，并说"唯三十余年来读其文章，观其行迹，自稍有认识，辄书敦行，概括所感，作为题词"[31]，对汪精卫极尽吹捧。而汪也不负周作人，同年五月汪精卫访伪满时，就特选了华北地区的周作人作为随从。5月10日访伪满结束后，周作人又随同汪精卫、褚民谊等于5月11日飞抵南京，以庆祝汪精卫的60大寿，周作人备受汪伪汉奸集团头面人物的礼遇，出席了伪南京政府为祝贺汪精卫60大寿而设的宴会，出席了汪精卫的家宴，还先后出席了褚民谊，林柏生、江亢虎等人的招宴。在南京，他一一拜见了当时汪精卫政府的头面人物：司法院院长温宗尧、立法院院长陈公博、考试院院长江亢虎、监察院院长梁鸿志等，并为这些大汉奸们书写条幅留念[32]。

周作人的《药味集》出版以后，他又将之分送汪精卫、陈公博、温宗尧、梁鸿志等汉奸。1942年10月25日至29日之间，汪精卫由南京飞抵北平，出席1942年度新民会全联席议会，周作人不仅亲往机场迎送，并于11月3日还前往中南海勤政殿拜望汪精卫的夫人陈璧君，真是奴颜婢膝，无以复加[33]。

五、撰写汉奸作品，以文艺为日本的侵略政策服务。

从"七·七"事变后到教育总署督办解职前，周作人在报刊杂志上发表的大大小小文章约320余篇，其中收入文集的290余篇，现查出未收集的约30篇。这些文章大部分是属于读书题跋、笔记；一部分是或有些知识性、或全然无聊的闲适小品；一部分则是吹捧日本帝国主义或为日本帝国主义的侵略政策服务的汉奸文学。正当日本帝国主义者惨无人道地屠杀中国人民的时候，周作人却连篇累牍地发表文章，如《日本管窥》《日本的衣食住》《怀东京》《日本之再认识》等，吹捧日本生活的"舒适""有趣"，日本衣食住行的令人留恋，招人向往，称道东京是"自己的第二故乡"，对它"颇多留恋之意"等等。周作人还撰文为日本帝国主义的侵略政策做鼓吹宣传。当时，日本侵略者把它侵略中国、侵略亚洲的罪恶战争美化为"兴亚"的战争，而周作人也不遗余力地赞合。他在《留学的回忆》一文中说："我们留学去的人……都热烈的抱着兴亚的意气的。中国人如何佩服赞叹日本的明治维新，对于日俄战争如何祈望日本的胜利，率真的说这比去年大东亚战争勃发的时候还要更真诚更热烈几分。"并说："这种感情能维持到现在，什么难问题都早已解决了。"真是一副令人作呕的汉奸嘴脸！1942年11月，周作人在《中国的思想问题》一文中，又为日本侵略者鼓吹的"共存共荣"说找到了理论的根据。他说"一般生物的求生是单纯的"，"只要自己能生存，便不惜危害别个的生存"，"人则不然，他与生物同样的要求生存"，但为要生存得好，"须与别个联络，互相扶助"，这种"原始的生存道德即为仁的根苗"，而以"仁"为中心思想的中国"只以共济即是现在说的烂熟了的共存共荣为目的"。并说中国"有此思想的好根苗"，"是极可喜的事"，"中国的思想绝对没有问题"。总之，中国以"仁"为中心的传统思想，完全符合"共存共荣"说，而"共存共荣"说又完全符合"人"的生存道德。这实在是为帝国主义的侵略政策所作的极其露骨的反动宣传。不管周作人后来怎样为之辩解，应该说这类作品不折不扣地属于汉奸文学。

另一方面，自沦陷以后，周作人以他的资历与影响实际上领导了当时的伪华北文坛。1942年9月13日，伪华北作家协会在北平召开了成立大会。作协的干事长是日本人撑腰的柳龙光,周作人当选为评议员会主席,当选为评议员的尚有:钱稻荪,林文龙、俞照杰、管翼贤、陈宰平、沈启无、尤炳圻,杨丙辰、陈绵、毕树棠等。会上通过了华北作家协会的事业方针:

一、谋华北作家精神的团结。

二、促进文艺及学术创作作品的发展。

三、实践东亚解放完成新国民运动的方针,第一、二两点是工作的过程,是具体的,第三点是工作的终极目的。

周作人在会上以教育督办的身份致了训词,他说:"中国文学传统源流至深且远,大抵立意主于诚,修词主于达,此为世界之通例,本不待言。至于国民思想则以儒家为本,根本只是仁字,此原以孔孟为代表,但自孔孟以上千百年前古圣先王固已如此,又自孔孟以下田夫野老目不识丁者,亦莫不同具此心理,所谓人民爱物,以至安居乐业,种种说法无不一以贯之,所谓人同此心,心同此理,不必繁称博引,凡在国人皆能共喻者也,古来作家如不违背此旨,出以真诚之意,畅达之辞,虽所造就大小不同,即此便是有生命之作,可以信今而传后,现今世界情势大变,东亚新秩序相次建立,此时中国作家自应就其职域,相当努力,唯中国文学上传统情,终无变易,兹张稍加说明,希望诸君注意及此,能以不变应变,精进不懈,对于华北文化有重大之贡献。"[34] 力图把华北文艺也纳入为"大东亚新秩序"服务的轨道。

综观上述,周作人在出任伪华北政务委员会常委与教育总署督办的二年零三个月,为汪伪集团的媚日投降的汉奸政策效力可谓不遗余力。以周作人这样一个曾经标榜对政治无兴趣并声称"对于载道卫道奉教吃教的朋友都有点隔膜"的所谓"躬行学者",竟然与当时汉奸舞台上的群丑们,相匹伍唱和,这实在是历史对周作人的极大嘲弄和讽刺。而周作人自上任后,访日本,赴伪满,游南京,也可谓饱受汪伪集团的礼遇。然而,他毕竟还不能与那些长期混迹于官场的北洋官僚、安福余孽和日寇爪牙们匹敌与抗衡。所以王揖唐觉得从周这方面,并未得指臂之助。政委会其他委员,也觉得周与他们并不密切。另一方面,周作人虽对日本"大东亚解放政策"鼓吹不遗余力,但对日本军国主义者所期望的参战体制,肃正思想,学生集团训练,勤劳仕奉生产等，在教署的实际工作中，也贯彻推行不力，很为日本军界人物所不满。加之，1943年1月9日汪伪政权对英美宣战，日本要以华北为后方兵站基地，倡议所谓"努力增产，集中人力物力，精神总力"的口号，以达到他们以战养战的目的。王揖唐在华北的卖国行为，已使人民恨之入骨，日本人认为不能指望这一汉奸完成后方兵站基地的任务，遂决定将华北政委会改组，踢开王揖唐。在日本帝国主义者导演和汪精卫们的策划下，2月4日，原华北政委会的全班人马共署辞职呈书。2月9日，汪精卫饬令免去王揖唐华北政委会委员长的职务，任命朱深继任该职。朱深上任后即任命苏体人为华北政委会常委兼教育总署督办。实际上华北伪政权此次改组中，除王揖唐外只换下了个周作人，这更使他感到分外尴尬，2月10日周作人在日记中悻悻然记下："朱深对汪主席云周不贯政治，坚辞。对王古鲁云，日方反对因放任学生。""小人反复常用手段故如是也。"

几天后，周作人写下这样两首诗，以泄心中郁闷。
　　　　当日披裘理钓丝，浮名赢得市人知。
　　　　忽然悟澈无生忍，垂老街头作饼师。

　　　　十年戒酒终成病，斜靠蒲团自著棋。
　　　　待与秋风拼一醉，思量黄叶打头时。[35]

注释：

1 见《逸经、宇宙风、西风·非常时期联合旬刊》第一期，一九三七年八月三十日出版。

2 陶亢德《知堂与鼎堂》，载《古今》20、21期合刊。

3 上两信均载《宇宙风》第五十期。

4 见《俞理初的诙谐》，收入《秉烛后谈》。

5 见《文艺春秋副刊》一卷一期，1947年1月。

6 据周作人日记。

7 声讨电、短评均载1938年5月6日武汉《新华日报》。

8 刊载于《抗战文艺》一卷九期。

9 见《知堂回想录》。

10 见《知堂回想录》。

11 见《抗战文艺》第十二期,一九三八年七月九日。据周作人日记。

12 据《周作人日记》。

13 据《知堂回想录》。

14 据《苦茶庵杂诗钞》,载香港《明报月刊》第四十三期,一九六九年七月。

15 据周作人日记。

16 据周作人日记。

17 据南京第二历史档案馆存伪南京政府"中央政治委员会秘书厅公函,中政秘字第207号"。

18 据1940年12月21日《庸报》。

19、21 据1941年1月5日北平《实报》。

20 据周作人日记。

22 郑振铎:《惜周作人》,《周报》第十九期,一九四六年一月十二日。

23 见《周曹通信集》第七十页。

24 《教育时报》第三期,一九四一年十一月一日。

25 《教育时报》第六期,一九四二年五月一日。

26 《教育时报》八期,一九四二年九月一日。

27 《教育时报》第二期,一九四一年九月一日。

28 据周作人日记。

29 据周作人日记。

30 《晨报》一九四二年六月一日。

31 《汪精卫先生庚戌蒙难实录序》,《古今》第四期,一九四二年六月。

32 以上均据周作人日记。

33 据周作人日记。

34 以上均载《中国文艺》七卷二期,一九四二年十月五日。原文标点及误字引者均未改动。

35 《青灯小抄》手稿。

(载《南开学报》1983年第2期,发表时署名张菊香、张铁荣,为张菊香执笔)

8. 从封建阶级的叛逆士到帝国主义的附庸

——漫评周作人的道路

周作人的一生跨越了旧民主主义革命、新民主主义革命、社会主义革命三个历史时代。他一生矛盾复杂的道路，体现了旧中国知识阶层在旧民主主义革命向新民主主义革命转变过程中的全部复杂性和曲折性。周作人出身于封建士大夫家庭，受到辛亥革命至"五四"运动时代先进思潮的影响，曾经叛逆了封建阶级，成为"五四"新文化运动的先驱、资产阶级的启蒙思想家，名噪一时。之后，由于他停留在资产阶级个性主义、人道主义的思想立场上，漠视无产阶级的崛起和人民群众的伟大斗争，对抗时代的先进思潮——马克思列宁主义，遂在革命深入发展、帝国主义入侵的形势下，堕落为帝国主义的汉奸。从封建阶级的叛逆士到帝国主义的附庸，是周作人个人的悲剧，也是中国资产阶级在中国特定的历史条件下，历史的、阶级的悲剧。解剖周作人走过的道路，可以使我们从一个侧面认识中国资产阶级及其知识分子走过的道路，从而认清历史，汲取教训。

一、资产阶级个性主义、人道主义思想的初步形成

周作人出生于 1885 年。青少年时代他走过和鲁迅相似的道路：少年时代他接受传统的封建经书的教育，17 岁时进入南京江南水师学堂管轮班学习驾驶。在南京期间，他学习了一些自然科学知识、外国语，接触了一些梁启超、严复、林琴南等人的译著，开始接受西方科学民主思想的影响。他说，这个时期的思想，"有外国的人道主义，革命思想，也有传统的虚无主义，金圣叹、梁任公的新旧文章的影响，

杂乱的拼在一起"(《知堂回想录》)。1906年9月，周作人去日本留学，初入法政预科，后进立教大学，学习土木工程。这时孙中山、章太炎等人组织同盟会，发刊《民报》，举办讲演会鼓吹革命，在留学生界有着广泛的影响。受到时代思潮的冲击和鲁迅弃医从文的影响，周作人曾与鲁迅一起去民报社听章太炎先生讲《说文解字》，与鲁迅一起计划刊行《新生》杂志，印行《域外小说集》，翻译介绍外国的新文学，提倡文艺运动，并初步形成了以资产阶级个性主义、人道主义为主要内容的民主主义思想。1908年，他在《河南》杂志上发表论文《论文章之意义暨使命因及中国近时论文之失》即指出："人生之始，首在求生。"即求生是人性的本能，"养生即全"，就进一步要求"神明之地"的自由发展，即要求精神的解放。文章着重论述了国民精神对一个国家发展的重要作用。他以古代和近代历史上一些国家的盛衰兴亡为例，阐明一个国家，一个民族的兴衰，取决于它的国民精神如何，即"灵明美唯者必兴，愚鄙猥琐者必耗"。他还结合中国的情状，指出国民精神萎衰，是中国贫弱的根本原因，因而改变中国的贫弱面貌，不在于"贸易盛，工业兴"，而在于解放国民的精神。他给中国开出的药方是"以虚灵之物为上古之方舟"，即把人性的改造，国民精神的改造，摆在解决中国问题的首要位置上。这种过分夸大精神作用的认识，固然陷入了唯心主义的谬误，但比之于当时片面强调枪炮武器、工商制造的作用，而忽视对人的思想启蒙，不去触动封建思想根基的洋务运动、维新运动，还是有进步意义的。周作人还对儒家学说进行了勇猛的抨击，他认为，几千年来，中国人民的思想"拘囚蜷屈，莫得自展"的根本原因，是孔子的思想"束缚人心"，因而，要解放国民的思想，必须"摈儒者于门外"，冲破孔子教条的束缚。

周作人在南京、日本时期初步形成的以个性主义、人道主义为主要内容的民主主义思想，成为他一生发展道路和思想演变的基础。以这种思想为基点，在"五四"新文化运动浪潮的冲击下，他成为一名冲击封建思想的勇猛闯将。也正因囿于资产阶级思想的范畴，当革命深入发展的情势下，就成为他抵制进步思潮、反对马克思列宁主义，乃至堕落为民族罪人的基因。

二、"浮躁凌厉"的新文化斗士

"五四"运动揭开了中国新民主主义革命的序幕。周作人成为"五四"新文化运动的积极倡导者，抨击封建思想的勇猛闯将，鼓吹小资产阶级社会主义思潮的代表人物之一。由于周作人研读过外国鼓吹科学民主的著作，并翻译介绍了国外的新文学作品，在日本时期受过资产阶级革命思潮的影响，无论在思想上还是艺术上的准备都比较充分，所以他一登上"五四"文坛，就以激进的思想和相当成熟的艺术而震撼文坛，成为名噪一时、享誉广远的新文化界的代表人物。

周作人积极倡导"五四"新文化运动，并在新文学理论的建树上，做出了卓越的贡献。

早在新文化运动的发轫时期，周作人就发表了《人的文学》《平民文学》《思想革命》等文，鼓吹我们应该提倡"人的文学"，排斥和反对"非人的文学"。他大声疾呼：在中国"人的问题，从来未经解决"，所以"如今第一步先从人说起……讲人的意义，从新要发见'人'去辟人荒"（《人的文学》）。这种提倡"人"的文学的主张，固然纯属资产阶级人道主义的思想范畴，但它已经触动了封建文学思想内容方面的要害，即禁锢人的精神，泯灭人的性灵。这——已经成为文学内容方面改革的重要宣言。《思想革命》一文中，周作人更明确地指出："文学革命的文字改革是第一步，思想改革是第二步，却比第一步更为重要。""如果是单变文字不变思想的改革""怎能算是文学革命的完全胜利呢？"在这里，周作人提出了"思想革命"这个在中国近现代历史上有着启蒙意义的重要课题，不仅显示出他在文学革命理论建树上的卓越贡献，而且奠定了他在中国近现代思想史上先驱者的历史地位。

周作人以他大量的隽永清新的诗文创作，猛烈地抨击了封建礼教和封建道德，抨击了受封建礼教道德束缚的病态的国民精神，宣传和鼓吹了资产阶级民主、自由、人道和个性解放的思想，成为"五四"新文化运动的最积极的实践人。

他猛烈地抨击封建复古思想和保存国粹的谬论，指出"倘若一味崇拜祖先，想望做古人，自羲皇上溯盘古时代以至类人猿时代""这样的做人法"明明是倒行逆施,这种一味缅怀过去,称颂过去的做法,只能"反误了前进的正事"。(《祖先崇拜》)他还指出,所谓"国粹""须是好的""才值得保存",否则,就"没有什么足以保存的价值"。(《罗素与国粹》)在封建礼教和封建道德的束缚下,妇女和小儿处于最底层的地位,"五四"时期,周作人不少作品都以妇女解放和儿童教育为内容。他抨击"买妾畜婢,败坏人伦"的男性中心的道德,指出在封建的伦理道德中,"女人的位置,不过是男子的器具与奴隶""小儿也只是父母的所有品""因此又不知演了多少家庭与教育的悲剧"(《人的文学》)。他大声疾呼:"小孩的委屈与女人的委屈——这实在是人类文明上的大缺陷、大污点。"他还指出妇女、小儿解放的中心问题是"将人当人看"(《小孩的委屈》),即人性的发扬和个性的解放。

和鲁迅一样,周作人早在日本时期就关注过中国国民性问题。"五四"前后,周作人在一些文章中又对受封建礼教、封建道德束缚的中国国民精神,进行了深刻的解剖,他指出:"我们看中国的国民性里,除了尊王攘夷,换一个名称便是复古排外的思想以外,实在没有什么特别可以保存的地方。"(《罗素与国粹》)又说:"妥协,顺从,对于生活没有热烈的爱著,也便没有真挚的抗辩。"这"代表中国极大多数人的思想"(《民众的诗歌》)。周作人对中国国民性的解剖无疑是从资产阶级个性主义、人道主义思想出发的,远不是什么马克思主义的分析,但在封建礼教、封建道德禁锢得像密封罐头的时代里,周作人能冲破束缚人们思想的牢笼,疾声呼吁要人们砸烂妥协顺从的锁链,敢于表现自己热烈的爱憎和真挚的抗辩,这当然有着强烈的反封建的意义,具有启蒙人民思想的历史作用。

周作人在"五四"时期的另一些诗文,则表现了对劳动人民的同情。如发表于《新青年》上的《两个扫雪的人》《画家》《背枪的人》《路上所见》等等,用清新的笔调,描绘了那清早起来就在雪地里扫雪的清道夫,在水田里插秧种稻的农民,为人们"指点道路""维持秩序"的"背枪的人",挑担卖豆汁的小贩等等。在这些风俗画一样的诗篇中,作者把他的同情倾注在这些劳动人民身上,显示出作者的资产阶级人道主义立场。

周作人又是"五四"时期小资产阶级社会主义思潮的积极鼓吹人。

"五四"时期,各种各样的小资产阶级的社会主义思潮也在中国流传。在日本,以武者小路实笃为代表的白桦派作家们,鼓吹"新村运动",在东京设立新村支部。1918年12月在九州的日向地方,建立起第一个新村。新村的目的是要建设模范的"人的生活",做到各人应各尽劳动的义务,并取得必要的衣食住;另一方面,则又完全发展人的个性,即"以协力与自由,互助与独立为生活的根本"。(《日本的新村》《新村的理想与实际》)新村运动的意义在于"想用和平的方法办到以前非用暴力不能做到的事"(《新村运动的解说》),即:不通过革命,建立起新的生活秩序。周作人是新村运动的积极鼓吹人。他四处著文、讲演,声言对新村运动"全力赞成"。1919年夏,他还亲自去日向新村访问,回来后极口称赞:"新村的人,真多幸福!""新村的空气中,便只充满这爱,所以令人融醉,几于忘返。"(《访日本新村记》)他还想在中国积极推广"新村"运动。周作人如此狂热地鼓吹新村运动,正是因为他一向反对暴力革命,而主张和平改革,因而新村的建立,使他"对于自己的理想,增加若干勇气"(《访日本新村记》)。然而,不待说,日本的这种空想的社会主义思潮,并没有给人民带来真正的福音,所谓"模范"的"人的生活",不过是一个泡影,而周作人的这种人道主义的理想也终于只能完全破灭!

综观"五四"初期的周作人,作为封建阶级的叛逆士,他鼓吹激进的民主主义和空想的社会主义思潮,抨击封建的礼教道德,建树新文学的理论,进行白话诗文的创作,确在思想界、文化界产生过很大的影响。特别是由于他激进的思想,广博的知识,平和冲淡、朴素无华的白话文风,使他的作品在"五四"文坛上享有不亚于鲁迅的盛名,而与鲁迅被齐称为"周氏兄弟"。

然而,由于周作人的美妙的社会理想,带有很大的空想性质,所以一当遇到激烈复杂的现实斗争,就使他感到茫然、惊恐,忧虑于人民群众的暴力斗争。"五四"运动高潮时作为浮躁凌厉的新文化斗士的周作人,在思想深处也是埋藏着无限的隐忧的。1919年初他写的《小河》一诗,就表现了进退维谷、忧虑郁闷的心境。这首诗,描写了一条稳稳地向前流动的小河,因一个农夫在小河中间筑起一道堰,使河水"不得前进,又不能退回""只在堰前乱转",堰外的稻禾,田边的桑树，田里的草和虾蟆，都很焦急，忧虑于自己的安危。全诗表现出一种无可奈何的郁闷气氛，周作人承认，这首诗用"譬喻"表现了对"将来的忧虑"（《知堂回想录》）。在他宣传"新村"的文章中，也可以看出他对暴力斗争的恐惧而留在思想上的"阴暗的影"。他多次提出："看社会情形与历史事迹，危险极大，暴力绝对不可利用。"看到新村，才扫除了他思想上"阴暗的影"（《访日本新村记》），使他"期待革命而又怀忧虑的心情，于此得到多少的慰安"（《知堂回想录》）。

三、踏上歧路的"寻路的人"

从"五四"退潮期到大革命失败后，中国革命处于一个深入发展和历史性转折的关头。形势迫使每一个知识分子思考过去，清理思想，重新选择自己的道路。周作人在这时处于苦闷彷徨中，经历了相当痛苦的思想斗争。然而斗争的结果，他却摒弃了"五四"时期较为激进的、追求革命的成分，更执著地固守在资产阶级个性主义、人道主义的思想立场上，从徘徊歧路上倒铸起了逃避现实、回避斗争的"十字街头的塔"，使自己更加远离了人民群众，更加远离了人民革命斗争。周作人曾借英国文艺思想家蔼里斯的生平风格以自况，暗示自己是"叛徒"与"隐士"的合身（《泽泻集·序》）。1925年可以作为一个分界。1925年前，他虽已彷徨，基本上还是站在进步营垒一边，"叛徒"的色彩较为鲜明；1925年后，他日趋消极，益求退隐，公然宣称自己是"不信仰群众的，与共产党……不能做同道"。"隐士"的游魂，取得胜利，成为他后来步入危机道路的前兆。

"五四"高潮一过，周作人立即感到梦想破灭的悲哀。1921年初，他在《梦想者的悲哀》一诗中写到：
> 我的梦太多了，冷酷的声音，
> 将我从梦中叫醒了，
> 曙光在哪里呢？

他感到自己走上了歧路的苦闷，他说：
> 荒野的许多足迹，
> 指示着前人走过的道路，

> 有向东的，有向西的，
> 也有一直向南去的。
> ……
> 而我不能决定向哪一条路去，
> 只是睁了眼望着，站在歧路的中间。
> 　　　　　　　　（《歧路》）

稍后，他给孙伏园的信中又进一步袒露了自己的胸怀，他说："我近来的思想动摇与混乱，可谓已至其极了，托尔斯太的无我爱与尼采的超人，共产主义与善种学，耶佛孔老的教训与科学的例证，我都一样的喜欢尊重，却又不能调和统一起来，造成一条可以行的大路，我只将这各种思想凌乱的堆在里头，真是乡间的杂货一料店了。"（《山中杂信》）他在矛盾悲哀中挣扎着，"走着路寻路，终于还未知道这路的方向"（《寻路的人》）。

周作人感到梦想破灭的悲哀，不知所从的苦闷，是由于他的个性主义、人道主义理想与轰轰烈烈的人民群众的革命斗争现实所发生的冲突。他一方面梦想着模范的"人的生活"，而一方面，又认为实现这个理想只需要几个先觉者带领着群众和平地去试行一种新的制度，或者只用基督教式的教义来"一新中国的人心"（《山中杂信》）就可以了，即或是害人的苍蝇也不必去灭除它。然而，严酷的现实中，到处都燃烧着阶级斗争的烈火，而远离群众的周作人，又是那样的怯懦，躲在"十字街头"的"塔"中去寻求内心的平静。对于这一矛盾，周作人不无觉察，在给友人的信中说："我的心底里有一种矛盾，一面承认苍蝇是与我同具生命的众生之一，但一面又总当他是脚上带着许多有害的细菌在头上面爬得痒痒的一种可恶的小虫，心想灭除它，这种情与知的冲突，实在是无法调和，因此我笃信'赛老先生'的话，但也不想拿了他的解剖刀去破坏诗人的美的世界，所以在这一点上大约只好甘心且做蝙蝠派罢了。"（《山中杂信》）

然而中国革命在当时毕竟属于新民主主义革命的性质，即或是从资产阶级个性主义、人道主义思想出发，仍然可以做革命的同路人。所以这一时期，周作人基本上是站在反帝反封建的进步营垒一边，做出了不小的贡献。

他坚持着"五四"新文化斗争的方向，继续抨击旧道德，提倡新道德，对各种复辟倒退倾向展开了斗争。

他反对抱着旧道德旧思想的僵尸不放，鼓吹偶像破坏精神，指出"人间最大的诅咒是肖子顺孙四个字，现代的中国正被压在这个诅咒之下""因为祖先的坏思想坏行为在子孙身上再现出来，好像是僵尸的出现"（《重来》）。他指出"那伪文明与伪道德"是"使人类堕落成为狼以下的地位与生物"的根源，因而应该给以最大的"诅咒"（《可怜悯者》）。

他抨击"夫为妻纲"的封建伦理，提倡妇女解放，宣传新的两性道德，他指出"夫为妻纲"这类残害妇女的伦理观念如不消灭，"新的性道德难有养成的希望"（《道学艺术家的两派》）。他主张婚姻必须是"男女两本位的平等"，必须是"恋爱的结合"，男女的恋爱结婚是正常的"人性"，不是什么"不净观"（《净观》）。从这种观点出发，他支持"五四"时代那些大胆描写男女性爱而遭到某些道学家反对的诗歌、小说，如汪静之的《蕙的风》，郁达夫的《沉沦》等，指出他们是"艺术的作品""并无不道德的性质""是诗坛解放的一种呼声"（《沉沦》《情诗》）。

周作人关注儿童教育，指出中国旧家族制度的弊害之一，是不理解儿童，不注重幼者，把活泼的儿童训练成"早熟半僵的果子，只适于做遗少的材料"（《读〈各省童谣集〉》）。他还亲自为儿童译介外国读物，编选童谣儿歌，介绍民间故事，并声明"这些东西在高雅的大人先生们看来，当然是土饭尘羹，万不及圣经贤传之高深，四六八股之美妙，但在儿童们相信他们能够从这里得到一点趣味"（《〈土之盘筵〉小引》）。

与此同时，他对思想界出现的各种复辟倒退倾向展开了斗争。1922年4月，他在《思想界的倾向》一文中针对当时南方北方思想界的倾向指出："这是一个国粹主义勃兴的局面，他的必然的两种倾向是复古与排外。"1923年5月，周作人在《"大人之危害"及其他》一文中，再一次指出："现在思想界的趋势是排外与复古，这是我三年前的预料，'不幸而吾言中'。"1924年末至1925年初，周作人更针对思想界各种复旧倾向，进行了抨击，指出所有那些复旧的倾向，"都是圣人的阴魂的启示""这全是表示上流社会的教会精神的复活"(《读经的将来》)。

周作人对维护封建势力的北洋军阀政府及其御用文人展开了猛烈的挞伐,同情和声援青年学生的爱国运动。在女师大事件中,他配合着鲁迅等人的正义斗争,撰写了一系列文章,抗议杨荫榆、章士钊等人对学生的残害、压迫,批判胡适之流打着"中立"的旗号,暗中偏袒反动派的丑行,他列名于《对于北京女子师范大学风潮宣言》,公开支持学生的爱国正义行动。"三·一八"惨案发生后,他撰文揭露军阀政府的丑恶嘴脸,抨击陈西滢一伙御用文人"使用了明枪暗箭替段政府出力"的罪行,并为事件中牺牲的学生写挽联,开追悼会,写纪念文章,抒发自己内心的愤慨,表明自己的正义立场。

周作人对支持我国封建势力的帝国主义者也进行了勇猛的抨击。1924年末,围绕着清朝末代皇帝被逐出宫的事件,引起了一场轩然大波,不仅买办资产阶级分子胡适对此提出抗议,帝国主义分子庄士敦、李佳白之流,也连篇累牍地发表文章,提出"不解",表示反对,周作人在一些书信和文章中一针见血地指出:"这些帝国主义的外国人都不是民国之友,是复辟的赞成人,中国人若听了他们的话,便是上了他的老当。"(1924年11月9日致胡适书)他还指出,帝国主义者"不幸所乐的事大约在中国是灾是祸,他们所反对的大抵是于中国有利有益的事"(《李佳白之不解》)。1925年初周作人在《元旦试笔》中又说:"清室废号,迁宫以后,遗老遗少以及日英帝国的浪人兴风作浪,诡计阴谋至今未已。"可见"民国根基还未稳固",因此他声明要"从民族主义做起才好!""五卅"运动前后,周作人更发表了一系列杂文小品,攻击矛头直指帝国主义及其追随者,他谴责英帝国主义者"不拿中国人当人"(《对于上海事件的感言》)。告诫人们:帝国主义者"于中国有利的事,他们无不反对,而有害于中国者则鼓吹不遗余力"(《日本与中国》)。直到1927年"四·一二"反革命政变前后,周作人还针对日本帝国主义在华的反动喉舌《顺天时报》的侵略叫嚣,发表了不少杂文,进行猛烈的抨击。当李大钊被反动派血腥杀害后,《顺天时报》幸灾乐祸地发表短评,说什么李大钊因"不甘澹泊""做了主义的牺牲""有何值得",并奉劝人们"在此国家多事的时候",要"苟全性命""不要再轻举妄动"。周作人当即撰文戳穿日本人自己轻视生死,而独来教诲中国人"苟全性命""这不能不说是别有用意"(《日本人的好意》)。他还针对《顺天时报》鼓吹"日支共荣共存"的反动叫嚣,指出:"日本天天大叫'日支共荣共存',其实却是侵略的代名词。""日本人对我国说要来共存共荣,那就是说,我要吃你,千万要留心。"(《排日平议》)

对 1927 年蒋介石制造的反革命清党屠杀事件,周作人也进行过愤怒的抗争。他先后写了《偶感》《人力车与斩决》《怎么说才好》《诅咒》等文,抨击这种野蛮残暴的行为,指出:"此种残忍行为盖与漆髑髅为饮器无甚差异(《偶感》)。"他批评胡适"只见不文明的人力车,而不见也似乎不文明的斩首""此吾辈不能不甚以为遗恨者也"(《人力车与斩决》)。他激愤地呼号"这样的野蛮民族,实在是'亡有余辜'"(《诅咒》),他对在事变中被无辜处死的人充满同情,还对李大钊烈士的遗女进行了长期的照护。所有这些,充分表现了周作人的人道主义的立场。

周作人一方面在不无骁勇地战斗,但是浓重的黑暗势力,以及他对群众力量的极端蔑视又使他看不到前面的曙光;知识阶级的软弱本性常常使他产生退避的思想,而不再去进行坚韧的战斗。正如他自己所说:"我也喜欢弄一点过激的思想,拨草寻蛇地去向道学家寻事,但是如法国拉勃来那样,只是到'要被火烤了为止',未必有殉道的决心,好像是小孩踢球,……踢到倦了也就停止。"他甚至还奉劝别人也"不要太热心,以致被道学家们所烤"(《与友人论性道德书》)。周作人暗喻自己是"叛徒""隐士"的合身,是流氓鬼、绅士鬼的一体。他说:"有时候流氓占了优势,我便跟了他去彷徨,什么大街小巷的一切隐密无不知悉,酗酒、斗殴、辱骂,都不是做不来的,我简直可以成为一个精神的'破脚骨',但是在我将真正撒野,如流氓的'开天堂'的时候,绅士大抵就出来高叫。带住,著即带住!'"(《两个鬼》)这种进与退、斗与隐的矛盾渗透在周作人这一时期活动的各个方面,所以他常是:一面在进行着慷慨激昂的战斗,一面又沉湎于"一种焚香静坐的安闲而丰腴的生活的幻想"(《北京的茶食》),一面为着现实的生活而辛勤奔忙,一面又"忙里偷闲,苦中作乐"地希图在"不完全的现世享乐一点美与和谐"(《喝茶》);一面在写着人道主义的抗争的文字,一面又喋喋地声明，这些"文字涂写，全是游戏——或者更好说是玩耍"（《蛇螺·序》）；一面慨叹着"中国本来没有什么闲静的世界"（《无谓的感慨》），一面又"极慕着作文的平淡自然的境地"（《雨天的书·序》）；一面"自说着流氓似的土匪似的话"，一面又深悔于自己的旧作："满口柴胡，殊少敦厚温和之气"（《雨天的书·序二》）……这种复杂的、矛盾的思想使他陷于进退维谷的境地。而矛盾发展的趋向，终究是"叛徒"的精神渐渐淡薄，而"隐士"的游魂逐渐得到胜利。1925年以后，他删掉了旧作中唯恐"得罪人，得罪社会"的部分而出版了《谈虎集》，又声言自己过去多喜欢作品中"所隐现的主义"，"现在所爱的乃是在那艺术与生活自身"（《艺术与生活·序》）了，甚至他索性要在"十字街头"，"造起塔来住"，以求"在喧闹中得到安宁"，"不问世事而缩入塔里"（《十字街头的塔》）。"四·一二"反革命政变后，他更断然宣布"自己是一个中庸主义者"，虽然，他反对反动派"过火"的"棒喝主义"，但也"不信仰群众"，"与共严党……不能做同道"（《谈虎集·后记》），表示了自己对新兴的无产阶级，对人民群众的决绝态度，这正预伏着他20世纪30年代走向更大的危机。

四、追求隐逸的"思想消沉者"

从大革命失败后到华北沦陷前，中国革命进入一个新的历史时期，即由于中国大资产阶级转到了帝国主义和封建势力的反革命营垒一边，民族资产阶级也附和了大资产阶级，因而进入了由中国共产党单独地领导群众进行革命的阶段。中国知识分子又面临着一次如何选择道路的考验。这一时期，周作人在国民党反动派法西斯专政的高压政策下，政治上追求隐逸，思想上趋向孔孟的儒学上去，文学上更加追求平和、冲淡的闲适小品，反对新兴的无产阶级文艺运动。

大革命失败后，唯恐"被火烤了"的周作人，提出了"苟全性命于乱世"的良方：闭户读书论。他说：当此时，"你对于现实的中国一定会有好些不满或是不平，这些不满和不平积在你的心里，正如噎隔患者肚里的'痞块'一样，你如没有法子把他除掉，总有一天会断送你的性命"，那么"有什么法子可以除掉这个痞块呢""最好是从头就不烦闷",其次是"有了烦闷用方法消遣……就是闭户读书"(《闭户读书论》)。他声言：对于时事,"到现在决不谈了"(《永日集·序》),并鼓吹"识字读书,唯一用处,在于消遣"(《苦竹杂记·后记)》)。这种由进取向隐逸的转变,客观上是反动派高压政策的产物,主观上是周作人本来就没有坚定的信仰和为信仰而献身的执著态度。他说："我本来是无信仰的,不过以前还凭了少年的意气,有时候要高谈阔论地讲话,也无非是自骗自罢了。近几年来,却有了进步,知道自己的真相,由信仰而归于怀疑,这是我的'转变方向'。"《艺术与生活·序》)

  这个时期,周作人的思想,虽在某些方面还有反封建的成分,但在总体上趋向了孔孟的儒学。他说:"我的道德观恐怕还当说是儒家的,但左右的道与法两家也都掺合在内,外面又加了些现代科学常识。"(《自己的文章》)他极力追求儒家的中庸主义和忍的哲学,作为自己的处世态度。在《谈虎集·后记》中,他明确宣称:"我自己是一个中庸主义者。"他十分欣赏《聊斋鼓词六种序·题记》中的两句:"姑妄言之姑听之,豆棚瓜架雨如丝。"并说:"这是一种文学的心情,不汲汲于功利,但也不是对于人事完全冷淡,只是适中地冷处之罢了。"他还认为"苟全性命于乱世"的另一法宝是"忍",他把杜牧的"忍过事堪喜"的诗句,书于小花瓶上,摆在窗下,并说:"我不是尊奉他作格言,我是赏识他的境界。这有如吃苦茶,苦茶并不是好吃的,……咽一口酽茶觉得爽快,这是大人的可怜处,人生的苦甜,如希腊女诗人之称恋爱,诗云,谁谓荼苦,其甘如荠。"正是这种中庸的态度和"忍"的哲学,成为这一时期周作人处理世事所追慕的基本指导思想。所以他能在风沙扑面、狼虎成群的现世,心安理得地去看花、赏月、考古、游闲,过着封建士大夫的世外桃源式的生活。

  与这种政治态度与哲学思想相适应,周作人这时的文学主张,也形成了一种倒退。他一反"五四"时期提倡为人生而文学的主张,而大力鼓吹文学的无目的性,尽管这种鼓吹出于愤激,但在客观上仍然起到了恶劣的作用。他说:"我是不相信文章有用的,所以在原则上如写文章第一要把文章写的可以看得,此外的事情都是其次。"(《关于写文章》)又说:"文学只有感情,没有目的。"(《中国新文学的源流》)他支持林语堂等人提倡的独抒性灵、不拘格套的闲适小品。周作人与废名等人在上世纪20年代末30年代初合编的《骆驼》与《骆驼草》，也标榜不谈政治，不谈国事。他多次撰文鼓吹明末公安、竟陵派的性灵说和他们的小品，将其捧为"言志"文学的圭臬。

上世纪30年代左翼文艺运动兴起，周作人就与左翼文艺阵营的主张相悖。1930年3月，他在《金鱼》一文中就以奚落的口吻说："几个月没有写文章，天下的形势似乎已经大变了，有志要做新文学的人，非多讲某一套话不容易出色。"后来，他攻击为政治服务的无产阶级文艺为"载道文艺"，声言"对于载道卫道奉教吃教的朋友，都有点隔膜。"（《苦竹杂记·后记》）他否定文坛上一切思想斗争，诬蔑那些论争的文章是"打架的文章"（《关于写文章》）。他攻击一些作家的转向左翼是"投机趋时"，是因"私欲深，世味浓，贪恋前途"之故（《老人的胡闹》）。总之，周作人对左翼文艺运动的态度，充分说明他坚持资产阶级立场，抗拒马克思列宁主义了。

周作人这个时期在创作上，更极力追求平淡、自然、闲适的境地。他以"用心写好文章莫管人家鸟事"的戒条训诫自己，写了大量赋得草木虫鱼的文章和读书杂记，且常常由于"没有什么意思要说"而"写不出文章"来，因而"愈写也愈少了"（《看云集·自序》，《关于写文章》）。

应该指出的是，这个时期周作人的思想，仍然是矛盾重重，负累极深的。他一面追慕隐逸，力避政治；一面对大地主大资产阶级联合的封建专制和法西斯暴政不满和激愤。他虽想"醉生梦死"地麻醉自己，但对世事却"还是清醒地都看见听见"（《麻醉礼赞》）。他再三叮嘱自己莫管他人鸟事，且谈草木虫鱼，却又按捺不住在作品中说三道四，呵佛骂祖，"文章底下的焦躁总要露出头来"（《自己的文章》）。因为封建法西斯专制统治的现实，不仅没有使周作人的人道、民主、自由、个性解放的要求，得到哪怕是稍稍一点满足，它们之间的矛盾反而日趋激化。正如他自己曾说的："中国是我的本国，是我歌于斯哭于斯的地方，可是眼见得那么不成样子，大事莫谈，只一出去，就看见女人的扎缚的小脚，又如此刻在写字耳边就满是后面人家所收广播的怪声的报告与旧戏，真不禁令人怒从心上起也。"（《自己的文章》）在这种情形下，"隐逸"的态度，哪里"隐"得下，"平淡"的文情，又怎么会出来,所以,他的"隐逸"不过如"身在山林,心存魏阙",他的"平淡"乃是跛者之不忘履而已,他的貌似闲适的文章,也常常有着隐忧与沉痛寄寓其中。但是,也诚如鲁迅所说,这种隐逸的追求,最初虽然不无痛苦,然后,逐渐地便成自然,"忘却了真,相信了谎""也就心安理得,天趣盎然起来"(鲁迅:《病后杂谈·四》)。

对于周作人这种隐而不得的矛盾,还是鲁迅理解得最深刻、中肯。上世纪30年代初,周作人曾写过两首五十自寿诗,当时唱和吹擂者不少,批评否定者也大有人在,一时间沸沸扬扬,好生热闹。鲁迅却在给友人的信中深刻而中肯地指出:"周作人的诗,其实,还是有讽世之意的。""然此种微词已为今之青年所不憭。"(《鲁迅一九三四年四月三十日致曹聚仁信》)具有讽世的微词,正是这个时期周作人那些看似"平和""闲适"的小品文的基本格调。这一点正是周作人区别于林语堂,区别于一些大资产阶级文人们的地方。理解这点,才能更准确地把握周作人这一时期思想和创作的脉搏。

五、欲隐而不能的文化界的李陵

"七·七"事变后,华北沦陷,全国人民奋起抗战,许多知识分子和有志之士,纷纷南下,参加抗日救亡工作,而周作人则苟安故都,作了日本帝国主义的顺民,还先后担任了日伪北京大学文学院院长、北京大学图书馆馆长、华北政务委员会委员兼华北教育总署督办等职,为日本帝国主义的统治效尽犬马之劳,成为可耻的汉奸。

1937年9月,周作人在给友人的信中表白他因"系累甚重",不能南下,并说:"有同事将南行曾嘱其向王教长蒋校长代为同人致一言,请勿视留北诸人为李陵,却当作苏武看为宜,……至于有人如何怀疑或误解殊不能知,亦无法一一解释也。"(致陶亢德信)然而,这个放言要作苏武的人,不久就参加了日寇在平召开的"更生中国文化座谈会",并担任了伪北京大学文学院院长、北京大学图书馆馆长等要职。1940年末,征得周作人同意,经伪国民政府中央政府会议提出通过,汪伪政府又任命周作人为华北政务委员会委员,并指定为常务委员兼华北教育总署督办。

文艺界的人士对周作人的陷逆都深感遗憾，不少人致书、写诗、作文、发表公开信，或规劝他及早回头，或敦促他快快南下。1938年5月14日出刊的《抗战文艺》就曾刊登由茅盾、老舍、夏衍、丁玲等十八位文艺界知名人士联合署名的《致周作人的一封公开信》，规劝他"急速离平，间道南来，参加抗敌建国工作"。胡适也曾写诗，敦促他离平南下。但是，周作人对这一切视若罔然，仍留在北平，跟随日本帝国主义者的指挥棒，愈陷愈深地成了不能自拔的民族罪人。

　　这个时期的周作人一反过去对于政治"决不再谈"的态度，又空前地热心于政治了。特别是在1941至1942年任伪职期间，他追随汪精卫、王揖唐、王克敏等大汉奸，出入于北平政委会、教育总署，日本在中国设立的文化特务机关"兴亚院""文协会"乃至日本大使馆之间，参加集会，接待来访，写文章，致训词，做讲演，赴宴会，四处活动，好不繁忙。1941年，正当抗日战争进入艰苦的相持阶段，周作人应华北政委会之托，作为东亚文化协议会评议员代表团之一员，赴东京参拜了日本帝国主义侵略中国的总司令部：日本内阁、外务、陆海军诸省，并往汤岛、横须贺陆海军医院"慰问"病员，进行捐赠，丧尽了民族气节。1942年5月，周作人又随从汪精卫、伪外交部长褚民谊等人，北上访问满洲，谒见了伪满洲国皇帝溥仪及日本驻华大使梅津。与此同时，周作人又为张次溪所编《汪精卫先生庚戌蒙难实录》写了序言，吹捧汪精卫"挺身犯难""忍辱负重""投身饲饿虎"的精神，极尽美化卖国贼的能事。

　　配合着政治上这些活动，周作人还狂热地为日本帝国主义及其侵略政策做鼓吹宣传。正当日本帝国主义者的铁蹄蹂躏着中国的时候，周作人却接连不断地发表文章，吹捧日本生活的"舒适""有趣"，日本衣食住的令人留恋，称道东京是"自己的第二故乡"。日本侵略者把侵略中国、侵略亚洲的罪恶战争美化为"兴亚"的战争，周作人也不遗余力地赞和，在《留学的回忆》中说："我们留学去的人……都热烈的抱着兴亚的意气的。中国人如何佩服赞叹日本的明治维新，对于日俄战争如何祈望日本的胜利，率真的说这比去年大东亚战争勃发的时候还要更真诚更热烈几分。"并说："这种感情能维持到现在，什么难问题都早已解决了。"真是一副令人作呕的奴才嘴脸！1942年11月，周作人在《中国的思想问题》一文中，又为日本侵略者鼓吹的"共存共荣"说找到了理论的根据，他说"一般生物的求生是单纯的""只要自己能生存，便不惜危害别个的生存"，"人则不然，他与生物同样的要求生存"，但为要生存得好，"须与别个联络，互相扶助"，这种"原始的生存道德即为仁的根苗"，而以"仁"为中心思想的中国"只以共济即是现在说的烂熟了的共存共荣为目的"，并说中国"有此思想的好根苗""是极可喜的事"。按他的观点，中国以"仁"为中心的传统思想，完全符合"共存共荣"说，而"共存共荣"说又完全符合"人"的生存道德。这实在是为帝国主义的侵略政策所作的极其露骨的反动宣传。

这个时期，周作人思想上又彻底地回到孔孟儒学上来，他鼓吹孔子的"仁""恕"等思想，说什么"中国的中心思想"，几千年来没有什么改变，"简单的一句话说这就是儒家思想""儒家的根本思想是仁，分别之为忠恕"，而孔子"代表中国思想的极顶即集大成也"，并说中国有这样的好思想，是"可以乐观"的。在《药味集·序言》里，他又说："若言思想，确信是儒家的正宗。"他常标榜自己做文的"诚慎的态度"，并谓这种态度"自信亦为儒家所必有者也"。早在20世纪初就大声疾呼要"摒儒者于门外"的周作人，曾几何时，又如此狂热地拜倒在孔门之下。政治上的倒退，必然伴随着思想上的倒退，这难道不是值得深长思之的吗？

这一时期，周作人仍有不少文学作品。除一部分探讨"国家治乱之源，生民根本之计"实则为帝国主义统治帮忙的文章外，大量的则是"聊以消遣"的闲适小品，内容空虚无聊。这些作品，虽不无一些知识性与趣味性，但已无讽世的微词，意思也多艰涩隐晦，文风上，"仿佛文言的分子比较多了些"（《药味集·序》），这说明周作人的小品，也如政治上一样，已经走向末路了。

抗战胜利后，周作人受到了理所当然的制裁。尽管他做汉奸时，思想上也不无"入官入道两蹉跎"的感叹和苦闷，尽管他也曾为自己的投敌行为做过辩解，但铁案如山，历史无情，在沦陷期间他的言行作为，已在自己的历史上永远留下了可耻的篇章。

新中国成立后，党对他采取了宽大政策，实行了教育改造的方针。

在生活上得到基本保证的前提下,他重新拿起笔来,撰写文章,译著作品。他翻译了《希腊英雄神话传说》《日本狂言选》等十多本书。又撰写出版了《鲁迅的故家》《鲁迅的青年时代》《鲁迅小说里的人物》等,为鲁迅研究提供了一些有益的资料。他还在一些报刊上发表了不少小品散文。但是,由于思想的落伍,这些作品已如路边轻尘,没有什么影响了。

(载 1983 年《南开中文系语言文学研究辑刊》)

9. 近年来周作人研究综述

周作人是中国现代文学史上一个比较有影响的作家。近四五年来，对周作人的研究，为很多现代文学工作者所重视。据不完全统计，1980年至1983年在全国各地报刊杂志上发表的有关周作人的研究或资料性的文章约40篇左右。这些文章提出了许多切中肯綮的见解，阐述了中国现代文学发展进程中某些令人深思的问题，将周作人研究在过去的基础上大大向前推进了一步；另一方面，在某些问题的评价上也存在着一些分歧，有待进行深入探讨。现将近几年来研究中涉及的主要问题，简述于后。

一、关于周作人"五四"时期的文学主张

在近几年来对周作人进行的重新评价中，首先集中在这个问题的研讨上，就这方面发表的文章较多。这些文章虽都认为周作人在"五四"文学革命中的主张，在新文学运动的理论建设上既有进步的作用和积极的影响，又有一定的历史局限，但在具体阐述和评价上却有很大的不同：

1. 周作人"五四"时期文学主张的进步意义和积极作用

有的文章认为，《人的文学》"在1918年中国历史条件下，为新文学第一次提出了明确的指导思想，反映了时代对文学的要求，其影响是积极的，实际上成为了当时文学运动的一个理论纲领""周作人的人道主义文学主张发表在'五四'运动之前，它所针对的正是人类历史上最彻底地否定了人的价值的中国封建主义及其文学"。并说："周作人的人道主义文学主张并非空想出的，而是对于当时文学运动的一个理论总结。和他同时的新文学的先驱者们，都将个性解放、人的觉醒与恢复作为自己的首要任务，达成了新文学十年间的最普遍主题。"

"为新文学提出这个指导思想是周作人的独到贡献","当时中国思想界刚接触马克思主义……，马克思主义还未能在文学界产生反响。在这种情况下，人道主义文学主张还是当时最先进的"。

有的文章以为"周作人是从内容与形式相统一的角度来倡导文学革命的""他提出'思想革命'这个颇有见地的口号，而作为思想革命的重要内容的是他提出的'人的文学'的口号。它突出地体现了作为'五四'新文化运动的两面旗帜的科学和民主精神，是一个有鲜明战斗色彩的口号""从'五四'新文化运动的需要和当时中国历史特点来说，……有警世骇俗的意义""在一定程度上反映着人民大众思想解放的要求，而显示出历史前进的进程。"它"对封建传统道德和正统的文学观念，无疑是一个勇猛的冲击，对新文学的发展有着革命的意义"。

有的文章认为，周作人的《人的文学》"把文学做为一种社会现象，从文学是社会生活的反映这一唯物主义观点出发，对新旧文学的不同特质做了具有独到见解的阐释，这就不能不使人们耳目一新""《人的文学》的价值，主要就表现在这种彻底的反封建精神方面"。周作人在《新青年》《每周评论》上发表的文艺论文"扶持"了"在新文学运动中刚刚开始流行的现实主义的'问题小说'""说明了现实主义形式方法的特点""是我国现代现实主义文学理论的先声，后来为文学研究会所发扬，对于现实主义文学流派的形成和现实主义文学创作的发展，都起到了一定的促进作用"。周作人提出的思想革命"与胡适的形式主义和改良主义针锋相对""反映了关心文学革命前途的人们的共同心愿"。

有的文章认为，周作人的文学主张的历史进步性，具体表现在："第一，以人道主义作为新文学的核心思想，这就同封建文学的反动思想内容划清了界限。""第二，'人的文学'的命题，揭示了文学与人与人生的关系，使文学形式把人作为描写的中心，并为人生服务。""第三，提倡运用写实主义，即现实主义形式原则。"

也有的文章认为："周作人的'人的文学'、'人道主义文学'、'平民文学'表述的用语虽不尽相同，但都是主张文学为人生的。""这种见解和主张，对'五四'以后新文学史上出现'为人生'的优秀文学流派和传统，在理论上作了明确的阐述，带有普遍的指导意义，特别是关于文艺功能的看法,直到今天似乎还值得借鉴。"

有的文章则认为,周作人"人的文学"的主张"充其量只不过反映了资产阶级知识分子的一种反封建的要求,不要说同当时振聋发聩的马克思列宁主义相比,就是比之在此八年前孙中山领导的辛亥革命的武装斗争实践,也不能说它有多少实质性的前进"。它"没有、也不可能成为文学革命的倡导思想"。

还有的文章认为:"像周作人提出的'人的文学'和'平民文学'的口号,主张'个人主义的人间本位主义',主张'普遍与真挚两件事'。这在当时也都还具有反封建的进步作用,不过它在'资产阶级的范围内'却显得相当温和与微弱,很快就落在时代的后面了。"

2. 周作人早期文学主张的局限

有的文章指出:"周作人当时从资产阶级文化思想出发提出的主张,不可能不表现出阶级的历史的局限。而这些局限又是通过他本人解决中的中庸、和平的绅士阶级观念,以特殊形式表现出来的。""他的反封建以中庸为准,以平和为度。"他的"人的文学""平民文学"的主张"是根本不可能实现"的"空洞口号"。

有的文章指出,周作人早期文学主张的局限性,"首先,表现在政治斗争的妥协性上。其次,表现在文艺思想的矛盾上。""就在提倡'人的文学'的同时,周作人忧心忡忡地指出,如果文艺是为人生的,就很容易有专讲'功利'的'流弊',而变成一种'坛上的说教'。"

还有的文章指出,周作人早期文学主张的历史局限,主要表现在:"其一,'人的文学'或'平民文学'或'为人生'的文学,都同他极力鼓吹的日本新村主义的政治理想联系在一起。""如果新的文学作品果真描写了这种'理想生活'和'新村'道路,那在一定程度上将会麻痹人们彻底反帝反封建的革命斗志,产生一些不切实的幻想。""二,'人的文学'……毕竟是以人性论为思想基础的文学主张,它只能从生物学的观点,强调新文学应当表现人类共同相通的人性,而忽视了生活在阶级社会里的人也带有明显的阶级性。""三,为人生的文学主张还嫌笼统些抽象些。""四,从他列举的十类'非人的文学'来看……在一定程度上表现了他对古典文学所采取的形而上学的态度。""五,他是一个地道的个性主义者和人道主义者,他总是把自己积极的文学活动同满足自己某种'趣味'联系在一起。"

二、对周作人思想的研究

1. 关于周作人的早期思想：

有的文章认为："早期的周作人是以进化论、个性解放、资产阶级人道主义作为指导思想从事创作的。"

有的文章认为："资产阶级的人道主义和个性主义是'五四'时期周作人思想的基本。"

有的文章则认为："个性主义、人道主义、十九世纪的近代文明等培植了他的民主主义思想，成为他五四时期反封建的思想基础。但另一方面士大夫阶级的绅士气与儒家的'中庸思想'，是他世界观中的消极因素。这就形成了他的叛徒与隐士结合的思想。五四时期这两种思想是统一存在于他的世界观中的。"

较多的文章认为，周作人早期思想主要是"人道主义"。如有的说："五四"时期，"周作人从欧洲资产阶级思想武库里搬来了人道主义，矛头是指向封建主义的"。其局限"首先表现在社会斗争的妥协性上"，"其次，他……提倡人道主义，鼓吹新村主义，又有抵制共产主义思想，防止社会革命的意思，因而在当时就具有反动性"。

有的说："五四时期周作人思想的主流是资产阶级人道主义，但他接受了西方长期发展过程中出现的各种形态的人道主义的影响，因此，既有个人主义、自由主义、改良主义，也有空想社会主义，是一个杂货铺。"他的"以自由主义为核心的人道主义思想，具有反帝反封建以及反对马克思主义、革命群众运动和革命专政的两面性"。

有的说：在日本时期"周作人虽然也受到了战斗的民主主义思想的影响，但是在他的头脑中起决定作用的却是平和的人道主义思想"。"五四"时期，"周作人从'个人主义的人间本位主义'和中庸平和的人道主义出发就只能接受空想社会主义"。

2. 关于周作人人道主义思想的演变

有的文章认为："《爱与憎》和《同盟罢工》从自然和社会两个方面，否定了周作人的人道主义的基本理论，这是1919年9、10月间的事。""周作人还是在沿着否定'尽爱'观的观点前进,到1921年春夏,他这一观点终于完成,其标志便是《苍蝇》和《过去的生命》二诗。""'尽爱'不能解决社会的矛盾,周作人决心和人道主义告别。"

有的文章则认为,"五四"以后"周作人没有也不可能根本放弃资产阶级人道主义,只是适应形势的发展作了适当的调整:他摒弃了五四时期人道主义思想中最激进的部分——空想社会主义,而其他方面则继续保留与发展。1922年前后,他提出了一个包括'认识人自己'的个人主义、自由主义等内容在内的人道主义思想体系。"大革命失败后,"周作人死抱人道主义、自由主义不放,在夹缝中苦苦挣扎,又不可避免地沿着历史的斜坡向下滑行"。沦陷以后,"周作人以前所未有的积极态度,狂热地宣传以'仁'、'恕'为核心的'原始'的儒家的人文主义","向双手沾满了中国人民鲜血的侵略者乞求'人道'——周作人的人道主义终于走到了末路"。

三、关于周作人的散文

1. 早期散文

有的文章认为,从"五四"到1928年底,周作人散文创作大体上经历了三个发展阶段:"从五四前夕到1921年间的周作人散文,充满战斗的活力,确有他自己所说的'浮躁凌厉之气',体现了狂飙突进时代的破旧立新精神。""从1922年到1925年初","周作人在苦闷中继续追求,彷徨时没有忘却战斗,这是属于战士的'荷戟独彷徨'"。"他这一阶段的散文创作在很大程度上保持着前一阶段的'浮躁凌厉之气',并且走向坚实和深沉。"这是"主导方面"。这一阶段创作的另一类散文,"所涉及的是日常生活琐事,所抒发的是个人的寂寞和忧郁、爱好和趣味,从中却看不到时代的政治风云,听不到革命进军的脚步声"。"从1923年初到1928年底,这是周作人散文创作的第三阶段。""周作人的散文呈现出新的时代特征,这主要是指他的散文及时地反映了这时期某些重大的政治与思想的斗争。""在女师大风潮和对现代评论派、甲寅派的论战中,周作人的散文充满着战斗的生气和逼人的风采,发挥了匕首和投枪的作用。""周作人在'四·一二'反革命政变前后写了一系列散文，或挞伐刽子手的凶残，或揭露流言家的卑劣，或颂扬革命者能献身精神。所爱所憎，了了分明。这些散文，尽了一个战士的战斗职责。"

有的文章认为，"在'五四'时期"，周作人"因为他博采东西方资本主义的'近世文明'，所以不仅在那些洋洋大观的论文中，就是在许多小品短文中，也时常能迸射出反封建的思想火花"。"到了1924年以后，'却移向另一方面'——'小品文的写作。'""周作人'五四'以后的议论性小品更广泛地触及了时事，具有更强烈的政治色彩，在更大程度上开扩了反帝、反封建的主题。丰富了议论性散文小品的表现形式，因而也就更加充分而鲜明地表现出现实主义精神。"同时"周作人的散文创作在艺术上也臻于成熟。他的文笔'舒徐自在'、'流转自如'，以至被推崇为习作白话散文的典范。然而他的文风也确实开始由'浮躁凌厉'向冲淡闲适转化"。

也有的文章认为，"从'五四'到20世纪20年代末期"，周作人"在散文创作上，也曾有过一段较为光彩的历史。他的有关文艺的著作，内容非常广泛……。有关'时事'的文章，可分为两类，一类是针对社会的黑暗现象，封建文化，封建礼教以及反动人物与道学家的言行，加以抨击或批判，表示了早期的周作人与新文化运动有合拍的一面"。"真正代表周作人平淡自然、平和冲淡风格的则是另一类只谈草木虫鱼、身边琐事的作品。""这一类作品，征引博洽，挥洒自如，抒发性灵，毫无枸枯，固不乏耐人寻味的诱力。但是他那封建士大夫式的闲情逸致、懒散自适的随意而谈，'文字涂写，全在游戏'的写作态度，使人远离群众，脱离现实，意志消沉。有些篇章，意识低下，格调平庸，未免使人感到无聊。"

还有的文章认为，"五四"时期，周作人的散文是"独具特色的"。其中"一部分是抨击现实，进行社会批判的"。"这些散文是他五四时期反对旧道德、旧文化的积极精神的表现，应该给予肯定的评价。但这方面的散文，1927年以后就较少了。""另一方面的散文，大多数是'平和冲淡'的笔记小品。""其中也不乏佳作，如……，以其恬淡之笔、乡土之情，青涩之味，在五四散文中可以说是别具一格的。他的读书札记也具有知识丰富，谈言微中的特点。然而这些小品中也往往透露出一些绅士阶级的闲适情调与思古之幽情。"

另外，有的文章专门论述了周作人早期散文的艺术成就，指出周作人对现代散文发展的重要贡献是：一、"打破'美文必须用文言'的迷信"；二、"开扩了散文的取材范围"；三、"他在散文体式上所作的探索和在散文艺术上所取得的成就"。并论述了"周作人散文的艺术特性""一是旁征博引所形成的广泛的知识性；二是寓庄于谐、寓谐于庄而形成的丰富的幽默味；三是用淡笔写淡情而形成的质朴的诗意。"'这三者有机和谐的统一，就构成周作人散文——我们指的主要是他的早期散文——的基本艺术特性。"

2．1928年以后的散文

评论中较为一致地认为1928年以后周作人的散文"平和冲淡"之作占了主导地位。如有的文章说："虽不能说他的散文思想内容全盘皆坏，无可肯定；但毋庸讳言，在'浮躁凌厉'与'平和冲淡'两种倾向相消长的过程中，'平和冲淡'一面逐渐上升为主导倾向，而'浮躁凌厉'一面则逐渐下降为次要地位。"他散文的取材"从少谈到不谈'时事'，转到大谈特谈什么'草木虫鱼'，什么'听鬼''画蛇'，或者掉书袋展览学问，发思古之幽情，在故纸堆里发掘趣闻轶事，周作人散文的思想性和战斗性发生了可惊的变化"。

有的文章又指出，"周作人后期散文创作的演变"，"经历了一个短暂的过渡"。"他从1929年11月到1932年10月，用了整整三年的时间，才编成了一本《看云集》。""这正反映了他的创作思想在转变期间的深刻矛盾。"并指出"30年代以后，做为现代散文开拓者之一的周作人以及他所代表的这一散文流派""就开始背弃了""现实主义"的"宝贵传统""脱离了这条广阔的道路"。

四、关于沦陷时期的周作人

对周作人附逆以后的研究，过去几乎完全是一片空白，近几年来，在这方面的研究也有一些进展。如有些文章详尽地叙述了周作人投敌附逆、出任伪职的具体经过，概括地评述了周作人出任伪职期间的全部活动，探讨了周作人由五四新文化运动的骁将蜕变为民族罪人的原因，填补了对沦陷时期周作人研究的某些空白。

如有的文章"从周作人的思想意识、政治立场、经济生活乃至于性格心理诸方面"，分析了他堕落的道路，指出："随着'五四'以后革命一步步的深入，周作人做为资产阶级民主派所主张的人道主义就越来越显出了它的局限性。"他在"踟蹰中后退"，终于"'苟全性命于乱世'的思想，决定了周作人要走的政治道路"。"周作人堕落成为文化汉奸，与他贪财成性也是分不开的。""周作人性格上的狭隘与爱闹意气"，也是他"沦为汉奸"的原因之一。

有的文章指出，周作人堕落为帝国主义的附庸、背叛祖国和人民的民族罪人，在当时是因为："首先，周作人对中国的抗日战争一直持'必败论'的观点""其次，一群汉奸们的劝诱与日本人的胁迫是造成周作人附逆下水的客观因素""另外，抗日战争爆发后，他贪恋八道湾的舒适生活，甚至为了一己私利的需要，不惜牺牲国家的利益和自己的名节"。

有的文章以大量的事实批驳了周作人为自己投敌附逆所作的一些辩解，如说："他参加'更生中国文化建设座谈会'，只是一次学术活动，不是下水作汉奸。""他本想在陷入敌手的北京隐居苦度，但日本人威胁到了他的生命安全，使他不得不出任伪职。""他是一个'身在曹营心在汉'的功臣，他虽'身'任伪职，但'心'向抗日，表现这种'心事'的就是他写的文章。"等等。

还有的文章归纳周作人出任伪职期间的所为，有几个方面："一、兴办汉奸教育""二、积极协助推行汪伪政权当时在华北地区开展的以'剿共自卫'为中心目的的'治安强化运动'""三、参与媚日亲满的汉奸外交活动，为日寇'大东亚共荣圈'的罪恶计划效力""四、攀附汪伪汉奸集团的头面人物""五、撰写汉奸作品，以文艺为日本的侵略政策服务"。

五、关于周作人的晚年

在已发表的研究文章中，还没有对周作人晚年的思想或著述进行专门性研究的文章，只是有的文章在评述周作人一生时提到："新中国成立后,党和政府给他改造自新的机会。"在解放后生活的18年中,"他写了《鲁迅小说里的人物》《鲁迅的故家》《鲁迅的青年时代》《知堂回想录》等书,为研究鲁迅和研究现代文学,提供了有用的资料"。并翻译出版了一些希腊和日本的文学著作,"为新中国的文化建设作了一些有益的工作"。

有的文章指出,读周作人晚年的书信,"感到他在思想上也并非毫无变化。比如当他发现国外某一个国家当时政治上有变化,或海外某些势力想同他的稿件发生瓜葛时,他明智地避开了"。但"同时也突出地感到,他在思想上还有不少方面是沿袭了他自从退居苦雨斋喝苦茶不再反对帝国主义和军阀以后的脉络,坚持了他反对鲁迅的观点,甚至为自己当年落水当汉奸而进行辩解"。

还有的文章,用大量的事实评驳了周作人晚年所写的《知堂回想录》中对"兄弟失和事件""对自己落水附敌作汉奸""对自己思想堕落"等所作的辩解。

六、关于周作人与鲁迅的比较研究

对鲁迅与周作人的比较研究,近几年来也有较大的进展。有些文章系统地比较了周氏两兄弟所走的不同道路;有些文章则从某一方面或某一角度上比较了两人的异同。

在比较周氏两兄弟所走的不同道路时,有的文章说:"鲁迅和周作人虽然同是'从旧垒中来',但并不是一样的叛逆子弟,他们的思想和气质,在生活道路的起点上,就略现轩轾。""在中国革命从旧民主主义向新民主主义转化的过程中,鲁迅同现实的关系是由矛盾趋向统一,而周作人同现实的关系则由统一趋向矛盾,这就构成了他们生活道路上的各自的变化性。"进入新民主主义革命阶段后,"鲁迅与周作人在接受社会主义影响时,又各自从不同的思想基点出发。周作人从'个人主义的人间本位主义'和中庸平和的人道主义出发,就只能接受空想社会主义。""鲁迅对社会主义的同情则是从中国的革命实际出发,从唯物主义的观点出发,所以对空想社会主义的说教绝不肯盲从。直到十月社会主义革命胜利后,他才'抬起头',去迎接这'新世纪的曙光'。""在'五四'以后文化革命统一战线的分化过程中,鲁迅在彷徨中不断前进,周作人在踟蹰中逐步倒退。""在1927年以后,由于革命营垒发生了巨大变化","鲁迅与周作人各自按照原来量变的趋向完成了质变"。"国民党的反动文化'围剿'促成了鲁迅与周作人的急遽分化:一个'在这一围剿中成了中国文化革命的伟人';另一个,却在这一'围剿'中成了文化革命的逃兵以至叛徒。"

有的文章分析了"鲁迅与周作人在日本时期形成了以'立人'为中心的人道主义、民主主义思想",指出"在这一时期,他们的思想保持着总体的一致性,而其思想中包含的积极与消极两个方面的矛盾因素,以及不同的着重点,都决定着他们今后不同的发展道路"。"在五四时期政治、思想、文化的尖锐斗争中,鲁迅与周作人一面并肩战斗在同一统一战线中,另一方面又鲜明地表现出不同的思想政治倾向,出现了资产阶级改良主义、小资产阶级空想社会主义与反映以农民为主体的人民大众利益要求的彻底的民主主义、战斗的现实主义之间的裂痕,由此出发,他们终于走上了不同的道路。"五四运动以后,"鲁迅与周作人都陷入了思想的苦闷与彷徨。但周作人的思想斗争远远没有鲁迅那样痛苦、艰难,历时也不长,这恰好说明周作人的苦闷不具有鲁迅那种'根本改造'的深刻性"。大革命失败后,"鲁迅坚定地走上马克思主义的道路,更高地举起了五四反帝反封建的旗帜。周作人死抱人道主义、自由主义不放,在夹缝中苦苦挣扎,又不可避免地沿着历史的斜坡向下滑行"。"1936年10月,鲁迅走完了一生战斗路程时,人民授予他'民族魂'的称号……。周作人却与中华民族觉醒的历史潮流背道而驰,一步步地走上民族叛徒的歧路。"

有的文章对"鲁迅从寻路到得路和周作人从寻路到迷路"进行了比较,指出:"鲁迅的成为马克思主义者,能'由寻路而得路',就是因为他从根本上解决了主观思想与客观现实的矛盾。""他有坚定的生活信念,有顽强的生活意志。"而周作人则"始终是一个怯懦的个人主义者",他"从极端的个人主义出发,进则求'利己',退则为'保身',怯懦,少信,欲隐身避祸,而又终不忘追名逐利"。所以,他最后"不仅没有走上正确的人生道路,反而走上了一条在政治上堕落的道路"。

有的文章从对国民性的认识、对待人民群众的关系上,对鲁迅和周作人进行了比较，指出周作人"以一个精神贵族而用进化论来解释人的本质，就不能不陷入社会达尔文主义和庸俗进化论"。而鲁迅"从对历史的深湛研究和对现实的冷峻观察中得出了朴素的阶级论""使他没有滑到社会达尔文主义和庸俗进化论的泥淖，并且为他后来接受马克思主义的阶级论准备了必要的条件"。在对待人民群众的关系上，五四前，周作人还能"把自己的个性解放要求同广大人民群众反帝反封建的民主主义要求联系在一起，成为一个并不忠实的人民的代言人"。五四运动后，他"赢得了'特殊知识阶级'的头衔，于是成了'精神上的贵族'"，在"人民革命的浪潮到来之后""成了'现代的罗谟鲁斯'"。而鲁迅早期"虽然也忽视人民群众的革命性，但他认为兴国主要靠广大民众"。之后，鲁迅"从自己的道路回到了娘的怀抱""成为象莱谟斯那样的一个无愧于自己乳母的人"。

有的文章则对鲁迅与周作人所表现的反叛精神，进行了比较，指出："他们即使在结为'同一战阵中的伙伴'的时候，就已经显露出不同的特质：鲁迅表现了真正的叛逆精神，而周作人所表现的不过是他自己所谓的'流氓的精神'。"

也有的文章对鲁迅和周作人的散文创作进行了比较，分析了二周在各个历史时期创作思想和艺术风格上的异同，阐述了他们的散文从酷似到迥异，其影响所及，使我国现代散文创作形成两大对峙的流派的具体过程。

还有的文章对鲁迅与周作人关系的始末进行了详细的考察，阐明了他们从青少年时期的亲密相处，到关系破裂、分道扬镳的发展脉络，从而为研究二人的不同发展道路提供了一些有价值的史料。

附：1980—1983年研究周作人的主要论文索引

《评周作人在文学革命中的主张》李景彬《新文学论丛》1980年第3期
《评"语丝派"——兼谈周作人》张梁《徐州师院学报》1980年第3、4期
《论鲁迅与周作人所走的不同道路》李景彬《文学评论》1980年第5期
《周作人论》高云《文艺论丛》1980年10月第11期
《〈语丝〉的实际编辑质疑》陈韶林《河南师大学报》1980年第6期

《周作人早期散文的思想倾向》许志英《中国现代文学研究丛刊》1980 年第 4 期

《周作人的诗和散文》陈则光《文科教学》1981 年第 2 期

《试评五四时期周作人的文学主张》朱德发《文学评论丛刊》第 8 辑，1981 年 3 月

《评驳周作人晚年的辩解》廖子东《中国现代文学研究丛刊》1981 年第 1 期

《评周作人人道主义的文学主张》田守真《成都大学学报》1981 年第 1 期

《两个寻路的人——鲁迅与周作人比较论》李景彬《晋阳学刊》1981 年第 5 期

《论周作人早期散文的艺术成就》许志英《文学评论》1981 年第 6 期

《周作人和他的创作》高云《书林》1981 年第 6 期

《周作人的晚年》思衡《书林》1981 年第 6 期

《周作人书信及其他》姜德明《文汇月刊》1981 年第 12 期

《鲁迅与周作人比较论》李景彬 河北省《鲁迅诞辰一百周年纪念文集》，1981 年

《试论鲁迅与周作人的思想发展道路》钱理群《中国现代文学研究丛刊》1981 年第 4 期

《关于周作人"礼赞娼女"的辩正》陈韶林《河南师大学报》1982 年第 3 期

《从〈故乡的野菜〉看周作人散文的文艺特色》周棉《文科教学》1982 年第 2 期

《鲁迅藏书出售事件》史景树《文科教学》1982 年第 2 期

《周作人投敌的前前后后》张琦翔《文化史料丛刊》第三辑，1982 年 5 月

《一个历史的经验教训——周作人与人道主义和马克思主义》向远《中国现代文学研究丛刊》1982 年第 1 期

《伟大的叛逆与平庸的流氓》李景彬《河北师院学报》1982 年第 4 期

《说谎到底的厨师》林放《新民晚报》1982 年 10 月 25 日

《"五四"时期的周作人及其散文》江潮《辽宁大学学报》1982 年第 6 期

《鲁迅和周作人的散文创作比较观》李景彬《江汉论坛》1982 年第 8、9 期

《周作人投敌述评》王大明《抗战艺术研究》1982 年第 3、4 期

《鲁迅与周作人的关系始末》赵英《齐鲁学刊》1982 年第 5 期、1983 年第 2 期

《评五四时期周作人的文学主张》王德录《山西大学学报》1983年第1期
《试论周作人早期的文学主张》张梁《徐州师院学报》1983年第1期
《周作人出任伪职的前前后后》张菊香 张铁荣《南开学报》1983年2期
《〈别时容易〉续篇》黄裳《读书》1983年第5期
《从新文化运动的骁将到汉奸文人——周作人的一生》倪墨炎《人物》1983年第4期
《书叶小集》姜德明《读书》1983年第11期
《论周氏兄弟的新诗、杂事诗和〈秋夜〉精读浅释》郑子瑜《文艺论丛》第17期，1983年
《鲁迅和周作人》周建人《新文学史料》1983年第4期
《关于周作人的一点史料》贾芝《新文学史料》1983年第4期

（载1984年中国社科院文学所《文学研究动态》第6期）

10. 周作人传略

周作人，原名櫆寿，字星杓，1885年（清光绪十年）1月16日（阴历甲申十二月初一）生于浙江省绍兴府会稽县东昌坊口新台门的一个破落的封建士大夫家庭里。祖父周福清（字介孚）一支还有四、五十亩水田。父亲周凤仪（字伯宜），乡试未中，在家闲居。母亲鲁瑞，靠自修得到能看书的学力。

周作人幼年时期，家道日趋衰落。9岁时，祖父因科举作弊案入狱，他曾随母亲、大哥去皇甫庄外婆家避难。11岁，开始在三味书屋读书。12岁父亲病逝。次年（1897年）去杭州陪侍在监狱的祖父。在杭州读完了在书房里没有读完的《诗经》及《书经》，开始学做八股文和试帖诗。1878年7月返绍兴。12月与鲁迅同去参加科举考试，后又曾去应试，均未考中。

1901年4月祖父获释出狱。9月考入江南水师学堂，充额外生，改名作人。次年1月转为水师学堂管轮班正式学生。1904年7月祖父病逝。9月下旬，应堂叔祖周椒生的劝说到绍兴附近的东湖通艺学堂教英文，不满两个月，因未被续聘，又回江南水师学堂读书。

在江南水师学堂期间，周作人开始接受西方科学民主思想的影响，初步培养了对文学的兴趣。1904年末至1905年初翻译了《天方夜谭》中的《阿里巴巴和四十个强盗》的故事，改名为《侠女奴》，在《女子世界》上连载。不久，又翻译了美国亚伦·坡著的侦探小说《山羊图》，后易名为《玉虫缘》，由小说林活版社印为单行本。同时还创作了短篇小说《好花枝》《女猎人》及一些旧体诗等。这是他创作、翻译生涯的起始。在这期间，周作人在已赴日本留学的大哥鲁迅的关怀和影响下，十分向往赴日本留学，并曾多方活动。1905年末，他考取了出国留学生。1906年秋被派赴日本学习建筑。初入法政大学预科。1908年秋，改入立教大学，并开始学习古希腊文。在日本期间，他曾协助鲁迅、许寿裳等人筹办文艺杂志《新生》(后未出版),提倡文艺运动并翻译了一些被压迫民族的作品,如:匈牙利作家育珂摩耳著的中篇小说《匈奴奇士录》《黄蔷薇》,波兰显克微支的中篇小说《炭画》,与鲁迅合译英国哈葛德与安特路朗合著的小说《世界欲》(易名为《红星佚史》),俄国阿历克赛·托尔斯泰所著的历史小说《银公爵》(易名为《劲草》),以及《域外小说集》第一、二集等。他和鲁迅同为最早在中国介绍和翻译欧洲新文艺的人。与此同时,周作人还曾在东京发行的《天义报》《民报》《河南》等杂志及家乡的《绍兴公报》上发表著译多篇。1909年七、八月间与羽太信子结婚。在日本时期,周作人更多地接受了西方科学民主思想的影响,并初步形成了以资产阶级个性主义、人道主义为主要内容的民主主义思想。这一思想是他一生发展道路和思想演变的基础。

1911年秋,周作人结束了在日本的留学生活,返回绍兴。适值辛亥革命爆发,他躲在家里闲住了几个月。次年2月,由朱逷先介绍到浙江省军政府教育司任科长,后改任省视学。半年后因病辞职。1913年3月被推选为绍兴县教育会会长。4月起任浙江省立第五中学英语教员。9月起又在成章女校兼任英语教员一学期。在此期间,他主编《绍兴县教育会月刊》(后改为《绍兴教育杂志》),以持光、启明、作人等署名在该杂志上发表了不少译作。

1917年3月,经由鲁迅向北京大学校长蔡元培推荐,周作人到北京,在北京大学附设的国史编纂处任纂辑员。9月被聘为北京大学文科教授。1918年底至1919年初,在新文学运动的发轫时期,周作人在《新青年》《每周评论》等刊物上先后发表了《人的文学》《平民文学》《思想革命》等文,主张:提倡人的文学,排斥和反对非人的文学,提倡平民文学,反对贵族文学,指出:"文学革命的文字改革是第一步,思想改革是第二步,却比第一步更为重要。"这些文章成为新文学运动理论建设上的重要作品,曾产生过广泛的影响。1919年2月,周作人辞去北京大学国史编纂处纂辑员兼职,被教育部派任为国语统一筹备会会员。此后不久,周作人决定移家北京,趁春假之机先回绍兴,将在那里的家小送往日本探亲。在东京听到"五四"运动爆发的消息,便匆匆返国。7月再赴日本接家眷回国,并迂道参观了日本九州的日向新村。8月携家眷回北京。

"五四"时期，周作人曾参与讨论出刊《每周评论》，列席讨论《新青年》的编辑问题，成为《每周评论》与《新青年》的"客员"。1920年4月参加新潮社，10月被推选为该社主任编辑。11月被推定执笔起草"文学研究会"宣言，并与茅盾等12人发起成立了"文学研究会"。本年冬天，北京大学组织"歌谣研究会"，他与沈兼士共任主任。

"五四"前后，周作人除继续翻译介绍了不少日本及西欧一些国家的短篇小说外，还在《新青年》《新潮》《每周评论》《晨报副刊》等报刊上发表了大量白话诗文，猛烈地抨击了封建礼教、封建道德和在封建主义桎梏下的病态的国民精神。由于周作人在新文学运动中理论上的建树和创作、翻译上的实绩，使他得以新文化运动的骨干人物之一而蜚声文坛。

1920年末，周作人患肋膜炎。次年3月因病势恶化，移住医院，6月又移至西山碧云寺般若堂养病，9月下山回家。这时"五四"高潮已过，周作人感到梦想破灭的悲哀，他的思想和艺术情趣开始发生变化。在养病期间，他创作了一些叙事和抒情性的小品，写了不少山居杂诗和杂信。在这些诗文小品中，他坦露了自己思想中的矛盾和悲哀，表述了自己在矛盾中挣扎的苦闷心情。

经胡适推荐，1922年7月起，周作人兼任燕京大学新文学系主任。9月兼任女子高等师范学校（即后来的女子师范大学，1925年8月又改为国立北京女子大学）教员。嗣后，他还曾先后在华北大学、平民大学、孔德学院、孔德学校、北京一师、二师等校兼课。1923年7月，周作人听信日籍妻子羽太信子的谗言，与鲁迅断交，要鲁迅以后"不要再到后边院子里来"。从此，怡怡兄弟，成为参商。8月，鲁迅迁离八道湾，9月，周作人第一部散文集《自己的园地》问世。1924年11月，与钱玄同、孙伏园、李小峰等人共同组织成立"语丝社"，发刊《语丝》杂志，并成为《语丝》的实际主编。

在女师大事件和"三一八"惨案中周作人支持进步的学生运动，并发表了一系列文章，抨击反动校长杨荫榆及北洋军阀政府，哀悼在运动中被残害的烈士。1927年蒋介石制造反革命政变、进行清党屠杀，周作人曾站在人道主义立场上进行过抗争，对事变中被无辜处死的烈士表示同情，还对李大钊的遗属进行了长期的照护。1927年8月，张作霖将北京大学解散，改为京师大学，周作人遂离开北京大学。

从"五四"高潮过后到1927年，周作人思想上充满着幻想破灭的悲哀，并感到了走上歧路的矛盾：一方面，他还坚持着"五四"新文化斗争的方向，以他的诗文创作继续抨击旧道德，提倡新道德，并对社会、思想战线上各种复辟倒退倾向展开斗争，对维护封建势力的北洋军阀政府及其御用文人进行猛烈的挞伐，对支持封建势力的帝国主义者，也给予严厉谴责。然而，在战斗的同时，他又常常产生退避的思想，并创作了不少充满着恬淡、闲寂韵味的随笔小品，显示出创作风格开始转变。

这一时期，周作人结集的作品，除《自己的园地》外，尚有《雨天的书》《泽泻集》《谈虎集》（上、下册）及《谈龙集》。翻译的作品有：《点滴》《现代小说译丛》《现代日本小说集》《陀螺》《狂言十番》《冥土旅行》《玛加尔的梦》《黄蔷薇》《两条血痕》等。

大革命失败后，慑于蒋介石的反革命高压政策，周作人提出了"苟全性命于乱世"的"良方"——"闭户读书论"，标志着他十年隐逸生活的起始。

1928年11月，北平大学成立，原北京女子大学附入，称女子文理学院。周作人到北平大学任文学院国文系主任及日本文学系主任。同时兼任北平大学女子文理学院国文系主任。1929年10月，辞去北平大学女子文理学院国文系主任职。1930年在燕京大学休假一年，同年5月，与冯文炳、徐祖正合办的文艺周刊《骆驼草》出刊，声言"不谈国事""不为无益的事"。1931年8月，周作人辞去在各校的兼职，专任北平大学教授。

1934年七八月间，周作人携羽太信子再度去日本探亲。在日本，他会见了井上红梅、佐佐木秀光、武者小路实笃以及正在日本的郭沫若等人，9月初返回北京。1935年，周作人应上海良友图书公司之邀，编辑《中国新文学大系》散文一集，并作该集导言。同年，北京大学文科研究所决定恢复歌谣研究会，周作人被聘为歌谣研究会委员。

从1928年到"七七"事变前，周作人的政治思想发生了很大的倒退。这时，他虽对大地主大资产阶级的专制仍有不满，却又漠视无产阶级的兴起，抗拒马克思主义，抵制新兴的无产阶级文艺。他曾攻击无产阶级文艺为"载道文艺"，诬蔑一些作家转向左翼是"投机趋时"。他的文学主张也倒退了：他抛弃了"五四"时期提倡过的"为人生"的文学主张，大力鼓吹文学的无目的性。他的创作也发生了更大的变化，写了大量赋得草木虫鱼的文章和读书笔记，创作风格愈加走向闲适。

从1928年起到"七七"事变前，周作人出版的创作、评论文集有：《永日集》《过去的生命》《艺术与生活》《儿童文学小论》《中国新文学的源流》《看云集》《夜读抄》《苦茶随笔》《苦竹杂记》《风雨谈》《瓜豆集》。翻译的作品有：《空大鼓》《儿童剧》《希腊拟曲》等。

"七七"事变发生后，北京大学南迁，周作人没有南下，遂被任命为留平教授之一。最初他也想以北京大学教授资格过蛰居生活，靠著译教书为业。但软弱动摇的本性，又使他抗拒不了日本人的胁迫和汉奸朋友的劝诱。1938年2月，周作人出席了大阪每日新闻社在北京饭店召开的"更生中国文化建设座谈会"，3月又被委派为伪教育部学制研究会会员兼常委及伪教育部直辖编审会特约编审。周作人出席"更生中国文化建设座谈会"的消息传出后，引起了文艺界乃至全国人民的愤怒。5月5日，武汉文化界抗敌协会发电严厉声讨周作人等的附逆行为。次日武汉《新华日报》发表短评：《文化界驱逐周作人》。不久茅盾、郁达夫、老舍、夏衍等18位作家联合署名发表《致周作人的一封公开信》(《抗战文艺》第四期)，敦促他"急速离平，间道南来，参加抗敌建国工作"。8月，胡适也自伦敦寄白话诗给周作人，希望他离平南下。然而，周作人并没有幡然悔悟，相反地，却在事敌投降的道路上愈走愈远。

1939年元旦，周作人在家为刺客所袭，左腹中弹，因被毛衣扣所阻，未伤。这一遇刺事件使周作人吓破了胆，从此，他在事敌投降的道路上，来了一个急转直下。1939年1月，周作人辞去燕京大学教书的职务，接任伪北京大学任命的北京大学图书馆馆长。3月，被伪北京大学委任为北京大学文学院筹备员，8月，又被任命为伪北京大学教授兼文学院院长。同年，还参加了日本帝国主义者在中国特设的文化侵略机关"东亚文化协议会"，不久被选为"东亚文化协议会"理事。

1940年11月,伪华北教育总署督办汤尔和病死。在王揖唐等人的劝诱下,1941年1月,周作人出任伪华北政务委员会委员兼教育总署督办。4月,周作人率"东亚文化协议会"评议员代表团赴日本出席在京都举行的文学部会。在日本期间。他往访了内阁兴亚院海军各省及外务、文部、陆军各省,并往第一陆军病院及横须贺海军病院"慰问"日本陆海军伤病人员,进行捐赠活动。同年12月,在伪北京大学文学院举行的东亚文化协议会第五次全体评议员大会上,周作人被选为会长兼理事。1942年4月,伪华北政务委员会又任命周作人兼任伪北平图书馆馆长。同年5月,为庆祝伪满洲帝国10周年纪念,周随从汪精卫等去新京(长春)访问。访问结束后,又随从汪精卫一行赴南京,参加庆祝汪精卫60大寿的活动,备受汪精卫等人的青睐与礼遇。在出任伪教育总署督办期间,周作人还曾先后三次赴徐州、涿县、定县、井陉、彰德等地,视察汪伪集团发动的第三、第四、第五次"治安强化运动"的实施情况和教育工作情况。1942年9月,在伪华北作家协会成立大会上,周作人被选为评议会主席。12月,在伪中华民国新民青少年团中央统监部成立大会上,周作人又被选为副总监,并身着日本军服在天安门检阅了伪新民会青少年团练兵的分列式。

1943年2月,伪华北政务委员会改组,周作人被解去华北政委会委员及教育总署督办的职务。4月,在汪伪政府中央政治委员会第一二二次会议上,又通过了追认周作人为华北政委会委员一案。不久,又应汪精卫之邀,赴南京、苏州等地讲学游览。5月,伪华北政委会任命周作人为华北综合调查研究所副理事长。此间,汪精卫还曾电令周作人出任伪中央大学校长,周作人未赴任。

1944年5月,周作人被推选兼任伪《华北新报》理事及伪报道协会理事。同年12月,又兼任中日文化协会华北分会理事长。1945年8月,抗日战争胜利。12月6日,周作人因汉奸罪被国民党政府逮捕,被押于北京炮局胡同监狱。

沦陷时期,周作人除写了一部分为日本帝国主义侵略政策效劳的论文及散文小品外,还写了大量的读书题跋、笔记及无聊的闲适小品,结集的著作有:《秉烛谈》《药堂语录》《药味集》《药堂杂文》《书房一角》《秉烛后谈》《苦口甘口》《立春以前》等。

1946年5月27日，周作人及其他同案汉奸被解送至南京老虎桥监狱，初关在忠舍，后移于义舍和东独居。同年七八月。国民党政府南京高等法院对周作人案曾进行两次公判。11月6日，首都高等法院判处周作人有期徒刑14年，周作人不服，上诉最高法院。胡适、蒋梦麟等人出示证明，原北平诸大学的教授沈兼士、陈雪屏等人也联名写呈文致南京高等法院，要求"减其罪戾"。1947年12月，国民党最高法院撤销了首都高等法院的原判，改判周作人有期徒刑10年。在监狱中，周作人曾翻译了英国劳斯著的《希腊的神与英雄与人》，并作忠舍杂诗、往昔诗、丙戌岁暮杂诗、丁亥暑中杂诗、儿童杂事诗及集外的应酬和题画诗，共约200余首。

1949年1月26日，南京政府倒台前夕，周作人被保释出老虎桥监狱。次日由南京赴上海。在上海期间，周作人据英国韦格耳著《萨福传》编译了《希腊女诗人萨波》，并做诗文多篇。

8月，周作人回到北京。1949年至1952年期间，他在上海《亦报》《大报》上发表小文数百篇，其中一部分结集为《鲁迅的故家》和《鲁迅小说里的人物》。1956年又为各报刊撰写纪念鲁迅的文章多篇，结集为《鲁迅的青年时代》。这些著作为鲁迅研究提供了一些较有价值的资料。此外，周作人还翻译了不少希腊文学和日本文学作品。出版的有：《希腊的神与英雄》《伊索寓言》《日本狂言选》《乌克兰民间故事》《俄罗斯民间故事》《浮世澡堂》《古事记》及与卞立强、罗念生等合译的《石川啄木诗歌集》《欧里庇得斯悲剧集》《阿里斯托芬喜剧集》等。

1960年起，应香港曹聚仁约，开始为香港《新晚报》撰写大型回忆录著作《药堂谈往》。1962年《药堂谈往》完稿，易名《知堂回想录》，后由香港三育图书文具公司出版。1962年4月，羽太信子病逝。晚年，他又翻译了希腊路喀阿诺斯的《对话集》及日本中世纪历史演义小说《平家物语》。

1967年5月，周作人患前列腺肿瘤不治，在京逝世，终年83岁。

（载天津人民出版社1986年11月出版《周作人研究资料》上集）

11. 周作人传

一

1885年1月16日（清光绪十一年甲申十二月初一），鲁迅的二弟——周作人（初名櫆寿，字星杓）在家乡浙江省绍兴府会稽县东昌坊口新台门一个破落的封建士大夫家庭里诞生了，当时祖父周福清（字介孚）一支还有四五十亩水田。父亲周凤仪（字伯宜）乡试未中，在家闲居。母亲鲁瑞靠自修得到了能看书的学力。家中还有继母蒋氏、曾祖母戴氏。

据说周作人出生那天，他的一位堂房阿叔出去夜游，待半夜回来，走进内堂的门时，仿佛看见一个白须老人站在那里，转瞬却不见了，周作人恰值后半夜出生，由此，便迷信地讹传周作人是一个老和尚转生的。他自己后来在《五十自寿》诗中首联云："前世出家今在家，不将袍子换袈裟"曾戏用了这个典故。

4岁那年，周作人因出天花，险些被夺去生命。当时只有周岁左右的妹妹端姑被传染上了天花，因未及治疗而死。

1889年秋，周作人5岁时，祖父从北京寄回《诗韵释音》两部。祖父给他父亲的信中说：该书"可分与张、魁两孙逐字认解，审音考义，小学入门，勉之"[1]。之后，祖父又把一部木板《唐宋诗醇》寄回家中，书中夹一字条："示樟寿诸孙。"云："初学先诵白居易诗，取其明白易晓，味淡而永。而诵陆游诗，志高词壮，且多越厚。再诵苏诗，笔力雄健，辞足达意。再诵李白诗，思致清逸。如杜之艰深，韩之奇

---

[1] 周福清致周凤仪信。转引自鲁迅博物馆、鲁迅研究室编《鲁迅年谱》第一卷。

崛，不能学亦不必学也。"[1]可见，自幼时期，周作人便得到家庭的文化教育和熏陶，这为他一生的文学活动，奠下了基石。

1893年2月16日，曾祖母戴氏病逝。这年上半年，周作人同叔父伯升一起跟从一位同族的叔辈读过半年书。秋天，祖父因科举作弊案入狱，周作人遂中断了在家塾的学习，随母亲、大哥去皇甫庄外婆家避难。年底，又随大舅父鲁怡堂一家迁到小皋埠。第二年春夏间随大哥自小皋埠回家。冬天，父亲患病，由于诊金昂贵，经常典当衣物，家道更是衰落。

1895年1月，周作人11岁时，开始去三味书屋读书。在三味书屋，他"由'上中'（即《中庸》上半本）读到《论语》、《孟子》，随后《诗经》，刚读完了《国风》，就停止了"。[2] 12岁父亲病逝。1897年，周作人去杭州陪侍在狱的祖父，住在杭州花牌楼，每隔三四天去看一回关在杭州司狱司里的祖父。平时可自由地取阅祖父备有的《四史》《明季南略》《明季北略》《明季稗史汇编》《唐宋诗醇》《纲鉴易知录》等，在杭州，他又连续读完了在书房里没有读完的《诗经》及《书经》，并开始学做八股文和试帖诗。

1898年6月，鲁迅考取了江南水师学堂的试习生。7月，周作人返绍兴。当年12月他同自南京返回绍兴的鲁迅一起参加会稽县的科举考试。后又曾两次去应考，均未考中。1899年末，祖父自杭州函嘱周作人改名奎绶。

1901年4月祖父获释出狱，在鲁迅的影响下，周作人也盼望着离开绍兴去南京求学，遂于当年五月致信鲁迅，云："托另图机会，学堂方面乞留意。"9月，经鲁迅与在水师学堂当国文教习兼管轮堂监督的堂叔祖周椒生商定，令周作人去南京考江南水师学堂，充额外生，改名作人。次年1月转为水师学班正式学生。同年3月，鲁迅赴日本留学。1903年1月，周作人在同学胡韵仙处听说水师学堂的新任总办黎锦彝要去日本，拟择学生四人随往。周作人与胡韵仙等去见总办谈往日本事未遂，遂归。这时，鲁迅也自日本致函嘱周作人在水师学堂毕

---

[1] 仲密《〈唐宋诗醇〉与鲁迅旧诗》。
[2] 《知堂回想录》25页。

业后,争取赴日本留学,并给周作人寄来弘文学院同学合影、断发照和《清议报》等书。在鲁迅的关怀和影响下,周作人更向往毕业后去日本留学。当年4月,水师学堂的学监听到日本留学生在弘文学院闹学潮的消息,大为恐慌,对议论此事的周作人等加以训斥,并请黎总办必阻周作人东游。周作人有恐于此,打算退学返回,另谋出路,并将此意写信告诉鲁迅,鲁迅函嘱周作人坚持学习,劝阻他退学返里。

1904年7月祖父病逝,恰值周作人在绍兴度假。因其长子早死,照例要长孙"承重",但鲁迅尚在日本,于是便叫作人顶替,因而"整个假期就为祖父的丧事所断送了"[1]。因祖父丧事在家耽搁较久,便从堂叔周椒生的劝说,于9月下旬去绍兴附近的东湖通艺学堂教英文,不满两个月,因未再被聘请,又回江南水师学堂读书。在江南水师学堂期间,周作人开始接受西方民主科学思想的影响,初步培养了对文学的兴趣。1904年末至1905年初翻译了《天方夜谭》中《阿里巴巴和四十个强盗》的故事,改名为《侠女奴》,在《女子世界》上连载,后印为单行本。不久,又翻译了美国作家爱伦·坡著的侦探小说《山羊图》,后易名为《玉虫缘》,由小说林活版社印为单行本。与之同时还创作了短篇小说《好花枝》《女猎人》及一些旧体诗等。这是周作人创作、翻译生涯的起始。

1905年12月,北京练兵处要各省选送学生出国去学习海军,周作人等人便积极运动,又会同林秉镰、柯棋等人,联名上书本省当道请求派送出国,未得反响。水师学堂为避免矛盾,将头班学生都送北京应考,周作人考取。在水师学堂等待派送出国期间,曾"半做半偷"地写了一篇文言小说《孤儿记》,6月由小说林活版社出版。这是周作人发表的第一部创作。1906年秋,周作人被派去日本学习建筑,他与回乡完婚的鲁迅一同赴日,途经上海时剪掉了辫子,在日本,他初入政法大学预科。1908年秋,又改入立教大学,学习土木工程,并开始学习古希腊文,这时,适值辛亥革命前夜,孙中山、章太炎等人在东京组织同盟会,发刊《民报》,举办讲演会等,在留学界有着广泛的影响。周作人在日本期间曾与鲁迅一起去民报社听章太炎先生讲《说

---

1 《知堂回想录》125页。

文解字》，协助鲁迅、许寿裳等人筹办文艺杂志《新生》，翻译介绍外国的新文学，提倡文艺运动。他曾为《新生》杂志写一篇《三辰神话》，因《新生》未出版，《三辰神话》也未完篇。1907年，周作人与鲁迅合译了英国哈葛德与安特路朗合著的小说《世界欲》，易名为《红星佚史》（后由商务印书馆出版），及俄国阿历克赛·托尔斯泰所著的历史小说《银公爵》，易名为《劲草》（该书未出版）。第二年，周作人又翻译了匈牙利作家育珂摩尔著的中篇小说《匈奴奇士录》（商务印书馆出版）。1909年3月，周作人与鲁迅合译的《域外小说集》第一集由他们自筹资金，在东京神田印刷所印刷问世。7月又出版了第二集。两集共收外国小说16篇，其中周作人翻译了13篇。这些小说多为东欧、北欧弱小民族富于反抗精神的作品。《域外小说集》一出版，即引起了日本文学界的注意，在东京出版的《日本及日本人》杂志上刊出消息。然而，由于当时读者对外国小说还有隔膜，小说仅卖掉20册，于是第三册只好停版，所余的书也因寄售处不幸失了火，和纸版一起化为灰烬，他们那梦似的无用的劳动，在中国也就完全消灭了。[1]直到1921年才由上海群益出版社将两集合为一集重印出版。与此同时，周作人又先后翻译了波兰显克微支的中篇小说《炭画》和匈牙利育珂摩尔的中篇小说《黄蔷薇》，周作人和鲁迅一起成了在中国最早介绍和翻译欧洲新文艺的人。

在日本时期，周作人还曾在《天义报》《民报》《河南》等杂志及家乡的《绍兴公报》上发表著译多篇。如1905年，他在《河南》杂志上发表的《论文章之意义暨其使命因及中国近时论文之失》一文，针对当时片面地强调枪炮武器、工商制造，而忽视对群众进行思想启蒙运动和维新运动，着重论述了国民精神对一个国家发展的重要作用，指出"灵明唯美者必兴，愚鄙猥琐者必耗"。他认为要改变中国的贫弱面貌，不在于"贸易盛，工业兴"，而在于解放国民的精神，提出"以虚灵之物为上古之方舟"的解救中国的药方。文中还对长期以来束缚中国人民思想的儒家学说进行了抨击，指出要解放国民的思想，必须"摈儒者于门外"，冲破孔子教条的束缚。

---

[1] 鲁迅《〈域外小说集〉序》。

总之，周作人的活动及其所著诗文说明，早在日本时期，他已初步形成了以个性主义、人道主义为主要内容的民主主义思想，这一思想，便成为他一生道路和思想演变的基础。

二

1911年秋，周作人结束了在日本的留学生活，返回绍兴。当时正值辛亥革命爆发，周作人"一直躲在家里"[1]，在几个月闲住的时间里，他帮鲁迅翻看古书、类书，抄录《古小说钩沉》和《会稽郡故书杂集》等材料。1912年2月，经朱逷先介绍，周作人到浙江省军政府教育司任某科科长，又改任本省视学，后因病辞职，返回绍兴。1913年3月，周作人被推选为绍兴县教育会会长，4月起应邀任浙江省立第五中学英语教员，历时4年。9月起又在成章女校兼任英语教员一学期。在此期间，他主编《绍兴县教育会月刊》，后改为《绍兴教育杂志》，周作人曾以持光、启明、作人等署名发表过不少著译。如《童话略论》《儿歌之研究》《童话释义》以及不少"读书杂录"和一些论述教育方面的文章。1914年1月，周作人还曾在《绍兴县教育月刊》上发表征求绍兴儿歌童话的启事，并于第二年春天，将所搜集的绍兴儿歌整理出初稿。1915年10月，周作人将几篇介绍希腊文学的文章《希腊的小说》《希腊女诗人》《希腊之牧歌》辑为《异域文谈》，由小说月报社出版。这些都是周作人在写作生活、民俗学研究和希腊文学介绍方面的最初实绩。

1917年2月起，鲁迅就为周作人多方谋职，经向北大校长蔡元培推荐成功，函嘱周作人即此北上。

3月，周作人辞别了家乡和任教四年的浙江省立第五中学，来到北京，4月起在北京大学附设的国史编纂处任纂辑员，9月又被聘为北大文科教授，担任"欧洲文学史"课程的讲授。当月，周作人翻译了古希腊谛阿克列多思的牧歌第十，题为"古诗今译"，后又写了"题记"（均载《新青年》第四卷第二号上），这是他第一篇白话的译作，都经

---

[1] 《知堂回想录》252页。

过鲁迅的修改。

1918年底至1919年初，在新文学运动的发轫时期，周作人就积极倡导新文学运动，并在新文学理论的建树上，做出了重大的贡献，他先后在《新青年》《每周评论》等刊物上，发表了《人的文学》《平民文学》《思想革命》等文，提出应该提倡"人的文学"，排斥和反对"非人的文学"；提倡"平民文学"，反对"贵族文学"；指出"文学革命的文字改革是第一步，思想改革是第二步，却比第一步更为重要"。这些文章成为新文学运动初期理论建设上的重要作品，产生了较为广泛的影响。1919年1月，周作人的第一首白话诗《两个扫雪的人》发表于《新青年》第六卷第三号上，这首诗以清新隽永的笔调，描绘了那清早起来就在雪地里辛勤扫雪的清道夫，表现出作者对劳动人民的同情。

1919年2月，周作人辞去北京大学国史编纂辑员兼职，又被教育部派任为国语统一筹备会会员。此后不久，周作人决定移家北京，于是趁春假先回绍兴，将在那里的家小送往日本探亲，因闻五四运动在国内爆发的消息，他便匆匆离东京返回。7月再赴日本并顺道参观了日本九州的日向新村，8月携带家眷回到北京。

"五四"前后，周作人曾参与讨论出刊《每周评论》等，列席讨论《新青年》的编辑问题，成为《每周评论》与《新青年》的"客员"。1920年4月他参加了"新潮社"，10月被推选为"新潮"社主任编辑，11月被选定执笔起草了《文学研究会宣言》，并以周作人等12个人的名义发起成立了"文学研究会"。本年冬天北京大学组织歌谣研究会，他与沈兼士共任主任。

"五四"前后，周作人除继续翻译介绍不少日本及西欧一些国家的短篇小说外，还在《新青年》《新潮》《每周评论》《晨报副刊》等报刊上发表了大量的白话诗文。这些诗文猛烈地抨击封建礼教、封建道德和在封建主义桎梏下的病态的国民精神（如《祖先崇拜》《民众的诗歌》等）；批判了当时思想界严重存在的封建复古思潮和保存国粹的谬论（如《罗素与国粹》《国粹与欧化》等）；为在封建礼教束缚下处于最底层地位的妇女、儿童的解放大声呼号（如《小孩的委曲》《天足》等）；对在苦难的生活线上挣扎的劳动人民倾注了人道主义的同情（如

《路上所见》《西山小品》)等。这些诗文中迸发出反封建的思想火花，灌注着浮躁凌厉的战斗意气。周作人在新文学运动中理论上的建树和创作、翻译上的实绩，使他成为新文化运动的骨干人物，蜚声文坛，享誉广远，并与鲁迅一道被称为"周氏兄弟"。

"五四"期间，周作人又是小资产阶级社会主义思想的积极鼓吹者，当时在日本，以武者小路实笃为代表的白桦派作家们鼓吹"新村"运动，并在九州日向地方建立起第一个"新村"。在中国首先提倡新村主义的是周作人。1919年春，他在《新青年》上发表文章，介绍了日本的新村。去日向新村访问后，他又四处著文、演说，极口称赞"新村的人，真多幸福"，"新村的空气中，便只充满着爱，所以令人融醉，几于忘返"[1]。他还在北京设立"新村支部"，负责宣传和介绍人们到日本去参观"新村"。周作人宣传"新村主义"，当时在知识界和早期共产党人中曾产生过一定的影响。1920年4月7日，毛泽东到八道湾访问了周作人。

1920年末周作人患肋膜炎。次年3月因病势恶化，移住医院，6月又移至西山碧云寺般若堂养病，9月下山回家。这时，"五四"高潮已过，周作人感到了梦想破灭的悲哀，加以避世养病的机缘，遂使他的思想和艺术情趣开始发生了变化。在养病期间，他开始创作了一些叙事和抒情的小品，写了不少山居杂诗和杂信，在这些诗文小品中，他坦露了自己思想中的矛盾和悲哀，表述了自己在矛盾中挣扎和苦闷的心情。

经胡适推荐，1922年7月起，周作人兼任燕京大学新文学系主任。9月兼任女高师（即后来的女师大）教员。嗣后，他还曾先后在华北大学、平民大学、孔德学院、孔德学校、北京一师、二师等校兼课。1922年8月，周作人与胡愈之、周建人等17人发起组织妇女问题研究会，在《晨报副镌》上发表了《妇女问题研究宣言》。1923年7月，周作人听信日籍妻子羽太信子的谗言，给鲁迅写信说："我昨日才知道——但过去的事不必再说了……以后请不要再到后边院子里来。"

---

[1] 周作人《访问日本新村记》。

第二天，自持信交给鲁迅，鲁迅"后邀欲问之，不至"。[1]从此，怡怡兄弟，成为参商。8月鲁迅迁离八道湾。9月，周作人第一本散文集《自己的园地》问世。1924年11月，与钱玄同、孙伏园、李小峰等人共同组织成立了"语丝社"，发刊《语丝》杂志。周作人为《语丝》写"发刊词"，并成为《语丝》在北京时期的实际主编。

在女师大事件和"三一八"惨案中，周作人支持进步的学生运动，并发表了一系列文章，抨击校长杨荫榆及北洋军阀政府，哀悼在运动中被残害的烈士。1927年蒋介石制造清党屠杀事件，周作人站在人道主义立场上也曾进行过愤怒的抗争，对事变中被无辜处死的烈士充满同情，还对李大钊的遗女进行了长期的照护。1927年8月，张作霖将北京大学解散，改为京师大学，周作人遂离开了北大的职务。

从"五四"高潮过后到1927年，周作人在思想上虽然充满着幻想破灭的悲哀和感到走入歧路的矛盾，但是还坚持着"五四"新文化斗争的方向，以他的诗文创作，继续抨击旧道德，提倡新道德（如《重来》《可怜悯者》等）；并对社会、思想战线上各种复辟倒退倾向展开斗争（如《思想界的倾向》《读经的未来》等）；还对维护封建势力的北洋军阀政府及其御用文人进行猛烈的挞伐（如《对于大残杀的感想》《关于三月十八日的死者》等）；对支持我国封建势力的帝国主义者，也予以严厉的谴责（如《李佳白之不解》《排日平议》等）。然而，他在战斗的同时，又常常产生退避的思想，并训诫自己和奉劝别人"不要太热心、以致被道学家们所烤"[2]。这种进与退、斗与隐的矛盾，渗透在"五四"退潮以后周作人的创作之中和他活动的各个方面，他暗喻自己是"叛徒"、"隐士"的合身，是"流氓鬼"、"绅士鬼"的一体，也正说明这种矛盾。在他的创作中，一方面他的散文以浓重的政治色彩和强烈的反帝反封建精神，开拓了现代散文的现实主义领域，另一方面他又"极慕着作文的平淡自然的景地"[3]，并创作了许多充满着恬淡、闲寂韵味的随笔小品，显示出周作人创作风格的转变，也反映出"语丝派"作家在创作风格上开始分化。

---

1 许广平《许寿裳著〈亡友鲁迅印象记〉》。
2 周作人《与友人论性道德书》。
3 周作人《雨天的书·序》。

这一时期，周作人辑集的作品，除《自己的园地》外，尚有《雨天的书》《泽泻集》《谈虎集》（上下册）及《谈龙集》。翻译的著作有：《点滴》《现代小说译丛》《现代日本小说集》《陀螺》《狂言十番》《冥土旅行》《玛加尔的梦》《黄蔷薇》《两条血痕》等。

三

大革命失败后，屈服于蒋介石的高压政策，周作人提出了"苟全性命于乱世"的"良方"——"闭户读书论"。他说："此刻，现在……除非你是在做官，你对于现实的中国一定会有好些不满或是不平，这些不满和不平积在你的心里，正如噎嗝患者肚里的'痞块'一样，你如没有法子把他除掉，总有一天会断送你的性命。"那么有什么法子可以除掉这个痞块呢，"最好是从头就不烦闷"，"其次是有了烦闷用方法消遣……就是闭户读书"。《闭户读书论》的发表，标志着他十年隐逸生活的开始。

1928年11月，北平大学成立，周作人回到北大，任文学院国文系主任及日本文学系主任。1929年10月，他辞去北平大学女子学院国文系主任之职。1930年在燕京大学休假一年。五月，与冯文炳、徐祖正合办的文艺周刊《骆驼草》出刊。这个刊物，声言"不谈国事"，"不为无益的事"。1931年8月，周作人辞去在各校的兼职，专任北京大学研究教授。

随着政治思想的转变，这个时期，周作人的文学主张也形成了一种倒退，他一反"五四"时期提倡为人生而文学的主张，大力鼓吹文学的无目的性，他说："我是不相信文章有用的，所以在原则上如写文章第一要把文章写得可以看得，此外的事情都在其次。"（《关于写文章》）又说："文学只有感情，没有目的。"[1]他自己的创作倾向也发生了更大的变化，在"用心写好文章莫管人家鸟事"[2]的训条自束下，周作人写了大量草木虫鱼的文章和读书笔记，创作风格愈加走向闲适。

---

1 周作人《中国新文学的源流》。
2 周作人《看云集·自序》。

然而，周作人思想深处仍然是矛盾重重、负累深重的。他一面追慕隐逸，力避政治，再三叮嘱自己，莫管他人鸟事，且谈草木虫鱼；一面对大地主大资产阶级联合专政下的封建专制和法西斯暴政深为不满和激愤，"文章底下的焦躁总要露出头来"[1]，他的貌似闲适的文章也常常有隐忧与沉痛寄寓其中。1930年1月，周作人作《五十自寿诗》两首，诗曰：

前世出家今在家，不将袍子换袈裟。
街头终日听谈鬼，窗下通年学画蛇。
老去无端玩骨董，闲来随分种胡麻。
旁人若问其中意，且到寒斋吃苦茶。

半是儒家半释家，光头更不著袈裟。
中年意趣窗前草，外道生涯洞里蛇。
徒羡低头咬大蒜，未妨拍桌拾芝麻。
谈狐说鬼寻常事，只欠工夫吃讲茶。

两首诗在《人间世》上发表以后，唱和吹擂者不少，批评否定的也大有人在，一时间沸沸扬扬，甚是热闹。还是鲁迅的评价最为深刻而中肯，他说："周作人自寿诗，诚有讽世之意，然此种微词，已为今之青年所不憭。"[2]具有讽世的微词，正是这个时期周作人那些"平和"、"闲适"的小品文的基本格调。

周作人虽对大地主大资产阶级的联合专制极为不满，但对新兴的无产阶级和无产阶级文艺又有一种出于本能的抵制和抗拒。30年代初，左翼文艺运动一兴起，周作人就与左翼文艺阵营的主张相悖。1930年3月，他在《金鱼》一文中就以奚落的口吻说："几个月没有写文章，天下的形势似乎已经大变了，有志要做新文学的人，非多讲某一套话不容易出色。"后来，他更攻击为政治服务的无产阶级文艺为"载道文

---

[1] 周作人《自己的文章》。
[2] 鲁迅1934年4月30日致曹聚仁信。

艺"、"祭器文学",声言"对于载道卫道奉教吃教的朋友都有点隔膜"。他诬蔑一些作家转向左翼是"贪恋前途"、"投机趋时"[1]。从他对左翼文艺的态度就足见他对马列主义的抗拒态度了。

1934年七八月间,周作人携夫人羽太信子再度去日本探亲,在日本,他会见了井上红梅、佐佐水秀光、武者小路实笃以及正在日本的郭沫若等人,九月初返回北京。1935年,周作人应上海良友图书公司之邀,编辑了《中国新文学大系》散文一集,并作该集导言,同年北大文科研究所决定恢复歌谣研究会,周作人再度被聘为歌谣研究会委员。

从1928年起到七七事变前,周作人出版的创作、评论文集有:《永日集》《过去的生命》《艺术与生活》《儿童文学小论》《中国新文学的源流》《看云集》《夜读抄》《苦茶随笔》《苦竹杂记》《风雨谈》《瓜豆集》,翻译的作品有《空大鼓》《儿童剧》《希腊拟曲》等。仅以其创作的几部散文集来看,1929年出版的《永日集》虽已宣称"至于时事到现在决不谈了",但在作品中"所谈的总还是不出文学和时事两个题目"。1932年至1935年出版的《看云集》《夜读抄》《苦茶随笔》,则基本上转向了写所谓"杂学",而至1936年以后出版的《苦竹杂记》《风雨谈》《瓜豆集》,就有更多的篇章纯属读书随笔了,这就足以看出周作人在转向以后,创作道路上逐步走向危机。

四

1937年,卢沟桥事变发生,华北地区沦陷。这时北平文化界的不少有志之士纷纷南下,参加抗敌救亡工作。北京大学也一部分迁往昆明,一部分迁往西安。周作人没有南下,他以"系累甚重"为由,决定"苦住"北平,并将他所住的"苦雨斋"易名为"苦住斋"。最初,他也想以北京大学教授资格蛰居,靠著译教书为业,幻想着仍过和平宁静的书斋生活。

然而,在国难鼎沸声中,在敌寇铁蹄的蹂躏之下,哪里能建造周

---

[1] 周作人《苦竹杂记·后记》、《老人的胡闹》。

作人蛰居的"象牙之塔"？不久，日本的文化特务、文化界已经附逆的大小汉奸，便加紧了对周作人的拉拢，而周作人也服服帖帖地成了他们的座上客。1938年2月9日，周作人出席了大阪每日新闻社在北京饭店召开的"更生中国文化建设座谈会"，3月又被委派为伪教育部学制研究会会员兼常委及伪教育部直辖编审会特约编审。周作人出席"更生中国文化建设座谈会"的消息传出后，引起了文艺界和全国人民的愤怒。5月5日，文化界抗敌协会发电，严厉声讨周作人的附逆行为，次日，武汉《新华日报》发表短评《文化界驱逐周作人》。不久，茅盾、郁达夫、老舍、夏衍等18位作家联合署名发表《致周作人的一封公开信》（载《抗战文艺》第四期），敦促他幡然悔悟，急速离平，间道南下，参加抗敌救国工作。8月胡适也自伦敦寄白话诗给周作人，希望他离平南下。然而，周作人并没有改弦易辙，翻然悔悟。

自然，周作人在事敌投降的道路上，也并非全无犹豫和矛盾。1938年，给他出版希腊神话译稿的文化基金编译会，自北平迁香港，周作人又托燕大国文系主任郭绍虞觅得在燕大教书的职务。1938年下半年起，周在燕大教书，功课每周四至六小时，以讲师论，燕大特给报酬百元及一个"客座教授"的名义。周作人以此也辞谢了别处的一些劝诱。然而，软弱动摇的本性，使他终于抗拒不了汉奸朋友们殷勤的劝诱和日本占领者愈来愈频繁的胁迫。

1939年元旦，周作人在家被刺客所袭，子弹因被左腹毛衣扣所阻，未伤。元旦行刺事件发生后，周作人作了两首打油诗以自遣，他写道：

  橙皮权当屠苏酒，赢得衰颜一片红。
  我醉欲眠眠不得，儿啼妇语闹哄哄。

  但思忍过事堪喜，回首冤亲一惘然。
  饱吃苦茶辨余味，代言觅得杜樊川。

一贯畏惧斗争的周作人，被元旦刺客的枪声吓破了胆，他从刺客的子弹中"辨得"的"余味"，就是不能再对日本侵略者仅仅敷衍下去，从此他在事敌投降的道路上，便来了一个急转直下的转折。

1939年1月,周作人辞去在燕京大学教书的职务,接任了伪北京大学任命他为北大图书馆馆长的职务。3月被伪北大委任为北大文学院筹备员。8月,周作人与当时已被委任为伪北京大学秘书长的钱稻孙等人,共同商定了北大文学院教职员的人事安排,他自己也接任了伪北京大学教授兼北大文学院院长之职。同年还参加了日本帝国主义者在中国特设的文化侵略机关"东亚文化协议会",不久被选为"东亚文化协议会"理事。

1940年11月,伪华北教育总署督办汤尔和病死,因王揖唐、瞿兑之等人的劝诱,1941年1月,周作人出任了伪华北政务委员会委员、常委兼教育总署督办。4月,周作人率东亚文化协议会评议员代表团赴日本,出席在京都举行的文学部会。在日本期间,他往访了内阁兴亚院海军各省及外务、文部、陆军各省,并往第一陆军病院及横须贺海军病院"慰问"侵华战争中负伤的日本陆海军伤病人员,进行了捐赠。同年12月,在伪北大文学院举行的东方文化协议会第五次全体评议员大会上,周作人被选为会长兼理事。1942年4月,伪华北政务委员会又任命周作人兼任伪北平图书馆馆长。同年5月,为庆祝伪满洲帝国10周年纪念,周随从汪精卫等赴"新京"(长春)访问。访问期间,周作人曾被汪精卫召见谈话,并随汪精卫等进宫谒见伪满洲帝国"皇帝"溥仪。访问结束后又随汪精卫一行赴南京,参加了庆祝汪精卫六十大寿的活动,备受汪精卫等人的青睐与礼遇。在出任伪教育总署督办期间,周作人还曾先后3次赴徐州、涿县、定县、井陉、彰德等地视察汪伪集团发动的第三、四、五次"治安强化运动"的实施情况和教育工作情形。1942年9月,伪华北作家协会在北平成立,周作人被选为评议会主席。12月,在伪中华民国新民青少年团中央统监部成立大会上,周作人又被选为副总监,并身着日本军服在天安门检阅了伪新民会青少年团练兵的分列式。

总之,周作人在出任伪华北政务委员会委员与教育总署督办期间,为汪伪集团媚日投降的汉奸政策效劳可谓不遗余力。以周作人这样一个曾经标榜对政治无兴趣,并声称"对于载道卫道奉教吃教的朋友都有点隔膜"的所谓"躬行学者",竟然与当时汉奸舞台上的群丑们为伍唱和,这实在是历史对周作人的极大嘲弄和讽刺。然而,周作人毕竟还不能与那些长期混迹于官场的北洋官僚、安福余孽和日寇爪牙们匹敌和抗衡。另一方面，周对日本帝国主义者所期望的参战体制、肃整思想、学生集团训练、勤劳仕奉生产等，在教署的实际工作中，也贯彻推行不力，很为日本军界人物所不满。1943年1月，汪伪政权对英美宣战，日本要以华北为后方兵站基地。王揖唐已为华北人民恨之入骨，日本人认为不能指望他完成后方兵站基地的任务，遂决定将华北政委会改组，踢开王揖唐。在日本帝国主义者导演和汪精卫们的策划下，2月4日，包括周作人在内的原华北政委会的全班人马共署辞职呈书。2月9日，汪精卫饬令免去王揖唐华北政委会委员的职务，任命朱深继任该职。周作人也被解去华北政委会委员、常委及教育总署督办的职务。实际上，华北伪政权此次改组中，除王揖唐外，只换下了周作人，这使他感到分外尴尬。2月10日周作人在日记中悻悻地记下："朱深对汪主席云周不贯政治，坚辞。""对王古鲁云日方反对因放任学生"，"小人反复常用手段故如是也"。

几天后，周作人写下这样的两首诗，以泄心中郁闷：

当日披裘理钓丝，浮名赢得市人知。
忽然悟澈无生忍，垂老街头做饼师。

十年戒酒终成病，斜靠蒲团自着棋。
待与秋风拼一醉，思量黄叶打头时。

为了安抚周作人，1943年4月，在汪伪政府中央政治委员会第一二二次会议上，又通过了追认周作人为华北政委会委员一案。不久周作人又应汪精卫之邀，赴南京、苏州等地游览，5月，伪华北政委会任命周作人为华北综合调查研究所副理事长。此间，汪精卫还曾电令周作人出任伪中央大学校长，周辞未赴任。

1944年5月，周作人被推选兼任伪《华北新报》理事及报道协会理事。同年12月又兼任中日文化协会华北分会理事长。

沦陷期间，周作人曾在《晨报》《实报》《庸报》《北平新报》《华北新民报》《新民声报》《中国文艺》《古今》《中和月刊》《风雨谈》《艺文》《中国文学》《求是月刊》《子曰》等敌伪报刊杂志上发表文章数百篇，结集出版的有《秉烛谈》（沦陷前编成）《药堂语录》《药味集》《药堂杂文》《书房一角》《秉烛后谈》《苦口甘口》《立春以前》等。这些作品大部分属于读书题跋、笔记；一部分或有些知识性、或全然无聊的闲适小品；一部分则是吹捧日本帝国主义、汪伪汉奸、为日本帝国主义侵略政策服务的汉奸文学。如1942年4月，他为张次溪所著《汪精卫先生庚戌蒙难实录》所作序言中，吹捧汪精卫具有"挺身犯难、忍辱负重"、"投身饲饿虎"的精神，并对于自己留学东京时间"未得一见汪先生以至于今"而表示遗憾。11月，他在《中国的思想问题》一文中，又为日本侵略者鼓吹的"共存共荣"说找到了理论根据，他说："一般生物的求生是单纯的。""只要自己能生存，便不惜危害别个的生存。"人则不然，他要生存得好"须与别个联络，互相扶助"，这种原始的生存道德即为仁的根苗"，而以"仁"为中心思想的中国，"只以共济即是现在说的烂熟了的共存共荣的目的"。并说中国"有此思想的好根苗是极可喜的事"，中国的思想完全符合共存共荣的要求，这完全是一派汉奸理论。除了这类赤裸裸的汉奸文学外，周作人所写的另一些或有些知识性、或全然无聊的闲适小品及大量的读书题跋、笔记，早已连讽世的微辞也没有，只剩下卖弄知识、玩弄文字，文风上"仿佛文言的分子比较多了些"，这些都说明周作人的创作，也如其政治上一样，已由危机走向末路了。

五

1945年8月，抗日战争胜利。12月6日，周作人因汉奸案被国民党政府逮捕，关押于北平炮局胡同监狱。次年5月27日，又与陈曾栻、刘玉书、王荫泰、汪时璟等12名汉奸一起，用飞机解送至南京老虎桥监狱，他在从蒲口渡江至南京下关途中，写渡江诗两首云：

羼提未足檀施薄，日暮途穷剧可哀。
誓愿不随形寿尽，但凭一苇渡江来。

东望浙江白日斜，故园虽好已无家。
贪痴灭尽余嗔在，卖却黄牛入若耶。

周作人在老虎桥监狱，最初关在忠舍。当年7月、8月，国民党政府南京高等法院对周作人案曾进行两次公判，11月6日，首都高等法院以"三十五年度特字第一〇四号"文判处周作人："共同通谋敌国图谋反抗本国处有期徒刑14年，褫夺公权10年，全部财产除酌留家属必须生活费外没收。"周作人不服，上诉最高法院，加之胡适、蒋梦麟等人出示证明，证明抗战胜利后北大文化机关各种设备有增无减。原辅仁大学、北京大学、清华大学、中国大学、北平大学、西北大学的教授沈兼士、董洗凡、张怀、顾随、陈雪屏、俞平伯等15人，也曾为周作人案联名写呈文致南京高等法院，要求"依据实绩，减其罪戾，俾就炳烛之余光，完其未竟的著译"。

1947年7月，周作人移住于老虎桥监狱东独居。同年12月19日，国民党最高法院以"三十六年特复字第四三八一号"文撤销原首都高等法院"三十五年度特字第一〇四号"判决，对周作人改判为"通谋敌国图谋反抗本国处有期徒刑10年，褫夺公权10年，全部财产除酌留家属必须生活费外没收"。

周作人在监狱期间，曾翻译英国劳斯著的《希腊的神与英雄与人》，交国民政府正中书局，未予出版。共作旧诗约260多首，计：忠舍杂诗20首，往昔五续30首，丙戌岁暮杂诗11首，丁亥署中杂诗30首，儿童杂事诗72首，以及集外的应酬、题画诗约100首。这些诗或咏物，或抒怀，大多为打油体。

1949年1月26日，周作人被保释出老虎桥监狱，当天住在友人马骥良家，并占诗一首：

一千一百五十日，且作浮屠学闭关。
今日出门桥上望，菰蒲零落满溪间。

1月27日，周作人与尤炳圻离南京赴上海。他在上海迎接了解放。在上海期间，周作人据英国伟格耳著的萨福传编译了《希腊女诗人萨波》，并做诗文多篇。

8月，周作人回到了阔别三年多的北京，开始了他晚年的著译生活。

六

1949年10月1日，中华人民共和国成立，周作人在党和政府的帮助下开始了新生。新中国成立之初，他重新翻译了英国作家劳斯的《希腊的神与英雄与人》（后改名为《希腊的神与英雄》，由上海文化生活出版社出版），并开始在上海《亦报》、《大报》上发表随笔、小品、回忆录等小文。后他将在《亦报》上发表的文章一部分结集为《鲁迅的故家》和《鲁迅小说里的人物》，这些著作为鲁迅研究提供了一些比较有价值的资料。

1950年春，出版总署署长叶圣陶访问了周作人。从此，周作人应叶圣陶之邀开始翻译希腊文学和日本文学作品，后陆续出版的有：《伊索寓言》《日本狂言选》《乌克兰民间故事》《俄罗斯民间故事》《浮世澡堂》《古事记》及与卞立强合译的《石川啄木诗歌集》、与罗念生合译的《欧里庇得斯悲剧集》等。

1956年9月下旬，周作人与王古鲁、钱稻孙一行由中国文艺家联合会组织去西安参观游览。10月中旬返京。当年，为纪念鲁迅逝世20周年，周作人应约先后为《人民日报》《中国青年报》《工人日报》《文汇报》《文艺学习》《读书月报》《民间文艺》《新港》等报刊撰写纪念鲁迅的文章多篇，后结集为《鲁迅的青年时代》，由中国青年出版社出版。

1957年5月，周作人将编完的《知堂乙酉文编》交予回北京访问的曹聚仁带回香港，后分编为《过去的工作》《知堂乙酉文编》，在香港出版。

1960年1月起，由人民文学出版社每月预支给周作人稿费400元。从此，他的生活更加有了保障。

1960年起，应香港曹聚仁之约，开始为香港《新晚报》撰写大型回忆性著作《药堂谈往》。1962年《药堂谈往》完稿，易名《知堂回想录》，后由香港三育图书文具公司出版。

1962年4月，其妻羽太信子病逝。晚年他又翻译了希腊路喀阿诺斯的对话集及日本中世纪历史演义小说《平家物语》（未出版）。

1967年5月，周作人因患前列腺肿瘤不治，在京病逝，结束了他漫长而复杂的83年的生活道路。

（载天津人民出版社2014年1月出版《周作人研究资料》下集。本文发表时署名张菊香、张铁荣，为张菊香执笔）

12. 周作人的散文艺术

周作人曾经走过一条曲折而复杂的历史道路。抗日战争时期，他投敌附逆、出卖祖国的可耻行为，百口莫辩，永远不能得到国人的谅解。然而，作为一个历史典型，作为一个在中国新文学史上曾经产生过重大影响的散文作家，却又有他不可忽视的研究和借鉴的价值。今天，重新编选、介绍他的散文，出发点即在于此。

周作人（1885-1967），出生于19世纪80年代中期，正是中国多难的岁月。他是鲁迅的二弟，青少年时期，和鲁迅走过几乎相同的道路：他曾在三味书屋就读，又曾在家庭的熏陶下，打下了很好的旧学的功底。因科试不中，他17岁时便步鲁迅之后，进了南京江南水师学堂学习，开始接受了西方科学民主思想的影响，初步培养了对文学的兴趣。1905年便有译著《侠女奴》（即《天方夜谭》中《阿里巴巴和四十个强盗的故事》）和《玉虫缘》问世。与之同时，还创作过短篇小说《女猎人》《好花枝》，刊载于《女子世界》。这是周作人翻译、创作生涯的起始。尽管这些著译影响甚小，至今已难找到它们的踪影，但却留下了作家文学活动的最初的足迹。

1906年秋，周作人被派赴日本去学建筑。由于他的兴趣所向在于文艺，便与鲁迅一起开始提倡文艺运动，介绍外国新文学。在日本期间，他更多地接受了西方科学民主思想的影响，初步形成了以个性主义、人道主义为基本内容的民主主义世界观。在此期间，他曾与鲁迅合译或自己独立翻译了外国文学作品6部，并先后在《天义报》《河南》《民报》等杂志上发表过著译多篇。

辛亥革命前夕，周作人结束了在日本的留学生活返回绍兴。初任浙江省军政府教育司科长，本省视学，因病辞职后被推选为绍兴县教育会会长，兼任浙江省省立第五中学等校教员。此间，他在所主编的《绍兴县教育会月刊》（后改为《绍兴教育杂志》）上发表过不少著译，并结集出版了他的第一本文艺评论集——介绍希腊文学的《异域文谈》。

1917年春，经鲁迅向北京大学校长蔡元培推荐，周作人来到北京大学工作，初在北大附设的国史编纂处任纂辑员，后被聘为北大文科教授。

"五四"前后，周作人与鲁迅、陈独秀等人一起，积极倡导新文学运动。他先后在《新青年》、《每周评论》等刊物上发表《人的文学》《平民文学》《思想革命》等文章，成为新文学运动初期理论建设上的重要篇章，产生了较为广泛的影响。

"五四"时期，周作人除翻译介绍了不少日本及西欧一些国家的作品外，还在《新青年》《新潮》《每周评论》《晨报副刊》等报刊上发表过大量以杂文为主的白话诗文创作。这些诗文，猛烈地抨击了封建礼教、封建道德，迸发着民主主义的思想光芒，贯注着浮躁凌厉的战斗意气。由于周作人在新文学运动中理论上的建树和创作、翻译上的实绩，成为新文化运动的骨干人物之一而蜚声文坛。

1920年末，周作人患肋膜炎，次年至西山碧云寺养病。这时，"五四"高潮已过，周作人感到了幻想破灭的悲哀。加以避世养病的机缘，遂使他的思想和艺术情趣开始发生变化。在此期间，他开始创作了一些叙事或抒情性的小品，写了不少山居杂诗、杂信，在这些诗文小品中，他袒露了思想中的矛盾，表述了在矛盾中挣扎的苦闷心情。

因胡适推荐，从1922年下半年起，周作人兼任燕京大学新文学系主任，后又兼女高师（即后来的女师大）教员。此外，他还先后在华北大学、平民大学、孔德学院、孔德学校、北京一师、二师等校兼课。1923年7月，周作人听信日籍妻子羽太信子的谗言，与鲁迅断交。9月，他的第一本散文集《自己的园地》问世。

在女师大事件和"三一八"惨案中，周作人支持进步的学生运动，发表了一系列文章，抨击反动校长杨荫榆及北洋军阀政府，哀悼在运动中被残害的烈士。对"四·一二"蒋介石制造的反革命清党屠杀事件，周作人站在人道主义立场上也曾进行过愤怒的抗争，对事变中被无辜处死的烈士充满同情，还对李大钊的遗属进行了长期的照护。

从"五四"到1927年，是周作人创作的鼎盛时期。这一时期，他所结集的作品,除《自己的园地》外,还有《雨天的书》《泽泻集》《谈虎集》(上下册)及《谈龙集》以及译著多部。他的创作中表现的反帝反封建精神,在新文化运动中产生了积极的作用,而且在中国现代文学史的白话诗文建设上具有开拓性的影响,并以此奠定了周作人在中国现代文学史上的历史地位。

另一方面,从"五四"退潮以后,周作人思想上进与退、斗与隐的矛盾,逐日加深。他暗喻自己是"叛徒"与"隐士"的合身,是"流氓鬼"与"绅士鬼"的一体,也正说明了这种矛盾。体现在他的创作中,则一方面他创作了那些具有反帝反封建精神内容的作品,坚持了"五四"新文化运动的方向;另一方面,他又"极慕着作文的平淡自然的景地",创作了一些充满恬淡、闲适韵味的随笔小品,显示出周作人创作风格的开始转变。

大革命失败后,屈服于蒋介石的反革命高压政策,周作人提出了"苟全性命于乱世"的良方——"闭户读书论"。他说:"此刻,现在⋯⋯除非你是在做官,你对于现实的中国一定会有好些不满或是不平,这些不满和不平积在你的心里,正如噎膈患者肚里的'痞块'一样,你如没有法子把他除掉,总有一天会断送你的性命。"那么"有什么法子可以除掉这个痞块呢""最好是从头就不烦闷""其次是有了烦闷用方法消遣"。他的方法,"就是闭户读书"。《闭户读书论》的发表,标志着周作人10年"隐逸"生活的开始。

1930年前后,他先后辞去在各校的兼职,专任北京大学研究教授。

这一时期,周作人虽对大地主大资产阶级的专制仍有不满,却又漠视无产阶级的兴起,抗拒马克思主义,抵制新兴的无产阶级文艺。他把无产阶级文艺也视为"载道文艺",并诬蔑一些作家转向左翼是"投机趋时"。与之同时,他的文学主张也形成一种倒退。他一反"五四"时期积极战斗的文学主张,大力鼓吹文学的无目的性。他自己的创作倾向,也发生了更大的变化,写了大量有关草木虫鱼的文章和读书笔记,创作风格愈加走向闲适。

从1928年起到"七七"事变前,周作人出版的散文集有《永日集》《看云集》《夜读抄》《苦茶随笔》《苦竹杂记》《风雨谈》《瓜豆集》以及译著若干。这些作品,其平和冲淡的风格已臻成熟,文字也更圆熟老练，虽也时有讽世之微词，但从总体上说，其思想的光芒已远逊于"五四"时期的创作，标志着以周作人为代表的散文与以鲁迅为代表的战斗杂文在中国现代散文史上已经形成了两大对峙的流派。

"七七"事变后，北京大学南迁，周作人没有南下，他决定留住北平，遂被任命为留平教授之一。最初他在燕京大学觅得客座教授职务，想以教授资格蛰居，靠著译教书为业。但软弱动摇的本性，又使他抗拒不了日本人的胁迫和汉奸朋友们的劝诱。1938年2月，周作人出席了日本大阪每日新闻社在北京饭店召开的"更生中国文化建设座谈会"，从此他开始投敌附逆。

1939年元旦，周作人在家被刺客所袭，这一遇刺事件使周作人吓破了胆。从此，他在事敌投降的道路上愈走愈远。随后不久，周作人辞去在燕京大学教书的职务，接任了伪北京大学任命他为北大图书馆馆长的聘请，后又先后被伪北大委任为北大文学院筹备员、北京大学文学院院长。

1941年1月，因原伪华北教育总署督办汤尔和病死，经王揖唐等人劝诱，周作人出任了伪华北政务委员会委员、常委，兼教育总署督办。之后，伪华北政委会又任命周作人兼任伪北平图书馆馆长。同年五月，为庆祝伪满洲帝国10周年纪念，周作人随从汪精卫等去"新京"（长春）访问，访问结束后又随从汪精卫等一行赴南京，参加庆祝汪精卫六十大寿的活动，备受汪精卫等人的青睐与礼遇。1942年9月，在伪华北作家协会成立大会上，周作人被选为评议会主席。12月，在伪中华民国新民青少年团中央统监部成立大会上，周作人又被选为副总监。

1943年2月，伪华北政委会改组，周作人被迫辞去伪华北政委会常委及伪教育总署督办的职务。后又被汪伪政府追认为华北政委会委员。5月，伪华北政委会又任命周作人为华北综合调查研究所副理事长。

沦陷期间，周作人曾在敌伪报刊杂志上发表文章数百篇，结集出版的有《秉烛谈》（沦陷前编成）及《药堂语录》《药味集》《药堂杂文》《书房一角》《秉烛后谈》《苦口甘口》《立春以前》等。这些作品大部分属于读书题跋笔记，一部分是或有些知识性、或全然无聊的闲适小品；一部分则是吹捧日本帝国主义、汪伪汉奸或为日本帝国主义侵略政策服务的汉奸文学。如 1942 年 4 月，他为张次溪编的《汪精卫先生庚戌蒙难实录》所作的《序言》，吹捧汪精卫具有"挺身犯难，忍辱负重""投身饲饿虎"的精神，并对于自己留学东京时期"未得一见汪先生以至于今"而深表遗憾。在《留学的回忆》一文中，周作人又赞和着日本帝国主义者把他们侵略中国、侵略亚洲的罪恶战争，美化为"兴亚"战争，他说：当时"我们留学去的人""都热烈地抱着兴亚的意气的。中国人如何佩服赞叹日本的明治维新，对于日俄战争如何祈望日本的胜利，率真的说这比去年大东亚战争勃兴的时候，还要更真诚更热烈几分"。并说："这种感情能维持到现在，什么难问题都早已解决了。"完全是一副讨好日本帝国主义的奴才嘴脸。除这类赤裸裸的汉奸作品外，周作人这个时期所写的或有些知识性、或全然无聊的闲适小品，及大量的读书题跋笔记，早已连讽世的微辞也没有了，只剩下卖弄知识，玩耍文字，文风上也"仿佛文言的分子比较多了些"。这些都说明，周作人的创作，也和其政治上一样，已由危机走向末路了。

1945 年 8 月，抗日战争胜利。随后周作人因汉奸罪被国民党政府逮捕，被押于北京监狱。1946 年 5 月被解送至南京老虎桥监狱，并被国民党最高法院判处有期徒刑 10 年。

1946 年至 1948 年，周作人在狱中曾作《忠舍杂诗》《往昔五续》《丙戌岁暮杂诗》《丁亥暑中杂诗》《儿童杂事诗》和集外的应酬和题画诗共约 200 多首，这些诗，或咏物，或抒怀，大多是五、七言古诗或绝句。其中《儿童杂事诗》解放后曾在上海《亦报》上连载，后由香港崇文书店照原迹影印出版。

1949 年 1 月 26 日，南京政府倒台前夕，周作人被保释出老虎桥监狱。后寄居上海。八月回到北京。出狱后不久，周作人重新拿起笔来，撰写文章，译著作品。1949 年末 1950 年初，他开始在上海《亦报》《大报》上发表小文数百篇，其中一部分结集为《鲁迅的故家》《鲁迅小说里的人物》。1956 年又为各报刊撰写纪念鲁迅的文章多篇，结集为《鲁迅的青年时代》。这些著作为鲁迅研究提供了一些较有价值的资料。此外，周作人还翻译了不少希腊文学和日本文学作品。

1960 年末，应香港曹聚仁约，周作人开始为香港《新晚报》撰写大型回忆录《药堂谈往》，后易名《知堂回想录》由香港三育图书文具公司出版。在这一著作中，作者回顾了一生所走的道路，记载了有关的一些人和事，有一定的史料价值。

1967年5月，周作人病逝于北京，走完了他83年的生命历程。

周作人一生创作上最主要的成就是散文小品。"五四"以来，在中国新文学中"散文小品的成功，几乎在小说戏曲和诗歌之上"（鲁迅《小品文的危机》），而这与周作人的贡献是分不开的。新文学运动初期，周作人同鲁迅、冰心、朱自清等人一起，以辛勤的劳动，共同浇灌了"集合叙事说理抒情的分子"于一炉的现代白话散文的早春之花，令人信服地宣告了文学革命在散文创作领域里的胜利，奠定了散文这一文学样式在中国现代文学发展史上的地位，并对后世的散文创作产生了深刻的影响。

周作人在中国现代散文发展史上有着不容忽视的历史地位，这与他的散文在艺术上的杰出成就是分不开的。周作人散文艺术的主要成就，就是他创造了一种独特的、成熟的散文艺术风格——平和冲淡。这种风格在中国现代散文的百花园中孑然特立、独树一帜，其影响所及，形成了中国现代散文发展史上的一个流派。周作人散文平和冲淡的艺术风格表现为：飘逸洒脱的文章笔势，平和恬淡的抒情特色，庄谐杂出的幽默趣味，舒徐自在的语言表达。

飘逸洒脱的文章笔势

文章的笔势，是形成一种独特风格的最重要的东西，是作者性格特征在艺术上最自然最成熟的表现，它是一种不恃法度而又不离法度的艺术境界。周作人的散文，有一种飘逸洒脱的文章笔势，它不同于鲁迅的洞彻犀利，不同于朱自清的工笔精雕，不同于冰心的委婉清丽，不同于巴金、郁达夫的激情奔泻，他的散文在用笔上从容不迫、流转自如，似名士清谈、娓娓道来，无所拘羁。乍读，似构思不那么精到、结构不那么严谨，细细品味又觉其实作者是有着精巧用心的：虽飘逸而自有定格，虽洒脱而不显得枝蔓。因而，读他的散文，不觉得拘谨，不感到板滞，好像是与老朋友在一起毫无拘束而又极有兴味的闲谈，在不知不觉中，或即触着某种妙理，使你反复去咀嚼体味，甚而会长留在记忆之中。周作人在《地方与文艺》一文中，曾谈到浙江地方的文艺传统特性，他说："近来三百年的文艺界里可以看出有两种潮流虽然别处也有，总是以浙江为最明鲜，我们姑且称作飘逸与深刻，第一种如名士清谈，庄谐杂出，或清丽，或幽玄，或奔放，不必定含妙理而自觉可喜。第二种如老吏断狱，下笔辛辣，其特色不在辞华，在其着眼的洞彻与措语的犀利。"这或者恰可以说明他和鲁迅散文不同的创作特色吧！鲁迅和周作人的文章都有一种不假雕饰、不慕词彩、观其气度有似等闲的大家风貌。在这"同"中，两人的文章风格却又迥然有异：鲁迅的杂文笔势尖锐泼辣、透彻犀利；周作人的散文则飘逸洒脱、风流自然。如周作人早期写的《碰伤》一文，作者意在抨击北京反动军警任意殴伤各校在新华门前索薪的教职员一事。作者没有拘泥于枯燥的说理，也没有剑拔弩张的指斥，而是似随意闲谈一样地述说：

"我以前曾有一种计划，想做一身钢甲，甲上都是尖刺，刺的长短依照猛兽最长的牙更加长二寸。穿了这甲，便可以到深山大泽里自在游行，不怕野兽的侵害。"

继而作者又谈到佛经里说蛇的几种毒中最厉害的"见毒"，谈到《唐代丛书》之一《剑侠传》所写的剑侠的飞剑可"取人头于百步之外"等等。之后，作者才引出"近日报上说有教职员学生在新华门外碰伤"的事，进行了委婉的抨击。文章看似信笔所之随意闲谈，仔细品味，方觉作者用笔能纵能擒，能放能收，飘放而不嫌迂远，洒脱而不失之于轻浮。文中的激愤感情，作者的批判态度，都淹于这种洒脱飘放的笔势之中，而显露出一种平和冲淡的格调。

20世纪20年代后期、30年代，周作人创作上由于更自觉地追慕着"平淡自然的景地"，这种飘逸洒脱的文章笔势也愈趋明显。如1936年，周作人为《论语》杂志"谈'家'专号"所写《家的上下四旁》一文，由张宗子的《岱志》篇中言"岱"而由"岱"之上下四旁谈起一事，谈到《醒闺编》中训女的韵文及该书卷首载乾隆五十三年湖北总督刊刻的"以孝治天下"的上谕及对"不孝之罪""唯有剥皮示众"的碑文，继而又引述阮云台《广陵诗事》中说逆妇变猪及《二十四孝图说》中的一些故事，从而批评了在中国"孝为百行先"的教条，批评了"中国家族关系唯以名分，以利害，而不以情义相维系"的封建痼弊。又征引典籍婉曲地阐述了自己主张在家族关系中"不违反人情物理，不压迫青年，亦不委曲老年"的民主主义观点。文章谈古涉今，广征博引、挥洒自如、体格闲放，充分显示出周作人散文漫而不散、杂而不乱、远而不迂、纷而不浮的风格和气派。读之，如引人漫步在书海和智林之内，平淡悠闲中，给人以一定的思想上的启迪。

"积学以储宝"。周作人散文用笔上这种摇笔即来、飘逸洒脱的特色，显然是得力于他渊博的知识的。周作人曾引述《金梁文》中梁简文的话："立身之道与文章异，立身先须谨重，文章且须放荡。"然而文章要能写得"放荡"，就要靠作者丰富广博的知识和挥洒自如地运用这些知识的本领。周作人的散文就常常是在中外古今、广征博引之中来论述问题、阐述事理的，而且这种论述和征引，又显得那么熨帖自如，全如信手拈来，毫无持重吃力之感。他能借易卜生的戏剧抨击中国社会上的封建僵尸之多（《重来》），又可从《聊斋》和《夜谈随录》的故事中，引申嘲讽现社会中附在许多活人身上的种种野兽和死鬼（《我们的敌人》）。他能由四世纪希腊厌世诗人的小诗及西方传说中凤鸟的"轮回"而论及对"死"的看法（《死之默想》），又能从英国凯本德和苏俄驻挪威公使科隆泰的著作中谈到妇女解放问题（《妇女问题与东方文明等》）。他能借优美的传说和庄严的圣典以及中外古今的诗作，把苍蝇这种并不可爱的东西赋写得颇有情趣（《苍蝇》）；又可借外国的生物学著作、中国记写禽言的古典，把平凡的鸟声抒写得声态盎然（《鸟声》）。

这种中外杂陈、广征博引而形成的飘逸洒脱的文章笔势，使周作人的散文有一种慑人的魅力，有一种清悠朴淡的色味，它不仅能给人以艺术上美的愉悦，而且能使人得到广博的知识陶冶。

然而，上世纪 30 年代以后，周作人的散文又常常因思想内容的贫乏和空虚，一味杂陈典籍，广征博引，显得有些掉书袋、卖弄学问，以至有些篇章给人以不堪卒读之慨。

平和恬淡的抒情特色

"五四"时期，周作人所写的随笔、杂感虽不无浮躁凌厉、激昂抗争之作，随着他的创作风格向平淡闲适一路的转化，其散文创作中平和恬淡的抒情特色也日趋显明。周作人自称是一个"极缺少旺热的人"，他的散文中令人感不到汹涌澎湃的感情波涛，感不到有不可遏抑的憎爱激流。作者抒写自己的情怀时，好像总是经过了一种艺术的淡化处理，从而将蕴蓄于中的激情舒缓地、有节制地、隐而不显、含而不露地表现出来，因而给人一种熨帖、宁静、幽远、质朴的美感。

如在《故乡的野菜》一文中，作者没有正面去叙写对故乡的怀念，却淡淡地说："故乡对于我并没有什么特别的情分，只因钓于斯游于斯的关系，朝夕会面，遂成相识，正如乡村里的邻舍一样，虽然不是亲属，别后有时也要想念到他。"然而，在这徐舒的、淡淡的叙写之中，却贮满着一种对故乡的眷念、依恋。接下去，作者又以清丽的笔致，通过对故乡野菜的记写，淡淡地、隐隐地流露出一种思乡的情怀。在记写故乡的黄花麦果之后，他说："自从十二三岁时外出不参与外祖家扫墓以后，不复见过茧果，近来住在北京，也不再见黄花麦果的影子了。"这是叙述，也是怀念，是真实情况的记写，更是思乡情怀的委婉的抒发。综观通篇文章对故乡爱恋、怀念之情的抒写是这样平和蕴藉，使作品流动着一种恬淡清隽的神韵，贯注着一种飘忽邈远的清气，令人品味不尽。

又如在《初恋》一文中，作者写少年时代寄寓在杭州时的一次初恋："我在那时候当然是丑小鸭，自己也是知道的，但是终不以此而减灭我的热情。每逢她抱着猫来看我写字，我便不自觉的振作起来，用了平常所无的努力去映写，感着一种无所希求的迷蒙的喜乐。"在娓娓的叙述中，作者抒写了少年时代一段情感的波澜。在平淡中流露出真挚，在素雅中显示出深情，令人读后，余馨萦绕，回味无穷。结尾处写听说"她"的死："我那时也很觉得不快，想象她的悲惨的死相，但同时却又似乎很是安静，仿佛心里有一块大石头已经放下了。"以这样闲闲的两笔，叙写了蕴蓄于心底的一缕情丝，写得那么婉曲而有节制，清淡中显露出纯真，充分表现出周作人散文浓郁而以平淡出之的抒情特色。

抒写爱恋的感情时是这样，抒写憎厌的感情时亦复如此。作者那种批评、不满、悲哀、激愤的感情，似都裹上了一层朦胧的外衣，如云中月、雾中花一样隐而不显地表露出来。又如作者在看待生活中那些丑恶事物时有一种特殊的雍容而闲放的视角，因而一切不满激愤在作者笔下都蒙上了一层闲适、冲淡的格调。如在《北京的茶食》一文中，作者通过记写在古老的都城吃不到"特殊的有滋味的"点心，而对军阀统治下中国人民干燥粗鄙的生活表示了一种淡淡的不满："难道北京竟没有好的茶食，还是有而我们不知道呢？这也未必全是为贪口腹之欲，总觉得住在古老的京城里吃不到包含历史的精炼的或颓废的点心是一个很大的缺陷。"文章结尾又重述："可怜现在的中国生活却是极端地干燥粗鄙，别的不说，我在北京徬徨了十年，终未曾吃到好的点心。"这似批评，却宛然是平静而委婉的叙述；这似愤激，却含而不露，似显若隐，似有若无，只有细细品读，才能捕捉到作者感情的脉络。

即或是表现比较强烈的愤激感情，周作人的散文也常常是有节制、平心静气地表露的，而不是直落落地宣泄情感的激流，迸发情感的波涛。如1926年段祺瑞军阀政府制造残杀爱国学生的"三一八"惨案，周作人当时是站在爱国学生一边，愤怒抨击反动军阀政府的，并为此事写下过一系列的文章。然而即或是在这样一些文章中，作者所表达的那种愤激的感情，也显得相当冷静而有节制，如《关于三月十八日的死者》一文，作者平心静气地叙述了"对于死者的感想"：第一件"是哀悼"，第二件"则是惋惜"。作者记叙女师大为刘和珍、杨德群两位烈士举行棺殓也是用客观的、冷静的叙述笔调：

> "当封棺的时候，在女同学出声哭泣之中，我陡然觉得空气非常沉重，使大家呼吸有点困难。我见职教员中有须发斑白的人此时也有老泪要流下来，虽然他的下颔骨乱动地想忍住也不可能了。"

这种客观的叙述，较之于直接抒发主观的感情，要显得"冷静"得多，"有节制"得多，读者可以从作品那客观的记述中透视出作者内心的感情潜流，因而表现在作品中的情感色彩要冲淡、舒缓得多了。对1927年蒋介石发动的反革命清党运动里一些青年男女被无辜处死，周作人也曾进行过愤怒的抗争，然而在他那些抨击反动派的文章中所表露的愤激之情，也蒙上了一层冲淡的外衣。他在《偶感》中说："听到自己所认识的青年朋友的横死，而且大都死在所谓最正大的清党运动里,这是一件很可怜的事。青年男女死于革命原是很平常的,里边如有相识的人,也自觉觉得可悲,但这正如死在战场一样,实在无可怨恨,因为不能杀敌则为敌所杀是世上的通则,从国民党里被清出而枪毙或斩决的那却是别一回事了。"作者的控诉故意说得那么平和、委婉,激愤的感情淹没在闲放的叙写中,蒙上了一层怨而不怒、哀而不伤的格调。

在抒写不满和激愤的感情时,周作人散文这种冲淡的格调,有时固然耐人流连玩味,却也常常磨损了文章的批判锋芒,减弱了文章的战斗锐气。写于20世纪20年代末的"三礼赞",即《娼女礼赞》、《哑叭礼赞》、《麻醉礼赞》,作者本是批评资本制度之下对妇女摧残的娼妓卖淫制度、批评在军阀统治下人民的言论不得自由、批评有些中国人在麻醉中苟活的生活态度的,但文章标题却故意以反语出之,标之以"礼赞"。行文中抨击无多,忧伤亦显得很淡,全似在诙谐地叙写,作者的激愤、悲哀几乎尽为表面的洒脱、闲适、诙谐所掩,以致曾使一些读者认为周作人是在美化资本主义的娼妓制度、歌颂明哲保身的闭口哲学、赞成醉生梦死的生活态度。20世纪30年代乃至华北沦陷后,周作人散文中那些偶或涉及时弊之作,更写得委曲婉转,飘忽朦胧,不露锋芒,因而也就毫无浮躁凌厉的战斗锐气了。

庄谐杂出的幽默趣味

周作人散文另一重要特色,就是具有庄谐杂出的幽默趣味,无论是记叙性的文字,议论性的篇章,还是讽刺性的杂文,写得都不板滞,有趣味。文中有时庄中有谐,有时谐中寓庄,有时又在不经意中涉笔成趣。这种庄谐杂出的幽默趣味,别有一种平易亲切的艺术魅力,使读者阅读他的散文时,感到亲切和蔼,易被吸引。

在记叙性的文字中,周作人善以潇洒诙谐的文字,把简单平凡的事情叙写得俊逸而有韵味。《苦雨》这篇书信体的散文,他曾这样叙述雨中旅行的佳趣:"二十多年前往东浦吊先父的保姆之丧。归途遇暴风雨,一叶扁舟在白鹅似的波浪中间,滚过大树港,危险极也愉快极了。我大约还有好些'为鱼'时候——至少也是断发文身时候的脾气,对于水颇感到亲近。"本来是吊丧归来、途遇暴雨的一件区区小事,但在作者笔下,三言两语,却谐趣盎然,清丽耐读。又如在《闲话四则》中,周作人记写北京的难民妇女的脚,他说:"尤其使我不愉快的乃是难民妇女的脚……,这实在是尖得太可怕了。我以前的确也见过些神秘的小脚,几乎使人诧异'脚在那里?'地那么小,每令我感到自己终是野蛮民族而发出'我最喜欢见女人的天足'的感慨。"又说:"我并不说难民不配保有小脚,我只不知怎的感到小脚与难民之神妙的关系,仿佛可以说小脚是难民的原因似的。"在记叙如此庄严的大事时,周作人却杂以诙谐的抨击和幽默的挖苦,这也不能不说是周作人散文艺术的另一个特征。

周作人的散文说理时也不空疏肤阔、干燥乏味,而是庄中有谐地杂以许多趣笔,或使用一些形象化的有趣的比喻,给文章平添一些风情、一种韵味。如《古书可读否的问题》,作者在文中阐述了读书要依靠读者自己去理解的道理,说:"读思想的书如听讼,要读者去判分事理的曲直;读文艺的书如喝酒,要读者去辨别味道的清浊,这责任都在我不在它。"幽默而风趣的说理,把道理叙述得平易而亲切。对反对意见的批评,不诉诸呆板的指责,不凭借理念化的驳斥,而是以轻松的嘲谑,代替枯燥的说理,在风趣中寓着庄重,在严肃庄重之中又杂之以幽默和风趣。

讲述某些道理时,周作人散文又常常借助一些生动有趣而又十分贴切的比喻加以说明,从而使文章妙趣横生。甚至在讽刺、抨击性的杂文中,也不乏这种庄谐杂出的幽默特色。如他写于1919年"六·三"之后的《前门遇马队记》,本是讽刺反动军警武装镇压爱国群众的,然而文章只在客观地记述了"我"在警察厅前的所遇之后却委婉地说:"照我今天遇到的情形,那兵警都待我很好,确是本国人的样子,只有那一队马煞是可怕。那马是无知的畜生,他自然直冲过来,不知道什么是共和,什么是法律。但我仿佛记得那马上似乎也骑着人,当然是个兵士或警察了。那些人骑在马上,也应该还有自己的思想和主意,何至任凭马匹来践踏我们自己的人呢?"在这平和的记述中,讽刺的色彩只淡淡地、隐隐地表露出来,似乎作者只是风趣地记叙了一件使他"吃了一大惊吓"的事,只从作者故意使用的反语中透露出一点讽刺的意味。30年代周作人写的《再谈文》以更加温婉的笔致，讽刺了在反动派高压政策之下言论之不得自由，他说："有人相信文字有灵，于是一定要那么说，仿佛是当做咒语用，当然也就有人一定不让那么说……，但是也有觉得文字无灵的，他们想随便写写说说，却有些不大方便。""可以说的话既然有限制，那么说起来自然有枯窘之苦了。"对反动派不给人民以言论自由而造成的写文章之难，虽有讽刺，却说得十分轻描淡写、徐舒平和。

这种庄谐杂出的幽默趣味，一方面固然为周作人的散文增添了趣味性，增添了耐读的韵味，但有时也冲淡了一些文章的严肃性，甚至显得有些油腔滑调。特别是他20世纪30年代以后的小品散文，因思想内容浅薄、格调不高而过多的追求幽默趣味，致使有的作品略有轻儇之弊。

舒徐自在的语言表达

读周作人的散文，我们感到似乎是作者徐舒自在、从容不迫地信笔写出，甚或简直是从笔端流出，无一字一句吃力，无任何雕琢斧凿、刻意求工的痕迹，而在那率意写出的文字中，却有一种耐人品读、追味的风神和韵味，可谓朴中有灵、平中见奇。曹聚仁在论述周氏散文的时候曾说："他的作风，可用龙井茶来打比，看去全无颜色，喝到口里，一股清香，令人回味无穷。前人评诗，以'羚羊挂角、无迹可求'说明神韵，周氏散文，其妙处正在神韵。"这是颇有见地的评价。周作人散文语言表达上的这种特色，充分表现了作者驾驭语言文字的深厚功力，这也正是周作人散文创作在上世纪二三十年代饮誉文坛、赢得那么多读者的重要原因。

周作人的散文，有时在看似平淡的文字中，寓有哲理，如《寻路的人》中：

我曾在西四牌楼看见一辆汽车载了一个强盗往天桥去处决，我心里想，这太残酷了，为什么不照例用敞车送的呢？为什么不使他缓缓的走着，看沿路景色，听人家谈论走过应走的路程，再到应到的地点，却一阵风的把他送走了呢？这真是太残酷了。

这全似拉家常，谈闲话，在这闲谈一般的文字中又引申出这样的哲理："我们谁不坐在敞车上走着呢？有的以为是往天国去，正在歌笑，有的以为是下地狱去，正在悲哭，有的醉了，睡。"以日常所见的事物，来说明具有一定普遍意义的人生哲理，因而这平淡的文字，却耐人思味。

有时在貌似徐舒的描写中，又贮满着一种诗意，如《鸟声》一文：

> 现在，就北京来说，这几样鸣声都没有，所有的还只是麻雀和啄木鸟，老鸹，乡间称云乌老鸦，在北京是每天可以听到的，但是一点风雅气也没有，而且是终年噪聒，不知道他是那一季的鸟。麻雀和啄木鸟虽然唱不出好的歌来，在那琐碎和干枯之中，到底还含一些毒气。唉，听那不讨人喜欢的鸟老鸦叫也已够了，且让我们欢迎这些鸣春的小鸟，倾听他们的谈笑吧！

平凡的鸟声，在这素雅、清淡的描绘中，浸透出作者对春天的向往和恋慕，贮满着浓郁、温馨的诗情。

有时在信笔所至的抒写中，透露出睿智的见解，如《上下身》：

> "人的肉体明明是一整个（虽然拿一把刀也可以把他切开来），背后从头颈到尾间一条脊椎，前面从胸口到'丹田'一张肚皮，中间并无可以卸拆之处，而吾乡（别处的市民听了不必多心）的贤人必强分割之为上下身"并将上下"交而为尊卑、邪正、净不净之分了"。

好像在漫话琐事，其实却嘲谑了封建道学家的假正经，显示出作者那豁达、睿智的见解。

有时又在朴素的叙述中，表现出一种渊雅的趣味。周作人的散文，讲茶道，述饮酒，谈菱角，记鸟声，赋草木，写虫鱼，常常是区区生活琐事，写得也有滋有味。

"作诗无古今，惟造平淡难"。周作人散文语言表达上这种舒徐自在，不迫不露，纵横高下皆无矫揉妆束之态的色味，确是作者在语言艺术方面长久积累、千锤百炼的结果。周作人在《本色》一文中曾说："写文章没有别的诀窍，只有一字曰简单。……不过这件事大不容易，所谓三岁孩童说得，八十老翁行不得者也。"又说："大抵说话如华绮便可以稍容易，这只要用点脂粉工夫就行了，正如文字一样道理，若本色反是难。"这是深谙文章之三昧的话。周作人自童年时代就受过严格的"制艺"的训练，他的勤奋好学，从未停止的笔耕，锤炼了他运斤如风驾驭语言文字的深厚功力。

然而，周作人的散文在语言使用上有时也确有繁琐、散漫之处。周作人是一个多产的作家，特别是在他那些不经意为文的篇什中，有时语言上有粗糙、芜蔓的流弊。上世纪30年代以后他的散文，这种流弊就更为突出了。

周作人散文平和冲淡艺术风格的形成，有着多方面的因素，诸如历史传统、外来影响、时代环境、美学思潮，无不有着一定的影响，然而起决定作用的，则是作家自己的思想禀赋和个性气质。他的艺术风格的形成也有着一个发展和变化的过程。青年时代的周作人，也曾怀抱着改造社会的激情和理想，又受到时代思潮的感染，反映在"五四"时期他以杂文为主体的散文创作中，也多透露出浮躁凌厉之气。随着马克思主义的广泛传播和无产阶级革命的深入发展，反动派的高压政策也日益增剧。"混迹于绅士淑女之林"的周作人，动摇、怯懦的本性，使他既感无力反抗反动派的高压，又怕被革命的烈火所烤炙，便走向耽游、闲适一路，以图在田园诗的境界中去寻找自己的避难所和精神慰藉，正如他自己所说："实在是'千年不复朝、贤达无奈何'耳，唯其无奈何，所以也就不必多自忧忧，只以婉而趣的态度对付之，此所谓闲适亦即是大幽默也。"（周作人《自己的文章》）自然在严酷的现实斗争中，要"蔽聪塞明、麻木冷静、不受感动"，必须经过一个"先由努力、后成自然"的过程（鲁迅《病后杂谈》）。事实上，周作人散文风格的形成，也正经历了这样一个发展过程。而至沦陷以后，周作人散文风格的平和冲淡，更发展为枯涩和苍老，其散文的盛名终因作品思想内容的贫乏和空虚而渐趋衰微，这是散文家周作人个人的悲剧，却蕴含着深刻的生活和创造的哲理和真谛。

（载天津人民出版社1987年6月出版《周作人散文选集·序言》）

13. 周作人附逆原因浅探

　　研究任何问题都要尊重历史的本来面目，对敌伪时期周作人的研究也应如此。沈鹏年访许宝骙纪要中说：周作人听说让他出任是共产党方面的意思，便不再坚持了。事实上在此前后，周作人对共产党的态度并不友好，这有他的文章言论为证。另外，纪要中说：周作人就任伪职以后，基本上是按照"在积极中消极又要在消极中积极"这两条原则办事的。但是，据我看周作人出任伪职以后，以他的身份和职位，并不消极而是相当积极的，这也有大量的事实为证。当然，他还不能和那些久在官场上混迹的官僚、政客们相比。

　　周作人出任伪职并非偶然，而是他思想演变导致的必然结果，就如水到渠成一样。比如他的"必败论"思想，据郑振铎回忆，他在"七七"事变离平前，曾劝周作人必要时离开北平，周不以为然，说："和日本作战是不可能的，人家有海军，没有打，人家已登岸来了。我们的门户是洞开的，如何能抵抗人家。"这种"必败论"思想也有它的渊源。长期来，周作人就怀着民族的悲观主义的情绪，他所看到的中国的国民性几乎都是坏的。这一点和鲁迅不同。鲁迅，特别是在后期，他看到中国人的如一盘散沙，是"沙皇"（指统治者）的"治绩"。他还看到，我们从古以来，就有埋头苦干的人，有拚命硬干的人，有为民请命的人，有舍身求法的人……这就是中国的脊梁。而周作人却一直只看到国民性中坏的方面，如他说："我们看中国的国民性里，除了尊王攘夷，换一个名称便是复古排外的思想以外，实在没有什么特别可以保存的地方。"（《罗素与国粹》）他又说：中国极大多数人的思想，是"妥胁，顺从，对于生活没有热烈的爱著，也便没有真挚的抗辩"。（《民众的诗歌》）1927年他在《诅咒》一文中又因处决几个党案的犯人而批评：中国民族有"十足野蛮堕落的恶根性"，"这样的民族，实在亡有余辜"！1928年在《历史》一文中他再一次宣称："我读了中国历史，对于中国民族和我自己失了九成以上的信仰与希望。"可见他这种丧失民族自信心的悲观主义情绪是由来已久的。究其原因就是他坚守士大夫阶级的立场，又漠视和抗拒马克思列宁主义，因而他看不到人民群众的力量，看不到无产阶级的力量。

  与之相联系，周作人的"主和论"思想也是由来已久的，早在1934年在《弃文就武》一文中，他就曾说：甲午以后，我们的海军"一直只保持着讲和状态""这40年来的政治实以不同外国打仗为基础而进行着的"，他认为在这种状况下，"现今要开始战争，如是可能，那是否近于奇迹"。这里已透露出他的主和论思想的端倪。从这一思想出发，他又美化秦桧。1935年他写《岳飞与秦桧》一文，对当时吕思勉著的《自修适用白话本国史》称赞秦桧"始终坚持和议，是他有识力肯负责任之处""是他爱国之处"，表示同意，说吕著尽管"在字句上不无可以商酌之处，至于意思却并不全错"。1935年，他在《关于英雄崇拜》中更明确地说："中国往往大家都知道非和不可，等到和了，大家从避难归来，都热烈地崇拜主战者，称岳飞而骂秦桧。"又说：文天祥只是国亡了肯死，因而不值得崇拜。他说，不希望中国再出文天祥，而"希望中国另外出些人才，是积极的，成功的，而不是消极的，失败的，以一死了事的英雄"。并进而引申地说："徒有气节而无事功，有时亦足以误国殃民。"从此，他便起劲地鼓吹"道义之事功化"。20世纪40年代，周作人多次撰文鼓吹"中国现在要紧的有两件事"，即"伦理之自然化"和"道义之事功化"，说这是"现代中国心理建设上最切要的问题"。他解释说："道义必须见诸事功，才有价值。"也就是说"要以道义为宗旨，去求到功利上的实现，以名誉生命为资材，去博得国家人民的福利，此为知识阶级最高之任务"。他援引蔼理斯感想录第二卷中的一则，记一个运兵船在地中海中了鱼雷沉没了，甲板上的看护妇脱去衣服对旁人说：大哥们不要见怪，我须去救小子们的命。周作人说：这些大哥们都是"守正之士，正人君子，不能看轻"，而"现今的正人君子，在国土沦陷期间，住洋楼，打马将，独善其身，何益于国家"。由此，他认为"肯牺牲名誉、性命替人民做点事的人比较因了腐败无能误了国以一死了事的人要好得多"。周作人就是用这套谬论来为他的出任伪职做解释的，他标榜自己就是这种肯牺牲自己的名节而为人民做事的"英雄",并以此来求得自己心理上的平衡,当然这是极其荒谬的。

总之,周作人的出任伪职,完全合乎他思想发展的逻辑,绝非某种外在力量使然。

另外,周作人对日本文化、日本生活的介绍自然不能与他政治上的附逆相混淆。但是沦陷时期,他积极地介绍日本文化和日本人民的生活,却也服从于他所鼓吹的"大东亚"思想。如他在《草囤与茅屋》中说:"我想翻译介绍日本人民生活情形,希望读者从这中间感到东亚人共同的苦辛,发出爱与相怜之感情,以替代一般宣传与经验所养成的敬或畏。"正如上世纪30年代他批评八股文等等,孤立地看,并没错误,但周作人的矛头却是指向左翼文学阵营。

(载《鲁迅研究动态》1987年1月号)

14. 忧患寂寞的童年生活

——周作人的童年少年时期

公元 1885 年 1 月 16 日（清光绪十年甲申十二月初一），一个小生命在浙江省绍兴府会稽县（今属绍兴县）东昌坊口新台门周家诞生了。这——就是现代中国文坛泰斗鲁迅（周树人）的二弟，曾经走过一条漫长、曲折、复杂的人生道路的周作人。

19 世纪 80 年代，在中国近代史上正是多难的岁月。中国最后一个封建王朝——清帝国已濒临灭亡。迭连不断的帝国主义列强的入侵，清政府被迫一次次与入侵者签定的屈辱的不平等条约，使这个具有几千年悠久历史的文明古国，已一步一步地沦为半殖民地半封建的国家，锦绣河山正在一片一片地被肢解。然而在这漫漫黑夜之中却潜伏着人民革命的风涛，酝酿着黑夜和白天的交替；爆发在这个世纪 40 年代的广州三元里人民的反帝抗争，50 年代的太平天国革命，席卷了神州大地，猛烈地震憾着清王朝的江山，预示着古老中国的末日即将来临。

周作人的家庭也像其所属的封建王朝一样，是一个逐渐破落的封建士大夫家庭。周氏房族自 16 世纪明正德年间迁居绍兴，至周作人辈已达 14 世。周氏祖先原是农民，明万历年间，家已小康。清乾隆年间，六世祖煌（韫山）中举，进入士大夫阶级，开始购地建屋。周氏家族的鼎盛时期，共有田万余亩，当铺十余所。太平军攻占绍兴后，周氏房族受到较大的冲击，加以族中多效奢侈，各房中落者居多。周作人祖父一支还有四五十亩水田，维持着并不很愁生计的小康生活。

周作人的祖父周福清，字介福，号梅仙，进士出身，经殿试选为翰林院庶吉士，学习 3 年后，选授为江西省金溪县知县。因与知府不合，后又改选教官，不久遵例捐升为内阁中书，任京官小吏达 10 多年之久。周福清性格刚直粗暴，有时常无端地大发雷霆。他对儿孙辈的教育却十分关心和重视。周作人的祖母，生下鲁迅的父亲后不久便去世了。后祖母蒋氏是一位贤良、和善的农家妇女。周福清在京仕宦期间，又纳与他小女儿同年纪的潘氏为妾，把蒋氏遗弃在家。潘氏是一位名叫大凤的和蔼的北方姑娘。周作人的曾祖母戴氏去世后，周福清偕潘氏丁忧返乡，一直住在绍兴。祖父去世后几年，潘氏辞别他去。

周作人诞生的时候，父亲周凤仪（字伯宜）26岁。他曾经几次参加乡试不中。在科举道路上的挫折，使他心绪郁闷，经常喝酒，脾气暴戾，孩子们多不敢与他接近。但周伯宜为人正直，思想比较开放，也富于爱国心。他曾对妻子鲁瑞说，将来要把孩子一个送到西洋去，一个送到东洋去，使他们学好本领，为国出力。鲁瑞比周伯宜长3岁，是位善良明达的家庭妇女，她没有正式读过书，但仰仗自修，得到了能看书的学力。

周作人出生的当天，他的一个堂房阿叔出去夜游，半夜回来，走近内堂的门时，仿佛看到一个白衣老人站在那里，但转瞬却不见了，周作人恰值后半夜出生，此事传扬出去，就迷信地传说为周作人是一个老和尚转生的。对这种富有浪漫色彩的传说，周作人自己也很喜欢，1934年他写的《五十自寿诗》的首联："前世出家今在家，不将袍子换袈裟。"就是戏用的这个传说。

周作人乳名阿魁。起这个名字，是因为当周福清在京接到报告周作人诞生的家信时，碰巧有一个在旗的魁姓京官来访，于是祖父就为他取了这个小名。后来又捡一个木旁的同音字，加上"寿"字，成为学名，并取与北斗星有关的"星杓"为字。县考时又应祖父之命，改为"奎绶"。进南京水师学堂时，当时任水师学堂国文教习兼管轮堂监督的同族叔祖周椒生，又以"周王寿考，遐不作人"的典故为之改名"作人"，后便一直沿用作人之名。

童年时代周作人遇到的第一场灾难便是出天花，症状十分险恶，不久便把只有周岁左右的妹妹端姑传染上了。周作人和妹妹一起被放在一间房里，隔离起来。一天，俩人都在睡觉，忽然听见"呀"地叫了一声，大人惊起看时，妹妹端姑的天花痘都已凹陷，妹妹就此死去，而周作人却好转了。天花结痂的时候，祖母把贪玩的周作人的两只小手紧紧地捆住，不让他动一动，这才幸免脸上留下麻点，这时周作人大约四、五岁的光景。

出生于书香门第家庭的周作人，从小就受到家庭的良好的教育。周作人五岁那年的秋天，祖父周福清从北京寄回《诗韵释音》两部，并在给父亲的信中说：该书"可分与张（按鲁迅小名阿张）、魁两孙逐字认解，审音考义，小学入门（吾乡知音韵者颇少，蒙师授读别字连篇），勉之"。从此，周作人便跟从大哥鲁迅咿咿唔唔地开始了认读。

10岁以前，周作人生过的病很多，按本乡中医的说法不是食裹火，便是火裹痰。周作人幼时，因为没有母乳，家里顾了一个奶妈，而这个奶妈原来也是没有奶的，为了骗得小孩不哭闹，便在家门附近买种种东西给小作人吃，结果常闹消化不良。因而，童年时的周作人很是瘦弱。

童年的多病，总算在祖母和母亲的精心护理下平安地度过了，不久却又迎来了家庭生活中的一次次风暴。1893年，光绪十八年壬辰除夕，曾祖母戴氏病逝。半个多月之后，祖父回家奔丧，在曾祖母"五七"这一天，性格暴躁的祖父因看到家里人没有早起，敬谨将事，便勃然大怒。这天清晨，在祖母大床上睡觉的周作人忽听床被震的咚咚作响，身体也被震颤起来，睁眼看时，只见祖父一身素服，在拼命地槌打着床，见睡在床上的人已被槌醒，他便转身出去，将右手大拇指的指甲，放在嘴里咬得嘎嘎作响，嘴里喃喃地骂着"速死豸""速死豸"。小作人被吓得惊呆了，他也不敢放声嚎哭，只由祖母安排穿好衣服，一边纳罕地想：这种粗暴的行为，怎么像个祖父呢？从此，对于祖父，在周作人幼小的心灵里更增加了几分畏惧。

这一年的春夏，周作人又跟从小叔父伯生在厅房西偏的小书房里，读了半年的书，请的先生是一位没有考进秀才的同族叔辈。他学问不大，人倒很是和蔼，对学生的管束也不严厉。幼小贪玩的周作人与比他稍长几岁的小叔父伯生常托词读书，躲在厅房里边，关上门，在厅房后的一个小花园里玩耍。原来这厅房后的花园里种植着月桂、罗汉松、茶花、木瓜、枇杷、秋海棠之类。那罗汉松树下埋着两只"阴缸"，缸里盛着不知经历了几多年的青黑色的水，以及腐烂的树叶。他们饶有兴致地将缸里的树叶、瓦砾清理出来，再放回树下；隔些时日，再去清理。以此来消磨那难挨的、枯燥的读书的时光。

家庭生活的另一次风暴,对周作人的童年生活有着更大的影响。1893年夏,正值浙江举行乡试。亲友中有人出主意,邀集几个家中有钱的秀才,凑成一万两银子,写成钱庄的期票,由周福清出面送给主考殷如璋,以买通关节,取中举人。周福清承应了此事,并写好致殷如璋的信,便到苏州等候主考的到来。待见过主考一面后便差遣跟班徐福,将信并期票送去。当时恰值副主考周锡恩正在殷如璋船上聊天,殷很知趣,得信未立即拆看。那跟班乡下人,等得急了,在外边大叫:"那是银信,为什么不给回条?"这一喊叫,事情便被戳穿,周福清作为贿赂主考的犯人送苏州府去查办。正在考场中的周伯宜(周作人的父亲)也被扣留并取消了乡试的资格。当时的苏州知府王仁堪,本想含糊了事,说犯人素有神经病,可循例免罪。但刚正狷傲的周福清却在公堂上振振有词地历陈了科场中行贿的一些事实,说自己不过是照例地作了一次罢了。事情弄得不可收拾,只好依法办理。这种科场案在清朝治罪很重,往往交通关节都处死刑。至清朝末叶,考试制度已渐败坏,情形才略有转变。周福清一案处理还比较从轻,定为斩监候罪名,一直押在杭州府狱内,等候处决,长达8个年头。直到1901年八国联军入侵后,清政府赦了一批囚犯,周福清才被赦出狱。

这一事件在周家实在是一场巨大的灾祸。为保全周福清,避免其被处死,周家不得不变卖产业,竭力营救。结果周福清被保全了,周家家境却一蹶不振,濒于破产。正在平和环境中读书游嬉的鲁迅、周作人兄弟,不久也被卷进这场灾祸的风暴之中。这一年秋后,周家为避免可能发生的株连,即送孩子离家避难,周作人随同鲁迅被送到皇甫庄外婆家,其大舅父鲁怡堂处只有表兄姐各一人,小舅父鲁寄湘则有表姐妹4人,鲁迅和周作人便被交给大舅父照护。但因大舅父家没有住处,周作人便每天至小舅父家歇宿,由老仆妇塘港妈妈照料;白天则在大舅父处玩耍。鲁迅每天在大舅父那里写《荡寇志》插画,周作人和表兄也常在一起帮忙。他们在这里初次见到石印的《毛诗品物图考》,原书为日本冈元凤所著。这印着许多奇花异草,虫鱼鸟兽的图画书,给他们留下了深刻的印象。后来周作人搜求到木版的《毛诗品物图考》,一直精心地保存了一生。这惨遭灾祸而寄人篱下的生活,曾被人讥之为"讨饭",给倔强自尊的鲁迅以很大刺激,使他开始认识了世态的炎凉,人情的冷暖。而小于鲁迅几岁、性格平和懦弱的周作人对此却没有什么感应,如他后来所回忆的:"我们在皇甫庄的避难生活,是颇愉快的。"(周作人《知堂回想录》)在这里,周作人愉快地度过了五六个月的时光。五六个月以后,大约是因为房屋租典的期限已满,小舅父要搬回安桥头老家去,大舅父一家迁居小皋埠。鲁迅、周作人兄弟便随同大舅父搬到小皋埠去住了。

小皋埠房东秦家的主人秦少渔,是鲁怡堂前妻的兄弟,是诗人兼画家秦树的儿子。他爱好小说,善画梅花。鲁迅,周作人兄弟常去他那里玩耍。秦家先世造有娱园,曾是当地著名的庭园之一,连在住宅的后面,是个幽雅的处所,从孩子的感觉看,更是新鲜,周作人便常去那里游乐。避难生活结束以后的七八年间,他还时常前去。数年之后,在那里他还曾经暗自对一位与他同年同月生的、但早已许给别人的表姐,怀抱过一种特别的情意,固执地感受着一种异性的牵引。这少年时代的一次风雅恋情,虽然只能以毫无结果而告终,但它却总隐约地留在作家心底,为他心中的火焰的余光所映照,这也是他对娱园的一种特殊的感情。在外婆家避难总共不到一年,风暴渐渐平息,被株连的可能已经没有,周作人便跟从鲁迅离开小皋埠,回到自己的家里。

祖父下狱的灾祸还未完全消除,父亲周伯宜生病的打击又接踵而来。周作人10岁那年的冬天,父亲终因科举道路上屡试不中的坎坷和家庭生活的重压,积郁成疾,突然大吐血,这使全家十分恐慌。根据旧的传说,以为陈墨可以止血,于是赶紧研墨,倒在茶杯里给他喝,结果当然毫无用处。后来,经过中医的诊治,吐血倒是停止了,第二年春天病势渐趋平稳。常常在晚饭时,鲁迅、周作人兄弟团围着父亲,听他讲聊斋的故事,并分享父亲的一些水果。那些人身狗头的怪物吃人脑髓一类鬼怪的故事,常使周作人感到阴森可怕,毛骨悚然,以至在他幼小的心灵里刻下深深的印象,几十年以后都未能忘怀。这年秋冬之交,父亲的病又趋严重,虽经两位"名医"一年多的治疗,仍未见减轻。因诊金昂贵,不得不经常典当衣物,因而家道便更趋衰落。经济上的负担与周作人辈还没有太多的直接关系,他们所忙的是帮助找药引。"名医"处方十分奇特，如有一次，要用蟋蟀一对作药引，且须是原来同居一穴的。鲁迅和周作人兄弟，便不得不在百草园的菜地里四处寻觅，翻开土块，那同居的蟋蟀随即逃走，各奔东西，兄弟二人便分头追赶。有时捉到了一只，那一只却逃掉了，捉着的这一只也只好放走。这样为找到一对"原配"的蟋蟀，不知要花去多少工夫。然而，父亲的病仍然日渐恶化。1896年10月12日，父亲终于病逝，年仅37岁。

还在父亲生病的时候，大约是周作人11岁的这一年，他开始去三味书屋读书，这是周作人学塾生活的起始。所谓"三味书屋"，其实设备十分简陋。因为没有书桌，便从家里背了一张八仙桌去。入学的这一天大早，周作人穿戴整齐，提着一个腰鼓式的灯笼，上书"状元及第"的字样，挂生葱一根，意取聪明之兆，来到三味书屋，拜过孔夫子之后，便开始上课。功课是口授《鉴略》起首两句，并对课：曰"元"，对"相"，这就是入学的仪式，此后便正式读书。在三味书屋，周作人接受了中国旧学的启蒙教育。几个月的学习中，他从《中庸》的上半本，读到《论语》《孟子》，《诗经》刚刚读完了《国风》，遂因父亲的病故而停止了。1897年春，因原在杭州同潘姨太太随侍祖父的叔父伯生决计进南京水师学堂求学，所以让周作人去补他的空缺，陪侍祖父，周作人遂来到杭州。在杭州，他们住在离府署很近的花牌楼，每隔三四天去看一次关在杭州司狱司里的祖父，陪他坐到下午始返回。平日除按照祖父的规定看《纲鉴易知录》，抄《诗韵》以外，可以随意看书。祖父那里备有的《四史》《明季南略》《明季北略》《明季稗史汇编》《唐宋诗醇》《徐灵胎四种》等等，都可以自由取阅。周福清对于教育也有很开明的意见，他很奖励孩子看小说，以为这能使人思路通顺。高兴的时候，还常常给周作人讲《西游记》的故事，什么孙行者如何调皮，猪八戒如何老实，讲得津津有味。祖父的管教影响，加上经历了家庭的变故，年纪也稍长了几岁的周作人，这时已脱离了浑浑噩噩、贪玩淘气的孩童时代，而进入了勤奋好学的少年时期。这段时间，他每天晚上寄宿在阁楼上厅房东边的南窗下，早晨，按照浙西的习惯，只将前日的剩饭用开水泡了充饥，便去仆人的住处用功。周围又没有什么玩耍的地方和同玩的伙伴，这促使他更专心于学习。在这里，生活上相当艰苦,除早晨的稀饭外,每日两顿定时饭,对于正处于生长时期的周作人来说,实在不足果腹。饿急了他就到灶头,从挂着的饭篮内拣大块的冷饭偷吃。不久便被潘姨太太发现,她故意地对女仆宋妈俏皮地说:"这也是奇怪的,怎么饭篮悬挂空中,猫儿会来偷吃去了的呢?"这俏皮的挖苦常引起周作人的反感,并想:"必要的时候,我还要偷吃下去,不管你怎么说!"艰苦,有时对人倒是很好的磨练。在杭州的日子里,在比较清苦的生活中,周作人在学业上却大有长进。这一时期他除继续读完了在书房里没有读完的《诗经》和《书经》外,还阅读了不少小说笔记,如:《儒林外史》《西游记》《三国演义》《聊斋志异》《镜花缘》《阅微草堂笔记》《淞隐漫录》等,并在祖父的指导下开始学作八股文和试帖诗。祖父是一个严厉的人,对周作人学习上的要求很是严格,每逢三、六、九日,周作人都要送去所作的八股文章给他批改。一年多之后,周作人"窗课完篇",即能试作整篇的八股文,有了文童应考的资格了。在祖父身边的日子里,周作人开始感受到知识海洋的浩瀚,感受到漫游在知识大海里的无比乐趣。也是在这个时期,周作人开始养成记日记的良好习惯,并在此后数十年,坚持不懈。

在杭州,还有一件事使周作人永远不能忘怀:他们住处的东邻是一家姓姚的。姚老太太的干女儿是一位姓杨的姑娘,因排行第三被称为三姑娘。她常来同潘姨太太搭讪,也时常走下楼来看周作人影写字帖。这个身材瘦小的十二三岁的少女,使周作人平生第一次感受到一种对异性的慕恋,使他觉出对于自己以外的别人有着执拗的爱着,这是作家爱情生活上的第一个人。不久,这个姑娘患霍乱死去了。20多年后,周作人曾以冲淡隽永的笔触,记下了少年时代的这段恋情,作为对姑娘的永远悼念,这就是周作人早期著名的散文《初恋》。

戊戌5月,母亲因挂念在杭州陪侍祖父的周作人,托辞有病,派本来是回家取书的仆人阮标,返杭州后接周作人暂时回绍兴。周作人不无依恋地别离了花牌楼,告别了祖父,在阮标的陪同下,又回到阔别了一年半的故乡。回到家乡后,祖母、母亲均很安健,周作人十分高兴。

这年冬天,周家又遭到了一次不幸的事故。鲁迅的四弟,年仅6

岁的椿寿，因喘病夭逝。四弟生性聪颖，三、四岁时教之唐诗，就能上口成诵，还能握管作字，形同宿学者所书。夭逝后全家悲痛异常，周作人也十分痛惜，曾作诗词数首以释其悲痛悼惜之情。其中一首古风《有感》曰：

　　络纬鸣方毕，又鸣促织，夜深来伴人悲伤，空悲切。世人纵有回天力，难使弟兄无离别，发冲冠，泪沾臆，欲问昊天天不语，相从地下或相遇。地下途如许，泪如雨，欲问在何处，万里迢迢，安得仙人指迷路。

另几首诗词也抒写了周作人对四弟的痛悼之情：

　　闻君手有回生术，手足断时可能续？闻君橐有起死丹，兄弟无者可复还？忆昔先主王西蜀，每视妻子如衣服，衣敝尚可缝，落落丈夫胸。欲向使君乞妙药，那知洞口白云封。白云封，无行踪，往来徒幢幢，气如虹，泪沾胸。

　　　　　　　　　　　　　　　　　　　《读〈华陀传〉有感》

　　空庭寂寞伴青灯，倍觉凄其感不胜。
　　犹忆当年丹桂下，凭栏听唱一颗星。

　　　　　　　　　　　　　　　　　　　　　　《冬夜有感》

　　月值大吕日甲午，欲向昊天问数语，不愿来生再为人，免受人间离别苦。吾恨不能消之山水间，不能考之江淹赋，忆当年，运甓砌花篱，携锄栽桃树，时或折柳枝，时或彻桑土，形尚在目前，人竟归何处？恨不得抢地号，恨不得呼天。聊作短句写余悲，而吾之恨尚不能屈指数。

　　　　　　　　　　　　　　　　　　　　　　《长短句》

这是周作人留下来的最早的诗词作品，多仿效旧体诗词敷衍成篇，艺术上很质拙，但其所表露出的感情还是真挚而浓烈的。后周作人又曾为四弟作小传，曰《逍遥处士小传》，录于日记中：

　　处士名椿寿，字茂亭，号荫轩，麓山人之季弟也。光绪癸巳六月十三日寅时诞于蠡城之光霁轩。生而灵警，见生人不啼，甲午之春，即能言语，性孝友奇杰。三四岁教之唐诗，上口成诵，能属对，皆出人意表。又能搦管作字，奇劲非常，人见之皆以为宿学者所书也。以是人成以大器期之。至戊戌之冬，忽患喘，百药不瘳，至子月八日下午竟溘然以逝，时方未正，享年六岁。计卧床方三日而溘逝，殆天仙游戏人间者耶！况其来去了然，非有宿根者，曷克臻此。呜呼！是殆天之不欲兴吾家乎？抑吾家德薄不克有此人乎？是真不可解矣！戊戌季冬葬于常禧门外印山之麓，立碑而至之。越三载，辛丑之春，其仲兄麓山人挥泪而为之传。

时光绪辛丑二月十一日　麓山人撰并书

也是这年冬天，旧学已有一定功底的周作人，在祖父和母亲的督促下，跟从自南京水师学堂请假归来的大哥一起，参加了会稽县的科举考试。当时会稽一县的考生就有500多人。出榜以50人为一图，写成一个圆图的样子，共有10图左右，而每年进学考取秀才的定额却只有40名。这种科举考试在当时被认为是士人出身的正路，一般地说，都是要从这条路去走，只等走不下去了，这才去找另外的道路。每次考试要经过县考初试及四次复试之后，出一总榜，榜上有名的人，可以去应府试。再经过院试，合格者，才能考进秀才。周作人这次县考的成绩在10图34名，鲁迅列3图37名。鲁迅没有再去参加府试及院试。周作人同叔父周开山等则参加完了府试及院试的全过程。结果只周开山考中了末名秀才，而周作人却名落孙山了。科场上的失意，使周作人有些心灰意冷。1899年10月，院试出榜近一个月后，他在日记中感慨地说："转瞬仲冬，学术无进，而马齿将增，不觉恶然。"他写信向祖父报告了自己的失意之情。开明的祖父见周作人功名未进，便自杭州复信，告以杭州有浙江省求是书院，可兼学中西学，招儒童60人，生活还好。不久鲁迅自南京返回家乡时，还带来浙江求是书院的章程。然而，热衷于走科举"正路"的周作人，一心以为进学堂实在非士人所应走的道路，非不得已，是不愿走这条道路的。经过了一年苦学的准备，1900年冬，周作人再一次参加了会稽县的科举考试。这次考试，周作人在名次上大有前进。县考大榜，他列2图39名，但在院试中，仍然未进秀才。至此，周作人才不得不绝望于"正途"的功名，而循例去学幕或经商的道路，他又不愿意走，所以只好另外图谋新路了。然而，"跛者不忘履"，他内心深处，对那条"终南捷径"却仍然是不免有留恋的。他惭愧自己功名无成，黯然产生了一种怨天

宿命的惆怅感情。翌年初春寒假过后,送回家乡度假的大哥鲁迅返南京之际,他写下了这样的诗句:

家食于今又一年,
羡人破浪泛楼船;
自惭鱼鹿终无就,
欲拟灵均问昊天。

《送戛剑生往白三首之一》

功名未就的周作人,这时在家就成了一个"闲人"。他除有时作诗文外,便承担了不少家庭琐务:祖父周福清由朝廷特准获释后,派他开夜船去杭州附近的西兴接祖父;上街买菜也成了他"苦不堪言"的例行的工作。每天清晨,他在家门口附近换上九十几文大小不一的铜钱,去二里地外的大云桥市上讨价还价地买东西,什么四两虾,一块胖头鱼,一把茭白,两方豆腐……这些还不算为难,最为难的要算上街去时,一定要穿长衫,时候又在夏天,上市的人多穿短衣,执拗的祖父,却坚决不许周作人也换上短衣。他只好穿着白色夏布长衫,挎上几个装菜的"苗篮",挤在鱼摊菜担中间挑拣,选择……在一心追慕着仕途的周作人看来,这无异是一种不堪忍受的苦刑。

另一方面,则如鲁迅在《朝华夕拾》的《琐记》中所说:他的离开绍兴,乃是"衍太太"所逼成的,因为她最初劝导他偷家里的东西,后来又造他的谣言,使他觉得家里不能再蹲下去:"s城人的脸早经看熟,如此而已,连心肝也似乎有些了然。总得寻别一类人们去。"祖父返回绍兴后,也常常用明示暗喻、备极刻薄的话,对"衍太太"之流加以讽刺。"衍太太"们的面孔也使周作人产生了赶快离开家乡,去寻别样生活的念头。但是,该如何行动呢?如果祖父觉察到自己有逃脱家庭、别谋出路的念头,会不会出来阻止呢?周作人只得去求助关怀他、爱护他的大哥鲁迅了。

1901年5月下旬的一天,周作人致信鲁迅,告诉了自己的想法。恳求鲁迅帮助他离开家乡,找机会去南京学堂读书,并在祖父方面替他说话。

周作人忐忑而又殷切地期待着大哥的回音,终日都在郁郁不宁中度过。这段时期,因心绪紊乱,日记时有疏漏。这个才情方茂、踌躇志盛的十六、七岁的青年，多么希望能乘长风，破万里浪，早日得到能施展自己才能与抱负的天地啊！他在日记中写道："连日郁郁不快，故日记也多挂漏，未知何时能乘长风，破万里浪，作海外游也。毛锥误我，行当投笔执戈，从事域外，安得郁郁居此与草木同朽哉！"他又吟作《嘲蠹》一首小诗，借嘲蠹以自嘲：

　　缥帙细囊任穴居，
　　一从宛委寄微躯；
　　笑他生死书丛里，
　　咀得书中旨味无。

在祖国浩瀚的书海中漫游了几年的周作人，嘲笑自己其实并未领略书中的旨味。前途在哪里呢？他决定要投笔执戈，弃文就武了。不久，在水师学堂就学的叔父和大哥已为周作人觅得在这个学堂就学的机会。他们先后来信，云：已禀在南京水师学堂当国文教习兼管轮堂监督的同族叔祖周椒生，同意让周作人到南京水师学堂，充当额外生，并嘱周作人于八月中旬同封燮臣一道去南京。

殷殷的盼望，终于要成为现实了。

忐忑不安的期待，终于结束了。

人生的道路总是这样：似是山穷水尽，却又迎来柳暗花明。

告别了，这充满忧患寂寞的童年生活。

告别了，这故乡的山山水水，草草木木。

不得已而走的这条道路，前景会怎样呢？周作人怀着几分喜悦，但也不无几分惴惴的心情，别离了母亲，别离了家乡的亲人，踏上了人生道路上新的征程。

15. 南京时期的勤奋苦读

——周作人的青年时代

1901年9月，在绍兴，盛夏刚过，余热未消，周作人与一位号叫鸣山的族叔，至昌安门外乘陶家埭埠船去宋家溇，直往乐施封燮臣宅，与即将毕业于水师学堂、携家眷迁往南京的封燮臣，同船途经上海去往南京。

第一次离开家乡的周作人，对路上所见的一切都感到惊奇和新鲜：汹涌澎湃的钱塘江的潮水，喧嚣杂乱、"野鸡"遍布的拱辰桥商埠，上海洋场上的洋房和教堂、红头巡捕，既可吃茶又附带看戏的上海茶园，沿江码头及轮船上的流氓和扒手……这一切，在周作人眼前展现了一个五光十色、光怪陆离的花花世界。未来，神秘莫测的未来，迎接他的将是什么呢？

在轮船甲板上，清风拂面，涌起周作人思绪万千。在大江这边，留下了他童年时代欢乐、苦痛的印迹：四弟的夭折，父亲的长逝，性格乖戾的祖父刮起的家庭生活中一次又一次的"风暴"，陪侍祖父期间朝朝暮暮的苦读，花牌楼和娱园生活中两位少女的情影……这一幕幕的情景，在他脑际闪过……这里，有多少欢欣，也有多少苦涩！啊！这一切，告别了，像这奔腾不息的滔滔江水，将这欢乐和苦涩都冲刷过去，留给历史。在大江那边，有着关怀和爱护自己的大哥，有着他所向往，然而又为他并不认识的神秘而广阔的世界。在那里，他将要施展自己的才能、抱负，度过自己黄金一样的年华——青年时代。他满怀希望，但又不无迷茫……

轮船终于在南京下关码头停泊了。他穿过下关的店铺市街，走上了一个很长的高坡，来到凤仪门。不多远，就望见矗立着的高高的烟卤——这,便是水师学堂的标志。这所清朝洋务派为训练水兵而兴建的官办学堂,在周作人眼里尽管十分陌生,但是在这里,有任国文教习兼管轮堂监督的同族叔祖周椒生,有与自己有着手足情谊的、先期到这里来学习的大哥鲁迅。生活上有他们的关怀和照顾,倒也并未感到什么不便。周作人寄寓在叔祖周椒生那里。这时周椒生已用《诗经·大雅·棫朴》中"周王寿考,遐不作人"的句子,为之更名"作人",并起号曰"朴士",后因这个号叫起来不响亮,便不曾使用。

　　来到南京的第4天,周作人便参加了江南水师学堂额外生的考试。考题是作论一篇,题目是"云从龙风从虎论"。这论题尽管有些叫人摸不着头脑,但是好在周作人早就在祖父严格的家教中学得了一手习做八股、试帖的好本领,所以也就从容地应付过去了。水师学堂的汉文教习、杭州人朱颖叔阅看了周作人的文章,大笔一挥,批曰:"文气近顺。"不久出榜,共取3名:正取一名,备取二名。周作人名列备取第一。复试的论题更十足的八股气:"虽百世可知也论。"周作人再次起承转合地应付了一番。经过初试和复试,便算考取,并于旧历九月初一开始在水师学堂就读。一个月后,又举行了全校学生汉文分班考试,策论题目:"问孟子曰,我四十不动心,又曰,我善养吾浩然之气;平时用功,此心此气究如何分别?如何相通?试详言之。"这乃是水师学堂汉文教习——一位桐城派的大家、讲道学的先生所出。对这古怪的题目,周作人又总算顺利地敷衍过去,并考列了头班第20名。水师学堂的学生,头班24名,二班20名,其余都在三班。

　　这所洋务派兴办的"洋学堂"里,并没有多少民主自由的新鲜空气,相反,封建的僵尸气却十分严重。总办方硕辅是秀才出身,很注重国粹。那位汉文教习、桐城派的道学先生,向学生们提出每人要备一部《古文辞类纂》。任管轮堂监督兼国文教习的周椒生是一个虔诚的道教信徒,他每天早上都要去净室里跪诵几遍《太上感应篇》,晚上则要自省,记功过格,然后才坦然就寝。有一回他看到周作人写给鲁迅的信只写着公元的年月,便大加申斥,指责为"无君无父"。这些人虽是办着学堂,实际上却还在提倡科举。如有一回,一个学生请假去应院试,进了秀才,总办便特别挂虎头牌,在全校加以褒奖。学堂的制度也完全是衙门化的,等级十分森严,低班生的赡银、食宿、学习条件都较高班生低一等。学堂内原分三科：驾驶、管轮和鱼雷。周作人入学时鱼雷班已经停办。驾驶与管轮原设有头、二、三班。以后三班取消，便增添了一种副额，招生时称额外生，入学试读3个月后，成绩及格，就可补为正式学生。副额生是最低级的，月给银1两，折发银洋1元，制钱361文，以后逐年递增。又如宿舍用的油灯，当副额时只能以小土油灯对付使用，待到升入二班，方可换用洋灯。再如就餐，早餐号声一响，低年级的学生便须窜向饭厅，急忙寻找位置，才能安稳地就餐。而高班学生则可以高卧在自己的床上等待厨房工人托着长方木盘，把饭送来，先由差役收下，待起床后慢慢地食用。午饭、晚饭，高班学生每桌至多6人，坐位都固定，所以他们可以大摇大摆踱着方步走向饭厅。而低班学生没有固定坐位，只能急忙在各处乱钻，好容易找到位置，一碗雪里蕻上面的几薄片肥肉早已不见，只好吃素饭了。另如房内用具，低年级学生只可用一张桌子，几个人挤着使用，而高班学生可以占两张以上，有时便利用来打牌。二班和副额生如不附和头班生做小友，便一切都要被歧视，以至事事受到压迫。这森严的等级好像恰是封建等级制度的缩影。

　　入学的3个月后，周作人等12个副额生被学校批准转为正式学生。学堂的学习生活十分呆板、枯燥，功课总分为汉文、洋文两大类。每星期中一天上汉文课，5天上洋文课。洋文课中包括英语、数学、物理、化学等中学的课程以及驾驶、管轮等专业课程，因为都用英文，总名为洋文课，各班由一个教习专任，连续5天。汉文则另行分班，各教习专教一班，每周只有一天。上课的时间也是沿用旧塾的办法，只分上、下午两大段。午前中间休息一次算是吃点心的时间。早饭后，8点钟上课前是练兵打靶的时间。此外，午饭前召集体操，晚饭前练习兵操。晚饭后，才是学生自己所有的时间了，这时才可以自由地做功课、看闲书、与朋友们谈天。

　　窒闷的学堂生活、学校里乌烟瘴气的官僚作风、老师们对功课马马虎虎的态度，都使周作人对水师学堂感到十分失望。英文老师在课堂上教的是为印度人编的英文读本，讲的都是些"太阳去休息，蜜蜂离花丛"这类无从领解的诗句。汉文老师们教学生习作的，则又是那些散发着陈腐的八股气味的作文题，什么："秦易封建为郡县，衰世之制也，何以后世沿之，至今不改？试申其义。"什么"'千里馈粮，士有饥色，樵苏后爨，师不宿饱'论"等等。应过几回考场，对八股的应付办法已有相当训练的周作人，应付这样的论题自然是不在话下的，他的策论还常得到老师的夸奖。混得比较好的分数，考试列在全堂前五名的时候，又可得到不少奖金，或够回家的旅费，或能住在校里大可吃喝受用，这虽使周作人略略感到某种满足，但真正的汉文知识在学堂里是不曾学得的。所看汉文书籍，于后来有点影响的，则是当时的书报，如《新民丛报》《新小说》、梁任公的著作以及严几道、林琴南的译书等等。如他后来所回忆的："我在南京的五年，简直除了读新小说以外，别无什么可以说是国文的修养。"[1] 学校管理上也是一派乌烟瘴气，学校可以随意借故开除学生或克扣学生的赡银。如有一回，一个学生因作"颖考叔纯孝论"文中痛骂了西太后，便被勒令退学。又一学生因作文中写有"老师"二字，便被校方斥为"意存讥刺"而挂牌革除。一学生因穿皮底鞋，走路吱吱有声，被无理扣发赡银。这些情况引起许多学生的不满，有些学生便纷纷退学转到陆师学堂或去日本留学。

《苏报》曾设"学界风潮"栏，常有对各地学生闹风潮的报道。周作人会同同学胡鼎、江际澄、李昭文等也曾打算响应，写信给《苏报》，反映学校的情况，但终于不果。

在这死气沉沉的环境中，能给周作人带来一些安慰和乐趣的，则是鲁迅的到来以及星期、假日与鲁迅同游。这时鲁迅已由水师学堂转到陆师学堂附设的矿路学堂学习。鲁迅常常来水师学堂看望周作人，星期、假日他们便同去下关吃茶或去城内城外游玩。鲁迅去矿地实习，也要带回各种矿石送给周作人，与之共享学得新知识的欢乐。鲁迅还把自己购读的一些书籍介绍给周作人，如他读过严复所译赫胥黎的《天演论》后，便兴奋地跑到水师学堂向周作人介绍。由于鲁迅的关怀和爱护，周作人在这沉闷、枯燥的学习环境中才能得到不少欢快，也是鲁迅的帮助，使他开阔了学习视野。然而，好景不长，1902年春，鲁迅被批准随陆师学堂总办俞明震去日本留学。在鲁迅把这一消息带来的当天晚上，周作人顿觉似有所失，无限悲怆，在孤灯下，他高吟杂诗，瀹茗当酒，以浇磊块。又在灯下作三十绝句，为即将先回绍兴探视的鲁迅送行,抒发他依依惜别的无限深情。鲁迅去日本后不久,便将他一路上所写的《扶桑记行》一卷寄给周作人。周作人收到后认为"颇可观览",即将之"抄入别本",又将原本寄回家乡。

学堂里死寂的空气,鲁迅的远别,备使周作人感到凄清,孤独,他曾赋写《暮春客居感怀》,抒写他因觉韶光易逝、孤独无依产生的惆怅感情:

> 转眼春将老,酴醾半就残;
> 炊烟凝薄暮,细雨湿轻寒。
> 花事经过易,韶光欲驻难;
> 落红飞不住,惆怅倚栏干。

此后,鲁迅不断自日本给周作人寄来或托人捎来在国内难以见到的书刊杂志,如《世界十女杰》《西力东侵史》《利俾瑟战血余腥录》《清议报》《浙江潮》《新小说》《新民丛报》等等,以及他自己在日本的照片。鲁迅的书信、照片以及这些书刊杂志,给寂寞中的周作人以无限的安慰,也使他大大开阔了眼界,受到当时一些留日学生鼓吹革命思想及西方民主、自由等思想的熏陶。为怀念远在异国他乡的大哥,1903年3月,周作人步鲁迅《别诸弟》之原韵,赋诗寄情:

> 杜鹃声里雨如丝,
> 春意兰三薄暮时;
> 客里怀人倍惆怅,
> 一枝棠棣寄相思。

> 锦城虽乐未为家,
> 楚尾吴头莫漫夸;
> 烟柳白门寒食近,
> 故园冷落雀梅花。[2]

> 通天枫树春田社,

满地樱花小石川；
胜迹何时容欣赏，
举杯同醉晚风前。

  对水师学堂的失望，又受到大哥的影响，这时周作人也十分向往去日本留学。一天，他在同学胡韵仙处听说水师学堂新任总办候补道黎锦彝受命去日本考察水师章程，拟择学生四人随往，周作人便同胡韵仙、张鹏、李昭文等商定将相机设法活动，要求总办批准他们赴日留学。结果总办说所派者要卒业生，遂打消了这一念头。

  不多久，鲁迅委托留日学生谢西园来到水师学堂，除给周作人带来书物、鲁迅与弘文学院同学的合影、鲁迅自己的断发照外，还带来了鲁迅、许寿裳等50多名在弘文学院就读的留学生因抗议院方不顾学生关于改革课程的合理要求，反做出增收学生的学习及医药卫生费用的决定而集体退学的消息。消息传开，使水师学堂学监大为恐慌，对议论此事的周作人等严加训斥，并禀告学堂总办黎锦彝如办人东游，必阻周作人之行，这使周作人十分恼火，并即想退学返里，另谋出路。他即驰函与鲁迅相商，不久收到鲁迅复信，劝阻周作人退学返里，力嘱他坚持学习，再等留学时机。周作人退学的打算才告取消。

  此后，周作人曾一再为争取赴日留学事奔走经营，但都未得结果，这使他感到十分绝望。想到前程渺茫，他曾一度产生"世事皆恶"的感叹，并在日记中自谥为"愚夫"，嘲笑自己的无能，发泄对学校的不满。

  1904年暑假一到，周作人回绍兴度假，恰值祖父周介孚病逝。因他的长子早死，循例须要长孙"承重"，而长孙鲁迅又在日本留学，便叫周作人顶替。周介孚因辈分高、年纪老，在本台门要算是最高的长辈了，他的丧事自然也相当排场，弄"门讣"，请和尚、道士，"七七做""八八敲"，好生热闹。按照旧俗的那套繁文缛礼，"承重孙"的任务自然十分艰巨，性格平和恭顺的周作人，倒也并不使其亲族为难，一一从命，这样，不仅整个暑假为此丧事所断送，而且开学后，还耽搁未能返校。这时原在水师学堂任国文教习的周椒生被学堂革职，回到绍兴，他因怕周作人在南京参加"乱党"，自己要负当初介绍之责，便力劝周作人留在绍兴城东十里的东湖通艺学堂去教英文。周作人因虑在家耽搁太久,便答应去试教。9月下旬,周作人去东湖通艺学堂任教英语,两个月不满,因学生反映其口音不大准确,校方未再聘请,遂于11月下旬,又回到南京水师学堂就学。

回到水师学堂后,因学校功课教得稀松马虎,周作人考试都还及格,只是由于告假太多,要扣分数,所以考在前五名之外,赡银也被扣去一两。

赴日留学无望,离开水师另谋职业去教授英文又无成,无奈之中回到水师学堂的周作人,便在枯燥的学堂生活中,自己去另寻乐趣了。一次,在偶然中,他得到了一本英国纽恩士公司发行的插图本《天方夜谭》,装订颇为华丽,书中还有阿拉廷拿着神灯和阿利巴巴的女奴拿着短刀跳舞的图,书中的故事都怪异可喜。这些想象奇谲的阿拉伯民间故事一下子吸引住了精力旺盛而又厌倦于学校里只讲什么"锅炉""经纬度"之类枯燥学问的青年周作人,他从此才知道除了经史子集之外,除了"锅炉""经纬度"等等之外,还有这样有趣的"新书"!他便利用上课之暇,运用自己所学的一点英文知识,把其中《阿利巴巴与四十个强盗》这一有名的故事陆续地翻译出来。当然是运用古文,而且有许多误译与删节。因故事的主人公是女奴,题名为《侠女奴》。又从同学陈作恭那里看到他所订阅的苏州出版的《女子世界》,便把译文寄到那里,并假托了一个"萍云"的女名。不久《女子世界》竟将这译文连续登出,而且后来又出版了单行本。这给初次尝试翻译工作的周作人以极大的鼓舞。这出乎意外的成功大大补偿了他因感到学堂功课马虎、学业没有成就而产生的烦恼。从此,他更把兴趣放在翻译工作上,他不仅抓紧一切课余时间译书,而且假日、元旦,当同学们进城游玩之际,当他们高兴地相互贺年之时,周作人却废寝忘食于自己的翻译。他从这些优秀文学作品的翻译中得到了极大的乐趣,享受到创造性劳动之后的满足。

不久,他又将美国伦·亚坡(Edgar Allen Poe)的侦探小说《黄金甲虫》(The Gold Bug)译出,译名为《山羊图》,署名碧罗女士,再寄给《女子世界》社登出,后由小说林活版社出版。

之后,周作人又陆续得到了几本文学方面的书,如法国陀勒的《神曲·地狱篇》、凯拉尔著的《英雄崇拜论》及《女子世界》社赠给他的《双艳记》《恩仇血》《孽海花》等著作。那时，正值苏子谷在上海的报纸上译登雨果的《悲惨的世界》，梁任公又在《新小说》上常常讲起"嚣俄"（即雨果），周作人便成了雨果的崇拜者，他苦心孤诣地搜求雨果的著作，节衣缩食设法凑了十六块钱，买到了一部8册的美国版《雨果选集》，视若珍宝。这些优秀的世界名著和中国近代小说，更大大培养了他对文学的兴趣。他一心倾注在文学的爱好上，不仅翻译外国文学作品，还尝试着自己进行创作。

1905年初，《女子世界》发表了周作人最初以文言创作的短篇小说《女猎人》和《好花枝》。《女猎人》是参照英国星德夫人著的《南非搏狮记》而写成。小说描写了一位女猎人英勇搏狮的故事，作者在"前言"中说："因吾国女子日趋文弱，故徂以理想而造此篇。"《好花枝》描写了一个女子阿珠见风雨把庭前花枝打落而感到这个世界"月不常圆，花无长命"的缺陷。作者最后感叹："吾以此深悲我女界，吾见有许多同胞甚苦。""女界何多缺陷"。周作人从一开始创作便把他的同情洒注在中国妇女的悲惨命运上，这种思想，几乎贯注在他此后一生的创作之中。

1904年冬，水师学堂的头班学生毕业离校，周作人升入头班。学校的教学依然是那么马虎，留学转学又毫无希望，周作人只好无可奈何地忍耐下去，在阅读文学作品之中，在尝试着进行翻译、创作中，求得精神上的慰安。20岁的周作人，正值青春的苦闷时期。学校生活的枯寂无聊，追随大哥赴日留学的理想又不能如愿，无论是家乡还是学堂一片凋蔽、破败的景象，加上各种新旧书籍的影响，使年轻的周作人油然产生了一种浮生如梦、虚无感伤的思想。他在《甲辰日记甲·序》中写："世界之有我也，已二十年矣，然二十年前无我也，二十年以后亦必已无我也，则我之为我，亦仅如轻尘栖弱草，弹指终归寂灭耳。于此而尚欲借驹隙之光阴，涉笔于米盐之琐屑，亦愚甚矣。然而七情所感，哀乐无端，拉杂记之，以当雪泥鸿爪，亦未始作蜉游世界之一消遣法也。"这年春节除夕，夜阑人静之时，周作人面对一盏孤灯，这种虚无感伤的情绪，又袭上心头，他命笔做诗，悠然写下两首：

> 东风三月烟花好,
> 秋意千山云树幽,
> 冬最无情今归去,
> 明朝又得及春游。
>
> 一年倏就除,风物何凄紧,
> 百岁良悠悠,白日催人尽。
> 既不为大椿,便应如朝菌,
> 一死息群生,何处问灵蠢。

人生如朝菌,及时做春游。他无可摆脱于这种乐生主义和乐死虚无的思想。然而,从童年时代就培养起来的勤奋好学的习惯,使他舍不得丢弃那些大好时光,他利用一切暇时仍尝试着进行翻译、创作,在笔墨中寻求乐趣,寻求寄托。

正当周作人感到前途茫茫、希望渺渺的时候,忽然一个好消息传来:当时满清政府海陆军最高领导机关——北京练兵处要派学生出国去学海军,叫各省选送。消息传来,周作人便多方活动,要求学堂保送他出国。他又会同浙江籍的学生林秉镛、柯樵,联名上书本省当道,要求派送出国,但结果也如石沉大海,未得音信。水师学堂为避免矛盾,决定将头班学生都送往北京应考,由练兵处自己选择。1905年12月,水师学堂头班学生23人,连同提调、听差等一行启程北上。24日到27日,在练兵处军令司考试各项学科。

北京——这古老而文明的京城,有多少积淀着中华民族文化传统的名胜风物。然而,这一群穷学生们无暇去欣赏、领略。这次的北京之行,对周作人来说,印象最深的除了北方瑟瑟的寒风之外,便是所看的京戏了。在京期间,他有幸看到清末著名京剧演员谭鑫培——别号谭叫天的演出,虽然他平时很厌恶京戏里嗳嗳嗳或呜呜呜拉着长音的唱调,但这次谭叫天的唱腔却使他没有产生这样的反感。使他产生厌恶的,却是当时戏台上某些淫亵的台词和动作,给他留下难以排除的印象,使他此后住在北京40余年,不曾去看过一次京戏,好像吃贝类中了毒,以后便是看见蛎黄也要头痛了。

周作人在北京的出国留学考试考取，在等待出国期间，仍住在水师学堂。他们住在学堂西北角的鱼雷堂里，仍是学生待遇，照旧领取赡银，但是由于没有功课、没有监督，出入不必告假，晚上也不用点名，一切十分自由，所以周作人这段生活过得极为惬意。在这期间，他"半做半偷"地写了一篇文言小说，名为《孤儿记》，小说讲一个名叫阿番的孤儿，从小贫苦，藏身土穴，乞讨为活，蛇虫因见他可怜，也不见害。及长，偶为窃盗，入狱做苦工，因袒护同监的犯人，将看守长杀死，被处死刑。临死时，将所有的钱捐献出来，说道："为彼孤儿。"小说的后半——孤儿做贼以后，便把雨果一篇小说《cIaude Ceaux》中的情节移来，作为故事的结束。这篇两万字的小说后由上海小说林活版社作为"小本小说"的第一册出版。这是周作人第一本问世的创作，他在该书的《凡例》中说："是记为感于嚣俄哀史而作。"（按：即雨果的《悲惨世界》）法国伟大的人道主义作家雨果，在《悲惨世界》中，以诗一样的笔触描写了资本主义社会的种种罪恶。这本书，在当时世界各国已传译殆遍。周作人当时极受雨果人道主义思想的影响，他在《孤儿记·缘起》中说："故茫茫大地，是众生者有一日一人不得脱离苦趣，斯世界亦一日不能进于文明。""窃本斯感，以作是书。"这部周作人早期的处女作，虽然思想并不深广，文笔也显滞涩，但它毕竟留下了作家思想、创作道路上最初阶段的印迹。

1906年春，水师学堂考取出国留学的学生已派送出国，只有周作人与河南籍的学生吴秉我两人因眼睛近视不能派出去学海军，便继续住在学堂等待另外派遣。这两人已被视为水师学堂的"遗老"，周作人搬到管轮堂门内东口的第一个房间，每顿饭由差役送来，生活上备感孤独无聊，两人相见，常常愁叹。派选出国之事，渺无音信。在这难熬的等待之中，忽然有一天，差役报告，江南督练公所督都周玉山来视察狮子山炮台，顺便来水师学堂，遇见考取留学而未去的两个学生。周作人、吴秉我喜出望外地跑到操场，去谒见周玉山。周玉山问过他们的情况后，便对随从的官员说："给他们两个局子办吧！"周作人、吴秉我一再申说，他们不想去办局子，只愿继续求学。周玉山想了一想，说："那么，去学造房子也好！"

这一结论使周作人、吴秉我十分高兴，好像一块石头落下地。大约一个月以后,得到江南督练公所的正式通知,决定派遣周作人、吴秉我两人以及另加一位周某往日本去学建筑,于秋间出发。

得到派遣的消息后,周作人即回乡探望。这时鲁迅奉母亲之命自日本回绍兴与朱安女士完婚,已先期抵达绍兴。阔别了将近两年的家乡,有了不少的变化,荒废了几十年的破房子,因为要为大哥完姻而整修一新。周作人没有赶上参加鲁迅的结婚仪式。他在南京从未听说过家乡重修房屋与鲁迅结婚的事情。在母亲也许是因为已经觉察到这样的婚姻,未尽合孩子们的心意而故意有所回避吧!在鲁迅,自然是因为这不幸的婚姻,这"母亲送给的礼物",在他无可奈何地接受的时候,不愿去宣扬,甚至根本不愿意去提及。更何况他也仅仅是回到绍兴后,才知道母亲这一无可违抗的决定的。总之,待到周作人回家时,他只看到为大哥整修好的新房,见到闷闷不乐的大哥。他不愿再去打听详细的情形,不忍心再去增添大哥的痛苦。这喜庆的婚事,却这样地在郁郁中了结了。这次的回乡给周作人留下的,也是阴暗的影。

在家住了两三天后,周作人即与鲁迅一起启程赴日本。同行的还有在日本留学、回乡探亲的邵明之和邵的友人张午楼。在上海,周作人剪去了辫子,他将以新的装束、新的姿态,迎接在异国留学的新的生活。

(载《鲁迅研究资料》1989年第21期)

16. 怡怡兄弟 成为参商

——周作人与鲁迅之间的兄弟分裂

1920年12月22日下午，周作人在北京大学参加歌谣研究会会后回到家里，便觉得十分疲倦。两天以后，体温升高。经医生诊治，确诊为肋膜炎。从此他开始了养病的生活。

起初周作人在家中养病，后因病势恶化移住在京的日本山本医院治疗。住院期间每到下午体温便高起来，晚上几乎是昏沉了。在疾病的呻吟中，感情特别敏锐，因而便常常迸发诗兴。有时适值鲁迅到医院来看他，便将记得的几篇托鲁迅笔录下来。比如《过去的生命》一诗，他写下了对逝去生命的依恋：

> 这过去的我的三个月的生命，哪里去了？
> 没有了，永远的走过去了！
> 我亲自听见他沉沉的缓缓的一步一步的
> 在我床头走过去了，
> 我坐起来，拿了一支笔，在纸上乱点，
> 想将他按在纸上，留下一些痕迹，
> 但是一行也不能写，
> 一行也不能写。
> 我仍是睡在床上，
> 亲自听见他沉沉的，他缓缓的，一步一步的，
> 在我床头走过去了。

当鲁迅代他笔录完这首诗时，鲁迅低声地慢慢地读着，宛然有真

的东西在走过去的样子。这时兄弟两人的心似乎交融在一起了，碰撞在一起了。鲁迅这时多么希望曾和自己在一起并肩战斗过的二弟，快快好起来，继续在一起并肩战斗啊！周作人呢？周作人也从大哥无微不至的关怀中，得到了不少鼓舞、不少慰藉。

5月31日，周作人病体初愈，离开山本医院。这时鲁迅已为周作人在西山碧云寺觅得并租下山门里边东偏的三间西屋，以便周作人出院后，再去那里疗养。5月27日，鲁迅率工匠将所租房屋打扫整理干净。6月2日，鲁迅、周建人、丰一送周作人往西山碧云寺。从此，周作人又开始了在碧云寺这个"世外桃源"的养病生活。

在西山养病期间，大哥鲁迅给周作人以无微不至的关怀与爱护，每逢星期休假，鲁迅多去探视，并为之买书、寄书、转寄稿件、处理日常事务。周作人在医生的诊治下，在亲属们的关怀中，经过三个月的疗养生活，终于康复。9月17日，鲁迅收到5月份的薪俸后，付给为周作人所租碧云寺的房费50元，21日，周作人结束了在碧云寺的养病生活，又回到了八道湾。

1922年，在周作人的生活中还发生了一件重大的事情，这就是下半年起，他担任了燕京大学新文学系系主任。原来早在两年前，燕京大学便想改良国文部，设立现代国文的科目。校长司徒雷登曾要请胡适担任，胡适因故未去。胡适以为周作人在北大，用违所长，很是可惜，便推荐他去燕大，以独当一面，施展本领，也可给白话文学开辟出一块新的领土。周作人自己也感在北大不很受重视，不少事情未能与闻，因而也乐得有机会去另立门户，以展宏图，于是便答应了燕大的邀请。但不久他就病倒了，此事便搁置了一年，1922年春，燕京大学重申前议，胡适为之介绍。3月4日，周作人来到胡适住处，与燕京大学校长司徒雷登和刘廷芳相见，约定从下学年起由周作人主持该校新文学部的工作。不久便签定了正式的合同，聘定周作人为新文学部主任，职称为副教授，月薪二百元，上课至多12小时。从下半年起，周作人主持了燕京大学国文系中现代国文这部分工作，学校又派毕业生许地山做他的助教。他们决定每周上国语文学四小时，周作人和许地山各任两小时。此外，周作人又另设三门功课，即文学通论、习作和讨论。周作人便于每周内分出4个下午到燕大上课。在燕大这一兼职,此后一直连续了10年之久。

　　在繁忙的授课之余,周作人仍以余暇读书写作,这时他的创作趣味已由抨击时弊而转向随笔小品的写作。1923年1至7月,他在《晨报副镌》上发表了"绿洲"一组共15篇文章。在这组文章的"小引"中他说:"除了食息以外,一天十二小时,即使在职务和行路上消费了七八时,也还有四五时间可以供自己的读书或工作。但这时候却又有别的应做的事情:写自己所不高兴作的文章,翻阅不愿意看的书报,这便不能算是真的读书与工作。没有自己私有的工夫,可以如意的处置,正是使我们的生活更为单调而且无聊的地方。然而,偶然也有一两小时可以闲散的看书,而且所看的书里也偶然有一两种觉得颇惬心目,仿佛在沙漠中见到了绿洲一般,疲倦的生命又恢复了一点活气,引起执笔的兴趣,随意写几句,结果便是这几篇零碎的随笔。"

　　在"绿洲"这组文章中,他介绍或译述了在余暇中所读的一些有趣味的书籍。如:他介绍了日本大熊喜邦所编、汇印古剑镡图案的《镡百姿》;介绍了法国法布耳的《昆虫记》;译述了英国性心理学者蔼理斯的一篇论文艺上的猥亵的文章。他又介绍了日本高岛平三郎编、从日本的短歌、俳句、川柳、俗谣、俚谚、随笔中辑录的关于儿童的文集《歌咏儿童的文学》;介绍了日本诗人小林一茶的俳文集《俺的春天》;介绍了英国斯妥布思所著《结婚的爱》;介绍了日本女作家与谢野晶子的随感集《爱的创作》及南非女作家旭莱纳的小说集《梦》等等。此外,他又撰文批评:在博大的沙漠般的中国对于儿童玩具的冷淡;呼吁作家研究儿童心理,为孩子们撰写"美而健全的儿童剧本"、"美的画本和故事书"。他指出在中国"还未发见了儿童——其实连个人与女子也还未发见,所以真的为儿童的文学自然没有"。1923年4月,中国新文学史上的早期白话诗人刘大白的诗集《旧梦》出版,周作人为这部诗集所写的序言中,称赞刘大白所写的白话诗"竭力的摆脱旧诗词的情趣";但又批评他"似乎摆脱的太多,使诗味未免清淡一点"。他还批评刘大白《旧梦》诗集中,缺乏浓厚的"乡土趣味"、"乡土色彩"。在文学批评上,周作人这种对作品好处说好、坏处说坏的批评态度和方法,在我国现代文学批评史上树立了良好的开端。

　　1922年2月至1923年4月,周作人在燕京大学工作期间,八道湾的鲁迅、周作人宅接待了一位不寻常的客人——俄国盲诗人爱罗先珂。这是因为当时北京大学要开设一门特殊的功课——世界语。这时，恰逢居住在日本的俄国盲诗人、世界语学者爱罗先珂被日本政府怀疑为苏联的间谍，怀疑为无政府主义者大杉荣的一派，日本军警当局把他驱逐出国。爱罗先珂经大连来到上海，有人便介绍给蔡元培校长。蔡元培决定聘爱罗先珂到北京大学讲授世界语和俄国文学。因爱罗先珂除懂得英语和世界语之外，还可说一口流利的日语。而日语在鲁迅、周作人家里则是通用的：不仅鲁迅、周作人可以讲纯熟的日语，而且周作人的妻子和妻妹羽太信子、羽太芳子都是日本人，且常在家。为此蔡元培便安排爱罗先珂住在鲁迅、周作人家里，委托他们全家照顾。2月24日，爱罗先珂在郑振铎、耿济之的带引下，来到八道湾，周家安顿他住在后院东头的屋子里、周作人住房的旁边。从此爱罗先珂便成了周氏兄弟家里的"一员"，受到他们全家热忱的照料。

爱罗先珂来到八道湾的第二天，周作人陪同他去拜见了蔡元培校长。在此后的一段时间里，爱罗先珂曾先后到北京女子高等师范学校、北京大学三院、孔德学校、北京法政学校世界语讲演会等处讲演，都由周作人任向导兼翻译。周作人虽在西山养病期间学习过世界语，但并不十分纯熟，每次充当翻译前，总要预先阅读讲稿、录写译文，花去不少时间。爱罗先珂是一位想象丰富、感情热烈的革命家兼诗人，有时他的讲演竟如散文诗般的诗意醇厚，翻译时就更费斟酌。在和爱罗先珂一起生活并充任他翻译的这些日子里，周作人和爱罗先珂建立了深厚的友谊。周作人也因充任翻译工作而更熟练地掌握了世界语，使他日后又得以翻译过一些世界语的作品。爱罗先珂性喜热闹，爱发议论，在北京住了四个月，便感到如沙漠般的枯寂了。他常常叹息着："北京却连蛙鸣也没有。"过了几天，他便买到十几个蝌蚪，放在窗外院子中央、周作人所掘种荷花的小池里。从此，周家院子的荷池里，又可以看到一些蝌蚪们的嬉戏。

受到爱罗先珂鼓吹的影响，1922年春，北京一群学生曾成立"世界语学会"，在西城兵马司胡同租了会所，又在法政大学等处开设世界语班。周作人曾陪同爱罗先珂以及朝鲜的吴空超去兵马司"世界语学会"访问。然而这些组织都如昙花一现，爱罗先珂离开北京后便都随之解散了。

1922年7月,爱罗先珂离开北京去芬兰参加第十四回万国世界语学会年会,周作人写《送爱罗先珂君》作为爱罗先珂芬兰旅行的纪念。文章称赞爱罗先珂:"怀着对于人类的爱与对于社会的悲,常以冷峻的言词,热烈的情调,写出他的爱与憎,因此遭外国资本家政府之忌。"又说:"他以过大的对于现在的不平,造成他过大的对于未来的希望。——这个爱的世界正与别的主义各各的世界一样的不能实现……"可以看出,这时的周作人对那种空洞的"爱的世界"的幻想,已不再那么热衷,而是深感到它的不能实现了。

1922年11月,爱罗先珂自芬兰独自归来。1923年4月他重又出京回国,从此,再没有回到中国来。他的归国本是预定的计划,只是启行时间提前了两个月,这是因为世界语运动在北京响应者不多,遂使这位世界语学者在北京颇感寂寥。爱罗先珂离京后,周作人又写《再送爱罗先珂君》一文,文章以清淡隽永的抒情笔调,表示了对他的送别,对沙漠般的北京生活的厌倦:"他所公表的提早回国的理由,是想到树林里去听故乡的夜莺,据说他的故乡哈耳珂夫的夜莺是欧洲闻名的。""与其在北京听沙漠的风声,自然还不如到树林中去听夜莺罢。因此对于他的出京,我们纵或不必觉得安心,但也觉得不能硬去挽留了。"

爱罗先珂在鲁迅、周作人家里,总共住了不到半年的时间。这位带着"童话似的梦的奇境"的俄国盲诗人却和中国新文学运动初期的两位文学大师——鲁迅、周作人兄弟结下了深厚的情谊。这情谊记载在鲁迅的小说《鸭的喜剧》和周作人的三篇怀念爱罗先珂的清淡隽永的散文中。

在周作人养病期间、在共同接待和陪伴爱罗先珂的日子里,周作人和鲁迅之间的怡怡兄弟之情,还很令人艳羡。1923年四五月间,兄弟两人又在一起共同指导了北京大学学生董秋芳、许钦文、龚宝贤等人发起组织的春光社。6月,周作人同鲁迅合译的《现代日本小说集》,以周作人的属名,由上海商务印书馆出版。7月3日,他们又一同去东安市场和东交民巷买书购物。然而,时隔几天,这怡怡和睦的一对兄弟,却由于周作人的昏聩糊涂,由于周作人妻子羽太信子的挑唆,而失和反目了。

7月中旬的一天，周作人之妻、日本女人羽太信子，忽然歇斯底里大发作，她在周作人面前捏造鲁迅的罪状，诬陷鲁迅对他不敬、调戏她。其时鲁迅对信子的这些诬陷已有预感，所以从14日夜起，他便"改在自室吃饭，自具一肴"。昏聩糊涂、对羽太信子又顺从迁就过分的周作人，却听信了羽太信予的谗言。18日他写了一封对鲁迅表示绝交的短简，迈出了造成他们兄弟分裂的决定性的一步。信中说：

鲁迅先生：
 我昨天才知道——但过去的事不必再说了。我不是基督徒，却幸而尚能担受得起，也不想责谁——大家都是可怜的人间。我以前蔷薇色的梦原来都是虚幻，现在所见的或者才是真的人生。我想订正我的思想，重新入新的生活。以后请不要再到后边院子里来，没有别的话。愿你安心、自重。

7月18日　作人。

第二天，周作人悻悻地拿着这封信，走到前边院子里。鲁迅邀他开诚地在一起谈谈，以释去无辜的猜测和误会。周作人却断然拒绝，并对鲁迅避而不见。这使鲁迅感到极端的痛苦和愤懑。

其实周作人与鲁迅之间的嫌隙，也并非完全自此事始。"五四"高潮过后，周作人与鲁迅之间政治思想上的分歧越来越大。在生活上的不睦，也间或发生，如有一次周作人因一件小事，便与鲁迅发生了争吵。事情是这样的：周作人、鲁迅本来有不少共同的朋友，有的朋友来信，封面收信人虽只写一个，但信却是写给两个人的。一次，一位日本友人寄来一封快信，封面写的是周作人，信送来时已是晚上，周作人已经歇息。鲁迅一看这熟悉的笔体，便将信拆开，不料里面却只是写给周作人的。第二天早上，鲁迅将信交给周作人时，周作人却突然板起面孔说："你怎么好干涉我的通信自由呢？"便对鲁迅大吵起来。而作为兄长的鲁迅，却采取忍让的态度，维护着这多少年来他努力浇灌起来的兄弟之情。

羽太信子对鲁迅的不满和诬陷，重要的根源却在经济问题上。自1919年冬，周作人携家眷与鲁迅一同移居于八道湾后，羽太信子就成了这个大家庭经济上的实际总管。鲁迅每月的薪俸也全数交给羽太信子。羽太信子生活上极讲排场，用钱毫无计划。鲁迅后来曾经回忆说："我以为不计较自己，总该家庭和睦了罢。在八道湾的时候，我的薪水全行交给二太太（按：指羽太信子），连周作人的在内，每月约有六百元。然而大小病都要请日本医生来，过日子又不节约，所以总是不够用，要四处向朋友借。有时借到手连忙持回家，就看见医生的汽车从家里开出来了。我就想：'我黄包车运来,怎敌得过用汽车带走的呢？'"周建人在《鲁迅与周作人》一文中，也这样回忆："鲁迅在教育部的薪水每月三百元，还有稿费、讲课费等收入；周作人也差不多。这比当年一般职员的收入，已高出十多倍，然而月月亏空，嚷钱不够用。"对于这种情形，鲁迅总取规劝的态度，规劝他们用钱要节省一点，想想将来，而这却遭到羽太信子的忌恨。她不喜欢这位大伯哥，更厌听他的规劝，总想伺机寻衅，挑起纷争，甚至不惜恶意中伤，玷辱鲁迅的人格，以达到把鲁迅赶出八道湾的目的。而糊涂的周作人，对夫人这不良的居心，不加体察，却总轻听夫人之言，扮着"妇唱夫随"的角色。所以正如周建人所说：鲁迅与周作人的分手，"不是表现在政见的不同，观点的分歧，而是起源于家庭间的纠纷"。鲁迅和周作人兄弟分裂后，鲁老太太也曾经对人说："你们大先生和二先生不和，完全是老二的过错，你们大先生没有亏待他们。"（俞芳《我记忆中的鲁迅先生》）

事情发生后，鲁迅通过自己的学生许钦文的帮助，租到了西四牌楼附近的砖塔胡同61号的房子。8月2日，鲁迅携妇迁居砖塔胡同61号。从此，周作人与鲁迅这两个从小生活在一起，学习在一起，"五四"前后又曾在一起并肩战斗过的兄弟，彻底分裂了。不久以后，鲁老太太也愤然搬出了八道湾，和她的长子一起去生活了。

多年的手足之情破裂了，这使鲁迅感到难以名状的痛苦，他大病了一场。然而，倔强的鲁迅，不愿向任何人诉说自己的委屈、痛苦，不愿得到任何人的同情或怜悯的布施。

与自己恩重如山的长兄的失和，也使周作人感到无限的寂寞。7月25日，他在为自己的第一本散文集《自己的园地》所写的"序言"

结尾中说:"反正寂寞之上没有更上的寂寞了。"在寂寞之中,他"在文学上寻求慰安",更加想以文学作为"自己的园地",在那里辛勤地耕耘,去安慰自己的灵魂,解脱在现实的激烈斗争中和在复杂的人生道路上,所感受到的怅惘和苦闷。

17. 三年的囚牢生活

——周作人在老虎桥监狱

1945年,这是在中国现代史上具有转折意义的一个年代,也是周作人生命史上一个耻辱的里程碑。

在这一年,中国人民经过艰苦卓绝的八年浴血奋战,付出了重大的民族牺牲之后,终于迎来了抗日战争的最后胜利。这一年的8月10日,日本御前会议决定接受美、中、英三国发表的促令日本无条件投降的《波茨坦公告》,并向中、美、苏、英发出乞降照会。8月15日,日本天皇发表"结束战争诏书",宣告无条件投降。

随着日本帝国主义的投降,周作人所依附的汪伪政权也即土崩瓦解。8月16日,汪伪政权的中央政治委员会即在南京召开临时紧急会议,决定解散伪国民政府,不几天,伪华北政务委员会也宣言解散。

连日来,周作人先后参加了伪华北政委会、伪中日文化协议会,伪华北综合调查研究所相继宣告解散的会议。

多年来,周作人所寄予重望的日本帝国主义和他所依附的汪伪政权都彻底垮台了。一种难排难解的落寞感情袭扰着他,他感到失望,感到彷徨,感到恐怖,他有一种大难即将临头的预感。对于将来,他不知道该作如何选择,处在茫茫然的矛盾之中。

对于来摘取胜利果实的国民党,周作人早就彻底失去了希望。他一直认为"国民党标榜着三民主义实际上是比以前的北洋派军阀还要暴虐无道"。当时社会上流传着这样的民谣:"想中央盼中央,中央来了更遭殃。"周作人也深以为是。

去解放区吧,周作人确也做过这样的考虑。然而,共产党能不能接受他这样一个当过汉奸的人呢,他又不能不有所顾虑。他曾委托友人代他与解放区联系，却音讯渺渺。加之，他的全家老小，他所贪求的安逸的生活环境，又使他也不敢贸然做出这样的抉择。

他在百般矛盾的痛苦中煎熬着，时而姑且在写作中寻求着暂时的精神解脱。他又想写点文章为自己沦陷时期的出任伪职做些解释，以取谅于国人，但又恐不被理解，几次执笔又几次放下。终于11月7日，他执笔写下了《道义的事功化》一文，重述了他曾鼓吹的"道义必须见诸事功，才有价值"的谬论，他说："要以道义为宗旨，去求到功利上的实现，以名誉生命为资材，去博得国家人民的福利，此为知识阶级最高之任务，此外，如闭门静坐，高谈理性，或扬眉吐气，空说道德者……，全不足取。"周作人的这篇文章再一次地为自己的出任侍敌，从理论上做了辩解。

正当周作人百般矛盾之际，1945年10月，南京、上海开始了检举汉奸的活动。12月，北平也开始了大规模检举伪华北政务委员会汉奸的活动。

12月6日凌晨，一列警车呼啸着开到八道湾十一号，周作人因汉奸案被国民党政府逮捕了。羽太信子等家人早已吓得失魂落魄。周作人仓皇地爬上警车，被押送至北平炮局胡同监狱。从此开始了他生命中最苦难的一段历程——三年的铁窗生活。

北平的炮局是归中统特务管理的一所监狱，各方面的制度较为严格。所囚犯人各编一个号码，每晚要分房按号点呼。对于年过60的囚犯，给予优待，聚居于东西大监，特许用火炉取暖，但煤须自己购备，吃饭六人一桌，一般的有菜两罐，这里也特予倍给。周作人虽享有这些优待，但较之于八道湾的铺排生活，实在是无法相比了。

一起关押在这个监狱的，还有原伪华北政务委员会委员长王荫泰、伪华北财务总署督办汪时璟、伪华北省长陈曾栻、伪北平市长刘玉书等。

寒来暑往，冬去春来，周作人在北平炮局胡同监狱度过了一个冬天，迎来了1946年的春天。监狱里早就传说着，要将他们这批犯人解送至南京老虎桥监狱。这一天终于到来了——1946年5月27日，周作人与王荫泰，汪时璟等12人，被用飞机从北平解送至南京老虎桥监狱收审监禁。

又是一次去南京，但是这次却不同以往。一路上他思绪万千，在从浦口渡江至南京下关途中，周作人吟诗两首，题曰《渡江》：

羼提未足檀施薄，日暮途穷剧可哀；
誓愿不随形寿尽，但凭一苇渡江来。
东望浙江白日斜，故园虽好已无家；
贪痴灭尽余嗔在，卖却黄牛入若耶。

来到南京老虎桥监狱，周作人最初住在监狱西北角的忠舍，这里东西相对各有五间红砖房子，每间可住五人，北面有一个院子，关起门来，自成一个院落。这里的管理比较缓和，往来出入较为自由，烟酒等违禁物品均可带入。周作人住在忠舍西北一间阴暗的小屋里。同室有杀过人的剃头师傅，有不安分守己的阔少，可谓三教九流。他们之间，虽共同语言无多，但都乞盼着能早日得到自由。

自周作人被解送至南京后，周作人的儿媳便致信在南京的龙榆生之女龙顺宜，谈到自从在报纸上看到其家翁已被押送南京，举家大小惶惶不安，既无从获悉其抵金陵后的一切情况，又因经济困难，无力南下探望，因而恳请龙顺宜就近对周作人予以照顾。

这时，龙榆生也因汉奸案被关押于苏州狮子口监狱。周作人于1943年南下金陵、苏州时，结识了龙榆生，此时两家同命相怜，龙顺宜便立即前往老虎桥探望周作人。

这一天，龙顺宜来到老虎桥监狱。高大围墙环绕之中的院落和接见室一片沉寂，给人一种阴冷森严的感觉。周作人与龙顺宜在空落落的接见室的长桌一角相对坐下。周作人身着灰布短装，半年多的囚居生活，缺乏营养和阳光，使他脸色有些苍白，双颊微陷，眉宇间似若平静，又似有欲诉难言之苦。半响，他的嘴角绽出一丝苦笑，并用浓重的绍兴官话，让龙顺宜转告燕都亲人：他尚好，没有病痛，难友们多少有个照料，可以放心。他们时断时续地叙谈着，有时无言地对坐着。最后，周作人提出希望龙便中送些稿纸给他。

此后，龙顺宜或其弟龙真材每周或十来天，便给周作人送些肉食、饼干、糕点之类，遇龙家实在拮据，时间也会隔得长一些。每到春天，龙顺宜便将周作人的棉衣棉被取去拆洗,到了冬天再送去,如此往复,直至周作人出狱。

周作人来到老虎桥监狱后不久,曾写自白书,对其在出任伪职期间的罪行作了交待,但又辩称:"当时华北沦陷时奉前北大蒋校长之命与昔存今故之孟森、冯祖荀、马裕藻共同留平保管校产,初拟卖文为生,嗣因环境恶劣于二十八年一月一日在家遇刺,幸未致命。从此大受威胁,以汤尔和再三怂恿,始出任伪北京大学教授兼该伪校文学院院长,以为学校可伪学生不伪,政府虽伪,教育不可使伪。参加伪组织之动机完全在于维持教育,抵制奴化……"云云。

1946年7月9日、8月9日和9月13日,蒋介石政府南京高等法院对周作人先后进行过三次公审,周作人不服,写过两篇答辩状,答辩状中仍大谈其保存了沦陷区的文化,并以日本文学报国会代表片冈铁兵称他为"反动老作家"为由,驳斥起诉书说他"通谋敌国"的罪行。

1946年8月的一天,当时重庆《大公报》记者黄裳来到南京,去老虎桥监狱探访了周作人。周作人身着府绸衫裤、浅蓝袜子、青布鞋,由狱吏带领,前来会见黄裳。见到黄裳,周作人满脸小心地等候着对方发问。他们攀谈着,谈到当时的公审,谈到1939年元旦的遇刺,谈到苦雨斋收藏。当谈到周作人穿着日本军装检阅童子军的照片时,周作人说,他演戏两年,那些都是丑角的姿态。说时,他嘴角上绽出一丝苦笑。临行时,黄裳邀他写字,周作人说:"近来很久不曾作诗",想了一会,便将有一次在监中为一位朋友题画的诗,写了下来:

墨梅画出凭人看,笔下神情费思量,
恰似乌台诗狱里,东坡风貌不寻常。

为友人题画梅,知堂。

诗中没有衰飒之音,反倒有些火气,这正是周作人此时还理直气壮地为自己辩白,甚而还很自恃于"风貌不寻常"的心情之写照吧!

1946年顷,国民党首都高等法院在公审的同时,对周作人案进行了调查。前国立北京大学校长、当时行政院秘书长蒋梦麟复函证明于华北沦陷时确曾派周作人与孟森、冯裕藻保管北京大学校产。国立北京大学与北京大学图书馆也分别复函，证明复员后北大查点校产及书籍尚无损失，且有增加；北京大学图书馆旧藏中西文善本图书及普通图书杂志报纸等也无损失。此外，国民党北平市执行委员会委员、原北平辅仁大学教育学院院长张怀出函证明，沦陷期间，他在北平从事地下工作时曾被日寇宪兵队逮捕并判决徒期15年，后平津士绅曹汝霖等30余人联名向敌寇华北最高司令部保释，周作人也列名其中。前任国民党北平市党部主任委员董洗凡也证明，他在被日本宪兵队逮捕并判处15年徒刑期间，周作人曾发动他所在的华北咨询委员会保董洗凡出狱。

依据周作人充当汉奸的罪行及上述种种证明材料，1946年11月16日，国民党首都高等法院以"三十五年度特字第一〇四号"文，判决周作人"共同通谋敌国反抗本国，处有期徒刑十四年，褫夺公权十年，全部财产除酌留家属必须生活费外没收"。

周作人对国民党首都高等法院的上述判决不服，又上诉最高法院，声请复判，其理由仍如前述。

与之同时，前辅仁大学教授沈兼士、前辅仁大学名誉教授董洗凡、辅大教育学院院长张怀、辅仁大学教授顾随、北京大学教授陈雪屏、前清华大学教授俞平伯、前清华大学教授邓以蛰、临时大学班教授张佛泉、华北日报总主笔孙几伊、中国大学教务长童德禧、辅仁大学教授孙人和、中国大学教授王之相、前北平大学教授陈君哲、西北大学教授武梦佐、西北大学教授杨永芳等15人为周作人案，又联名呈文致国民党政府南京高等法院，列举1943年在东京举行的大东亚文学家大会上日本文学报国会代表片冈铁兵对周作人的指斥，说明"周氏在伪组织中言行有于敌寇不利"，并附呈"周作人服务伪组织之经过"一文，证明其"保护文化，确有实绩"，因而要求法院"依据实绩，感其罪戾，俾就炳烛之余光，完其未竟之著译"。

据此，1947年12月19日，国民党政府最高法院又以"三十六年度特复字第四三八一号一文，撤销了原国民党首都法院"三十五年度第一〇四号"判决，并重判为"周作人通谋敌国图谋反抗本国处有期徒刑十年，褫夺公权十年，周作人全部财产除酌留家属必须生活费外没收"。

周作人在忠舍住了大约一年，住处虽然阴潮拥挤，他却写了不少诗文。他用一个饼干洋铁罐做台，上面放了一片板，当做桌子，翻译了一部英国劳斯所著的《希腊的神与英雄与人》，给了正中书局，未予出版。闲来无事，他还常常作些旧诗，抒写情怀，消遣时日。

1946年5月至7月间，周作人写下忠舍杂诗数十首，其中有追述昔日在南京学堂生活工作的诗，如《夏日怀归》；有因同监囚人刑满将释，作以送行之诗，如《瓜洲》、《灌云》两首；也有以自家故实戏作之诗，如《吾家数典诗六首》。除了这些消遣戏作的诗之外，还有一首是讽刺胜利后任北大代理校长傅斯年的，题目《骑驴》。早在周作人被捕入狱前，1945年12月2日，北平各报曾载"十一月三十日重庆专电"："北大代理校长傅斯年，已由昆明返渝，准备赴平，顷对记者谈，伪北大之教职员均系伪组织之公职人员，应在附逆之列，将来不可担任教职；至于伪北大之学生，应以其学业为重，已开始补习，俟补习期满，教育部发给证书后，可以转入北京大学各系科相当年级，学校将予以收容。"周作人见报后，对傅斯年的谈话深为不满，曾在当天的日记中悻悻然地记下："见报载傅斯年谈话，又闻巷内驴鸣，正是恰好，因记入文末。"这首《骑驴》诗，再一次尖刻嘲讽了曾为新潮社成员，后随国民党迁往大后方、胜利后又成为接收大员的傅斯年：

仓卒骑驴出北平，新潮余响久销沉；
凭君箧载登莱腊，西上巴山作义民。

1946年下半年，周作人又曾作《往昔》诗五组共30首，这些诗大多数咏诵往昔所读书中的历史人物、传说中的人物或本乡的先贤，如《长沮桀溺》《王充》《王守仁》《王思任》《王羲之》《段成式》《陆游》《徐渭》《颜之推》《李贽》等。也有些诗则是吟咏故乡或南京的史地风物，如《东郭门》《河与桥》《玩具》《夜航船》《扫叶楼》《炙糕担》等。另有两首是咏诵自己所爱读之书的：《神话》《性心理》。正如周作人自己所说：这些诗中的思想，"多已见于旧日小文中"（《往昔》诗后记），尤其是他对历史人物的赞誉、对故乡先贤的称颂，都已详见于他的散文。然而此刻，作者在老虎桥的铁窗之中写出这些诗，却也别有一番新意，从中我们可以感受到作者在铁窗之下、在长闲无事中的寂寞心情，可以窥探到在寂寞中的作者是怎样的心态，回忆着故乡与儿时的往事，并以此来排遣着内心的寂寞，掩盖着他因投敌附逆如今又陷于缧绁之忧的懊悔而又不愿直白地承认的不平静的心情。这些诗在写法上极为自由，没有严格的格律与韵脚的限制，用语也很随便，俗话、俚语都已入诗，因而读起来绝无晦涩之感，而是很清新喜人，特别是那些记述故乡风物之作，更活泼可读。如：《炙糕担》一诗：

> 往昔幼小时，吾爱炙糕旦。
> 夕阳下长街，门外闻呼唤。
> 竹笼架熬盘，瓦钵炽白炭。
> 上炙黄米糕，一钱买一片。
> 麻糍值四文，豆沙裹作馅。
> 年糕如水晶，上有桂花糁。
> 品物虽不多，大抵甜且暖。
> 儿童围作圈，探囊竞买啖。
> 亦有贫家儿，衔指倚门看。
> 所缺一文钱，无奈英雄汉。

简直可以看作是一幅清丽喜人的风俗画了。

丙戌丁亥年间：周作人还曾写《丙戌丁亥杂诗》数十首。其中除几首是吟诵古人外，另有不少是吟诵古书、传说或老怪、神话中的人物者，如《西游记》《红楼梦》《鬼夜哭》《中山狼》《白蛇传》等。另有些诗吟诵了绍兴的民俗风物或童年时代的生活，如《梅子》《中元》《茶食》《花牌楼》。另有几首是总结自己的经历，感时抒怀之作，如《打油》《童话》《文字》《丙戌岁暮》等等，从这部分诗中，更可见到作者此时此地的心境。如《文字》一诗，写出了他回首前尘，深觉誓愿未成因而殊为感叹的情怀：

> 半生写文字，计数近千万。

强半灾梨枣，重叠堆几案。
不会诗下酒，岂是文作饭。
读书苦积食，聊且代行散。
本不薄功利，亦自有誓愿。
诚心期法施，一偈或及半。
但得有人看，投石非所憾。
饲虎恐未能，遇狼也已惯。
出入新潮中，意思终一贯。
只憾欠精进，回顾增感叹。

从中还可看到：周作人创作上虽一向追慕闲适，但其实他是从不鄙薄功利的，这是古来中国儒士的精进进取精神，也是中国现代知识分子普遍的文化心理状态，只是由于他们政治理想和所怀抱负的不同，其作品所宣扬的思想有所差异罢了。

1947年7月，周作人从忠舍移居于老虎桥监狱的东独居，住地稍得闲静，又得商人黄焕之出狱时送给他折叠炕桌，因而条件更加改善。他除阅读些杂书外，便发心做诗。早在居住忠舍的时候，周作人偶然读到英国利亚的诙谐诗，他感到这些诗妙语天成，真是不可多得之作，他决心师其意，写些儿童诗，以"持赠小朋友"。于是他便陆续写下数十首儿戏趁韵诗，但终不能成就，只其中三数章，分别为儿童生活、儿童故事两类，倒是别一道路，周作人又沿此路，继续写了十来天，共得48首，分编为甲乙，总名之为《儿童杂事诗》。在甲编的"儿童生活诗"中，以岁时为纲，以吴越地方为背景，写下了一年四时儿童生活中的趣事，如新年拜岁、上元观灯、清明扫墓、端午吃五黄、夏日急雨，中元款精灵，中秋供月等，写出了吴越地方岁时中的民间习俗，写出了在这些习俗中儿童们的心理和情态，既是很有趣的儿童诗，又是绝好的民俗资料，如《新年》：

新年拜岁换新衣，白袜花鞋样样齐。
小辫朝天红线扎，分明一只小荸荠。

写《中秋》：

> 红烛高香供月华，如盘月饼配南瓜。
> 虽然惯吃红绫饼，却爱神前素夹沙。

乙编的"儿童故事诗"中，以文史资料为素材，写下了一些历史人物涉及儿童之故事，其中取自外国著作者两首。这些诗据文史素材写出，皆为有事实可寻的故事，史料性强，但童趣无多。

1947年8月5日，周作人写完了《儿童杂事诗》甲、乙编后，作《儿童杂事诗·自序》。在"自序"中他说："我本不会做诗，但有时候也借用这个形式，觉得这样说法，别有一种味道，其本意则与用散文无殊，无非只是想表现出一点意思罢了。寒山曾说过：'分明是说话，又道我吟诗'。我这一卷所谓诗，实在乃只是一篇关于儿童的论文的变相，不过现在觉得不想写散文，所以用了七言四句的形式。"周作人的这组儿童诗，确也可以看作是他"关于儿童的论文的变相"，从中可以看出他对儿童学的某些主张。

在郁闷的监狱里，周作人以诗遣怀，终于迎来了1948年。

1948年，这是国民党政权处于风雨飘摇中的一年。在这一年里，中国共产党领导下的人民解放军，取得了收复延安、解放东北全境的伟大胜利，人民革命战争的星星之火，已达燎原之势。这时，飘摇的风雨，也吹进了老虎桥监狱的铁窗之中，狱中的囚犯们也时常在私下议论着时局的发展。对国民党政府早已失望了，加以对他汉奸一案判决所引起的不满，促使周作人也盼望着这个政权早日覆亡。

1948年1月，住在东独居的周作人闲中无事，整理着自己的旧作诗稿后，又应友人之请，抄录旧作《儿童杂事诗》，抄录中又觉尚可补充，便就"儿童生活诗"部分，增写了24首，定为"丙编·儿童生活诗补"。甲编的"儿童生活诗"，以岁时为纲，丙编则以名物分类，如花纸、故事、歌谣、玩具、虫鸟、思物，果饵等。这些诗生动地赋写了吴越地方儿童们喜爱的种种风物，如：

　　　　花　纸
　　老鼠今朝也做亲，灯笼火把闹盈门。
　　新娘照例红衣裤，翘起胡须十许根。

　　　　果　饵
　　荸荠甘蔗一筐盛，梅子樱桃赤间青。
　　更有杨梅夸紫艳，输它娇美水红菱，

　　至此《儿童杂事诗》全编即已完成，此后，周作人在狱中便再没有写作。适值四八年的春天，正是南京的梅雨季节，淅淅沥沥的春雨，十日难得一日晴，在监狱中的周作人，终日只读《尔稚》《说文》等遣日。

　　这一年，监狱中的人们也十分关心时局的变化。狱中有时传来《观察》周刊，内中常常刊载一些关于解放战争的消息或评述，写得那样犀利，那样透彻。周作人读着这些文章，盼望着国民党政府的早日倒台，期待着，他个人的重获自由。

　　　　　　　　　　（载《辽宁教育师院学报》1991年第2期）

18. 周作人在上海迎接解放

在盼望中,在期待中,囚牢里的周作人,迎来了1949年。

对于中国人民来说,这是一个有着翻天覆地伟大变化的年代,这是一个开辟了中国历史的新纪元的年代。在这一年里,中国人民解放军在伟大领袖毛主席《将革命进行到底》的号召下,相继解放了天津、北平,又渡江南下,直捣蒋家王朝的老巢,解放了南京、上海。10月,在举国上下一片欢腾之中,中华人民共和国宣告成立。

1949年,对周作人来说,也是永生难忘的一年。新年伊始,在国民党政府行将倒台之际,代总统李宗仁为了增加与共产党和平谈判的资本,决定释放包括杨虎城、张学良在内的一批政治犯,结果杨、张未被放出,周作人却被列入释放的名单之内。1月26日,周作人被保释出老虎桥监狱。从此,他结束了三年零五十天的铁窗生活,重新获得了自由。

当他离开老虎桥监狱的大院,回首远望着监狱那高高的红墙时,不禁一阵欣喜,夹杂着一阵凄楚。他早就对之失去了信心的蒋介石政府,终于要一败涂地了,对于这个腐败的政权来说,这是历史的必然吧!一路上,他看见那朱红剥落了的国民大会的大牌楼,看到南京城里一片零落混乱的景象,他由衷地庆幸着这个腐朽政权的即将塌台,随口占诗一首,曰:

    拟题壁
 一千一百五十日,且作浮屠学闭关;
  今日出门桥上望,菰蒲零落满溪间。[1]

然而,他将去向何方呢?一个曾经"通谋敌国"的人——尽管他自己不愿这样承认,但是,他也清楚这是无法改变的事实。投向革命政权吗？人家会怎样对待他，他不能不有所顾虑。跟随蒋介石去台湾吗？他也不能不这样地设想过。早在出狱前，他就曾托好友尤炳圻写信给在台湾的洪炎秋，问如果他去台湾，有没有办法安置，洪还找了老朋友郭火炎医师，向他借用北投的别墅供住，郭也满口答应。洪炎秋立刻回信给尤炳圻，告诉他住处已有，日常生活费用，洪与老友张我军可以负责设法。然而，虑及北平的家眷，虑及去到国民党治下，也未必能再有出头之日，他还是打消了这一念头，决定留下来，再做定夺。

离开老虎桥监狱的当天，他就近住在一同出狱的难友马骥良家里。但是，刚刚吃过晚饭，马骥良听了友人的劝说，忽然决定连夜趁车赶往上海去了。周作人独自在马家的大床上美美地睡了一夜。第二天午前，因曾任汪伪政权交通部长而与周作人一起被囚于老虎桥监狱，如今又一起被释出狱的尤西堂之子尤炳圻来，当天下午周作人便同尤氏父子离开南京前往上海。

南京城里，满目疮痍，一片混乱。从浦口退下来的国民党败兵，涌满在下关车站附近，随意地殴辱百姓，劫掠民财。周作人等3人仓仓惶惶地进了车站，借助尤氏父子的帮助，周作人从车窗上爬进了一列挤满了人的火车，又得到了一席座位，尤氏父子则只能在车厢走道里放下包裹坐下。

列车在当天下午四五点钟徐徐开行。第二天傍晚才到达上海的北站。在途中运行的24小时中，在拥挤的车厢里，旅客们都无法行动，只好傻子似地呆坐着。周作人也平生第一次体验着这逃难似的滋味，无怨无奈地担受着获得自由后的这第一份苦难。

此去上海，周作人仍然是投奔友人。他不愿直接回到北平，那里虽然居住着与他交游多年的妻子和全家老小。但眼下的华北正在兵燹之中，可能不日即将解放。他是不是要投奔于共产党的治下，尚须考虑、观望，所以他宁愿在上海的友人家先居住一些时日，然后，再决定行止。此刻坐在列车上的周作人，放眼望着窗外荒芜的大地，感受着"本是有家归不得"的苦闷，不禁吟诗一首，题曰《鸡冠花》：

秋色满大地，故园在何许；

> 十里荒鸡声，芜城差可赋。

抵达上海后，他们乘坐着双人三轮车，来到北四川路横滨桥的福德里尤家。这时已经暮色苍然。尤老太太忙着张罗招待客人，一面又布置着祀神的事情，原来这一天恰是阴历戊子年的除夕，周作人就在这里度过了获得自由之后的第一个春节除夕之夜。并且从这天起，周作人便成了尤府上的食客，自吃自住，共达198天，直到这一年的8月15日，才回到北平。

蛰居在北四川路横滨桥头小楼上的周作人，仍终日读书阅报为乐。偶然也重操旧业，写些小文或为人做几首题画诗，或应友人之请抄出他的旧作《儿童杂事诗》。朋友们也时有来看望者，偶或也与朋友们一起去看望旧日友人。过得虽然较为清苦，但也还算愉快。

周作人虽身居上海，但他却无时不思念着北平。他常常回忆起在八道湾与友人们无拘无束的倾谈。那时，谈锋最健的是钱玄同。常常是周日上午走来，吃过中饭，再谈到吃晚饭，随后，又在灯下喝着清茶，吃着点心水果，直到晚十时后始雇车回去，他们谈着清末在东京的同盟会与光复会，《民报》与《新世纪》，谈着章太炎、刘申叔、吴稚晖、蔡孑民、陈独秀等人的言行，谈着民初以来的北大、"三一八"中的女师大等等。刘半农也是常往八道湾谈天的人……想到这些谈友，他常常感叹于今日的萧条。但是避居在这斗室的周作人也还是常常端出茶水，欢迎谈友来开场。

一天，一位曾在燕大工作过的老友来到横滨桥头的小楼，与周作人倾谈良久。因当时华北吃紧、平津被围，话题仍以北平为主。他们从北平的战局谈起，谈到北平人对逃难的看法，谈到在北平发生的"五四"运动与"三一八"事件，谈到中国知识阶级的传统……不久，周作人便将这次谈话记下，题曰《北平的事情》，投寄给黄萍荪主编的《子曰》丛刊，几个月以后，该文便以王寿遐的署名，在《子曰》丛刊第六辑上发表。这是全国解放前，周作人在刊物上发表的最后一篇文章。

在友人们的探访及交谈中除战局的话题之外，还有一个常常涉及的内容，就是钞票与银元的涨落。这是当时人们最伤脑筋的事情，也是对人们生活最大的威胁。银元与钞票的兑换率几乎时刻都在变动，有的人去喝酒，喝过第一碗，待再要时却已涨价了。此时，经济上本来就很拮据的周作人，更常感受到钞票贬值、物价飞涨的威胁，时有朝不保夕的忧虑，更盼望着蒋介石政权的早早垮台。

住在尤家的周作人闲来无事，日读希腊神话、塞耳彭自然史等以自娱，也常阅上海的各种报刊。当时，上海的《自由论坛晚报》办有"未晚"一栏，常登些知识性的小品。一天他在"未晚"栏中看到师庵的一篇《周瘦鹃在介绍西洋文学上的地位》，表彰周君编译《欧美小说丛刊》的功绩。周作人读后，大有同感。而且，他同鲁迅于民国六年还曾合拟《〈欧美名家短篇小说丛刊〉评语》，在《教育公报》上发表，推荐周译的"丛刊"。周作人随即命笔写了《鲁迅与周瘦鹃》的小文，送给《自由论坛晚报》，不几天，该报"未晚"一栏发表了这一篇署名鹤生的文章。自此，周作人又先后在该报上发表了《刘半农与礼拜六派》《吃人肉的方法》《漫谈〈四库全书〉》《小人书》《关于绍兴师爷》《写文章之难》《谈康梁》等文，这是周作人于上海解放前在报纸上发表的最后一批文章。

这些文章，仍承袭着周作人上世纪 30 年代的一贯思想与文风。它们或介绍了某些史实、掌故，述说与评价了某种书籍，或据社会上的某些物事，申说了自己的一种观点，文章除知识性外，突出地表现了他抨击中国封建文化的结晶——八股的思想。如《关于绍兴师爷》一文，就分析了工于八股的"绍兴师爷"的特色。他说所谓"绍兴师爷"指的是具有"儒生的身份""主要的特质是受过国学的熏陶，会得做八股的"。"这所谓八股""乃是指自唐宋，以至清朝千余年来养成的应制的本领，不论律师经义以及策论，都能依照题目，说得圆到，那一套舞文弄墨的手段"。又说："绍兴师爷现在已不复开馆授徒，可是他的作风还是一时不会断绝，则是由于国粹之流泽孔长也。"《谈康梁》一文，也是谈到了八股之空气在中国的源远流长，他说："历史与环境的力量相当重大，过去的旧习惯一时摆脱不掉，老头子的年青的儿子做出事情来就难免和老头子相像。"因而，在现今的"知识阶级中间一直笼罩着八股的空气""如活剥胡博士的话来说，'你要我怎么说，就怎么说'在中国社会里这是成功的秘诀，它与封建社会同息休戚，凡在其中生活的人难以逃出它的掌握。"土八股之后有洋八股党八股，因而，他认为在这种八股空气笼罩下的人去执法，就如康梁的变法，"虽有良法美意，也必终于歪曲以至腐败"。周作人对封建文化的结晶——八股的解剖，可以说是符合实际并相当深刻的。

除写些文章外，有时周作人还应友人之请写些题画诗。如1949年3月19日，他就曾为唐令渊题所作画，"应是春常在，花开满药栏。白头相对坐，浑似雾中看。""花好在一时，富贵那可恃。且听荒鸡鸣，抚剑中宵起。""寒华正自荣，家禽相对语。似告三径翁，如何不归去。""木兰发白华，黄鸟如团絮。相将送春归，惆怅不得语。"

这些诗，既是题友人所作之画，也表达了此时此刻周作人思念北方亲人、感叹韶华渐逝的惆怅心绪。

1949年春，因平津解放，偕夫人仓惶南下的胡适，由南京到达上海，在上海小住后，又于4月6日，由上海逃往美国。在上海期间，胡适得知周作人出狱居沪，曾遣人约周往谈，周作人拒往。后胡适又曾约周在彼此认识的一个朋友家里吃饭，周作人又婉辞谢绝。后来，胡适又托人劝周作人南下，并力保其无论是到香港或去台湾，一定有教授位置。周作人又对来人笑谢，并说："我当年苦住北平，曾以苏武自况，这次倘离上海，难道自居白俄，还是自称政治垃圾？"周作人没听胡适的劝说，离开大陆，仍在上海僦居斗室。

周作人也曾试想在上海久居，会老友谢刚主家有余屋，但虑及迎眷南来，购置家俱等用不易筹措，又作罢。

周作人住在上海，除几篇文章换得些稿费外，并无其他经济来源，只靠老朋友们从各方送些钱物接济。

1949年4月始，周作人又重新写起了中断将近四年的日记。

1949年4月20日中国国民党中央常务委员会发表声明，拒绝接受中国共产党提出的国内和平协定，国共和谈宣告破裂。21日，中国人民解放军发起了渡江战役。23日，中国人民解放军解放了南京、浦口，五月中旬又解放了江苏大片领土，并近逼上海。蒋家王朝濒临彻底覆灭。这时住在横滨桥头的周作人，已常常听到远处的炮声。不安定的时局使他无心读书，也无心写作。除有时与友人们游乐、谈天外，常一个人躲在小楼里以从城隍庙买来的一付竹背骨牌玩"打五关"以遣日。这时上海市上更是物价腾涨、讹言四起，枪炮声不绝。

度过了一个多月这样的日子后，5月26日，上海宣告解放，人民解放军上海市军管会及上海市人民政府宣告成立，人心遂也安定下来。

上海解放、时局安定后，闲来无事，周作人便起手抄写他在狱中所作的《儿童杂事诗》，并将所录的诗加以"题记"，赠送给尤炳圻与沈尹默。

6月13日，久居上海、曾编辑《鲁迅风》的散文杂感作家金性尧，设家宴招待周作人，同座有方纪生、陶亢德、周黎庵、夏慎初等。这次宴席上，周作人第一次会见了作家徐訏。席间周作人表示，希望很快就回到北平去。

上海解放后，在人民政府治下，一切气象为之一新，原来飞涨的物价日趋平稳。对共产党抱观望态度的周作人这时也急欲对新的政权有所了解，因而有时他也注意地读一读朋友们送给他的毛泽东、刘少奇、陈伯达等人的著作。

6月间，国民党军队还盘踞着舟山群岛，并时常以飞机来沪轰炸骚扰，而上海人民却处之泰然。周作人也如其他上海人一样，在敌军飞机的不断空袭骚扰之中，着手考虑着今后他将如何生活，如何工作。

这时，他忽然萌生了一种念头，他要向人民政府的负责同志陈述一下他对新政权的看法和自己的事情，以取得人民政府对他的信任与理解，也便于他今后的工作与生活。踌躇考虑再三，他决定写信给周恩来总理。6月20日，他拿起笔来，起草了一封信。信中他说：

"我写这封信给先生，很经过些踌躇，因为依照旧的说法，这有好些不妥当，如用旧时新闻记者的常用笔调来说，这里便有些是拍马屁，有些是丑表功，说起来都是不很好听的。可是我经过了一番考虑之后，终于决定写了"。

信中他陈述对新政权的看法说：

"中国共产党在实行新民主主义，这只是笼统的一句话，可是含义却是非常重大的。民国以来，揭示过好些主义理论，一直都只是招牌与广告，不兑现的支票，到了现在依然有实行的，这在中国是破天荒的奇迹，在我向来相信道义之须事功化的人，自然更不能不表示佩服。"

关于自己，他叙述了因受倍倍尔、卡本德、蔼理斯及中国古代王

仲任、李卓吾、俞理初等人的影响形成的反礼教思想,并又为自己辩解说:

"说是离经叛道,或是得罪名教,我可以承认,若是得罪民族,则自己相信没有这意思。"

当时华北高等教育的管理权全在总署手里,为抵制王揖唐辈以维护学校起见,大家觉得有占领之必要,在职二年间,积极维持学校实在还在其次,消极的防护,对于敌兴院伪新民会的压迫与干涉,明明暗暗种种抗争,替学生与学校减少麻烦与痛苦,可以说是每日最伤脑筋的事,这有多少成效,不敢确说,但那时相信那是值得做的事情,至少对于学生青年有些关系或好处,我想自己如跑到后方去,在那里教几年书,也总是空话,不如在沦陷中替学校或学生做得一点一滴的事,倒是实在的。我不相信守节失节的话,只觉得做点于人有益的事总是好的,名分上的顺逆是非不能一定。"

信末又说:

"过去思想上的别扭,行动上的错误,我自己承认,但是,我的真意真相,也许望先生能够了解,所以写这一封信,本来也想写给毛先生,因为知道,他事情太忙,不便去惊动,所以便请先生代表了。"

周作人工工整整地抄好这一封信,寄给冯文炳转请董必武呈送给了周恩来同志。他又将信稿的抄件转送给了当时的文化部长郑振铎。周作人怀着惴惴的心情,等待着回音。

不久以后,周恩来同志将信转呈毛泽东主席,毛主席在信上批示:"文化汉奸嘛,又没有杀人放火,现在懂古希腊文的人不多了,养起来,做翻译工作以后出版。"依据毛主席的批示精神,文化部决定,用周作人之所长,让他做翻译工作,可予出版。

给周恩来总理的信寄出后不久,1949年7月下旬,周作人便依据英国韦格耳著的《勒斯婆思的萨波,她的生活与其时代》一书,起手编译《希腊女诗人萨波》。把大约相当于中国诗经时代的希腊女诗人萨波介绍到中国来,这是周作人很久以来怀着的心愿,早在民国初年,他就曾据英国华耳敦编的萨波诗集,写过《希腊女诗人》一文,发表在当时刘大白主编的《禹城日报》上。待至上世纪30年代，他得到韦格耳所著《勒斯婆思的萨波，她的生活与其时代》一书，书中把萨波的诗安插在大量的时代环境的描写之中，可以说是传记中兼附着诗集，这是很巧妙的介绍诗人的办法，但那时，他还没有想到要翻译它。此刻，周作人闲来无事，他翻阅着韦格耳的著书，着手进行摘译，十几天后竟译毕脱稿，并作《希腊女诗人萨波·序言》，介绍了此书的编译经过。

了却了这一桩多年来的心愿，周作人心情十分愉快，这是他蛰居在横滨桥头亭子间里的第一部译著，也是上海解放后他的第一部译著。从这一次的实践中，他体验到自己还潜存着很大的创造力量。今后，他还可以依仗着自己的外文知识，尤其是希腊文与日文的知识，翻译和介绍些希腊和日本的文学著作，作为自己的职业，这是他力能胜任的，也是有价值的工作。

周作人将自己所摘译的《希腊女诗人萨波》整理校阅一过后，交给老友康嗣群，由他转给了上海出版公司，郑振铎得知此事后，便竭力怂恿公司的老板付印，并将之收入他所主编的文艺复兴丛书里，终于1951年面世。1949年7月，在中国人民解放军即将取得解放全中国的伟大胜利，中华人民共和国成立的前夕，中华全国文学艺术工作者代表大会，经过了3个多月的筹备，在北京召开了，这是中华全国文艺工作者富有历史意义的空前盛会。来自全国已解放地区的文艺工作者代表820多人，聚集一堂，交流情况，总结经验，研究在全国即将解放的新的形势下文艺工作的方针任务。在这次会上，周恩来总理做了政治报告，毛泽东主席、朱德总司令、董必武同志等都做了重要讲话。党和国家领导人对文艺工作的高度重视，给广大文艺工作者以极大的鼓舞。周作人的不少朋友们参加了这次盛会。消息传来，也给他以很大的鼓舞。加之，当时与他住在一处的尤炳圻为剧作家李健吾的内弟，李作为上海代表，参加全国文代大会归来，也盛称北平的新生气象。北方的一所大学并托李邀尤炳圻北去任教，尤炳圻遂拟北上。久欲北归的周作人便与尤炳圻约定同行。

沪上友好，闻周作人将北归，连日来访其寓清谈话别，周作人告别在沪的友好，于8月12日，与尤炳圻启程北归，从此，开始了他定居北京的晚年生活。

注释：

1 周作人自注：桥者，老虎桥；溪者，溪口；蒋者，蒋也。今日国民党与蒋已一败涂地，此总是可喜事也。

（载《邵阳师专学报》1990 年第 6 期）

19. "双百方针"照耀下的周作人

1956年,在共和国的历史上是一个光辉的年代,在周作人的生命历程中,也是很值得纪念的一年。

这一年,举国上下在一片锣鼓声中,热烈欢庆着社会主义改造在我国取得的伟大胜利。

这一年,中共中央召开了关于知识分子问题的会议,会上,周恩来总理作了关于知识分子问题的报告。

这一年,毛泽东主席在最高国务会议上提出了文艺和学术研究上要贯彻"百花齐放,百家争鸣"的方针。

这一年,中国共产党的第八次代表大会通过了发展国民经济的第二个五年计划的雄伟规划。

全国人民热气腾腾地迎接着社会主义建设的高潮,到处都是敲锣打鼓,一片欢腾。

沸腾的生活,温煦的阳光,也感染着、沐浴着多年来远远地生活在斗争漩涡之外的周作人。

在这一形势下,中国共产党中央统战部门研究着如何进一步搞好统战工作,以调动一切积极因素,团结一切可以团结的力量,投入社会主义建设的高潮。7月2日至4日,中共中央统战部在北京邀请各地民主人士座谈统一战线工作和其他有关问题。7月4日,周作人也应邀前往中山公园参加北京市政协举行的座谈会。这是新中国成立以来,周作人第一次参加的重要的社会政治活动。

当他乘坐的汽车行驶在西长安街的路上时,他感到这仲夏的阳光特别耀眼、特别灿烂,这阳光洒满在宽敞的十里长街上,洒满在雄伟、庄严的天安门上,更洒满、温暖在周作人的心上,他感到中国共产党还没有忘记他这个虽在新文化运动中有过一些贡献,但又确确实实犯下过对不起祖国的罪行的人,他感到党的宽怀、伟大,对中国共产党由衷地产生出一种感念之情。

在统战部门贯彻"双百方针"的同时，文化系统也在研究着如何贯彻这一方针的问题。这年五月，中共中央宣传部部长陆定一向文艺、科学界人士作了题为《百花齐放，百家争鸣》的讲话，6月，文化部长沈雁冰在《光明日报》发表《贯彻"百花齐放，百家争鸣"的方针，促进文学艺术的繁荣和发展》的文章。之后，全国文联、作协等组织，连续举行多次会议，研究在文艺界贯彻"双百方针"的问题。在研究中，有的同志提出要特别照顾到多年来那些阳光照不到的人，以化腐朽为神奇。为此，中宣部副部长、中国文联副主席周扬，主持文联日常工作的副主席阳翰笙等一起，也在商谈着如何做周作人的工作。7月，文联领导原则上决定让周作人去外地参观旅行，以便他感受感受社会主义建设的蓬勃气氛。文联领导委托中国文联常委、周作人的学生与好友俞平伯与周作人相商去往何地。7月初，俞平伯致信周作人，建议他往东北旅行，信中还谈到了邀王古鲁、钱稻荪同去。后来，绍兴鲁迅纪念馆又通过常维钧问周作人能否去绍兴旅行。去往东北，周作人不是很有兴趣；重游故乡，这却是他极向往的。他便通过俞平伯向文联领导反映了这一愿望。但周扬等虑及当时，以周作人的身份回绍兴恐怕出现麻烦，安全上如若出现问题，影响不好，遂建议周作人不去绍兴，改去西安。周作人欣然接受了这一决定。

9月中旬，中国文联决定派组织部工作人员佟韦与周作人具体联系旅行出访事宜。经佟韦与周作人多次协商，确定下了同行人员与启程日期。

9月23日下午，周作人、王古鲁、钱稻荪一行，在佟韦的陪同下，踏上了赴西安的旅途。

当乘坐上赴西安的列车时，周作人是那样地兴奋。他望着车窗外碧蓝色的万里晴空，晴空下覆盖着的黄澄澄的田野，心情无比地开阔。一路上他与同伴们时而幽默、诙谐地倾谈，时而无忧地、开怀地大笑，他似乎已全然不像在八道湾居室中默默地生活、默默地工作时的那个沉闷闷的老人。

24日晚，他们一行抵达西安。西安市文联、作协派人来到车站迎接，把周作人一行安排到西安人民大厦下榻处。

西安这座古城，这里有积淀着祖国古老文化的多少名胜。在西安半个月的日子里，周作人等先后游览了鼓楼、慈恩寺、大雁塔、碑林等；参观了陕西省博物馆，又往临潼、半坡村、咸阳等处游览了华清池、新石器晚期遗址、霍去病墓等古迹。为使他们了解陕西省解放后工农业发展的情况，陕西省文联还为他们安排参观访问了国棉四厂、新西北印染厂和桃溪堡村等处。当周作人参观完国棉四厂、新西北印染厂后，他激动地说："工业的发展实在可观，这是我没有想到的，也是第一次看见的。"访问桃溪堡村时，他极有兴趣地与农民交谈着，打问他们生产、生活的情况，他还告诉同行的佟韦说："听说人面桃花的故事就发生在这里。如今这里生产好了，百姓安居乐业，是我未曾料到的。"[1]

在西安，正逢国庆佳节。这一天，西安市人民与全国人民一样，兴高采烈地庆祝着共和国第7个诞生日。这一天，周作人也十分兴奋。早饭后，他与同行的伙伴们一起登上西安人民大厦楼顶，眺望披上节日盛装的西安市和敲锣打鼓等待游行的街上的人群，他被这热烈的气氛所感染，激动不已，无限感慨地指着天上变幻的云，与同伴们说："天地之间的一切事物都在变着的，那天上的云也在不停地变化着，今天的中国也确实变了。我过去到西安的时候，水都是苦的，现在都是甜水了。城变了，世道变了，变好了。"[2]

他们你一言、我一语地盛赞着新中国的巨大变化，似乎任何语言都无法准确地表达此刻他们激动的心情，过了一会儿，周作人走近佟韦，突然向他提出了一个久蓄于衷的请求，他说："我向往延安很久了，现在很想去看看，可以吗？"

话虽不多，但，却是那样真诚，那样充满感情。他又告诉佟韦："我认识毛主席，毛润之先生。在今日的世界上，最伟大的人物，就数毛润之了！"[3]这真挚、充满感情的语言感动了佟韦，他答应将与有关方面商量一下他的请求，再做答复。不久，佟韦便向西安文联与中国文联阳翰笙、阿英等汇报了周作人的要求。但是文联领导考虑到路途遥远、交通不便，怕他们几位老人不胜长途汽车的疲劳，使周作人久已向往的延安之行终未实现。这，在周作人几乎成为无以弥补的永生遗憾。

周作人在西安的日子里,于参观游览之余暇,又应《延河》编辑部、《陕西日报》之约,先后写了纪念鲁迅、纪游西安等方面的文章《鲁迅的笑》《鲁迅的别号》《西安的古迹》等。

10月10日,周作人等在西安参观游览结束,他们满载着从西安人民热火朝天的建设社会主义的激情中得到的深深鼓舞,满怀着对党的由衷感念之情,踏上了返京的归程。

旅行归来,周作人、王古鲁、钱稻孙等三人为感谢文联佟韦为他们旅行所做的精心安排和一路上的悉心照顾,邀请佟韦在莫斯科餐厅小聚。席间,周作人将执笔写好的一份旅行小结性的文字材料交给佟韦。材料中,他谈到此行的收获,盛赞党领导下的工农业建设,并对中国文联表示深深的感谢。

中国文联领导听取了佟韦关于组织这次旅行的汇报,并看了周作人等的小结后,决定由文联副秘书长阿英出面宴请周作人等三人。10月17日宴会在全聚德举行。席间,周作人等再次表示感谢文联领导为他们安排的这一次极有收获的旅行。阿英又代表文联,邀请他们三人出席即将在京举行的鲁迅逝世20周年纪念大会。

1956年10月19日,鲁迅逝世20周年纪念大会在北京政协礼堂隆重举行,周作人与王古鲁、钱稻孙一起,在佟韦的陪同下参加了这次盛会。会议由郭沫若致开会词,沈雁冰做了《鲁迅——从革命民主主义到共产主义》的报告。这是周作人解放后第一次参加文艺界举办的重大活动,心情十分兴奋。

鲁迅逝世20周年纪念大会开过不久,文联又决定组织周作人等去官厅水库参观。10月30日,正是北京的晚秋季节,在佟韦的陪同下,周作人、钱稻孙、王古鲁等一行来到密云县参观官厅水库。当周作人看到这人工建起的浩渺无边的水库,看到水库上建起的高大雄伟的发电站时,被这磅礴的气势所感染,禁不住发出由衷的赞叹,他对佟韦说:"我平时很少出门,到外边看看真是大开眼界,大受教育!"他衷心地称赞中国共产党领导下的工业建设,并诚挚地表示"对共产党的领导,我最佩服"![4]

这一年,周作人也参与了文艺界纪念鲁迅的各种活动。

早在这年的7月间,《中国青年报》高歌今访问了周作人,约请周作人写些介绍鲁迅青年时代的文章。之后《新港》《文艺学习》《读书月报》《文化报》《民间文艺》《中学生》《工人日报》及南京《新华日报》等也先后派人访问周作人，约他写纪念鲁迅方面的文章。8月初起，周作人便起手为各报刊写文。8至10月间，周作人先后在各报刊上发表回忆鲁迅方面的文章，计有：《名字与别号》《避难》《买新书》《鲁迅在南京学堂》《鲁迅读古书》《鲁迅与清末文坛》《鲁迅与范爱农》《鲁迅的笑》《鲁迅与闰土》《影写画谱》《鲁迅的别号》《鲁迅与歌谣》《鲁迅与中学知识》《药店与当铺》《鲁迅的国学与西学》《鲁迅的文学修养》等等。后周作人又应中国青年出版社之约，将此期间他所写的有关回忆鲁迅青年时代的文章，整理辑录在一起，名为《鲁迅的青年时代》，写了简短的序言后付梓出版。《鲁迅的青年时代》一书问世后，颇受广大青年与鲁迅研究工作者的好评。

鲁迅逝世20周年纪念之际，北京鲁迅博物馆与鲁迅故家筹备就绪后开放。鲁迅博物馆筹备过程中，鲁博的工作人员由常维钧引荐，曾多次访问周作人，向他询问和请教有关鲁迅的问题，周作人总是耐心、认真地回答着每一个问题，遇有一时拿不准确者，他也从不敷衍，而是仔细地查找有关资料后，或写信，或委托常维钧转告。他还曾向博物馆的工作人员详细介绍过鲁迅在北京住过的地方，并带领他们去绍兴会馆、砖塔胡同、旧教育部、广和居等旧址去实地查看，为博物馆留下了不少鲜为人知的活的资料。周作人还曾捐赠给鲁迅博物馆一批鲁迅的手迹，如《古小说钩沉》中《幽明录》280条，《汉武故事》85条，《述异记》23条，《会稽郡故书杂集》中《会稽记》49条，《谢承后汉书》一册，以及鲁迅在南京求学时的购书目录等，丰富了鲁迅博物馆的馆藏。鲁迅博物馆开放后，又曾邀请周作人前往参观。

总之，在纪念鲁迅逝世20周年前后的日子里，作为鲁迅的胞弟，周作人作了自己可能作的一些工作，为纪念鲁迅做出了一定的贡献。

1957年春，73岁的周作人患了高血压症。这时，正适他翻译欧里庇得斯悲剧集中第13篇《斐尼基妇女》，他译完了这个剧本，原拟要翻译的《酒神的伴侣》便交给与他一起译这一悲剧集的罗念生去翻译了。在患病中，他没再继续做翻译工作，但他的写作却从未停止。

这一时期，由于党的宽松的统战政策，还有一件对周作人晚年生活有着重大影响的事情，这就是旅居香港的曹聚仁对他的访问。这位曾经主编过《涛声》杂志、飘洋一生做过多年记者的曹聚仁，是周氏兄弟的好友。他对鲁迅、周作人兄弟的才华崇拜有加。1950年夏，他由大陆旅居香港，先后为《星岛日报》、《南洋商报》采访、撰写通讯。1956年秋，他第一次回到大陆，就到八道湾看望了周作人，并表示可以将周作人的一些作品拿到香港报刊上发表。在寂寞中并屡有被"默杀"之惧的周作人自是十分感激，他遂将解放前一部分诗稿拿给曹聚仁，不久，其中一部分便在香港《热风》杂志上以《苦茶庵杂诗抄》为题发表了。从此，知堂老人的作品便时时在香港一些报刊上面世。1957年5月，曹聚仁再次来到北京并看望了周作人，周又将他整理编辑好的、1945年所写的散文集题名为《知堂乙酉文编》交曹聚仁带至香港，后由曹聚仁推荐在香港杂志上发表若干篇，又由曹聚仁为之整理，分编为两册，先后以《过去的工作》《知堂乙酉文编》为题，由澳门大地出版社和香港三育图书文具公司出版。这两本散文集的问世，使周作人了却了一大心愿。同时，由于曹聚仁的帮助，使周作人打开了去香港发表文章、出版作品的通路，这不仅在精神上对寂寞中的周作人是一极大的慰安，而且在经济上开辟了他的又一来源，对屡有入难付出、经济拮据的周作人也是一个不小的帮助。

曹聚仁还常将自己的著述寄赠周作人。1957年10月曹聚仁将所著《鲁迅评传》寄来，周作人悉心阅读后，曾于1958年1月20日、5月20日两次致信曹聚仁，详述了他对《鲁迅评传》的看法。他最称赏的是曹著中不把鲁迅当作神看待，他说："死后随人摆布说是纪念，其实有些实是戏弄，我从照片看见上海的坟头所设塑像，那实在可以算作最大的侮弄，高坐在椅上的人岂非即是头戴纸冠之形象乎。假设陈西滢辈画这样的一张相，作为讽刺，也很适当了。"这话讲得虽然显得尖刻，然而这确是多年来，周作人常常感受到并颇不以为然之处。

此外在两封信中，周作人所讲的某些史实，或对鲁迅某一作品的理解，也不无一定的参考价值，如关于鲁迅是否参加过《新青年》的编辑问题，他说：

"其实，只有是一年中由六个人分编，每人担任一期，我们均不在内，会议可能是有的，我们是'客师'的地位，向不参加的。"

关于鲁迅的《伤逝》,他说:

"说是借了失恋说人生,固然也可以,我因于所说背景这一'孤证'猜想是在伤悼弟兄的丧失,这猜想基础不固,在《小说里的人物》中未敢提出,但对先生私下不妨一说。"

然而,周作人穷其一生,距其兄鲁迅的精神特质却仍有很大距离,因而,他对曹传中对鲁迅曲解之处也多有附合,如他认为,鲁迅的"文艺观与政治观""其意见根本是虚无的"说:"鲁迅写文态度本是严肃、紧张有时戏剧性的,所说不免有小说化之处,即是失实的……"[5]

以1956年纪念鲁迅为报刊撰写纪念鲁迅的文章为契机,从1956年至1959年,形成了周作人解放后创作上的又一次高峰,也是他一生创作上的最后一次高峰。在此期间,周作人除写了不少纪念鲁迅的文章并集结了《鲁迅的青年时代》一书外,又在《人民日报》《工人日报》《北京日报》、上海《文汇报》《新民晚报》及广州《羊城晚报》以及《旅行家》《读书月报》《人民文学》、香港《乡土杂志》《星岛晚报》等报刊杂志上,以十堂、启明、长年、遐寿等署名,发表文章90余篇,其内容大致有如下几个方面:

大多数文章仍是记写草木虫鱼、民俗风物者,如《狼的故事》《关于河马》《蒲公英》《澡豆与香皂》《窝窝头的历史》《不倒翁》《糯米食》《货郎担》等等。以周作人广博的知识,在赋写这些铢铢小事时,能泛引中外、博证古今,这些文章能熔知识性与趣味性于一炉,对于了解我国文化发展、民俗风物,不无一定的价值。其中有些篇章在记写民俗、风物的时候,含蓄地表达了作者对中国历史文化的某种批评。如《不倒翁》一文,文章开头就说:"不倒翁是很好的一种玩具,不知道为什么在中国不很发达。"接着,作者援引唐宋时代的一些诗歌、笔记,略述了不倒翁这一物什的兴起以及尔后因它"似乎代表圆滑取巧的作用,它不给人以好印象,到后来与儿童也渐益疏远了",在中国它终未得到发达。之后,文章又叙述"不倒翁在日本的时运要好得多了,并渐渐成为日本儿童多么热爱的玩具""变化了多样的模型"在这样款款的抒写之后,又作了这样的结尾:

不倒翁本来是上好的发明,就只是没有充分的利用,中国人随后'垂脚而坐'的风气也不太好用它。但是，这总值得考虑，怎样来重新使用这个发明，丰富我们玩具的遗产，问题只须离开成人，不再从左右摇摆去着想，只当他作小孩子看待，一定会得看出新的美来的吧。

在传统的封建文化束缚下，对儿童玩具也往往附会以道德色彩而加以挑剔，致使某种玩具不得发达。文章对这种现象含而不露，隐而不显地做了批评，在冲淡之中，流露出作者一点愤激，一丝惆怅，这仍是周作人一贯的对封建性道德说教的抨击态度，仍是周作人散文一贯的平和冲淡的艺术风格，只是在文字上愈发进入炉火纯青的境界了。

另一类文章，则是介绍中外文化史上某些有价值的著作，或某一剧种，某一剧目，某一艺术样式，某一作者等等。如：《唐诗三百首》《希腊神话》《关于目连戏》《钟馗送妹》《时迁偷鸡》《喜剧的价值》等等。其中常有些明达可取的见解。如《希腊神话》一文中说到："普罗米修斯上天去给人类偷火，为宙斯所恨，以致受极大的苦难，是人类极大的恩人。但说也奇怪，在希腊却自古并无他的庙宇，他的名字只留存于语言文字，这实是最好的纪念，比任何仪式崇拜更为永久可靠。"另外，在《关于目连戏》《时迁偷鸡》等文中，谈到对旧戏的改编，要尊重人民群众千百年来的创造，而不可一知半解地去动手。《时迁偷鸡》一文中，他说"时迁偷鸡""这是多么有趣的一个戏目，一定很是好玩"。但是，如今"有一种意见，说梁山泊好汉偷偷摸摸，不成体统，不准那么演出了，改成拿走祝家庄报时辰的鸡，使他们没法按时刻作战"，"把戏文情节随便改动，失去了原来的妙味，那倒是十分可惜的"。并进而谈到："以前从人民的智慧创造出那许多喜剧出来，足够我们后人的学习。""我们万不可以一知半解去动手，损坏了本来的好处"。又《关于目连戏》一文中，他以"目连救母"一剧为例，说明对旧戏"保存整理实为必要"，但"为了保存而整理的工作不可太急进"，"我们要尊重群众的创意的加工""虚心了解并采纳创造以至演出这剧种的地方艺人的意见，切忌凭主观和教条来从事""而整理的不得法，反要把这剧种毁掉了"，正如"本来奄奄一息的病人会得死于手术之下的"。在地方戏改编上，周作人这些明达的意见，切中了当时戏曲改革工作中某些失误、不当和简单化的做法，可资参照。

另一类文章，则是记写某一事件，某一人物的回忆录。如《复辟避难的回忆》《六三的回忆》《刘半农》《蔡子民》《钱玄同》，以及对鲁迅的回忆或对鲁迅著作某些诠释或疏证的文章，这些对于了解某一历史事件或历史人物，对了解鲁迅及其著作，不无一定的参考价值。

周作人这时的文章虽大多数远离时事，力避政治，但仍有个别篇章不避锋芒地触及到当时政治生活中某些问题。如1957年4月他在《人民日报》上发表的《谈毒草》一文，谈到他对"百花齐放"方针的理解，他说"百花齐放"本来是说所有的花一齐的都开起来，是一句包括一切，毫无保留的话，但现在有人提出意见，以为花里边有'毒草'，不应该放。这句话显然是不对的。他说："大凡毒草的毒都在花叶根实的一部分里，送进嘴里去吃了，这才发生效力，光是眼睛看了会中毒的，如佛经里所说的'见毒'的东西，那是没有，那末无论它是什么毒草，拿来瞧，总是好的。"而"辨别是非的责任，那主要是在批评家身上了。如提倡'百花齐放'却又嚷嚷有毒草不许放，好象预先有自己承认是毒草，便不开放似的"。这仍是几十年来他所一贯奉行的自由主义的文艺观点，在1957年春"大鸣大放"的政治气候下，再一次地发表出来了。这说明周作人"秉性"未改。然而，此后在周作人公开发表的文章中，却再也没有这样大胆的言论了。

1959年末开始，周作人便与天津百花文艺出版社相商，拟将解放后发表的上述杂文、小品中的一部分结集出版，并获百花文艺出版社同意，最初拟名为《鳞爪集》，又先后改名为《草叶集》《木片集》。至1962年末，几经周折反复，《木片集》虽已排至三校，终因形势的变化而未能付梓问世。周作人的第23本散文集也是他一生中的最后一部散文集便这样地流产了。

周作人自1958年春患高血压症后停止的翻译工作，1958年10月又开始恢复。恢复翻译工作后，他所译的第一部书是上世纪20年代他曾译过部分的日本古代传说集《古事记》，之后，他又先后翻译了日本式亭三马所著《浮世床》《石川啄木诗歌集》（与卞之强合译），增订了《日本狂言选》，又于1959年末起，翻译日本平安时代女作家清少纳言的著名随笔《枕草子》。这时，正当我国进入了严重的经济困难时期，周作人在经济生活较为拮据的情况下，以炳烛之余光，辛勤地做着翻译的工作，他自己也从对这些优秀的人类文化遗产的译述中，感受着生命的价值。周作人所译的这些著作，除《枕草子》外，都已先后出版。这些译著对中日文化交流，对向中国人民介绍日本文学都有一定的意义。

注释：

1234 参见佟韦：《我认识的周作人》，《鲁迅研究动态》1988年1期。
5 《周曹通信集》，香港南天书业公司，1973年8月版。
6 以上所引周作人文章均见岳麓书社：《知堂集外文·四九年以后》。

（载《吕梁学刊》1992年第1期）

20. 周作人的最后日子

——周作人在文化大革命前后

自 1957 年后,周作人的长子周丰一因在扩大化的"反右派"斗争中被划为右派,薪给大减,周作人家的经济生活,遂陷于更加拮据的状态。加之周作人夫妇年老多病,医药费的付出甚多。进入 1959 年以后,我国经济形势又进入严重的困难时期,副食品的供给短缺,欲求诸黑市的物品,价格昂贵。再者,因为国内纸荒,不少报刊停办,加以在文艺上逐日严重的极"左"政策,使周作人除翻译外,几乎无处投稿,外快难得。羽太信子又不是一位善于精打细算、料理家务的主妇……所有这一切,都加剧了周作人家庭经济上的困难。在友人们的提示下,1959 年 12 月 4 日,周作人致信给当时主管文化宣传等工作的中国共产党中央政治局委员康生,诉说他的困难,请求党和政府的帮助。他提出:希望与人民文学出版社建立长期的关系,以便有较稳定的收入。康生将信批给文化部,转到出版社,旋于 1960 年 1 月,人民文学出版社派江秉祥来到周作人家,与之商谈,问他每月需用若干。因闻顾颉刚当时由国家特批月薪 500 元,周作人便提出每月需 400 元。从 1960 年 1 月起,由人民文学出版社以预支稿费名义,每月给周作人 400 元作为生活费。然而,由于支出甚巨,每月仍有百元以上的亏空。自 60 年代以后,周作人便常常通过曹聚仁向香港报刊投稿,以得到经济上的些许补给。正如 1960 年 11 月 24 日他致曹聚仁信中所说:"旧作自寿诗中,有'不妨拍桌拾芝麻'之句,不图至今日而验也。"有时周作人还变卖家中旧藏的古镜、铜镜、旧墨、书画等物,以解他经济上的不时之需。

1960 年 12 月曹聚仁经与周作人相商,在香港为周作人约好可为

《新晚报》投稿。当时罗韵荪为《新晚报》副刊主编,曹聚仁与罗商妥,稿件可连续登载,每天八、九百字,每月可刊一万字,并以香港当时最高稿酬付给——十元一千字。正欲在经济上得到些补给的周作人,得到这一消息后,欣然答允。但是,有什么题材可以连续地写呢,思考再三,他以为唯一的材料就是写自己的经历,于是他萌生了写大型回忆录的念头。当他把这一意思告诉曹聚仁后,曹大为赞同。在曹聚仁的鼓励下,周作人便开始考虑写《药堂谈往》的计划。12月9日,周作人拟定了《药堂谈往》的纲目。最初计划写至"五四"运动为止,拟写20万字,并将这一纲目寄给曹聚仁。第二天,周作人便着手写《谈往》的稿件。此后,他每三五天便将写好的几节寄往香港曹聚仁处。

周作人一面为人民文学出版社做着翻译、校阅等工作,一面写着自传《药堂谈往》。1960年2月起,周作人开始为人民文学出版社校阅别人翻译的日本文学名著《今昔物语》。因周作人校阅所据的是岩波文库本,与译者所据不是一个本子,这就增加了校阅中与译者的分歧,因而直到1962年2月,历经两年,他才将这10万多字的校阅工作全部完成。

这期间,周作人还继续翻译着日本清少纳言所著《枕草子》,1961年1月,《枕草子》的翻译全部脱稿,并写了介绍清少纳言的文章。当《枕草子》的译稿校讫后,周作人如释重负般地喜悦:他感到自己能在"喜寿"之年(日本谓七十七岁为喜寿,因喜字草书有如"七十七"三字所合成),译完了这部日本中古时代的散文名著,实在是一件可以告慰平生的事。1月13日,他在日记中欣然地写下:"下午《枕草子》译了,校讫,即便溘然,亦已满足矣。"

然而,此时的周作人,便忽然感到一种若有所失的落寞、怅然。他又萌生了要翻译希腊《路喀阿诺斯对话集》的念头。路喀阿诺斯,是生于公元二世纪的古希腊讽刺文学作家,他的作品,周作人夙所喜爱,上世纪二三十年代,周作人曾从英文翻译过他的《冥土旅行》、《论居丧》等。翻译《路喀阿诺斯对话集》,这是周作人一直怀着的心愿,虽然这一工作相当繁难,更何况他是以炳烛之微光?但周作人还是决心做这一工作,哪怕是不能全部完成,哪怕是仅译成了其中的几篇,也未始不是他晚年能做的有意义的一件事。1962年6月,他着手了这一新的巨大的工程——翻译《路喀阿诺斯对话集》。

1961年11月末，常维钧受鲁迅博物馆之托，访问了周作人。谈到文化部拟以1800元收购周作人的旧日记及书简，存于鲁迅博物馆中，征询周作人的意见。当时，周作人因家中开销过大（妻羽太信子狂臆症时常发作，妻妹羽太芳子也因病住院），入不敷出，急欲得到经济上的补贴，因而同意出卖日记。唯提出：日记后几册，待写完《药堂谈往》后交出；信很多，须待有余暇时整理后交出。以后周作人便于1962年1月及1965年1月，先后分两次委托常维钧将日记转交鲁迅博物馆，鲁迅博物馆也分两次将1800元付给周作人。

周作人自1898年2月18日（农历清光绪二十四年正月二十八）至1966年8月，文化大革命被抄家为止，在将近70年的漫长岁月中，除其中的几段时期，因情况特殊日记中断外，绝大部分日子里，他坚持不辍写下的日记31册中，保留下大量珍贵的史料。这些日记，对研究周作人自然是难得的第一手材料，就是对研究中国现代史和现代文学史，也有一定的参考价值。

自1960年12月至1962年11月末，以历时整整两年的时间，周作人完成了他一生中所写的最后一部著作《药堂谈往》。这部书，他原打算写20万字，最终竟写了38万多字，前后分90次给曹聚仁寄去。全书凡209节，其中序、跋文4节，共分4卷。第1卷，64节，写出生至在南京读书时期；第2卷，39节，写在日本留学及留学归来后在绍兴、杭州工作的时期；第3卷，51节，写1917年到北京工作至1927年国民党清党时期；第4卷，55节，写1927年后至写回忆录时。4卷之中，体例与繁简也有所不同，前3卷稍详，基本上是按时间顺序纪实性的叙写；第4卷前12节，则打破了时间的顺序，在《北大感旧录》的总名下记写了北京大学文科中的一些人物及周作人与他们的交往。对沦陷时期他的附逆事敌之事则全部略去，他在第178节"从不说话到说话"中说："这些在敌伪时期所做的事，我不想这里来写，因为这些事本是人所共知，若是由我来记述，难免有近似辩解的文句，但是我是主张不辩解主义的，所以觉得不很合理。"他虽未写敌伪时期所做的事，但对北大南迁后，蒋梦麟校长叫他保管在平校产，1939年元旦的遇刺事件，沦陷后，他自称欲求"国家治乱之源，生民根本之计"的写作态度以及日本文学报国会代表片冈铁兵称他为"反动老作家"等等,却又写得不厌其详。这恰恰表明,在"不辩解主义"的旗号下,其实他是在精心地为自己做着回护与辩解的。

《药堂谈往》于1962年11月末写完后,易名为《知堂回想录》。这一书稿,原拟在香港《大公报》系统的《新晚报》上连载。本来香港报纸的习惯是边写边登,周作人的回想录原也是边写边陆续地寄至香港,但却拖延至全书写完的一年多以后,即1964年8月才开始在《新晚报》上连载。一则因主持《新晚报》副刊的罗韵荪,顾虑周作人所写依然属于"阳春白雪",不为晚报的一般读者所接受;另一方面,他们也想看一看周作人对敌伪时期的一段历史是如何写的,后来见他基本上是留下了一段空白,觉得这是比较"聪明"的办法,这才决定刊用。

《知堂回想录》在《新晚报·人物志》副刊上连载。"人物志"副刊,原是因为要连载溥仪《我的前半生》而创办的。《我的前半生》连载完结后,又连载了写张作霖的中篇《绿林之帅外传》。《知堂回想录》开始登载时,便与之刊于同版。1964年8月5日,周作人致鲍耀明的信中说:"知《新晚报》通告将从八月起登载《谈往》,在宣统废帝以后,又得与大元帅同时揭载,何幸如之。"虽拖延久久,"回想录"毕竟终于在港报连载了,这使周作人在焦虑的等待中,终竟感到了一点快慰。不料连载了20余节后,北京文艺界又传达了毛泽东主席1963年12月12日以及1964年6月27日关于文艺工作和文联工作的两个批示。

随着这两个批示的传达与贯彻,周作人《回想录》的连载便又遇到了"腰斩的厄运":9月下旬,香港《新晚报》奉命终止对《回想录》的连载。还在《回想录》刊载时,对文艺界的消息略有所闻的周作人,已预感到连载前景的暗淡。9月15日,他致鲍耀明的信中就谈到:"回想录想在继续登载,但或者因事关琐屑,中途会被废弃,亦未可知。"不久后,果然传来《回想录》停载的消息。9月29日,他致鲍耀明的信中又说:"关于回想录的预言乃不幸而中了,至于为什么则外人不得而知了。"

《知堂回想录》在《新晚报》连载时,传闻日本一大报要译载其全文，鲍耀明曾将此事告周作人。周作人在 8 月 5 日致鲍耀明的信中说："报上既经发表，则译载亦属自由，唯不知系何人执笔，因拙文颇别扭，虑别国人或有不很弄得清楚的地方。鄙处亦无原稿留存，报上如何说法，恐只能即作为定准了吧。"后来只节译了数章刊载于日本的报纸上。

1965 年，罗韵荪受友人之托，又在香港协助黄蒙田办《海光文艺》，于 1966 年 1 月创刊。曹聚仁遂又与罗商议将《知堂回想录》选出一部分，在《海光文艺》上连载。《海光文艺》出刊半年后，国内"文化大革命"铺天盖地而来。不久，《海光文艺》中停，事不果行。

1966 年春，曹聚仁又将《知堂回想录》书稿交香港三育图书公司出版。书稿付排后，校样苦于邮递不便，校对等事曹聚仁便一力担任下来。其时曹聚仁已年老体衰，精神不济，伏案校对，腹痛如割。至 1967 年夏，曹又进广华医院手术，卧床两月，书稿便搁置下来。1967 年秋，曹聚仁身体康复后，又经李引桐商得新加坡《南洋商报》的同意，将《知堂回想录》送《南洋商报》连载了 10 个月。其时，周作人早已归去道山。1970 年，香港三育图书公司才将该书正式出版，至此，这部保留下不少史料的周作人自传性的《知堂回想录》，方得与世人见面。

正当周作人在撰写《药堂谈往》之际，1962 年 4 月 6 日，妻羽太信子因冠状静脉硬化病突然恶化，由文联佟韦帮助接洽，即送北大医院抢救。这一天，家人们都去医院照护陪伴病人，只有周作人一人独坐灯旁，看着空荡荡的屋子，空荡荡的榻榻米上，已没有几十年来厮守相伴在一起的老妻了。他预感到信子这一去，恐怕是难以返回的了，一种寂寞孤独之感油然袭来。他打开日记写道："灯下独坐，送往医院的人们尚未回来，不免寂寞之感，五十余年的情感尚未为恶詈所消灭，念之不觉可怜可叹，时正 8 时也。"回想 50 多年来，与羽太信子的感情还是深笃的，周作人一切都顺从着信子，几乎没有发生过大的争吵或反目之事。只是到了最后这十年来，夫妻间才发生过一些不快。1959 年以后，由于经济生活的拮据，由于羽太信子长期卧病，心情不好，又由于信子怀疑周作人 1934 年赴日本时有外遇，矛盾日益恶化，遂对周作人常常冷嘲热讽，几如狂癔，使周作人常感不胜厌烦，有时竟无法工作。而今，信子这一去，人走房空，周作人却又无限眷恋、思念。他无心看书，无心写作，怅怅然等待着那预料中的不幸消息……

4月8日下午，从医院传来羽太信子逝去的噩耗。他立即与儿孙们一起赶赴医院。到了医院，周作人伸出颤抖的手最后地抚摸着妻子那冰冷冷的脸庞，默默地向妻子做着最后的告别。

当天晚上，他把这一不幸的消息，写信告诉香港的友人们。在致鲍耀明的信中，他说妻子"平素信佛教，尤崇拜观音，今适于佛成道日死去，或者可以稍得安慰欤"。

安葬完妻子，两个多月以后，1962年6月18日起，他着手了晚年译事上的另一巨大工程——翻译希腊《路喀阿诺斯对话集》。

在孤独寂寞中，翻译、写作和阅读仍是他最大的乐趣和慰安。除翻译外，他仍继续着《药堂谈往》的写作，偶或还应报刊、杂志之约写一点回忆性的文章。翻译、写作之余，他有时又从书架上找上几本虽阅读过多次但仍愿一读的书籍，随便翻阅翻阅，以遣时光。

1965年3月6日，正是冬至过后的一天，又当周作人80生辰过后的不久，他独酌半醉，借着酒气，拿起笔来，赋诗一首，题为《八十自寿诗》：

可笑老翁垂八十，
行为端的似童痴。
　　（仿放翁作七十书适诗。）
剧怜独脚思山父，
　　（日本传说有山父，一目独足，能知人意。）
幻作青毡羡老狸。
　　（老狸能幻化屋宇容八叠云。）
对话有时装鬼脸，
　　（近译希腊路喀阿诺斯对话中多讽刺诙谐之作已成二十篇凡四十余万字。）
谐谈犹喜撒胡荽。
　　（古时出语不端谨宋时人称为撒园荽。）
低头只顾贪游戏，
忘却斜阳上土堆。

30年前，他作《五十自寿诗》后，得到的唱和、吹捧、批评，在文坛上引起了一场轩然大波，至今仍历历如在目前。今天，日换星移，人变境迁，他在文坛上的声名，早已不似30年前。八十自寿诗，他也不打算发表，只想录示二三友人，聊作纪念。

过了两天，他写下《八十自寿诗·说明》，并将原诗、说明一并分别寄给好友龙榆生、俞平伯、柏泉等。是年6月，他又将该诗及说明照写一通，寄给香港的鲍耀明。鲍耀明后以《知堂老人八十自嘲诗》为题，将该诗、说明，连同周作人有关该诗的三封书信并周作人的手迹，一起发表于香港的《明报月刊》。

1963年12月和1964年6月，毛泽东主席关于文艺工作和文联工作的两个批示在文艺界传达后，我国文艺政策更加急速地向"左"的方向倾斜；加以全国正在开展节约运动，在这种形势下，人民文学出版社便以当时物价已经低下，羽太信子病逝、负担已经减轻等为理由，自1964年9月起，给周作人每月预支的稿费由400元减半为200元。薪俸锐减，使周作人不仅经济上感到格外的拮据，心情上也更加郁闷。

对于政治气候、文坛上气候发生的变化，居住在北京的周作人，早已有所感悟。1964年春，他写给香港《新晚报》的《今年的天气》一文，就隐约地谈到这一问题。文章开头就说："据说民国初年，在北京的精通世故，善于趋避的大人先生们，在相见的时候，最普通的一句招呼是'今天天气——哈哈哈'。因为他们遵守莫谈国事的训条，不敢乱说关于时局的话，所以只好来谈天气，但天气虽是无情之物，批评几句当然无妨，可是这也不一定那样自由……"继之，他又谈到北京的自然气候："现在来说，北京的天气，用不着说什么哈哈哈了，可以直接了当批评它不好，或者说有点异样，甚至听见有人说是近百年来所没有的。"周作人此文，虽竭力申说是在谈自然气候，但"不敢乱说关于时局的话，所以只好来谈天气"，恰恰透露了周作人在此期间不愿明言的心情与感受。

在无可奈何的郁闷之中，1965年3月中旬，周作人勉力翻译完了希腊《路喀阿诺斯对话集》，全书凡对话20篇，即47万余字。他40多年来的心愿终于完成了，但何时能够出版，他也感到，以当时的情况而言，十分渺茫。但对这位相当于后汉末年时期的希腊作家，毕竟已尽了介绍之责了，他感到莫大的安慰、满足。

了却了这一心愿后，周作人觉得已死无余恨。人生的一切况味他已尝尽，想做的事皆已做毕，撒手人寰，与草木同朽，也未尝不是乐事吧！

4月8日，他平静地再写下了一通遗嘱，工工整整地录在日记上：

> 余今年一月已整八十，若以旧时计算，则八十有三矣。自己也不知怎么活得这样长久。过去因翻译路喀阿诺斯对话集，此为五十年来的心愿，常恐身先朝露，有不及完成之惧。今幸已竣工，无复忧虑，既已放心，便亦怠惰，对于世味渐有厌倦之意，殆即所谓倦勤欤？狗肉虽然好吃，久食亦无滋味，陶公有言，聊乘化以归尽，此其时矣！余写遗嘱已有数次，大要只是意在速朽，所谓人死，消声灭迹，最是理想也。
>
> 四月八日　知堂

4月23日，他又起手翻译日本中世纪镰仓时代的历史演义小说《平家物语》。这也是一部大著作，两个多月前人民文学出版社编辑文洁若来访，曾约他翻译并送来原著，他勉强地答应下了。一则是为了拿稿费，二则也是聊以遣日而已。然而他的译稿，存在出版社的，多的达十年以上了，仍不能出版，如希腊阿波多洛斯的神话、《枕草子》、《浮世床》，以及刚刚译完的《路喀阿诺斯对话集》等，总共约有上百万字，这些书何时能够面世，实在渺茫。因而，虽然他又开始翻译《平家物语》，但他已感到有些厌倦，有些疲惫。

4月26日，周作人在对世事感到厌倦和十分的疲惫之中，又重作一通遗嘱，抄录在日记上：

> 以前曾作遗嘱数次，今日重作一通，殆是定本矣。文云：余今年已整八十岁，死无遗恨，姑留一言，以为身后治事之指针，余死后即付火葬或循例留骨灰，亦随即埋却，人死声消迹灭最是理想。余一生文字无足称道，唯暮年所译希腊对话是五十年来的心愿，识者当自知之。

此后，周作人便常只读书、写信遣日，精神好时，也稍事一些翻译。这时国内政治形势日益紧张，史无前例的"文化大革命"即将来临。1965年1月，毛泽东主席亲自主持制定了在全国城市和农村开展社会主义教育运动的二十三条，在全国发布。文件中指出："我国城市和农村都存在着严重的、尖锐的阶级斗争。"并谓"这次运动的重点是整党内那些走资本主义道路的当权派"。文件发布后，全国城乡大张旗鼓地开展了社会主义教育运动。中央文化部和全国文联也以毛泽东主席的几个指示为纲，开展了整风运动，对文化部门的领导人，对一些文艺作品、学术观点及文艺界、学术界的一些代表人物，进行了错误的、过火的政治批判。1965年11月，姚文元的《评新编历史剧〈海瑞罢官〉》一文在上海《文汇报》上发表，为"文化大革命"的发动，作了舆论上的准备。1966年春，在"四人帮"操纵和控制下，一场史无前例的文化大浩劫，铺天盖地而来。一时间，红色风暴，震撼着九州大地，席卷了整个中国。

在这场文化大浩劫中，中国有良知的文化界人士，有多少能幸免于难？他们有的被进行惨无人道的揪斗，有的不堪折磨而致死，有的忍受不了屈辱，无奈而含恨九泉……

有着汉奸身份的周作人，自然更未能逃脱这一场劫难。

还在1965年8月，周作人家便被勒令赶出八道湾，移至北京城外东郊的一所破落的住宅中。年老体衰的周作人迁居后，精神抑郁，终日唯以读书度日。这时在国内，由于政治气候的森严，与他往来的友人已很寥寥。唯与香港的友人鲍耀明、曹聚仁等书信往来中，略述自己的情怀。

1966年2月中旬的一天，周作人外出购物。回到胡同里失足倾倒，幸未跌伤腰脊四肢，只左腿筋肉顿挫受伤。卧养几天后，刚刚能够下地，右目又患结膜炎。真是"屋漏偏逢连夜雨"，他只好终日蜷卧。十多天后，腿疾、眼疾稍愈，他又勉力把笔，写下一篇约四千多字的纪念孙伏园的文章，寄给曹聚仁。这是他一生写下的最后一篇散文。

1966年3月18日，这是"三·一八"40周年纪念之日。晚景寂寥中的周作人，回想起40年前的情景，感慨良多。他怅然在日记中写下："今日是'三·一八'纪念，倏然已是40年矣，现在记忆的人亦已寥若晨星矣。"

3月23日，正当河北省邢台地区发生强烈地震后的数日，"文化大革命"的号角即将吹响之际，周作人用辘轳体作谐诗一首：

春风狂似虎,似虎不吃人。

吃人亦无法,无法管风神。

并注曰:"观于人们之怕地震,故成此诗。"就中也许不无周作人此刻在政治上所预感到的恐惧吧!

在无边的寂寞、抑郁、恐惧中,5月17日,周作人发现尿中出血。经协和医院检查,确诊为前列腺肿瘤。

5月末,周作人将《平家物语》第七卷的翻译完成。这部共13卷的著作,周作人译完了它的一半,便永远地搁笔了。

1966年春夏,当"文化大革命"的风暴席卷着中国大地的时候,周作人接二连三地受到种种冲击。他的儿子被勒令关进了牛棚,受到了非人的待遇。他自己每月的生活费,由200元又砍削掉大半,仅仅剩下二、三十元。在无可奈何之中,他曾致信章士钊,诉说自己的苦状。章士钊曾派秘书王益知数次来看望他。为感激章士钊关怀他的厚意,周作人拖着心力交瘁之躯,为章抄录了自己的旧作《儿童杂事诗》。然而此刻,章士钊老人自身难保,又能给周作人以怎样的帮助呢?

在"文化大革命""砸四旧"的高潮中,周作人的家曾数次被查抄,一批批的红卫兵呼喊着闯进来,抄走了他家中的一切书籍、杂物,就连他睡觉的塌塌米,也被砸出许多窟窿。当一摞摞的、周作人珍藏多年的书籍、文稿、信件,被红卫兵抄走之时,他真是心痛如刀绞。幸亏,当时抄家的红卫兵中,还有稍懂珍惜历史文物的青年,他们将周作人的一些书籍、旧稿、信件,集中堆放在一间屋子里,通知鲁迅博物馆去抢救这些文物。这堆满半间屋子的书籍、旧稿和信件,才得被送至鲁迅博物馆珍存下来。这批包括"五四"时代李大钊、陈独秀、胡适、钱玄同、刘半农等近百人的信件及大部分周作人的旧稿,才没至于被付之一炬。

周作人的家被洗劫一空后,1966年8月,周作人也被撵到一个小棚子里居住,衣服上被钉上一块白布条,上面写上他的名字。只有一位老保姆照料他的生活。这时,他不仅无钱治病,也无处就医。"红色共和国"的首都,有哪家医院肯为一个大汉奸救治他那不治之症?有时周作人还要受到红卫兵们的痛打和拷问,他遍体鳞伤,满身浮肿⋯⋯

就这样,周作人度过了他一生中最为痛苦和难挨的一段日子。

1967年5月,在那阴暗潮湿的小棚子里,周作人的心脏停止了跳动。

他终于走完了自己漫长的人生路程。

他留给后人那么多精神财富,那么多知识和智慧,也有那么多发霉的垃圾和令人不解的谜……

21. 红楼奠基的深情

——周作人和李大钊

> 从周作人与李大钊及其家属绵延 20 余年的真诚友谊中，可以看到曾经做过伪职、当过汉奸的周作人其充满矛盾的人生旅程中的另一个侧面。
>
> ——作者

周作人结识李大钊稍晚于陈独秀，他们初识于何时尚未可考，大约是在 1918 年 2 月以后。1917 年 4 月周作人由绍兴来到北京，初任北京大学国史编纂处纂辑员，下半年起被任命为北京大学文科教授。1918 年 2 月，李大钊被聘为北京大学图书馆主任兼经济学教授。这时周、李之间可能开始过从。此前，李大钊创办《晨钟报》，编辑《新青年》，发表《"晨钟"之使命》《青春》及批判封建伦理道德的一系列脍炙人口的文章，从事反对卖国贼袁世凯的革命活动，估计具有民主主义意识的周作人也会有所耳闻。

李大钊性格谦和、儒雅、平易近人，正如鲁迅所回忆的，他"给我的印象是很好的，诚实，谦和，不多说话"。模样"有些儒雅，有些朴质，也有些凡俗"(《守常全集·题记》)。周作人一结识他就有一种亲切感，很愿与之接近，他曾回忆说："其时北大红楼初盖好，图书馆是在地窖内，但图书馆主任室设在第一层，在头靠南，我们去看他便在这间房里。那时我们在红楼上课，下课后有暇即去访他，为什么呢？《新青年》四人相当不少，除二三人时常见面之外，别的都不容易找……，只有图书主任，而且他又勤快，在办公时间必定在那里，所以找他最是适宜，还有一层，他顶没有架子，觉得很可亲近，所谈的也只是些平常的闲话。"(《知堂回想录·一五三·坚冰至》)。

周作人与李大钊过往的频繁，首先是因为他们都积极倡导新文化运动。1918年1月，李大钊等参加了提倡新文化运动的重要阵地《新青年》的编辑工作，此时周作人已为《新青年》的重要撰稿人，他与鲁迅有时还列席《新青年》的编辑会议，是《新青年》的"客员"。又因《新青年》为月刊，有时又不能按时出刊，《新青年》的同人们遂商定再办一个周刊，即《每周评论》，仍由《新青年》四人主持。商议创刊《每周评论》的会议，就是1918年11月27日下午在北京大学学长室召开的。周作人，李大钊等都参加了这次会议。后李大钊为《每周评论》的编辑之一，周作人未负责具体编务，却是它的重要撰稿人。他与李大钊之间的交往，自然更加密切。

周作人与李大钊的亲近，还有更深一层的原因。1918年末，日本以武者小路实笃为首的白桦派作家曾积极地鼓吹"新村运动"，在九州宫崎县的日向地方建立起第一个"新村"，以提倡"建设模范的人的生活"，即：要协力与自由并有，集体与个人统一，使人人既"尽了对于人类的义务，却又完全发展自己的个性"。这个带有鲜明的空想社会主义色彩的新村运动，对秉性害怕斗争、害怕暴力而又向往社会改革的周作人，自然有极大的吸引力，他曾发表过在中国最早介绍"新村"的文章《日本的新村》，刊载在《新青年》上。1919年7月，他去日本东京接妻室回国，还没到达东京，便先绕道去了日向新村参观，并访问了大阪、京都、滨松，东京等地的新村支部，参观访问后，他以几乎是被"融醉"了的心情又是写文章，又是作报告，向国人详尽地介绍日本的新村，他说："在新村中，充满着人类之'爱'，这同类之爱的理论，在我虽也常常想创，至于经验，却是初次，新村的空气中便只充满这爱，所以令人融醉，几于忘返，这真可谓不奇的奇迹了！"周作人参加了日本东京的新村支部，在他的日记上还常有寄缴会费的记载；还于1920年2月在北京组织了新村支部，并在《新青年》上刊登过《新村北京支部启事》，"宣布新村支部已于本年二月成立，由周作人君主持一切……"当然这个乌托邦式的组织，从开始就属有名无实，不久也就消踪灭迹了。

然而，正在探寻着救国救民道路的一些中国早期的共产党人却支持了新村运动。李大钊就是坚决的支持者之一。在周作人的日记中就有"守常函介李君来,属为介绍往新村"(1920年9月1日)、"访守常,以新村介绍函交徐彦之君"(1920年6月28日)等记载。性情儒雅的李大钊,虽崇信马克思主义的阶级斗争学说,却同时也信仰克鲁泡特金的互助论,1919年7月6日,他就曾在《每周评论》上发表《阶级竞争与互助》一文,既肯定了马克思主义的阶级斗争说,又肯定了克鲁泡特金的互助论,他说:"人类应该相爱互助,可能依互助而生存而进化,这是我们确信不疑的道理。"并总结说:"阶级的竞争快要息了,互助的光明快要现了,我们可以觉悟了。"可见李大钊和周作人在赞同新村运动这点上,是有着思想深处的相默契之处的,这更是周作人从心灵深处亲近李大钊的又一原因。

基于对人类应该相爱互助的信任,1919年12月,陈独秀、李大钊、蔡元培、周作人等还一起在北京发起组织了"工读互助团",1920年1月《新青年》7卷2期上刊登了"工读互助团募款启事",提出"工读互助团"的宗旨就是"帮助北京的青年实行半工半读主义,庶几可以达到教育和职业合一的理想"。然而,这种空想社会主义式的组织,只试办了三、四个月,就因失败而宣告解散。

1920年之后,李大钊发起组织"马克思学说研究会",筹建中国共产党,而一贯主张张扬个性、崇尚自由并声言"最不喜谈政治"的周作人,对李大钊的选择存有保留,他"决心要修自己的胜业",去从事文学创作和翻译去了,周、李之间的关系渐稍疏远。但是在思想文化战线上的斗争,他们还是相互支持的。

1927年"4·12"前夕,李大钊不顾奉系军阀张作霖的通缉,继续领导北方党的工作。4月6日,李大钊被军阀政府以宣传赤化之罪名逮捕入狱。这一天恰好是植树节,学校放假,周作人与几位友人去海淀郊游,并在沈士远处午餐,下午回城。李大钊的长子李葆华,当时在孔德学校读书,这一天也去海淀,夜宿在沈士远家。周作人回城后看到报载李大钊被捕的消息,大为吃惊。沈尹默立即打电话告诉沈士远,让他隐匿李葆华,以防被株连。过了两个星期,因沈士远家附近有侦缉队,深感不便,沈尹默让周作人去燕京大学上课时,将李葆华带进城。周作人照办了。李葆华进城后,周作人一直把他隐匿在自己的家里。第二天,他们从报上得悉,李大钊已被处死刑。李葆华又隐藏在周作人家一个多月。周作人又与沈尹默相商，让李葆华化名为杨震，送去日本留学。

李大钊牺牲后，周作人不顾当时反动派白色恐怖的高压，在5月14日出版的《语丝》上发表《偶感》杂文，恸悼李大钊并对他身后的萧条表示了深深的同情与敬意。他说："李君以身殉主义，当然没有什么悔恨，但是在与他有点戚谊，乡谊，世谊的人总不免感到一种哀痛，特别是关于他的遗族的困穷，如有些报纸上所述，就是不相识的人看了也要悲感。——所可异者，李君据说是要共什么的首领，而其身后萧条乃若此，与毕庶澄，马文龙之拥有数十百万者有月鳖之殊，此岂非两间之奇事与哑谜欤？"当时日本军国主义的喉舌、汉文《顺天时报》还就李大钊遇难事件发表短评，向烈士英灵大泼污水，说什么李大钊作为学者，"如果肯自甘淡泊，不作非分之想"，"至少可以终身得一部分人的信仰和崇拜，如今年做了主义的牺牲，有何值得"，并说："奉劝同胞在此国家多事的时候，我们还是苟全性命的好。"针对这些谬论，周作人立即挥笔写了《日本人的好意》，义正辞严地予以驳斥，他说："日本人劝我中国的'同胞'要'苟全性命'，趁早养成上等奴才高级顺民，以供驱使，免得将来……辜负教养之恩，但是我要奉告日本人，不劳你们费心……"又说："日本人自己轻视生死，而独来教诲中国人'苟全性命'，这不能不说是别有用意，显系一种奴化的宣传。"

李大钊牺牲后，周作人还一直对其家属多方关照。周作人主编的《语丝》杂志，每出刊一期，都送给李葆华。李大钊的灵柩一直存放在北京宣武门外妙光阁浙寺，至1933年已至6年，家属无力偿还停柩租金。另一方面灵柩也需下葬，入土为安。为此，1933年4月，李大钊的女儿李星华、李炎华访问周作人，商议灵柩安葬事，周作人与李大钊生前友好共13人联名发起为李大钊公葬募资。在地下党的支持下，经过筹备，公葬仪式由北京大学师生、李大钊生前友好出面组织，4月22日在浙寺举行，周作人参加了这次公祭，并为李大钊家属送去花圈一个，奠仪10元，又向北京大学募资处献上捐款20元，以寄托他对烈士的哀思。

李大钊身后，有两件事一直牵动着周作人的心，一是李大钊遗著的出版问题，一是其子女的生活安排问题。

李大钊生前，曾亲自把他的文章选出，打算出版。文稿交给他的族侄李乐光（又名李白余）。李大钊牺牲后，在清华任助教的李乐光在教学和进行党的地下活动的同时，勤苦地搜编余稿。为避反动派的搜查，几易工作地点，先在清华大学地窖，后又在一个医生家里，再后又在岳母赵老太太的掩护下，每天由赵老太太将文稿埋在几株向日葵下，夜深人静将文稿取出继续抄编。至1933年文稿编就4本。因李乐光被捕，后送往南京监狱，赵老太太怕文稿被搜查，遂将其装在罐子里埋入地下。后赵老太太将文稿转交李星华，李星华又将这部辗转保存下来的文稿送到周作人处。

在李大钊公祭前，周作人致信曹聚仁，询问曹所在的上海群众图书公司能否出版《李守常全集》，不久得到曹聚仁复信表示可以出版。周作人还与曹聚仁商定，请李大钊旧友写序或题字。北方约请的由周作人联系，南方的由周作人接洽。他们曾分别请鲁迅、蔡元培、陈独秀、章士钊等作序，后来北新书局李小峰致信李大钊家属兜印该书，家属也欲予之，便将书稿交北新书局，而未能由群众图书公司出版。后来北新书局因故被毁，改为青光书局，《守常全集》出版事便被拖延下来。1934年春、1935年2月，周作人又再度与曹聚仁联系出版《守常全集》事，曹聚仁也积极响应愿为出版该书效力，但终因当时国民党反动派的多方阻挠，《守常全集》虽历尽波折而未能出版，直到1939年4月，北新书局才将《守常全集》原稿中的一、二卷，分上下两卷出版。应该说周作人在保存《守常全集》文稿，促成其出版上是功不可没的。

关于李大钊子女的生活安排问题，也一直为周作人所牵挂。

1932年冬由李星华代笔由赵纫兰从乐亭汤家河给周作人寄出一信，提出希望周作人帮助出售李大钊的遗书，以解决生活的窘迫，且因寄放书籍的亲友要搬家，希望托人尽快卖掉。早在8月间，李星华就曾为此事找过周作人，并找过胡适和北大校长蒋梦麟。蒋梦麟曾提议由大家集款买下，赠给图书馆作为纪念。8月26日，周作人致信胡适再议此事，表示同意蒋的建议，希望胡适帮助"以了此事"。但此次卖出是否办成，或只卖掉一部分，已无可考。六七年后，1939年1月，周作人又为此事致信钱玄同。1月16日得钱玄同复信，告周作人书已卖给当时女子师范大学。此次卖书所得共 120 元，一半由周作人寄给李大钊次女李炎华，一半分送给李星华、李光华等。总之，出售李大钊遗书事，从 1932 年延续至 1939 年，一直得到周作人的鼎力帮助，这是李大钊的家属对周作人十分感念的。

李大钊遇难后，其女李星华在孔德学院读书，当时周作人在该院兼课，他便帮助联系让李星华为学院刻写蜡板，每月补助生活费 15 元。后来她还利用刻蜡板的机会，为党刻印传单。北平沦陷后，李星华带弟弟李光华回到乐亭，李光华参加了冀东暴动。暴动失败后，他头部受伤，无法在家安身，李星华便带他回到北平，作去延安的准备，在北平住了约一年的时间。当时周作人在伪北大工作。他便帮助将李星华安排在伪北大会计科当出纳员，维持其生活，李光华暂去孔德学校读书。至 1940 年，李星华带光华及一个 3 岁的孩子去延安。临行前，经周作人帮助预支了 4 个月的薪金，并办了出北京界须有的"良民证"，他们化装为商人家属，辗转 4 个月，到达了延安。

1939 年，李大钊的次女李炎华和其爱人侯辅庭，因冀东暴动失败，在冀东不能存身，来到北平。周作人曾寄钱给李炎华，以解其燃眉之急。周作人还为侯在伪北大临时安排了一个职员的工作。那年 9 月，侯辅庭又回冀东打游击，临行前写信给周作人拜托他关照其家属。后侯辅庭再来北京，曾被内六区所属派出所传讯，后经周作人帮助取得了保释。1939 年 12 月 23 日周作人的日记中还有这样的话："下午得炎华信，系守常次女也。感念存殁，终日不愉。"足见周作人对李大钊之遇难，仍有着无尽的伤悼。

（载《党史纵横》1994 年第 7 期）

22. 从携手到分裂

——周作人与陈独秀之间的交往

周作人是鲁迅之弟，周建人之兄。他一生走过了一条曲折而复杂的人生道路。上世纪 20 年代前后，作为自由主义的知识分子的周作人，与早期共产党人陈独秀曾有过一段密切的交往。

一

周作人初识陈独秀，是在 1917 年 4 月 10 日，那是他到北京的第 10 天。周作人经鲁迅等人推荐，应蔡元培之邀，来北京大学任职。他原想到北京大学教希腊文学与英国文学，但因他到北京的时间，已是学期中间，不便开设新课，北大校长蔡元培拟让周作人暂担任预科国文。自视甚高的周作人听后"大为丧气"，便往北大访蔡元培，辞教国文事，并告拟南归回绍兴。在北大，他初识了刚被任命为文科学长的陈独秀，陈独秀对这位《域外小说集》的主要翻译者，精通希腊语与日本语的绍兴才子，也分外看重，他便极力挽留周作人担任国文课，周却坚辞。

之后，周作人被暂安排到北大国史编纂处工作，第二年又正式被聘为北京大学文科教授，他与文科学长陈独秀的关系自然愈益密切。这时陈独秀除在北大任职外，还主编《新青年》杂志。周作人自 1918 年 2 月起便开始在《新青年》上发表译作。有一段时间，《新青年》上几乎每期都有周作人的作品或译文。后来，他与鲁迅还常列席《新青年》的编辑会议，成为《新青年》的"客员"，陈周之间的交往愈加频繁，"五四"前后周作人的日记中常有"访陈独秀君""访仲甫""以文交与仲甫"等记载。陈独秀的激进思想对周作人虽不无一定的影响，但周作人却生性平和，害怕激烈的斗争，又深受传统儒家中和的思想和西方人道主义思想的影响，与陈独秀在思想、性格上存在着明显的差异，而这在一段时间内妨碍了他们之间的友谊。

1918年11月，《新青年》的同人们鉴于宣传新文化运动的刊物《新青年》系月刊，又常不能每月按时出刊，遂拟议再办一周刊名《每周评论》，仍由《新青年》同人主持。陈独秀、李大钊、胡适、周作人等都参加了这次会议。《每周评论》遂于12月22日创刊，周作人又成了陈独秀主持编辑的《每周评论》的重要撰稿人。

二

周作人虽没有参与《每周评论》的编务，但却积极支持了它。在筹办《每周评论》期间，周作人即为《每周评论》写好一篇论文《人的文学》，寄给陈独秀。陈独秀阅后大加赞扬，立即复信周作人，称"大著《人的文学》做得极好"，拟编入《新青年》。这就是在新文化运动初期曾产生过广泛影响的、周作人第一篇系统表述自己文学观点的理论文章。而今已成为新文学史册上的重要文献。此后，周作人又陆续为《每周评论》写了一系列重要的论文或杂文，如《平民文学》《论黑幕》《思想革命》《祖先崇拜》等等，极大地支持了陈独秀的工作。

1919年春，周作人携他的日籍夫人羽太信子及子女共4人赴日本探亲，4月23日抵达东京。他还没来得及去逛逛上野公园，便听到"五四"运动在北京爆发的消息，正当年轻气盛的周作人，便匆匆离开日本，赶回北京，到北京后，平生第一次感受到群众爱国运动那热烈的气氛，心情十分兴奋。6月3日，他去北京大学，一路上看到爱国学生纷纷走向街头，开展大规模的反帝爱国的宣传活动，却遭到反动军警镇压的惨象，他不能抑制自己的愤怒，便同陈百年、刘半农、王星拱等自称北京大学代表，去北大三院法科慰问那些被军阀政府拘捕的中小学生，却遭到军警的拒绝。过了八九天，陈独秀因在市场散发《北京市民宣言》的传单，被警方逮捕，消息传给周作人，6月14日下午，他便与李辛白、王星拱等五六个人以北京大学代表的名义，去警厅看望陈独秀，一直交涉到晚4时许也未得见。当时李大钊便将陈独秀被捕的消息披露给报界。一时间，北京、上海等地报刊纷纷刊载陈独秀被捕的消息，李大钊还通过北大学生组织发出"致警察总监函""致上海通电"，要求释放陈独秀。北洋政府怕事态扩大，被迫于9月16日释放陈独秀出狱。9月18日，周作人去箭杆胡同陈独秀的住处看望了陈。李大钊等还为祝贺陈独秀出狱，写了《欢迎独秀出狱》的诗。

陈独秀出狱后，周作人与他的过往依然较频繁。1920年3月，周作人曾写信给陈独秀，托他代与文明书局了结出版《炭画》一书的账目。1921年上海群益书局重印《域外小说集》一事，陈独秀也曾给予过帮助。周作人对陈独秀的工作也给予很大的支持。1920年12月，陈独秀、李大钊等发起组织"工读互助团"，发表"工读互助团募款启事"，周作人也列名参与其事。他还曾应陈独秀之邀，去参加工读互助团的谈话会，并在会上发表演讲。这个带着极大空想社会主义性质的组织，只活动了三四个月，便宣告解散。

1920年9月，《新青年》成为上海共产主义小组的机关刊物。12月，胡适致信《新青年》诸编委，要求《新青年》不谈政治，遭到陈独秀、李大钊的反对。这时鲁迅、周作人都站在陈独秀这一边，反对胡适的主张，周作人在病中还给《新青年》做文章，以至陈望道曾在信中感激地说"'周氏兄弟'是我们上海、广东同人与一般读者所共同感谢的"。之后《新青年》又迁至广州，北京原《新青年》的同人们如胡适、钱玄同等都对之表示了冷淡，唯鲁迅和周作人仍支持它，陈独秀曾致函鲁迅、周作人说："北京同人料无人肯做文章了，唯有求助于你两位。"足见此时，周作人、陈独秀之间还保持着甚好的友谊。

三

然而，随着革命形势的深入发展，周作人与陈独秀之间的分歧也日益明显。

1922年3、4月间，周作人与陈独秀发生了一场关于"宗教自由"问题的争论。事情的大致经过是这样的：

1922年4月，"世界基督教学生同盟"拟在北京清华学校召开第十一次大会。3月间，在中国社会主义青年团的倡议下，在上海、北京、广州等地先后成立了"非基督教学生同盟"。他们发表宣言、通电，印发传单，组织群众讲演会等，掀起了轰轰烈烈的反基督教运动。上海《先驱》杂志还曾出版过"非基督教学生同盟专号"。之后，《民国日报》觉悟也办过一个"非基督教特刊"。这个运动实际上是在中国共产党的领导下进行的。如"非基督教大同盟"成立的由五人组成，总理一切事务的委员会，其中就有共产党人唐公宪、张秋人、柯柏年等参加。许多共产党人如李大钊、陈独秀、罗章龙等都参加了非宗教同盟的活动。李大钊、王星拱、吴虞、李石曾还曾联名在1922年4月4日的《晨报》上发表《非宗教宣言》，这个声势浩大的非宗教运动，其矛头所向，原本并不是基督教本身，而是指向帝国主义的侵略，如"非基督教学生同盟宣言"就指出："世界基督教学生同盟的会议，所讨论者无非是些怎样维持世界资本主义及怎样在中国发展资本主义的把戏，我们认为污辱我国青年欺骗我国人民，掠夺我国经济的强盗会议，故愤然组织这个同盟，决然与彼宣战。"宣言中还说："世界资本主义在中国设立基督教青年会，就是要在中国培养资本家底善良走狗"，以"实行经济的侵略主义"。这个运动，当时吸引了学界和知识界的很多人士纷纷响应。一些"五四"新文化运动的领袖人物也多表示支持这一运动。

然而，一贯崇尚个性独立，主张思想自由的周作人不顾当时非基督教运动中反对帝国主义侵略的合理因素，而对这种要强制思想统一，取缔信仰自由的运动却大感不解，很为反感，便联络北京大学的教授钱玄同、沈兼士、沈士远、马裕藻等四人，于3月31日在《晨报》上发表了《主张信教自由宣言》，"宣言"中称"我们不是任何宗教的信徒，我们不拥护任何宗教、也不赞成挑战地反对任何宗教。我们认为人们的信仰，应当有绝对的自由，不受任何人的干涉，除去法律的制裁以外。信教有自由，载在约法。知识阶级的人应首先遵守，至少也不应首先破坏，我们因此对于现在非基督教的同盟运动表示反对"。宣言发表后，引来不少批评甚至激烈抨击的意见，一时间，周作人等完全处在了"少数派"的地位。

4月2日陈独秀致公开信给周作人、钱玄同等（载4月7日《民国日报·觉悟），指出："无论何种主义学说皆允许人有赞成反对之自由，公等宣言颇尊重信教自由。但对于反对宗教者自由何以不加以容许。"又说："此间非基督教学生开会已被捕房禁止，我们的言论集会的自由在哪里？基督教有许多强有力的后盾，又何劳公等为之要求自由，公等真尊重自由么？请尊重弱者的自由，勿拿自由、人道主义许多礼物向读者献媚。"陈独秀以政治家的立场阐述了他的自由观。而耐人寻味的是，这场关于宗教问题的争论，非基督教一方，在思想言论上一开始的某些极左情绪就没有得到有力地遏制，而是随着非宗教群众运动的发展愈加走向极端和激烈了。比如在"'非宗教大同盟'成立的宣言"中，在谴责帝国主义利用宗教进行侵略活动的同时，就发表过"有宗教可无人类，有人类应无宗教""宗教与人类不能两立"这样极左的言论。之后，对周作人等发表的"主张信教自由的宣言"的批评和抨击的文字中，更有不少极端和过火的言论，如《先驱》杂志上就曾发表过猛烈抨击周作人等的文章说："他们所主张信教自由的宣言，就是迷魂汤和蒙汗药的汤头歌诀，就是诱人入闷葫芦的招魂词，就是诱人入迷魂阵的奇兵。"并号召青年要"剿灭这种最野蛮的邪教和这班兴妖作怪胡说八道的妖魔！"这自然可以看出我国年轻的无产阶级政党几乎是从它诞生时就有着某种左倾幼稚的偏颇，而小生产的汪洋大海又恰恰是这种左倾幼稚病泛滥的温床，感受着"五四"时期民主开放精神的周作人，从那铺天盖地而来的近乎全盘否定宗教的一律舆论和对他本人的过火批评中，似乎感受到这是对个人思想自由压迫的起头，与封建时代排斥异己的做法并无二致，对此，他自然不能赞同，即或是对名噪一时的陈独秀，他也决不妥协。"五四"时期的周作人，他自认还有与之抗衡的"实力"。

在周陈论争间，4月8日，钱玄同曾致信周作人称"在我们最初宣言，本不过自己表明态度，本不是和他们去斗嘴"，因而主张争论的信件似可不必再发表，以免"遭出许多不相干的人的口舌来，愈说愈纠纷"，"如此'停止'，似尚'适当'"。周作人听从了钱玄同的劝说，未再撰文辩驳。

宗教问题的这次论争，是周作人与陈独秀在思想理论上第一次公开表现出的分歧。从一定意义上，也可以看作是"五四"新文化阵营中,一部分以周作人为代表的自由主义知识分子与以陈独秀为代表的共产主义知识分子,在思想路线上所表现出的分裂。

而自此以后,周陈之间"情缘"已了。陈独秀作为革命家,便以其主要精力去从事革命活动;而周作人则在文学的园圃里辛勤地耕种他"自己的园地"去了。

(载《党史纵横》1995年第1期)

23. 周作人的一篇佚文

今年暑期,在天津图书馆翻阅旧时报刊,偶得周作人佚文一篇,全文如下:

东亚民族的前途

东亚文化的祖源是整个的,东亚民族的运命亦是整个的,这是我个人多年来的信念。东亚各民族虽然人种与语系种种不同,但是其文化在根本上无不有共同相通之处,简单的可以分作两点:一是汉文与儒家思想,一是佛教及其艺术。有些国民侧重一方面,如蒙藏及南洋之重佛而无儒,但是更重要的民族则大都融合二者,如中国日本满洲朝鲜安国等皆是。假如中国人走到佛教国里去,就不很觉得舂生。因此若是去与佛儒并行的别国民接触,自然能够更为融洽。这是从过去说到现在。文化上有很深远的连接,再从现在看到将来,这好许多的民族也就是走向同一的命运去。说到这里这问题便很大也很难了,这关联经济政治种种方面,非有专门知识不可,现在且留待胜任的来说。我只凭了自己浅近的常识看去,觉得这些民族的死活问题是整个的,在这里没有损人可以利己,你死就是我活的道理。我想凡东亚人民应当谁都明白,别的民族的衰亡决不是自族的利益,大家须得相互扶助,共寻生路,才是正当的办法?不过这单是理论,是无用的,还得将来有事实证明才行。今日是中日满共同声明的周年纪念日,说这几句话或者不是全无意义的事。

该文刊登于北平《晨报》1941年11月30日第一版上。1940年11月30日,汪精卫与日本驻汪伪国民政府大使阿部信行、伪满洲国总理臧式毅,在南京共同签署了所谓《中日满三国共同宣言》,宣言中鼓吹中日满三国要"善邻友好,共同防共,经济提携"。周作人的这篇文章，就是为纪念该宣言发表一周年而撰写的。

这时，正当周作人出任伪华北政务委员会委员兼伪华北教育总署督办近一年之际。这年的4月，他曾率伪东亚文化协会评议员代表团赴日本京都，出席伪东亚文化协会文学部会议，并在东京拜会了日本文相桥田，访问了海陆军各省，往海、陆军病院慰问了侵华战争中负伤的日军伤病人员。这时期，他还与日本侵略军驻华北派遣军的高层官员及华北地区诸汉奸往来宴饮，过从甚密。在出任伪职的这段时间里，周作人尽心竭力，颇有欲借汪伪政坛一展自己政治宏图之意。这一年，他又是在教署举办各种长短期的讲习班，又是极力鼓吹汪伪政权在华北、苏北地区推行的所谓"治安强化运动"，并于11月中旬亲赴苏北地区视察第三次"治安强化运动"的实施情况及教育工作的情形。他还曾利用各种场合的讲演、报告，积极鼓吹日本帝国主义者所宣传的"大东亚主义"。如：1941年10月7日，他在伪教育总署举办的"华北各省市教育行政人员短期讲习班"上所作题为《举办教育行政人员讲习班的意义》的讲演中，就鼓吹什么："中日两国壤地相接，同文同种，无论在国情上，在共同利益上，都应该相爱相助，以完成辅车相依的任务。" 1942年6月1日，《晨报》上发表的《华北教育家笔上座谈》中刊载的周作人的"笔谈"意见中，他又鼓吹："现在要紧的是养成青年学生以及一般知识阶级的中心思想，以协力于大东亚战争。"并明确提出："所谓中心思想，即是大东亚主义的思想。""因为东亚是整个的，唇齿相依，休戚与共，绝对不可分开……"

以文化界耆宿姿态而出任伪职的周作人，在这篇佚文中更是从文化层面上阐释了这种鼓吹"共存共荣"的"大东亚主义思想"的合理性。如文章中说什么"东亚文化的祖源是整个的""东亚各民族虽然人种与语系种种不同，但是其文化在根本上无不有共同相通之处"，因而东亚各国人民之间，"没有损人可以利己你死就是我活的道理""大家须得相互扶助，共寻生路，才是正当的办法"。

对于日本帝国主义鼓吹的"共存共荣"说，其实在上世纪20年代周作人还是有着比较清醒认识的。如：1926年3月16日，他在《京报副刊》上发表的《排日——日本是中国的仇敌》一文中说："我相信日本是在时时刻刻谋害中国。""中日共存的理论是对的，不过他的前提是先要中国有排日的决心与毅力，没有这个共存就是合并。"1927年6月，他写的《排日评议》（收《谈虎集》下册）一文中又说，"日本人天天大叫'日支'共存共荣"，但是"不要信任"他们，只有袁世凯、段祺瑞之类，才是他们的"同志"，并号召人们"要努力随时设法破坏他们的工作，这是中国知识阶级，特别是关于日本有多少了解的人，在现今应做的工事，应尽的责任"。

然而，卢沟桥事变发生后，怀着抗战"必败论"思想的周作人，却一步步地产生了"和日"的主张，并最终沦为日本帝国主义的附庸，且附和着日本帝国主义的腔调，热衷地宣扬起大东亚主义来了。

上世纪40年代，周作人何以如此热衷于鼓吹大东亚主义思想？原来，从哲学思想上说，40年代，深受西方科学民主思想影响的周作人，已完成了向中国传统儒家思想的回归，并已精心地营造出一套以"仁"为中心的儒家人本主义的思想体系。在周作人看来，大东亚主义思想与他此时思想深处所信奉的以"仁"为中心的儒家思想是一脉相通的。在《中国的思想问题》一文中，他说"中国固有的思想"，"中国的中心思想"是什么呢？"简单的一句话说，这就是儒家思想"，而"儒家的根本思想是仁""所谓为仁直接的说即是做人，仁即是把人当做人看待"。他还援引焦里堂的论著，进一步阐释说：求生"这本是一切生物的本能""不过一般生物的求生是单纯的""只期自己能生存，便不惜危害别个的生存。人则不然，他与生物同样的要求生存，但最初觉得单独不能达到目的，须与别个联络，互相扶助""此原始的生存的道德即为仁的根苗"，这种"共济"，"即是现在说的烂熟了的共存共荣为目的"。原来在周作人看来，鼓吹"共存共荣"的"大东亚主义"是"根据于生物的求生本能"，是与中国传统的儒家思想完全相通的！周作人这位"大儒"，却在古老中国的传统文化中，为帝国主义的侵略理论找到了"合情合理"的依据。

也许周作人鼓吹"大东亚主义"的本意，主观上并不是为日本帝国主义的侵略寻找理论上的根据，倒是为了宣传他的新儒家主义。或许他还天真地以为，用他这种新儒家主义思想，就可以去抵制日本人所鼓吹的以大东亚新秩序做中心的思想，去"劝说"日本侵略者实行儒家的"仁"政了。他曾反复强调：要"与别个联络，互相扶助"，"共寻生路",而不可损人以利己。难怪直到解放后,在他给周恩来总理的信中,还振振有辞地为自己的这种思想辩解。信中他说:"关于中国的言论,在沦陷中写了不少,可以其中一篇论中国的思想问题作为代表,这是三十一年冬天所写的,其时新亚院新民会等正热心于替中国人建立一个中心思想,不用说那是想用大东亚新秩序做中心的,我的文章便是对此而发。"又叙述了因他这篇文章而引发日本文学报国会会员片冈铁兵提出"扫荡中国反动的老作家"一事,说明他在沦陷时期的那些文字"敌人认为是他们斗争途上之障碍物,积极的妨害者,必须扫荡摧毁之对象",而他也"不是合作得来的人"[1]。

周作人热衷地鼓吹"善邻友好"的"大东亚主义"的另一原因,还在于他思想深处那种对"乱"的"古老的忧惧"。也是在《中国的思想问题》一文中,他说:"不仁的现象是民不聊生,结果是乱。"又说:"中国最可怕的是乱,而这乱都是人民求生意志的反动。"因而,在中国"重要的只是在防乱,而防乱则首在防造乱",只有"不夭不乱",才"合于儒家思想"。这种"忧时悯乱"的思想,可以说贯穿于周作人的一生,在《知堂回想录》中,他曾坦言:"大抵忧惧的分子在我的诗文里由来已久,最好的例是那篇《小河》。古人云:民犹水也,水能载舟,亦能覆舟。""自《小河》起,中间经过好些诗文,以至《中国的思想问题》,前后二十余年,就只是这两句话,今昔读者或者不接头,亦未可知,自己则很是清楚,深知老调无变化,令人厌闻,唯不可不说实话耳。"[2]可见,上世纪40年代的周作人仍因害怕暴乱,害怕人民革命斗争的烈火燃烧起来,而宁肯向帝国主义乞怜和平友好,乞怜"互相扶持"。

源于害怕斗争、忧时悯乱的人道主义思想,周作人"五四"前后,曾热衷鼓吹"新村"运动;上世纪30年代,他又有过"和日合共的狂妄主张"[3]。然而,如果说"五四"时期周作人提倡"新村"运动,还仅止于是一种乌托邦的幻想,那么进入上世纪40年代,周作人热心地提倡"大东亚主义",那便不仅是乌托邦的幻想,进而堕落为不折不扣的帝国主义附庸了。人所共知,也如周作人早年所言:日本帝国主义者鼓吹"共存共荣"的大东亚主义。其真正的目的不在于"共存共荣",却在于侵略,在于并吞!

日本帝国主义侵略的事实，也早就把他们自己所鼓吹的"大东亚""共存共荣"的谎言揭露无遗。就在 1941 年 8 月，日本华北方面军总司令冈村宁次指挥 13 万兵力，对我晋察冀北岳区进行了空前规模的"扫荡"，敌军还用了伞兵和毒气，企图将我八路军消灭于长城两侧；在这次野蛮的"扫荡"中，烧毁房屋 15 万间，残杀人民 4500 多人。这一惨绝人寰的"扫荡"持续了两个多月，至 11 月被我八路军所粉碎。这类事例在沦陷时期，在在皆是。诚如鲁迅所言："事实是毫无情面的东西，它能将空言打得粉碎。"

向以"智者"自居的周作人，是什么障蔽了他的明察，而使之不能或不敢看清日本帝国主义的侵略本质，并在言论上如此地与之随声附和？这，不是可以引起我们一点深长之思么？

注释：

1《周作人的一封信》，载《新文学史料》1987 年第 2 期。
2 见《知堂回想录·一三一　小河与新村（中）》。
3 周作人 1935 年 7 月 6 日给梁实秋的信，见梁实秋《忆启明老人》，收梁实秋《看云集》。

（载《鲁迅研究月刊》1991 年第 1 期）

24.《周作人年谱》后记(一)

1981年末,我们接受了为《中国现代文学史资料汇编》(乙种)这套丛书编写《周作人研究资料》的任务。在搜集、编写周作人研究资料的过程中,深深地感到:对于像周作人这样复杂、而又不能忽视其影响的作家,绝不能仅仅是给予批判和否定,应该详细地占有材料,具体地分析他的功过,是则为是,非则为非。只有在这样的基础上,去分析研究他所走过的道路,才能令人信服,也才能真正地认清历史,汲取教训。

鲁迅和周作人这样两位青少年时期在相同的环境中成长起来的作家;这样两位在他们的文学生涯起始时,受到几乎同样的中国古典文学和外国文学沾泽的作家;这样两位在学识渊博、著译浩繁上极相类似的作家,又何以在政治上、文学上走了迥然不同的两条道路,这实在是中国现代文学史、现代文化史乃至世界文学史和文化史上极为罕见的历史现象。对于这一历史现象进行深入地研究,做出科学的、符合实际的解释,不仅能加深我们对这样两位具体作家的认识,加深我们对中国现代文学发展历程的认识,而且,有助于我们认清知识分子的道路,总结正反两方面的经验。出于这种种考虑,我们着手编写了这部《周作人年谱》。

编写这部年谱,我们力求遵循历史唯物主义的原则,引用周作人自己的经历、活动及其著述中的文字,说明他的生活道路、政治历程、思想状况、文艺观点和创作情形,以期给读者提供出较为准确、翔实、可靠的资料。周作人的全部著译,已经搜集到的,均编入年谱。早期,他在学生时代的习作,虽然原文已佚,但也据日记记入:"×年×月×日,作诗一首;作议二篇。"等等,以显示出作家的成长过程和他的写作全貌。限于篇幅,对其著译中较有价值者,只作了扼要的介绍、题解或摘要。谱文中涉及到的一些人和事,均以有文字材料者为据。没有文字根据的，一律舍而未用。某些外国人名的全称，因无资料可寻，尚待进一步考据。

如果这部年谱对周作人的研究或中国现代文学的研究提供了某些方便，这将是我们最大的欣慰。

在年谱编写过程中，得到了人民日报社姜德明同志、我校中文系朱维之教授、哲学系温公颐教授、图书馆殷礼训先生等不少同志的热忱支持与大力帮助。周作人先生的长子周丰一同志对我们的工作也极为关心，并给予了无私的帮助，在这里谨表示我们深挚的谢意。特别是我们的导师、现代文学研究专家李何林先生，以80多岁的高龄，在百务丛集之中带病仔细地审阅了全部书稿，一丝不苟地进行了修改、补充，并为本书撰写了序言，他的这种提携晚辈、奖掖后学、认真于学术的精神，对我们是无言的教导、莫大的鼓励，由衷的感激之情无言以述。在此，我们祝祷李何林先生健康长寿，祝愿他老人家为我国文化事业培养出更多的人才，做出更丰硕的贡献！

囿于水平与见闻，这部年谱疏漏和错误之处，恐难尽免，敬祈读者和专家们的指正。

南开大学出版社的同志，在本书的编写过程中，给予了极大的鼓励。他们认真审阅、玉成出版，在此，我们一并致谢。

编　者
1985年5月于南开园
（载1985年南开大学出版社出版《周作人年谱》）

24.《周作人年谱》后记（二）

周作人的一生，以其丰富而漫长的经历，相当典型而深刻地表现了20世纪中国知识分子历史道路的复杂性和曲折性。然而，由于众所周知的原因，从上世纪40年代到70年代，周作人研究几乎陷于停顿状态。上世纪80年代初，中国社会科学院文学研究所组织编写《中国现代文学史资料汇编》（乙种）这套丛书时，我们承担了编写《周作人研究资料》的任务。在搜集、编写有关周作人的资料的过程中，深深地感到：周作人大节有亏，毫无疑义。然而，对于像周作人这样复杂而又不能忽视其影响的作家，绝不能仅只下一个"文化汉奸"的结论，而简单地予以完全否定；对尘封已久的周作人著作，也不能轻易地弃之不顾。如何对待人类历史上的一切文化遗产，其实鲁迅早就有过精辟的论述，他说：对于一切文化遗产，我们应该"运用脑髓，放出眼光"，去"占有""挑选""或使用，或存放，或毁灭"，譬如"一个穷青年""得了一所大宅子""首先是不管三七二十一，'拿来'！但是，如果反对这宅子的旧主人，怕给他的东西染污了，徘徊不敢走进门，是孱头；勃然大怒，放一把火烧掉，算是保存自己的清白，则是昏蛋。不过因为原是羡慕这宅子的旧主人的，而这回接受一切，欣欣然的蹩进卧室，大吸剩下的鸦片，那当然更是废物"（《拿来主义》）。如若我们仅仅着眼于周作人大节上的不忠，而对其在文化史上可资借鉴的一切成果，也"勃然大怒，放一把火烧掉，算是保存自己的清白"，绝不是智者之举。

现在，是清理周作人在文化上所遗留给我们这个"大宅子"的时候了。那么，如何清理呢？首先就是要占有——详尽地占有一切材料。只有在占有的基础上，才可谈挑选；之后决定哪些使用，哪些存放，哪些毁灭。

鲁迅和周作人，这样两位同一家庭出身，青少年时期在几乎相同的环境中成长起来的作家，这样两位在他们的文学生涯起始时，受到几乎同样的中国古典文学和外国文学影响的作家，这样两位在学识渊博、著译浩繁上极相类似的作家，又何以在他们的生命形态、精神特质和心灵世界上有着那样大的差异。这些差异又几乎体现了人类天性中决然对立的两极，相当典型地涵盖了中国近现代知识分子的两种类型，这实在是中国现代文学史、现代文化史乃至世界文学史、文化史上极有意味的历史现象，对于这一历史现象进行深入细致的考察，作出科学的、符合实际的解释，不仅能加深我们对这两位作家的认识，加深我们对中国现代文学发展历程的认识，更好地总结历史的经验与教训，而且有助于我们认识常常是矛盾百出、复杂万端的人类自身。

诱惑我们对周作人去进一步了解研究的另一原因，则是：在周作人身上充满着不可解的矛盾，这使我们对他的认识总觉得像谜一样的难以穷尽。在他的身上，既有绅士的一面，又有流氓的一面，如他自己所说：是绅士鬼和流氓鬼的合身。他既有儒家积极入世的精神，又常常抱着道家消极退隐的态度。他的一生可以说始终是在"入世"与"退隐"两种生活态度的反复变奏中度过的。在政治态度上，他一方面曾郑重地告诉人们"我最不喜欢谈政治"，从来没有、也不愿有任何政治信仰；另一方面，他却又在敌伪时期掉进了最肮脏的政治漩涡中心——在日本帝国主义者所导演的、汉奸群丑盘踞的政治舞台上，做了为时两年的丑恶表演，从而使自己永远被钉在了历史的耻辱柱上。在文化选择上，他从激烈地抨击儒家为代表的传统文化起始，最终却又走上了彻底向传统文化复归的道路，声言自己"学问的根底是儒家的""道德观是儒家的"。在文学创作上，他既是现代文学史上闲适派的宗师，又念念不忘情于以文载道，如他自己所说："我写闲适文章，确是吃茶喝酒似的,正经文章则仿佛是馒头或大米饭。"在生活情趣上，他一方面是那样地赏识和追慕雍容闲适的悠闲生活；另一方面，他一生却孜孜矻矻，过着"驮砖瓦般的"勤奋生活。从表面上看，他好像是那样悠然闲适，而其内心深处，却常常是苦不堪言，就连他的斋名和书名，也多冠以"苦""药"字样，标示着他内心深处的不堪良苦。在性格特征上，一方面，他对人对事是那样地谦和和宽容，而另一方面，又处处可见他在宽容遮蔽下的威仪，在谦和掩盖下的傲慢和自负。

在诸多问题的认识上,他是如此地"超前"。如"五四"时期,他对思想革命的论述,30年代他对八股文的论述,真是鞭辟入里,切中要害;另一方面,他又是如此地"落伍",排斥新兴的无产阶级革命,甚至生活上也常发思古之幽情。总之,周作人是这样一位"智"者:他兼通中外,博览古今,学识文章,无与伦比;另一方面,他又如此地"昏":在国难当头时,表现得"昏";在处理家事时,也表现得"昏"……诚如鲁迅所说:"启孟真昏!"够了,仅列举这些就足以看到周作人有着一个怎样矛盾复杂的灵魂!我们想进一步探求周作人的心路历程,进一步了解这颗复杂灵魂的发展形成轨迹。于是,我们决定编写《周作人年谱》。

1985年,南开大学出版社出版了我们编写的《周作人年谱》。然而,当那本《周作人年谱》问世之际,我们确乎有些忐忑不安。何以如此?同龄或长于我们的朋友们自会理解:为一个"文化汉奸"修年谱,"树碑立传",罪莫大焉!如果再遇到如"文化大革命"那样的红色风暴。我们岂不是百口莫辩!

幸好,十几年来,风日渐暖,春色稍浓,学界的朋友们,可以在比较宽松的环境中,较自由地研究些问题,发表自己的见解了。《周作人年谱》也因对这样一位不无价值的研究对象,提供了一份还算丰富翔实的资料,给大家提供了一些研究上的方便,而获得同行们的认同。这,足足使编者感到莫大欣慰了。

十几年来,在周作人研究这块荒地上积聚了一些辛勤的耕耘者,使这一领域的研究获得了长足的发展。不少与周作人曾有过某种交往的朋友们,也撰写文章提供了不少可资借鉴的珍贵史料,这些都为我们进一步修改增订《周作人年谱》提供了极为有利的条件。

这样,修改和增订《周作人年谱》就成为我们多年来的愿望,而促成这一愿望实现的,应该感谢具有卓识的天津人民出版社陈益民先生。正是在陈益民先生的鼓动和督促下,1997年我们才着手进行了这一工作。

还应该特别感谢的是为这一年谱撰写序言的张中行先生。当我们冒昧地致函张老,邀请他拨冗为这一年谱撰写序言时,他慨然承允,并以耄耋之高龄热情地接待了我们的多次造访,并对年谱的编撰工作,提出了宝贵的意见。他又以无比珍贵的时间，审读了我们的部分书稿，撰写了精彩的序言，给我们以极大的荣宠。在序言中，张老对我们编撰年谱的过誉，又实在使我们惶愧不已，这无疑将化为对我们今后工作的永远策励。

现在，奉献在大家面前的这部年谱，在编著过程中，虽已尽了我们的极大努力，然而，囿于水平和见闻，仍难免会有各种各样的疏漏、不足和错误，敬祈海内外学者们批评指正。

1998年12月于南开园
（载2000年天津人民出版社出版《周作人年谱》(修订版)）

25. "周氏兄弟"与中西文化

东西方文化的交融碰撞，是近现代中国思想文化界论争的重要问题之一。研究鲁迅、周作人对中西文化态度的不同演变，可以略见这一论争中某些本质性的问题，考察中国知识分子的道路，总结历史的经验教训。

一

19世纪末，在西学东渐、中西文化在中国历史上又一次交融碰撞的浪潮中，年轻的鲁迅和周作人兄弟，受到时代思潮的感染，率先接受了西方文化的影响。当时，鲁迅在清朝洋务派开办的南京水师学堂、矿路学堂学习时所用的自然科学方面的教科书，多为翻译的西方科学书籍，这使青年鲁迅感到"非常新鲜"。随着"看新书的风气""流行起来"，鲁迅又满怀兴致地阅读了严复翻译的赫胥黎的《天演论》，还把《天演论》推荐给他十分关怀的二弟周作人。据1902年2月1日周作人日记：他们当日同游回去，"晚饭后大哥忽至携来赫胥黎《天演论》一本"，周作人阅后，也觉"译笔甚好"。

周作人当时已步鲁迅之后，考入南京江南水师学堂学习，所学课程也多西方科学知识。继《天演论》之后，鲁迅又将日本加藤弘之的《物竞论》及严复所译英国亚当·斯密的《原富》等书带给周作人，周作人收到的当天，连夜阅读了《物竞论》，他感到"虽不甚解"，但"颇增兴会"。[1]

1902、1906年，鲁迅，周作人兄弟先后被派赴日本留学。在日本期间，鲁迅弃医从文，开始提倡文艺运动。周作人学的是建筑，但兴趣所向，也在文艺，他阅读了大量的外国文艺书籍，并协助鲁迅提倡文艺运动。

周氏兄弟在日本对西方文化有了更多的接触。鲁迅一开始便怀着振兴祖国、启发国人觉醒的自觉目的，"别求新声于异邦"。[2] 在日本，他阅读了更多的西方自然科学和文化艺术方面的著作，并写出介绍达尔文进化学说、论述西方自然科学发展史、介绍西欧积极浪漫主义诗人的长篇论文。鲁迅积极地介绍西方文化，就是想打破清政府孤立自是、闭关锁国的政策，而使祖国文化"能与世界大势相接"，挽救其"精神日就于荒落"的景况。在日本，鲁迅还与陶成章、许寿裳等绍兴籍留日学生联名发出《绍兴同乡公函》，呼唤乡人出国留学"求智识于宇内，搜学问于世界"，"以惊醒我国人之鼾梦，唤起我国人之精神"。[3]

十分可贵的还在于，鲁迅这样积极介绍西方文化，但他并没有拜倒在西方文化之前。他反对"言非同西方之理弗道，事非合西方之术弗行，盲目崇外的作法，主张吸收西方文化，必须根据中国实情，"去其偏颇，得其神明，施之国中，翕合无间"，这样才能"外之既不后于世界之思潮，内之仍弗失固有之血脉"。[4] 鲁迅当时对西方文化的态度就是既有择取，又有批判的。他发表的《文化偏至论》一文，就对西方资产阶级文化重物质、轻精神的偏颇，进行了尖锐的批评。尽管当时鲁迅自己还没有摆脱西方资产阶级文化思想的某些消极影响，他的批判还带有一定的历史唯心主义的色彩，但是，他看到西方资产阶级文化中的偏颇部分，已成为一种"新疫"，与中国封建文化之"偏枯"，在中国已形成"二患交伐"的局面，不改变这种局面，"中国之沉沦遂以益速"。[5] 这种观点，在当时确具有警世骇俗的意义。

周作人在日本期间，也大量阅读了西方自然科学以及文学艺术方面的著作。他与鲁迅一起翻译介绍了大量的弱小国家、被压迫民族作家的作品。1909年在东京出版的周氏兄弟合译的《域外小说集》第一集中，共收小说7篇，其中周作人翻译的5篇，第二集共收小说9篇，其中周作人翻译的8篇。满清王朝闭关锁国所造成的积弱、反清革命思想的冲击，使周作人也与鲁迅一样，对外国文化的关注倾向在被压迫民族一面，正如后来他自己所回忆的："我们生活的传奇时代——青年期——很受了本国的革命思想的冲击……那种同情于'被侮辱与损害'的人与民族的心情却已经沁进精神里去：我们当时希望波兰及东欧诸小国的复兴，实在不下于章先生的期望印度。直到现在这种影响大约还很深,终于使我们有了一国传奇的异域趣味,因此历来所译的便大半是偏僻的国度的作品。"[6]

然而,周作人对西方文化的接受,一开始便显示出与鲁迅的某些差异。在摄取西方文化时,周作人没有鲁迅那样明确而执着的政治性目的,而多着眼在文化、文学艺术的趣味上。他所翻译介绍的文学作品,甚至比乃兄为多,除收入《域外小说集》的译著外,他还翻译了匈牙利作家育诃摩耳著的《匈奴奇士录》《黄蔷薇》,波兰作家显克微支的《炭画》,又与鲁迅合译了英国哈葛德、安特路朗合著的《红星佚史》及俄国作家阿·托尔斯太所著历史小说《劲草》等。但他对西方文化总体的认识与批评上,却不如鲁迅那么深刻透辟。鲁迅当时从西方文化思想中,主要吸取了达尔文生物进化学说和尼采"重个人非物质"的学说,作为当时进行反封建斗争的武器。周作人从西方文化思想中则主要摄取了个性主义、人道主义的思想,用以批判传统的封建礼教。接受外国文化影响上的不同侧重,奠定了他们世界观形成中的不同的基石,也在一定程度上导致了他们此后不同的发展道路。

对中国封建文化,周氏兄弟在当时都取了激烈抨击的态度。鲁迅在《摩罗诗力说》中尖锐地指出中国封建文化的中心教义就是教人民乐天安命,不去反抗斗争,追慕往古、不改变现状:"宁蜷伏堕落而恶进取。"他批评孔子"诗无邪"的诗教使诗歌不能言志,不能写出天地间的"真美":因为"强以无邪,即非人志",并使诗歌"拘于无形之囹圄,不能舒两间之真美"。周作人1908年在《河南》杂志上发表《论文章之意义暨其使命因及中国近时论文之失》这一长篇论文,也激烈地抨击了中国封建文化的代表——儒学严重地束缚着人民的思想,致文学于"萎顿"状态:"第吾国数千年来一统于儒,思想拘囚,文章萎顿,趣势所兆,邻于衰亡。"因而呼吁"当摈儒者于门外",即要把人们的思想从儒学中解放出来。在《红星佚史·序》中,周作人还将中国封建的诗教与西方的诗歌创作进行了比较,指出:"泰西诗多私人制作,主美,故能出自繇之意,舒其文心,而中国则以典章视诗,演至说部,立劝惩为臬极,文章与教训漫无畛畦,画最隘之界,使勿驰其神智,否者或群逼拶之,所意不同,成果斯异。"批评了中国诗教的道德色彩为作家划定狭隘的界限。妨碍作家抒发个人自由的意志。在抨击中国封建文化、批评封建诗教的态度上，周作人和鲁迅在当时是极相类似的。

二

1919年新文化运动的狂飙猛然兴起，中西文化的冲突交融，进入了一个新的时期。在这一次中西文化大汇合的新时期，中国新文学最终完成了从封建母体中的"断裂"。

见过了辛亥革命、二次革命、袁世凯称帝、张勋复辟，这一次次民主革命的失败、封建势力的复辟，使中国先进知识分子痛切地认识到中国传统封建文化的极大弊害，经过了几年在苦闷中进行深刻的历史反思，鲁迅以一发而不可收的姿态，投入反对旧道德、提倡新道德，反对旧文化、提倡新文化的波澜壮阔的新文化运动。

鲁迅在他的小说、杂文中以其独有的深刻犀利，抓住几千年封建文明"吃人"的要害，进行了猛烈的挞伐。又指出叫嚷要保存中国"国粹"的根本弊害，就是妨碍中华民族的生存发展，使中华民族"在现今的世界上"难与其他民族"协同生长、挣得地位"，就有可能使"中国人要从世界中挤出""于是乎中国人失去了世界，却暂时仍要在这世界上住！"[7]鲁迅大声疾呼："保存我们，的确是第一义。只要问他有无保存我们的力量，不管他是否国粹。"[8]鲁迅还哀叹外国进步的思想文化总影响不了中国："无论什么主义，全扰乱不了中国。""我们中国不是发生新主义的地方，也没有容纳新主义的处所，即使偶有些外来思想，也立刻变了颜色，而且许多论者反要以此自豪。"[9]针对这种抗拒外来文化、保守自是的弊端，鲁迅针锋相对地提出："与其崇拜孔丘关羽，还不如崇拜达尔文易卜生，与其牺牲于瘟将军五道神，还不如牺牲于 AFollo"，因为"即使所崇拜的仍然是新偶像，也总比中国的旧的好"。[10]

在批判中国封建文化的同时，鲁迅还积极地介绍外国的新文化。这一时期，他翻译过俄国、日本、芬兰、保加利亚等国家的作品多篇，鲁迅介绍外国文艺的出发点仍然是要医救中国的痼弊，如他在《一个青年的梦·译者序二》中说明，翻译这个剧本，就是因为"这剧本也很可以医许多中国旧思想的痼疾"。日本作家森鸥外的小说《沉默的塔》讽刺了那些以外来的"自然主义和社会主义的书"为危险的"拜火教徒"，这些教徒们叫嚷"杀掉那看危险书籍的东西"，把他们"用车子运进塔里去"。鲁迅着意翻译了这篇小说，并在"译后附记"中说："我们现在也正可借来比照中国发一大笑"。

周作人自日本留学归国后，也经历了几年的沉默，他没有像鲁迅那样在沉默中"回到古代去"，研究中国的历史，而是潜心于编辑刊物、撰写文章、收集儿歌、研究希腊文学，并辑成了一本介绍希腊文学的《异域文谈》。在"五四"运动的浪潮中，对中国传统文化颇为熟悉、对西方文化也多有研究的周作人，与鲁迅一起也以一个反封建战士的姿态出现在文坛上。他以大量的清新隽永的白话诗文创作，猛烈地抨击封建礼教、封建道德，抨击了在中国传统礼教道德束缚下，只知道"尊王攘夷""换一个名称便是复古排外"[11]的病态的中国国民精神，他"哀孺子而嘉妇人"，对在传统礼教束缚下妇女、小儿的悲惨命运寄予深切的同情。

另一方面，周作人又积极地绍介和引进外国的文化思潮。1919年，周作人把当时日本武者小路实笃为代表的白桦派作家鼓吹的乌托邦式的"新村运动"这种空想社会主义的思潮介绍到中国，并在中国建立了"新村支部"。在文艺上，他著有《欧洲文学史》《日本近三十年小说之发达》等著作和文章，介绍了欧洲文学发展的历史与日本近代小说思潮流派的变迁。介绍和翻译过希腊、俄国、波兰、瑞典、日本、丹麦、南非、保加利亚、拉托维亚等国的作家多人和作品多篇。周作人也同鲁迅一样，希望通过介绍外国文化，成为"一服极有力的兴奋剂"，打破中国"新文学界"的"萧条"。[12]

周作人对中国封建文化的抨击和对外国文化的引进，与鲁迅又有着一些不同：他对中国封建文化痼弊的认识，没有鲁迅那样犀利、深刻、透辟，对外国文化思潮的吸收也不像鲁迅那样要经过长期观察、审慎的思考。他从个性主义和人道主义思想出发，引进日本的"新村主义"思潮，翻译介绍外国的作家作品。他在译文集《点滴》序言中说：收入这译本中的"并非同派的小说中间，却仍有一种共通的精神——这便是人道主义的思想。这多面多样的人道主义的文学，正是真正的理想的文学"。

中国新文学发展最初的这个历史时期里，"周氏兄弟"对中西文化这种批判、借鉴的态度都熔铸在他们的创作中。他们以其兼通中西、博览古今的知识结构，创作出来的小说散文诗歌等作品，不仅渗透着西方先进的科学、民主的新思想，成为批判中国封建文化的锐利武器，在内容方面显示出新的质，而且借鉴了外国作家的艺术技巧，在中国传统文学的基础上，有重大的革新，显示出"新的形"和"新的色"。这些作品与当代世界文学有着共同的最新倾向，成为中国现代文学史上辉煌的奠基性的篇章，显示出中国文学现代化的进程，是与打破闭关锁国的封闭政策、引进和吸收外国的思想文化同步展开的。

三

"五四"运动退潮以后，新文化阵营发生了分化，原新文化阵营的成员，有的高升，有的退隐，有的颓唐，有的叛变。鲁迅是坚持"五四"精神最深刻、最坚韧的代表。这一时期，在思想文化战线上，鲁迅以他特有的韧性战斗精神，坚持着批判中国的封建文化、批判一味鼓吹保存封建文化的国粹派的斗争。从中国改革举步维艰的现实斗争中，鲁迅深刻地感到老大的封建中国恃着固有的旧文明，害得一切都僵硬停滞："大部分的组织被太多的古习惯，教养得硬化了。"他的国民"尽钻在僵硬的传统里，不肯变革，衰朽到毫无精力了。"[13]面对这样的情形，他认为："唯一的疗救，是在另开药方：酸性剂或者简直是强酸剂。"[14]否则便有外敌入侵、国家灭亡的危险。他反复告诫人们："无论如何，不革新，是生存也为难的，而况保古。"[15]有鉴于在批判封建的文化上，许多人缺乏坚持到底的韧性精神，以至社会上的复古倒退现象多有发生，鲁迅又多次撰文，提倡韧性战斗精神，他认为只有那些具有韧性精神的战士，才"正是中国将来的脊梁"。[16]

与此同时，鲁迅还强调必须引进和吸收外国文化，"收纳新潮，脱离旧套"，才有希望发生新的机制，他说："就是将华夏传统的所有小巧的玩艺儿全部放掉倒去屈尊学学枪击我们的洋鬼子，这才可望有新的希望的萌芽。"[17]在《看镜有感》一文中，鲁迅以自己收藏的几面汉代铜镜上的装饰为话题,深刻地批判了国粹家抗拒外国文化、保守僵化的行径,盛赞了汉唐时代敢于引进外来文化的雄大魄力。他说:汉唐时代,因为"人民具有不至于为异族奴隶的自信心,或者竟毫未想到,凡取用外来事物的时候,就如将彼俘来一样,自由驱使,绝不介怀"。但是"一到衰弊凌夷之际,神经可就衰弱过敏了,每遇外国东西,便觉得仿佛彼来征我一样,推拒,惶恐、退缩,逃避,抖成一团,又必想出一篇道理来掩饰"。所以鲁迅尖锐地指出,所谓"国粹",不过是"屠王或屠奴的宝贝"。与之针锋相对,鲁迅主张要"放开度量,大胆、无畏地,将新文化尽量地吸收"。他以为"要进步或不退步,总须时时自出新裁,至少也必取材异域",如果一味"抬出国粹"而"排斥异流",那么就只能"使中国和世界潮流隔绝",在这样封闭的土壤上"那里会有天才产生?即使产生了,也是活不下去的"[18]。也许正是为了给捧着"屠王或屠奴的宝贝"的僵硬的古国以一服"强酸剂"吧,鲁迅1925年2月在回答《京报副刊》征询"青年必读书"时,竟决绝地说:"我以为要少——或者竟不——看中国书,多看外国书。"并说:"我看中国书时,总觉得就沉静下去,与实人生离开,读外国书——但除了印度——时,往往就与人生接触。"可惜对于鲁迅这种针对时弊而发的看似过火的痛切言论,几十年之后,还被周作人说成是,鲁迅"立异唱高,故意的与别人拗一调"。[19]

这个时期,鲁迅更大量地翻译了外国的文艺作品,介绍了外国的文艺思潮。他翻译了日本、俄国、芬兰、保加利亚等国作家的作品,翻译了介绍俄罗斯、捷克文学概况的论文,翻译了日本文艺批评家厨川白村的文艺论文集《苦闷的象征》和《出了象牙之塔》等等。翻译和引进外国文化,鲁迅依然着眼于要医治本国的痼疾。在《从灵向肉和从肉向灵·译者附记》中,他说:这些"指摘他最爱的母国——日本——的缺陷的",其中"却多半切中我们现在大家隐蔽着的痼疾,尤其是很自负的所谓精神文明,现在我就再来输入作为从外国药房贩来的一帖泻药罢"。他翻译《出了象牙之塔》也是因为当作者"鞭责"他们自己的国家时"仿佛痛楚到了我的身上,后来却又霍然宛如服了一帖凉药",由此悟到自身的"肿痛"和将"肿痛"割除的"痛快"。

尤其值得提出的是,鲁迅这时还特别注视苏联十月革命后文艺思潮的趋向。1925年,鲁迅为任国桢译《苏联的文艺论战》所写的"前记"中,详细地评述了苏联各文艺流派的斗争和发展,高度评价了任国桢翻译介绍此书的功绩。对世界上先进文化潮流的关注,使鲁迅得以从异域不断摄取新的营养,逐步纠正他受西方资产阶级文化消极影响的偏颇,并成为他世界观转变的重要契机。

在同一时期里,周作人一方面也坚持着"五四"新文化运动的精神,对中国的封建文化,对思想文化界各种复辟倒退倾向进行斗争;一方面在思想、感情、心理、趣味等深层结构上,却无可摆脱于中国几千年来封建文化的影响,而逐步开始了向传统的复归。对外国文化,他虽然一方面仍积极介绍西方的文化和文学艺术,一方面却由于其心理深层上士大夫阶级的情趣和资产阶级个性主义、人道主义的影响,使他漠视和抵制世界上先进的文化思潮——马克思主义,乃至他对外国文化的译介也服从于他士大夫阶级的情趣,而背离了当时思想战线上的主潮。这些就使周作人这一时期在思想、创作上都显示出深刻的矛盾。

"五四"退潮后,周作人也还继续坚持着对中国的封建文化的批判,他继续抨击那种固守着旧道德、旧思想的僵尸不放的国粹家,说:"人间最大的诅咒是孝子顺孙四个字,现代的中国正被压在这个诅咒之下。"[20]他尖锐地批评"那伪文明与伪道德""是使人类堕落成为狼以下的地位与生物"的根源。[21]他抨击"夫为妻纲"的封建伦理,指出这类残害妇女的伦理观念如不消灭,"新的性道德难有养成的希望"。他主张新的两性道德,认为婚姻必须是"男女两本位的平等",必须是"恋爱的结合,反对封建卫道士们把恋爱结婚视为"不净观"的虚伪说教。[22]

与此同时,周作人对思想界出现的各种复辟倒退倾向也展开了斗争。1922年4月,他在《思想界的倾向》一文中,针对当时南北方思想界的倾向指出:"我看现在思想界的情形,推测将来的趋势,不禁使我深抱杞忧,因为据我看来,这是一个国粹主义勃兴的局面,他的必然的两种倾向是复古与排外。1923年5月,在《大人之危害及其他》一文中再次指出:"现在思想界的趋势是排外与复古,这是我三年前的预料。""不幸而吾言中。"1924年末至1925

年初，周作人更针对思想界各种复辟倾向进行了抨击，指出所有那些复旧的倾向，"都是圣人的阴魂的启示""这全是表示上流社会的教会精神的复活"。[23]

然而，中国的封建文化、旧思想、旧意识是这样根深蒂固，盘根错节，富有诱惑力，这在周作人身上也有着十分典型的体现。周作人虽然一方面对封建文化，对各种复辟倒退倾向进行着似乎也很骁勇的斗争，但是在斗争中却没有鲁迅那样执着和韧性的精神，相反，在黑暗势力的重压面前，中国封建文化对于士大夫阶级思想、感情、心理、趣味等深层结构上的影响，在周作人身上却逐渐显露出来，从而开始了向传统的逐步复归。他追慕士大夫阶级的生活情趣，希图"忙里偷闲、苦中作乐"，以"在不完全的现世享乐一点美与和谐"。[24]他常耽溺于"一种焚香静坐安闲而丰腴的生活幻想"[25]之中，甚至声言，索性要在"十字街头造起塔来住"，以求"在喧闹中得到安宁""不问世事而缩入塔里"。[26]随着生活情趣的变化，在创作格调上也逐步发生了变化，他"极慕着作文平淡自然的景地"，并深悔于自己旧作的"满口柴胡，殊少敦厚温和之气"，[27]他公开声明自己过去多喜欢作品中"所隐现的主义"，"现在所爱的乃是在那艺术与生活自身"。[28]周作人散文的艺术风格，遂开始了由"五四"时代的"浮躁凌厉"向冲淡闲适一路的转化。

周作人这一时期仍积极地绍介西方的文化和文学艺术。他翻译了大量的希腊、日本、匈牙利等国的小说、散文，诗歌等，结集出版者计有：《陀螺》《狂言十番》《冥土旅行》《玛加尔的梦》《黄蔷薇》《两条血痕》《空大鼓》等。然而，周作人这个时期，对西方文学艺术的介绍也愈发不像鲁迅那样有明确的疗救中国痼疾的广远视角，却更加被纳入他追慕安闲逸乐的艺术情趣之中，他在散文集《陀螺》序中说："我用陀螺作这本小书的名字，并不因为这是中国固有的旧物，我只觉得陀螺是一件很有趣的玩具。""这一册小集子实在是我的一种玩意，所以这名字很是适合。我本来不是诗人，亦非文士，文字涂写，全是游戏——或者更好说是玩耍。"并说："我于这玩之外，别无工作，玩就是我的工作，虽然此外，还有日常的苦工，驮砖瓦的驴似的日程。"甚至他从西方文化中，还寻找到了符合中国封建文化的东西而大加礼赞。周作人一生十分崇拜英国性心理学家蔼理斯，并颇受其影响。他曾多次撰文介绍蔼理斯的学说。周作人最看重的是蔼理斯的折中调合的思想，在他看来，蔼理斯的这种思想正与孔子提倡的"中庸"相合，因而也最值得称赞。蔼理斯提倡"生活的艺术"，说这种艺术"其方法只在于微妙地混和取与舍二者而已"。周作人则说：这"生活的艺术"、"用中国固有的字来说便是所谓礼"，因而"在有礼节重中庸的中国本来不是什么新奇的事物"。他曾连篇累牍地撰文，鼓吹这种"生活的艺术"。甚至他还由此而引申认为，"建造中国的新文明"就是要"复兴千年前的旧文明"，而且"舍此中国别无得救之道"。[29] 自此以后，这个中国封建文化的批判者便一步一步地复归成封建文化虔诚的护卫者和传道士。

重中庸，讲调合，害怕一切暴力的周作人对世界上先进的文化潮流——马克思列宁主义则有一种本能的抗拒。虽然他也曾认识到："阶级斗争已是千真万确的事实，并不是马克斯捏造出来的。"[30] 但毕竟由于儒家气太重，所以当马克思主义在中国广泛传播，人民革命斗争的烈火熊熊燃烧起来之后，他便产生了一种抗拒心理，正如他自己所说："我恐怕我的头脑不是现在的，不知是儒家气呢还是古典气太重了一点，压根儿与现代的浓郁的空气有点不合。""诚恐难免有落伍之虑"。甚至明确宣布："凡以群众为根据的一切主义与运动我也就不能不否认。"[31] 对世界上先进文化潮流的这种抗拒态度，使周作人的思想囿拘在资产阶级个性主义，人道主义的范畴之内。然而，停滞就意味着倒退，抗拒世界上先进文化潮流的另一面的结果，也就更加速了他对传统的复归，历史的辩证法就是如此奇妙！这一点恰与鲁迅形成了极为鲜明的对比！

四

上世纪 20 年代末，中国新文学阵营内部发生了革命文学论争，随着革命文学论争的结束，左翼文艺运动开始兴起。在这个历史的转折关头，中国知识界又一次发生了离合分化。鲁迅周作人兄弟在这一次的离合分化中，更跨上了迥然各异的两条道路。这分野，再一次更加突出地表现在对中西文化取舍的不同态度上。经过长期的探索和审慎的思考,鲁迅终于接受了世界上最新的文明——马克思主义的学说,完成了世界观的根本转变,而使自己的思想达到了豁然贯通的境界,从此开始了他后十年辉煌的战斗。而周作人在中西文化的夹缝中苦苦徘徊的结果,终于从中国传统文化的主要代表——孔孟儒学中找到了自己的精神慰藉和归宿,从而彻底完成了向中国封建文化的皈依。

其实,早在苏联"十月革命"的时候,中国先进的知识分子,就已经开始接受了马克思主义。当时,一些先进的中国人,在中华民族改革维艰的实践中已经开始洞察到中国传统文化固然有极大的弊害,西方资本主义文化也未足以拯救中国,在这双重文化危机的困境中,他们看到了十月革命这新文明的曙光。李大钊就曾指出:"由今言之,东洋文明既衰颓于静止之中,而西洋文明又疲命于物质之下,为救世界之危机,非有第三新文明崛起,不足以渡此危崖。"[32]他以为十月革命,正是这"世界新文明的曙光"。鲁迅对马克思主义的关注,虽也起始于20年代初,然而,鲁迅的思维模式和心态特征又决定了他对某种学说的信仰,须经长期的观察和反复的思考,在最后的抉择上是慎之又慎的,因而,他虽对马克思主义早有关注,但他决定以马克思主义为自己的信仰,却是20年代末,在"革命文学论争"中创造社"挤"他"看了几种科学的文艺论"之后。但是,当他一旦接受了马克思主义,便达到了运用纯熟、豁然贯通的境界。由于马克思主义的武装,鲁迅后期对中西文化有着更加明澈更加通达的认识与态度。

鲁迅坚持着对中国封建文化的代表——孔孟儒学的批判。这一时期,他更运用马列主义的阶级观点对儒学进行了透彻的分析,深刻地指出了孔夫子在中国是"权势者们捧起来的""是那些权势者或想做权势者们的圣人,和一般的民众并没有什么关系"。他还指出历代统治者的尊孔,其实也把孔子当作打开幸福之门的"敲门砖"来使用的。[33]鲁迅还写了一系列的杂文,抨击了国民党反动派30年代在"新生活运动"中鼓吹的尊孔复古活动,揭露了他们提倡"儒术"的投降主义的本质。

鲁迅批判中国封建文化、批判孔孟儒学,是从总体构架上对它的批判,他绝不是民族文化的虚无主义者。上世纪30年代,他曾运用辩证唯物主义和历史唯物主义的观点，批判对"旧形式"全盘否定的民族虚无主义态度，这是众所周知的事实，无庸赘言。鲁迅曾称赞陶元庆绘画的价值正在于：它既"和世界上的时代思潮合流，而又未梏亡中国的民族性"，"他并非'之乎者也'因为用的是新的形和新的色，而又不是 yes No，因为他究竟是中国人"[34]。鲁迅还指出，中国的木刻运动也必须两条腿走路："采用外国的良规，加以发挥，使我们的作品更加丰满是一条路；择取中国的遗产，融合新机，使将来的作品别开生面也是一条路。"[35] 鲁迅对继承中国传统文化、使外国文化与中国传统文化融合的这些论述，闪烁着辩证唯物主义和历史唯物主义的光辉，在今天仍然值得借鉴。

对吸收外国文化，鲁迅提出著名的"拿来主义"的口号，主张"我们要运用脑髓，放出眼光，自己来拿"，拿来以后"或使用，或存放，或毁灭"。[36] 即或对敌对国家的文化，鲁迅也主张要知己知彼，敢于去了解，对于他们的优点，"即使那老师是我们的仇敌罢，我们也应该向他学习"。[37] 鲁迅认为如果不吸收和借鉴外国文化，"人不能自成为新人""文艺不能自成为新文艺"。[38] 鲁迅还曾生动地用生理上的聋和哑说明："精神上的'聋'那结果，就也招致了'哑'来。"一律"掩住青年的耳朵"不让他们接触外国文化思潮，必然"使之由聋而哑，枯涸渺小，成为'末人'"。[39] 所以文化上的排外政策，必会导致本民族文化的退婴，衰落。如鲁迅批评19世纪末俄国美术界中"移动展览会派"的排外主张说"排外则易倾于慕古，慕古必不免于退婴"，所以后来，这派艺术"遂见衰落"。[40]

如何吸收和借鉴外国文化，鲁迅也有很精辟的见解。鲁迅对那些只引进外来的一些名词术语，而不扎扎实实地介绍这些名词术语所包含的理论实质的做法极为反感，他曾批评"新潮之进中国，往往只有几个名词，主张者以为可以咒死几个敌人，敌对者也以为将被咒死，喧嚷一年半载，终于火灭烟消，如什么罗曼主义、自然主义、表现主义、未来主义……，仿佛都已过去了，其实又何尝出现"。针对这样情况，他翻译了一些有关新兴文学的理论著作，希望人们借以"看看理论和事实，知道势所必至，平平常常，空嚷力禁，两皆无用"，并"使外国的新兴文学在中国脱离'符咒'气味"[41]。

世无完书。对于引进和介绍的外国著作只能吸收其中有用、有益的部分，而不能精华糟粕兼收并蓄，把引进的一切奉为金科玉律。鲁迅说："以为倘要完全的书，天下可读的书怕要绝无，倘要完全的人，天下配活的人也就有限，每一本书，从每一个人看来有是处，也有错处。"他说，他所译介的作品"并非要大家拿来作言动的南针"，而是"只要自己觉得其中有些有用，或有些有益""便会开手来移译"。[42] 鲁迅这些精辟的意见，对我们仍有很大的启发和借鉴的意义。

同一时期，绅士气逐渐增大的周作人，在中国传统的封建文化和西方资本主义文化的夹缝中，苦苦地挣扎和徘徊了20多年。终于由于对世界先进文化思潮——马克思列宁主义的抗拒，20世纪30年代以后，他便完全复归到中国封建文化——孔孟儒学上来。这个早在20世纪初叶，曾大声疾呼要"摒儒者于门外"的周作人，曾几何时，又从儒学中找到了自己学问的根抵和心灵的归宿。他多次声言："我的学问的根抵是儒家的，后来又加上些佛教的影响。"[43] "我的道德观恐怕还当说是儒家的，但左右的道与法两家也都掺合在内，外面又加了些现代科学常识。"[44] 他又自称是孔子的"益友"[45] 并且颇得儒家的"中庸"与"诚慎"之道。他明确宣称"自己是一个中庸主义者"[46] 并标榜自己"立言诚慎的态度"。对于儒家"忠恕"和"忍让"的哲学，周作人也竭诚信奉，忠守不渝，他说"忠恕""诚是为人之极致"；又将忍让看作"苟全性命于乱世"的法宝，曾把杜牧的"忍过事堪喜"的诗句烧刻在小花瓶上，摆在窗下，作为座右铭。[47] 正是这种"忠恕"和"忍让"的哲学，成为20世纪30年代以后，周作人处理世事、对待生活的基本指导思想。所以他才能在风沙扑面、狼虎成群的现世，去赋写草木虫鱼、观赏花云秋月，过着封建士大夫的世外桃源式的生活，乃至当日本帝国主义的铁蹄践踏着中国土地，汉奸群丑们在沦陷区的政治舞台上匹伍唱和，蹂躏着中国人民的时候，他仍能在这些豺狼和群丑们的夹缝中，生活得雍容自得。自然，他内心深处也苦不堪言，就连他的住处和集名，也标示出他内心的良苦：苦茶庵、苦住庵、苦茶随笔、苦竹杂记。并且，由"苦"而"药"：药堂语录、药味集、药堂杂文，足见他内心深层之"苦"在逐步上升。然而，他毕竟以"忠恕"和"忍让"，"弥缝"了内心的"苦"，平和地、却真正是屈辱地生活过来了。周作人曾在一篇文章中称赞陶渊明的《饮酒》诗"汲汲鲁中叟,弥缝使其淳,凤鸟虽不至,礼乐暂得新",说:"这弥缝二字实在说得极好。""无褒贬的意味,却把孔氏之儒的精神,全表白出来了。"其实,这种"弥缝"的精神,恰好显出了周作人所奉行的"忠恕"和"忍让"哲学的精义。[48]

周作人不仅自己信奉儒家哲学,他还把儒家思想视为中国国民的中心思想,甚至认为这种思想在中国永远不会枯萎,他说:"中国人的人生观也还以儒家思想为主流。"这种儒家的中心思想"差不多几千年来没有什么改变"并说这种儒家思想对于中国人来说,简直"比空气与水""这比较昔人所说布帛菽粟还要近似,中国人如能保有此精神""自己固然已站得住一面也就与世界共通文化血脉相通,有生存于世界上的坚强的根源"。周作人还曾颇为乐观地告诉人们:"儒家思想,既为我们所自有。有如树根深存于地下,即使暂时衰萎,也还可以生长起来。"因而不必为恐怕孔子的思想在中国会绝根而"杞忧"。[49]

周作人出任伪职以后,为了向日本帝国主义者谄媚讨好,他甚至把儒家思想还说成是"大东亚主义思想的出发点"。他说"大东亚主义的思想出发点,还是在儒家的思想之内,即所谓儒家所提倡的仁的思想"[50],并吹捧日本帝国主义者所发动的侵略战争就是出自儒家"己饥己溺"与"民胞物与"的精神。[51]他还用儒家思想来攻击共产主义和党所领导的人民革命事业,说:"共产主义是讲极端的,甚至于为目的不择手段,所以会有烧杀等等的事实,但中国自古以来国民的思想是注重中庸,讲究不偏不倚,而政治方面又主于养民,此二者与共产主义有如冰炭之根本不能相合。"

复古总不免于排外,周作人这时既已完成了对中国封建文化的复归,其思想彻底回到孔孟儒学上来,对外国的文化思想即似乎本能地产生了某种排斥的情绪。如谈到汉文学的发展时,周作人曾说:"过去多少年间中国似乎过分的输入外国思想,以致有类似流弊的现象发生。"并认为:"吾人吸收外国思想固极应慎重,以至统系迥殊的分子侵入破坏固有的组织。"在《论小说教育》一文中他又说:要打破中国思想界的旧秩序,"靠外来思想的新势力是不行的,一则传统与现状各异,不能适合,二则喧宾夺主,反动必多"。他提出唯一"可能的方法"

"还是自发的修正与整理"本国的封建文化。查考上世纪30年代以后周作人翻译的外国文学作品,确也大大少于"五四"时期。1929年前周作人翻译及与人合译的作品共16种,而三、四十年代他所译的外国作品只有两种,这也可以从一个侧面看到他吸收外国文化态度上的逆变。

另一方面,由于周作人拒绝世界上最先进的马克思列宁主义的世界观和方法论,其思想背离了中国当时政治革命思想革命的主潮,使他对外国文化研究也陷入了迷途,这个曾经留学日本,被认为是"日本通",也自称对日本文化颇有了解和研究的周作人,虽然曾经连篇累牍地撰写文章大谈日本文化,而当日本帝国主义的魔爪伸向中国人民的时候,他才恍悟出:"自己二十年来的考察""文学艺术上得来的意见",原来"不能解释日本的别的事情,特别是历来的政治行动"。说"日本国民性,终于是谜似的不可懂"。并声称自己"不能不完全抛弃以前关于日本文化的意见",承认自己原来对日本问题"无所知",过去研究日本文化"所走的路全是错的",并宣告"文化方面的路已经走不通了",要将"徒劳的日本文化研究因此告一段落"。宣布"本研究店"从此关门![52]对日本文化研究了近40年的周作人,却终于承认自己的研究全然徒劳,这实在是极大的历史悲剧。然而,正如鲁迅所说过的,"世界的时代思潮早已六面袭来,而自己还拘禁在三千年陈的桎梏里",[53]自然不可免于这样的悲剧,可惜周作人本人至终也不理解此中真谛。

在中国现代作家中,没有人比鲁迅更具有强烈的民族感情,也没有人比鲁迅更具有强烈世界意识。鲁迅在中国文化方面有深厚的功力,对西方文化又涉猎广博,多有研究。尤为可贵的是,他能追随世界上最先进的文化潮流,这就使他在思想体系、价值取向上,能始终居于世界先进文化潮流峰巅,因而他的创作便能与世界上的先进思潮合流。深厚的民族文化的功力,又使他谙熟民族文化的精髓,因而他的创作又未桎亡中国的民族特性。他不排斥异流,但绝不做外来文化的俘虏;他不背弃传统,但也绝不闭锁在僵硬的传统中,而是借助世界上先进的文化思潮反顾中国的文化传统,又在中国传统文化的源头上收纳世界文化的新潮。在中西文化的交融汇合中,鲁迅成功地解决了引进与继承、吸取与批判的辩证关系,因而在推进和发展中国文化上做出了杰出的贡献，成就为中国文化史上的伟人。

而周作人，同样既有深厚的传统文化的功底，又有广博的外国文化的知识。但由于他缺乏立足于世界先进文化潮头的卓识，使他既对西方文化的研究走入了迷宫，又未真正把握住传统文化的精髓，而是从反叛封建起始，又虔诚地回归到封建传统中来，与鲁迅走了迥然各异的两条道路。周作人这种精神状态，集中而强烈地反映了"五四"退潮后，一大批中国知识分子向传统复归的社会思潮。只是周作人的向传统复归，表现得更为曲折，更为复杂，也更为彻底，因而也就更有典型的意义。周作人的道路带着极大的悲剧色彩。他的教训从反面启示给人们以许多生活价值和创作的哲理，有着难以估量的意义。

注释：

1 周作人 1902 年 3 月 9 日日记。

2 鲁迅《摩罗诗力说》。

3 转引自鲁迅博物馆鲁迅研究室编《鲁迅年谱·第一卷》102 页。

4 5 鲁迅《文化偏至论》。

6 周作人《现代小说译丛·第一集·序言》。

7 鲁迅《随感录三十六》。

8 鲁迅《随感录三十五》。

9 鲁迅《随感录五十六》。

10 鲁迅《随感录四十六》。

11 周作人《罗素与国粹》。

12 周作人《三个文学家的纪念》。

13 15 鲁迅《忽然想到五、六》。

14 鲁迅《十四年的读经》。

16 鲁迅《这个与那个》。

17 鲁迅《未有天才之前》《忽然想到十一》。

18 鲁迅《未有天才之前》。

19 周作人 1966 年 2 月 19 日致鲍耀明信．

20 周作人《重来》。

21 周作人《可怜悯者》。

22 周作人《道学艺术家的两派》、《净观》。

23 周作人《读经之将来》。

24 周作人《喝茶》。

25 周作人《北京的茶食》。

26 周作人《十字街头的塔》。

27 周作人《雨天的书·序一》、《雨天的书·序二》。

28 周作人《艺术与生活序一》。

29 周作人《生活的艺术》。

30 周作人《外行的按语》。

31 周作人《北沟沿通信》。

32 李大钊《东西文明根本之异点》。

33 鲁迅《现代中国的孔夫子》。

34 鲁迅《陶元庆君的绘画展览时》。

35 鲁迅《木刻纪程·小引》。

36 37 38 鲁迅《拿来主义》。

39 鲁迅《由聋而哑》。

40 鲁迅《新俄画选·小引》。

41 鲁迅《现代新兴文学的诸问题·小引》。

42 鲁迅《思想·山水·人物,题记》。

43 周作人《两个鬼的文章》。

44 周作人《自己的文章》。

45 周作人《〈逸语〉与〈论语〉并说到孔子的益友》。

46 周作人《谈虎集·后记》。

47 周作人《杜牧之句》。

48 周作人《自己所能做的》。

49 周作人《中国的思想问题》、《汉文学的传统》。

50 周作人《树立中心思想》。

51 见周作人在1942年3月2日《晨报》"华北教育家笔上座谈"的意见。

52 周作人《日本之再认识》、《日本管窥之四》、《过去的工作》。

53 鲁迅《当陶元庆君的绘画展览时》。

(载天津教育出版社1989年10月出版《鲁迅与西方文化》)

26. 鲁迅、周作人文化心态异同论

东西方文化交融碰撞，是近现代中国思想文化战线上极为重要的问题之一。从一定意义上说，这种文化上的交融碰撞，冲垮了封建中国闭关锁国的障壁，促进了中国社会政治、文化统一体的崩解，也正是在多种文化的撞击之中，一切中国的知识分子，由于他们的不同抉择，走上了各自相异的道路。因而，近现代中国的知识界便呈现出一种空前纷繁复杂、多向发展的新局面。在这一背景下诞生的鲁迅、周作人兄弟，由于他们对中西文化态度的不同演变，由于他们在摄取和接受各种文化营养上的不同选择，也由于他们在性格和气质上的差别，因而形成了兄弟两人迥然有异的文化心理结构和各自不同的精神心态。从这个层面上比较周氏兄弟的异同——尤其是他们相异的方面，也许能从更深层次上透视出他们在生活道路、政治倾向、思想发展、创作实践上，何以有那样愈来愈大的差异。

一

鲁迅和周作人在少年时代，都最先接受了中国传统文化的浸润和熏陶，打下了深厚的旧学功底。开明的士大夫家庭的家教、封建私塾的教育，不仅使他们熟读过代表中国封建文化的各种典籍、正史，也使他们阅读过大量的中国古典小说、诗词、野史、笔记。少年时代，他们有机会共同受到社戏、绣像等中国民间艺术的陶冶和浸渍。这一切，无疑为他们日后的成长奠定下良好的基础。然而，这一切封建社会遗留下来的文化和文学艺术，又无不是精华糟粕并有，香花莠草共存，先进思想与腐朽思想彼此交融渗透。正是因为这样，这些旧学的基础，既为他们提供了裨益于后来的利器，又为他们设置下桎梏着后来的枷锁。因此，周氏二兄弟，才可能既同有中国传统文化的深厚修养，又走上了同源而异流的历史道路。

周氏兄弟步入青年时代，又恰值西学东渐、中西文化在中国历史上又一次交融碰撞的浪潮中。他们又共同率先接受了西方文化的影响。在清朝洋务派开办的南京矿路学堂、水师学堂的学习，使他们有机会接触到西方自然科学方面的书籍，在此期间，鲁迅满怀兴致地阅读了严复翻译的赫胥黎的《天演论》，他立即被其中所阐释的达尔文的进化学说所吸引，他立即把《天演论》推荐给他十分关怀的手足兄弟周作人。继《天演论》之后，鲁迅又将日本加藤弘之的《物竞论》及严复所译英国亚当·斯密的《原富》等书带给周作人。周作人收到的当天，连夜阅读《物竞论》，他感到"虽不甚解"，但"颇增兴会"[1]。

周氏兄弟在日本留学期间对西方文化有了更多的接触，他们在日本期间大量阅读了西方自然科学、社会科学和文学艺术方面的著作。

民族的危机意识，强烈的民族自新的责任感和使命感，使鲁迅一开始便怀着振兴祖国、启发国人觉醒的自觉目的去学习并介绍西方的文化。他感到，要使自己祖国的文化，"能与世界大势相接"而挽救其"精神日就荒落"的景况，必须打破孤立自是、闭关锁国的僵化政策，"别求新声于异邦"[2]，因而在日本，他曾与陶成章、许寿裳等绍兴籍留日学生联名发出《绍兴同乡公函》，呼唤乡人出国留学，"求知识于宇内，搜学问于世界"，以"惊醒我国人之梦，唤起我国人之精神"[3]。他自己则更致力于介绍西方的文化思想和文学艺术，并特别留意于对西方先进思想和学说的探求。在日本期间，他就写出过介绍达尔文进化学说、介绍西方自然科学发展史、介绍西欧积极浪漫主义诗人等方面的长篇论文。

鲁迅积极地介绍西方文化，但他并没有拜倒在西方文化之前，在令人眼花缭乱的诸种学说、思想面前，他保持了清醒的辨识能力、择取和扬弃的能力，他反对"言非同西方之理弗道，事非合西方之术弗行"这种一味对西方文化顶礼膜拜的作法，主张吸收西方文化时，要有独立自主的意识，从中国的实情和需要出发，有所选择、有所摒弃。他认为对外国文化，只有"去其偏颇，得其神明，施之国中，翕合无间"，才能"外之既不后于世界之思潮，内之仍弗失固有之血脉"[4]。他的著名的长篇论文《文化偏至论》，就对西方资产阶级文化重物质轻精神的偏颇进行了尖锐的批评。早在日本时期，鲁迅在文化心态上就显示出作为思想家的端倪。

周作人对西方文化的接受，一开始便显示出与鲁迅的某些差异。在摄取西方文化时，周作人没有鲁迅那样明确而恢宏的政治理想，没有那么强烈的民族自新的责任感和使命感。他多着眼于个人对文化和文学艺术的趣味上，所以，他对外国思想和学说的留意较少，而对外国文学作品的翻译和介绍，却比其兄为多。当时由于清王朝闭关锁国所造成的积弱、反清革命思想的冲击，使周作人也与鲁迅一样，对外国文学的关注，倾向在被压迫的弱小民族一面，正如后来他自己所回忆的："我们生活的传奇时代——青年期，很受了本国的革命思想的冲击……，那种同情于'被侮辱与损害'的人与民族的心情却已经沁进到精神里去，我们当时希望波兰及东欧诸小国的复兴，实在不下于章先生的期望印度，直到现在这种影响大约还很深。终于使我们有了一国传奇的异域趣味，因此历来所译的便大半是偏僻的国度的作品。"[5]

对外国文化，周作人缺乏像鲁迅那样的辨识能力和选择、扬弃的能力。一到日本，他便对日本文化、日本的衣食住产生了特殊的兴趣和爱好。日本的房屋、日本人的衣食、日本人民的生活习惯，都给客居在东京下宿的周作人留下了美好而深刻的印象，他很快地爱上了这个地方，甚至于达到了迷醉忘返的程度。当他留学结束后，如果不是鲁迅到日本专程催促，他还不愿归回祖国。归国后，他又写下了"远游不思归，久客恋异乡"的诗句，抒写他对日本生活的留恋之情。

其实，周作人这时对日本文化、日本生活的深切爱好，已经显示出他灵魂、感情深层所受中国传统文化的积淀——封建士大夫阶级生活和情趣的影响所产生的思古之幽情。周作人曾经毫不隐晦地说："我们那时又是民族主义的信徒，凡民族主义必含有复古思想在里边，我们反对清朝，觉得清以前或元以前的差不多都好，何况更早的东西。"而日本人民的生活中多保存中国的古俗，他说："我们在日本的感觉，一半是异域，一半却是古昔，而这古昔乃是健全地活在异域的。"[6]所以他才如此地迷恋保存着中国"古昔"的"异域"。从这里，我们可以看出，周作人对日本文化的倾倒，和他对中国"古昔"的迷恋，在感情深层上的一致和契合。这就是这位穿着西装的洋学生，在日本留学时期，精神心态的一个较为隐蔽的层面。

然而，在异国留学时，在西方文化向中国文化渗透的过程中，在西方各种学说和文学艺术的参照下，处于最容易接受新思潮的青年期的周作人，也和鲁迅一样，当时对传统的中国封建文化都取猛烈挞伐的态度。鲁迅在《摩罗诗力说》中尖锐地指出，中国封建文化的中心教义就是教人民乐天安命，不去反抗斗争，追慕往古，不改变现状。周作人1908年在《河南》杂志上发表《论文章之意义暨其使命及中国近时论文之失》这一长篇论文，也猛烈地抨击了中国封建文化的代表——儒学严重地束缚着人民的思想，致文学予"萎顿"状态："第吾国数千年来一统于儒，思想拘囚，文章萎顿，趣势所兆，邻于衰亡。"他大声疾呼，"当摒儒者于门外"，即要把人们的思想从儒学中解放出来。在《红星佚史序》中，周作人还将中国封建的诗教与西方的诗歌创作进行了比较，指出："泰西诗多私人制作，主美，故能出自繇之意，舒其文心，而中国则以典章视诗，演至说部，亦立劝惩为臬极，文章与教训漫无畛畦，画最溢之界，使勿驰其神智，否者或群逼拶之，所意不同，成果斯异。"批评了中国诗教的道德色彩为作家划定狭隘的界限，妨碍作家抒发个人自由的意志。周氏兄弟对中国封建文化的猛烈挞伐，标志着在西方文化的影响与参照下，一代知识分子中新文化意识的觉醒，也预示着在文化意向转换和交替时期，他们必将以新的风貌、新的姿态登上中国新文化的历史舞台。

二

1919年，中西文化的冲突交融进入了一个新的时期，狂飙突进的"五四"运动，便是这次中西文化碰撞所迸发出的灿烂的火花。在这一次中西文化大汇合的新时期，中国新文学最终完成了从封建母体中的"断裂"。

经过了辛亥革命、二次革命、袁世凯称帝、张勋复辟，这一次次民主革命的失败、封建势力的复辟，中国封建文化的更新更加尖锐地提了出来。中国先进的知识分子更痛切地感到传统的封建文化窒碍着中国的发展，窒碍着本民族步入世界先进民族之林。

周氏兄弟，在西方先进文化意识的观照下，在对本民族传统文化的反思中，以全新的文化意识，双双登上了"五四"文坛，成为"五四"新文化运动中共享盛名的先驱人物。

周氏兄弟新的文化意识的核心，便是对"人"的认识和关于"人"的现代观念的确定。全部封建礼教、封建道德的核心，便是把人视为封建观念的载体。在这种观念下，人的个性、人的尊严被泯灭了，人的价值仅仅以是否符合封建的伦理道德为唯一衡量的标准。封建时代的文学，就是以这样的观念来认识人、表现人，塑造封建阶级理想的典型的。周氏兄弟从西方文化中接受达尔文等人的进化学说和西方人文主义学说的影响，观照和反思中国的传统文化后，深刻地认识到传统观念对"人"的歪曲、抹煞和亵渎。鲁迅在他的第一篇白话小说《狂人日记》中，就以深广的忧愤，控诉了中国几千年来"吃人"的文明，大声疾呼"将来容不得吃人的人，活在世上"。接着，他以"一发而不可收"的姿态写下的一篇篇小说、杂文，都是以全新的"人"的观念批判了封建礼教、封建道德对人灵魂的蚕食，对人性格的扭曲，对人创造能力的扼杀，对人的"自我"的泯灭，以及在封建制度和封建礼教束缚下，人的躁动，人的挣扎，人的毁灭，人对合理的生存道路的探寻等等，可以说"五四"时期，鲁迅小说、杂文的总主题就是为"人"而抗争，为"人"的生存和"人"的价值的实现而抗争，这种抗争的具体内容，就是对封建传统的道德礼教犀利而深刻的批判。

这一时期，周作人以他的散文和新诗创作完成着同一的主题。周作人在"五四"文坛上最大的影响，就是"人的文学"的提倡与实践。他在《人的文学》一文中叙述了在欧洲关于"人"的真理的发现过程，指出在中国长期的封建社会中，"人的问题，从来未经解决"，因而从新要发现"人"，去辟"人"荒，"希望从文学上起首，提倡一点人道主义思想"。《人的文学》一文所以在新文学理论建设上产生了那么重大的影响，就是因为它第一次把现代意识，把关于"人"的现代观念引进了文学领域，因而引起了整个文学观念上的革新。周作人的《人的文学》，鲁迅的《狂人日记》，一个从理论上，一个从创作上，体现了中国新文学的现代观念，开创了中国现代文学的新纪元，成为中国现代文学史上不朽的双峰。继《人的文学》之后，周作人在全新的文学观念的指导下写下了一系列的文学作品，都可以看作是他的"人的文学"理论的实践。他以大量的杂文、散文创作抨击了封建礼教、封建道德对"人"，特别是对妇女和小儿的扼杀，抨击了在中国传统礼教、道德的束缚下，病态的、被扭曲了的人性——中国的国民精神。

周氏兄弟在批判传统的封建文化的同时，他们又辛勤地采撷着西方文化的智慧之花。这一时期，鲁迅翻译过俄国、日本、芬兰、保加利亚等国家的作品多篇。他介绍外国文学的目的，仍一如既往，为了促使国人的觉醒，以疗救中国的痼弊。他希望通过介绍外国文化成为"一服极有力的兴奋剂"，打破中国"新文学界"的"萧条"[7]。除翻译作品外，周作人还将外国文艺思想引进和介绍到中国，他著有《欧洲文学史》《日本近三十年小说的发达》等著作和文章，介绍了欧洲文学发展的历史和日本近代小说思潮流派的变迁等。

鲁迅和周作人这一时期在文化心态上又有着相异的一些东西。对传统文化从总体的批判上，周作人不像鲁迅那样深刻彻底。鲁迅是以彻底的、不妥协的姿态批判封建文化、封建道德的，他最反对的是折中调和的二重思想，那种以为"西哲的本领虽然要学，'子曰诗云'也更要昌明""学了外国本领，保存中国旧习"的"折中至当"的思想，鲁迅最为反对。他认为新旧事物"挤在一处""正如我辈约了燧人氏以前的古人，拼开饭店一般，即使竭力调和，也只能煮个半熟；伙计们既不会同心，生意也自然不能兴旺，——店铺总要倒闭"。因而他主张要"连根的拔去了二重思想"[8]。批判封建文化上的彻底性，标志着鲁迅主张从整个体系上、从全部构架上打碎僵化的封建文化旧传统，在汲取外来进步文化思潮中重组中华民族新文化的体系，而这正代表着在我国文化史上具有划时代意义的"五四"时代精神。

周作人在灵魂深处，恰恰具有鲁迅所批评的"二重思想"：一方面，他从人道主义、个性主义思想出发，猛烈地抨击着封建文化、封建道德中那种野蛮落后不合人道、泯灭个性的东西；一方面，他内心深处那种害怕暴力、追慕平和、不敢斗争的心态，恰与中国传统的儒家文化鼓吹的"仁""中庸之道"相契合，所以，他一边批判封建道德、封建礼教，一边又向封建文化频送秋波。1919年，周作人在日本日向地方的"新村"参观访问时，为新村写下的条幅便是孔老先生所说的话:"子曰,仁远乎哉,我欲仁,斯仁至矣。"周作人在"五四"时期那么狂热地接受并宣传着日本白桦派作家所鼓吹的新村主义思潮,也正是他那种害怕暴力、畏惧斗争、"欲仁"的心态所决定的。

在对外国文学的引进上,鲁迅着眼于外国文化史上那些敢于斗争、敢于破坏偶像的先进者,对他们多作介绍,他说:"不论中外,诚然都有偶像,但外国是破坏偶像的人多,那影响所及,便成功了宗教改革、法国革命,旧像愈摧毁,人类便愈进步,那达尔文易卜生托尔斯泰尼采诸人,便都是近来偶像破坏的大人物。"[9]而周作人多从人道主义思想出发,翻译介绍外国的作家作品,他在译文集《点滴》序言中说:"收入这译本中的,并非同派的小说中间,即仍有一种共通的精神——这便是人道主义的思想。""这多面多样的人道主义的文学,正是真正的理想的文学。"

总之,在中国新文学发展最初的这个历史时期里,"周氏兄弟"以他们在中西文化撞击中形成的全新的文化意识,以他们兼通中西、博览古今的开放形态的知识结构,创造出来的各种形式的文学作品,不仅渗透着吸收了西方先进文化思潮,与传统的封建文化观念迥异的新文化观念,在内容方面显示出"新的质",而且借鉴了外国作家的艺术技巧,在中国传统文学的基础上,又有重大的革新,显示出"新的形"和"新的色"。这些作品与当代世界文学有着共同的最新倾向,成为中国现代文学中辉煌的奠基性的篇章,显示出中国文学现代化的进程是与打破闭关锁国的封闭政策、引进和吸收外国的思想文化而同步展开的。

同时,由于周氏兄弟相异的文化心态,使他们无论在创作上还是在翻译上,又有着各自不同的倾向,鲁迅那种对传统封建文化不妥协的批判精神,使他的作品闪烁着"五四"时代精神的熠熠光华。周作人在文化心理上与中国传统文化那种割不断、理还乱的联系,使这位新文化运动的先驱人物在文化革命初期的译作,就有着儒文化中和、仁爱的某些特色。

三

"五四"运动退潮以后,在新文化阵营成员离合分化的大潮中,周氏兄弟文化心态上的相异更逐渐暴露出来。

传统的重负、改革的维艰,使文化革命的旗手鲁迅,更深切地感受着传统的僵硬,这僵硬的传统把整个旧中国的肌体都"教养得硬化了",它的国民"尽钻在僵硬的传统里,不肯变革,衰朽到毫无精力了。"[10]而那些"五四"初期曾骁勇一时,高嚷着批判封建传统文明的人,有的高升,有的退隐,有的颓唐,有的叛变,社会上的复古倒退现象也多有发生。分化、倒退,使懦弱者吓破了胆,真正的战士则更坚韧而前行。这一时期,鲁迅特别提倡韧性精神,他清楚地意识到在这个封建文明的根柢十分坚固的中国,要改革,必须具有"韧"的精神,也只有那些具有韧性精神的战士,才"正是中国将来的脊梁"[11]。

要摆脱像"鬼打墙"般的封建传统的禁锢,鲁迅还特别注重引进和吸收外国文化,"收纳新潮,脱离旧套,才有希望发生新的机制"。他还说:"就是将华夏传统的所有小巧的玩艺儿全部放掉倒去屈尊学学枪击我们的洋鬼子,这才可望有新的希望的萌芽。"[12]开放的文化意识是民族自信的表现,是使自己的民族不与世界隔绝的重要因素,鲁迅就特别推重汉唐时代敢于引进外来文化的雄大魄力,他说:汉唐时代,因为"人民具有不至于为异族奴隶的自信心,或者竟毫未想到,凡取用外来事物的时候,就如将彼俘来一样,自由驱使,绝不介怀"。但是"一到衰弊凌夷之际神经可就衰弱过敏了,每遇外国东西,便觉得仿佛彼来征我一样,推拒,惶恐,退缩,逃避,抖成一团,又必想出一篇道理来掩饰"。鲁迅还令人震惊地指出,所谓"国粹"不过是"屠王或屠奴的宝贝""抬出国粹,排斥异流"是一个国家"衰弊凌夷"的象征,其结果,只能"使中国和世界潮流隔绝"[13]。也许正为了给捧着"屠王或屠奴的宝贝"的僵硬的中国以一服"强酸剂"吧,鲁迅1925年2月在回答《京报副刊》征询"青年必读书"时竟决绝地说:"我以为要少——或者竟不——看中国书,多看外国书。"并说:"我看中国书时,总觉得就沉静下去,与实人生离开,读外国书——但除了印度——时往往就与人生接触。"可惜对于鲁迅这种针对时弊而发的看似过火的痛切言论，几十年之后，还被周作人说成是鲁迅"立异唱高，故意与别人拗一调"[14]。开放的文化意识，使鲁迅以很大的精力投入对外国文艺和外国文艺思潮的引进和介绍。这一时期，他翻译了日本、俄国、芬兰、保加利亚等国作家的作品，翻译了介绍俄罗斯、捷克文学概况的论文，翻译了日本文艺批评家厨川白村的文艺论文集《苦闷的象征》和《出了象牙之塔》等。介绍和引进外国文化，鲁迅仍然是怀着中国的知识者所特有的那种责任感和使命感，着眼于要医治本民族的痼疾。在《从灵向肉和从肉向灵·译者附记》中，他说：这些"指摘他最爱的母国——日本的缺陷的"，其中，"却多半切中我们现在大家隐蔽着的痼疾，尤其是很自负的所谓精神文明，现在我就再来输入，作为从外国药房贩来的一帖泻药罢"。翻译《出了象牙之塔》也是因为当它的作者"鞭责"自己的国家时，"仿佛痛楚到了我的身上，后来却又霍然宛如服了一帖凉药"，由此悟到自身的"肿痛"和将"肿痛"割除的"痛快"。

  尤其值得提出的是，鲁迅这时还特别关注世界最先进的马克思主义文化潮流的趋向和发展。早在上世纪20年代初，鲁迅就对马克思主义思潮投以极大的关注。上世纪20年代中期，鲁迅又特别注视着苏联十月革命后文艺思潮的趋向，如他为任国桢翻译的《苏俄文艺论战》写的"前记"中，就详细地评述了苏俄各个文艺流派的斗争和发展，高度评价了任国桢翻译介绍此书的功绩。出于世界先进文化思想的观照，使鲁迅得以从异域不断摄取新的营养，逐步纠正他受西方资产阶级文化消极影响的偏颇，从而不断地进行着自我的超越和更新。

  同一时期里，批判传统和依恋传统更加成为周作人精神心态上的主要矛盾。一方面，他仍然以民主、人道的意识执著地反对着封建礼教，批判着思想文化界出现的各种复辟倒退倾向；一方面在思想、感情、趣味、心理等深层结构上，却更加显示出中国传统文化的影响和对它的依恋。开放的文化意识一方面仍使他积极于介绍西方的文化和文学艺术，一方面却由于其心理深层上士大夫阶级的情趣，使他漠视和抵制世界上先进的文化思潮——马克思主义，乃至他对外国文化的译介也服从于其士大夫阶级的情趣而背离了当时思想战线上的主潮。

这些就使周作人这一时期在思想、创作上都显示出深刻的矛盾。

"五四"退潮后，这位深受王充、李卓吾、俞正燮反礼教思想影响的周作人，在他的杂文、散文中仍然放射着反封建、反礼教的光芒，他诅咒那些死抱着旧道德僵尸不放的"孝子顺孙"们，批评"那伪文明伪道德是使人类堕落为狼以下的地位与生物"的根源。他抨击"夫为妻纲"的封建伦理，指出这类残害妇女的伦理观念如不消灭，"新的性道德难有养成的希望"，他以新的文化意识主张新的两性道德，反对封建卫道士们把恋爱结婚视为"不净观"的虚伪说教[15]。

"五四"退潮后，复辟、倒退的趋势笼罩着中国的思想界。周作人以一个文化革命先驱者的敏锐，预感到思想界的这一趋势而深感担忧，他多次告诫人们："这是一个国粹主义勃兴的局面，他的必然的两种倾向是复古与排外。"并指出这种复旧的倾向，"都是圣人的阴魂的启示，这全是表示上流社会的教会精神的复活"[16]。

然而，就是这位一方面那么猛烈地批判着传统礼教，抨击着各种复辟倒退倾向的周作人，一方面他自己却又一直自觉不自觉地处在传统文化心理的圣学投影之中，对传统表现出更大的依恋。特别在黑暗势力重压面前，在新文化阵营发生分化的情形下，那古老而又僵化的传统，对周作人产生了那么大的诱惑力，以至使他在思想感情、心理、趣味等深层结构上，都开始了向传统的逐步复归。和近现代许多知识者一样，这种向传统的复归，首先起始于生活情趣上，他开始追慕着士大夫阶级的生活情趣，希图"忙里偷闲，苦中作乐""在不完全的现世享乐一点美与和谐"，他常耽溺于"一种焚香静坐的安闲而丰腴的生活幻想"之中，甚至想逃避现实纷扰的斗争，在"十字街头造起塔来住"，以求"在喧闹中得到安宁""不问世事而缩入塔里"[17]。随着生活情趣的变化，在创作格调上也逐步发生了变化，他"作文极慕着平淡自然的境地"，并深悔于自己旧作的"满口柴胡，殊少敦厚温和之气"。他公开声明自己过去多喜欢作品中"所隐现的主义""现在所爱的乃是在那艺术与生活自身"[18]。周作人作品的艺术风格遂开始了由"五四"时代的"浮躁凌厉"向冲淡闲适一路的转化。

周作人这一时期仍积极地绍介西方的文化和文学艺术，他翻译了大量的希腊、日本、匈牙利等国的小说、散文、诗歌等，结集出版的就有七、八本之多,然而思想感情、生活情趣的变化,也使他丧失了如实认知西方文化艺术的可能性,乃至对西方文化艺术的介绍,也被纳入他追慕安闲逸乐的情趣之中,他在译文集《陀螺》序中说:"我用陀螺作这本小书的名字,并不因为这是中国固有的旧物,我只觉得陀螺是一件很有趣的玩具",这一册小集子实在是我的一种玩意,所以这名字很是适合,我本来不是诗人,亦非文士,文字涂写,全是游戏——或者更好说是玩耍。"并说:"我于这玩之外,别无工作,玩就是我的工作。虽然此外,还有日常的苦工、驮砖瓦的驴似的日程,"甚至他还从西方文化中找到符合中国传统文化的东西而大加礼赞。周作人一生十分崇拜英国性心理学家蔼理斯,并颇受其影响,他曾多次撰文,介绍蔼理斯的学说。其实,周作人最看重的是蔼理斯的折中调和的思想,在他看来蔼理斯的这种思想正与孔子提倡的"中庸"相合,因而也最值得称道。蔼理斯提倡"生活的艺术",说这种艺术"其方法是在微妙地混和取与舍二者而已"。周作人则说:这"生活的艺术""用中国固有的字来说便是所谓礼",因而"在有礼节重中庸的中国本来不是什么新奇的事物"。他曾连篇累牍地撰文,鼓吹这种"生活的艺术",他还由此而引申认为"建造中国的新文明,"就是"复兴千年前的旧文明",而且"舍此中国别无得救之道"[19],自此以后,这个中国封建文化的批判者便一步一步地复归成封建文化和虔诚的护卫者和传道士。

重中庸、讲调和、害怕一切暴力的周作人,对世界上先进的文化潮流——马克思列宁主义则有一种本能的抗拒。虽然他曾经说过:"阶级斗争已是千真万确的事实,并不是马克思捏造出来的。"[20] 这种对马克思主义似乎赞许的话,但毕竟由于儒家气太重,所以当马克思主义在中国广泛传播,人民革命斗争的烈火熊熊燃烧起来之后,便产生了一种抗拒心理,正如他自己所说:"我恐怕我的头脑不是现代的,不知是儒家气呢还是古典气太重了一点,压根与现代的浓郁的空气有点不合。""诚恐难免有落伍之虑。"甚至明确宣布:"凡以群众为根据的一切主义与运动,我也就不能不否认。"[21] 对世界上先进文化潮流的这种抗拒态度,使周作人的思想拘囿和停滞在资产阶级个性主义、人道主义的范畴之内,不能获得超越和更新。然而,停滞就意味着倒退,抗拒世界先进文化潮流的另一面的结果,也就更加速了他对传统的复归,历史的辩证法就是如此奇妙。这一点也恰与鲁迅形成了极为鲜明的对比。

四

20世纪20年代末，中国新文学阵营内部发生了革命文学论争，随着革命文学论争的结束，左翼文艺运动开始兴起。在这个历史转折关头，中国文艺界又一次发生了离合分化。在这一次的分化中，鲁迅周作人兄弟更跨上了迥然各异的两条道路，这分野再一次表现在由于对中西文化吸收和取舍的不同而形成的各自不同的文化心态上。

经过了长期的观察和审慎的思考，鲁迅终于接受了世界上最新的文明——马克思主义的学说，完成了对自我的超越和更新，完成了世界观的根本转变，并从此开始了他后十年的辉煌战斗。而周作人在中西文化的夹缝中苦苦徘徊的结果，终于从中国传统文化的主要代表——孔孟儒学中找到了自己的精神慰藉和归宿，从而彻底完成了向中国传统文化的复归。

早在20世纪初，一些先进的中国人已经开始洞察到中国传统文化固然有极大的弊害，西方资本主义文化也未足以拯救中国，在这双重文化危机的困境中，他们以为"非有第三新文明掘起，不足以渡此危崖"[22]。而"十月革命"的一声炮响，就使他们看到了"世界新文明的曙光"。如前所述，鲁迅对马克思主义的关注，虽也起始于20世纪20年代初，然而，鲁迅的思维模式和心态特征，又决定了对某种学说的信仰，须经过长期的观察和反复的思考，在最后的抉择上是慎之又慎。因而，他虽对马克思主义早有关注，但他决定以马克思主义为自己的信仰，却是在20世纪20年代末，在革命文学论争中，创造社"挤"他"看了几种科学的文艺论"之后。但是，当他一旦接受了马克思主义，便达到了运用纯熟、豁然贯通的境界。

由于马克思主义这种最先进、最科学的文化意识的观照，鲁迅后期对传统文化得以有了全方位、多侧面、多角度的审视，如他以马克思主义的卓识，以辩证唯物主义和历史唯物主义的思维方式，一方面，对中国传统文化的代表儒家和道家等进行过深刻透彻的分析；一方面，他又对如何选择和继承传统,如何使引进的外国文化与传统文化融合等问题,进行过卓越的论述。

由于马克思主义这种最先进、最科学的文化意识的武装,鲁迅后期更获得了观察西方文化的高瞻远瞩的眼光,如一方面,他提出过著名的"拿来主义"的口号,主张对外国文化,包括敌对国家的文化,都要敢于"运用脑髓,放出眼光,自己来拿",强调不吸收和借鉴外国文化,"人不能自成为新人""文艺不能自成为新文艺"[23],指出文化上的排外主义,必然导致本民族文化的退婴和衰落。另一方面,他又主张在吸收和借鉴外国文化时,必须要有独立自主的意识,既不能把精华和糟粕兼收并蓄,又不能将引进的一切奉为金科玉律,"非要大家拿来做言动的南针"[24]。鲁迅这种既开放宽容,又不失民族尊严、独立自主的文化意识,代表着现代中国人民的根本利益和愿望,也符合现代世界的历史流向。

同一时期,绅士气逐渐增长的周作人,在西方资本主义文化和中国传统的封建文化的夹缝中苦苦地挣扎和徘徊了20多年,终于由于对世界先进文化思潮——马克思列宁主义的抗拒,20世纪30年代以后,他便完全复归到中国传统文化——孔孟儒学上来。这个早在20世纪初叶,就大声疾呼要"摒儒者于门外"的周作人,曾几何时,又从儒学中找到了自己学问的根抵和心灵的归宿。他多次声言:"我的学问的根抵是儒家的,后来又加上些佛教的影响。""我的道德观恐怕还当说是儒家的,但左右的道与法两家也都掺合在内,外面又加了些现代科学常识。"他还自称是孔子的"益友",并且颇得儒家的"中庸"与"诚慎"之道。他明确宣称"自己是一个中庸主义者",并标榜自己"立言诚慎的态度"。对于儒家"忠恕"和"忍让"的哲学,周作人也竭诚信奉,忠守不渝,他说"忠恕""诚是为人之极致";又将忍让看作"苟全性命于乱世"的法宝,曾把杜牧"忍过事堪喜"的诗句烧刻在小花瓶上,摆在窗下,作为座右铭[25]。正是这种"忠恕"和"忍让"的文化心态,成为20世纪30年代以后,周作人处理世事、对待生活的基本原则。所以他才能在风沙扑面、狼虎成群的现世,去赋写草木虫鱼,观赏花云秋月,过着封建士大夫的世外桃源式的生活,乃至当日本帝国主义的铁蹄践踏着中国土地,汉奸群丑们在沦陷区的政治舞台上相互唱和、蹂躏着中国人民的时候，他仍能在这些豺狼和群丑们的夹缝中，生活得雍容自得。自然，他内心深处，也苦不堪言，就连他的住处和集名，也标示出他内心的良苦：苦茶庵、苦住庵、《苦茶随笔》、《苦竹杂记》。并且，由"苦"而"药"：《药堂语录》、《药味集》、《药堂杂文》等等。足见他内心深层之"苦"，在逐步上升。然而，他毕竟以"忠恕"和"忍让"，"弥缝"了内心的"苦"，平和地、却实在是屈辱地生活过来了。周作人曾在一篇文章中称赞陶渊明的《饮酒》诗"汲汲鲁中叟，弥缝使其淳，凤鸟虽不至，礼乐暂得新"，说"这弥缝二字实在说得极好"，"无褒贬的意味，却把孔氏之儒的精神，全表白出来了"[26]。其实，这种"弥缝"的精神，恰好道出了周作人所奉行的"忠恕"和"忍让"哲学的精义。

周作人不仅自己信奉儒家哲学，他还把儒家思想视为中国国民的中心思想，甚至认为这种思想在中国永远不会枯萎，他说："中国的人生观也还以儒家思想为主流。"这种儒家的中心思想，"差不多几千年来没有什么改变"。并说这种儒家思想对于中国人来说，简直"比空气与水"，"这比较昔人所说布帛菽粟还要近似，中国人如能保有此精神"，"自己固然已站得住，一面也就与世界共通文化血脉相通，有生存于世界上的坚强的根源"。周作人还曾颇为乐观地告诉人们："儒家思想，既为我们所自有，有如树根深存于地下，即使暂时衰萎，也还可以生长起来。"因而不必为恐怕孔子的思想在中国会绝根而"杞忧"[27]。

周作人出任伪职以后，为了向日本帝国主义者谄媚讨好，他甚至把儒家思想还说成是"大东亚主义思想的出发点"，他说："大东亚主义思想的出发点，还是在儒家的思想之内，即所谓儒家所提倡的仁的思想。"并吹捧日本帝国主义者所发动的侵略战争就是"出自儒家'己饥己溺'与'民胞物与'的精神"。他还用儒家思想来攻击共产主义和党所领导的人民革命事业，说："共产主义是讲极端的，甚至于为目的不择手段，所以会有烧杀等等的事实，但中国自古以来国民的思想是注重中庸，讲究不偏不倚，而政治方面又主于养民，此二者与共产主义有如冰炭之根本不能相合。"[28]

复古总不免于排外。周作人这时既已完成了对中国传统文化的复归，其思想彻底回到孔孟儒学上来，对外国的文化思想，即似乎本能地产生了某种排斥的情绪。如谈到汉文学的发展时,周作人曾说:"过去多少年间中国似乎过分的输入外国思想,以致有类似流弊的现象发生。"并认为:"吾人吸收外国思想固极应慎重,以至统系迥殊的分子侵入破坏固有的组织。"[29] 在《论小说教育》一文中他又说:要打破中国思想界的旧秩序,"靠外来思想的新势力是不行的,一则传统与现状各异,不能适合,二则喧宾夺主。反动必多。"他提出唯一"可能的办法","还是自发的修正与整理"本国的传统文化。查考30年代以后,周作人翻译的外国文学作品确也大大少于"五四"时期。1929年前,周作人翻译及与人合译的作品共16种,而三四十年代他所译的外国作品只有两种。这也可以从一个侧面看到他文化心态上的逆变。

另一方面,由于周作人拒绝世界上最先进的马克思列宁主义的文化潮流,使他丧失了正确认知外国文化的可能性,因而他对外国文化的研究也误入了迷途。这个曾经留学日本,被认为是"日本通",也自称对日本文化颇有研究的周作人,虽然曾经连篇累牍地撰写文章大谈日本文化,而当日本帝国主义的魔爪伸向中国人民的时候,他才恍悟出"自己二十年来的考察""文学艺术上得来的意见"原来"不能解释日本的别的事情,特别是历来的政治行动"。说"日本国民性,终于是迷似的不可懂"。并声明自己"不能不完全抛弃以前关于日本文化的意见",承认自己原来对日本问题"无所知",过去研究日本文化"所走的路全是错的",并宣告"文化方面的路已经走不通了",因此,他要将"徒劳的日本文化研究因此告一段落",宣布"日本研究店""从此关门"[30]。对日本文化研究了近40年的周作人,却终于承认自己的研究全然徒劳,这实在是极大的历史悲剧。然而,正如鲁迅所说过的:"世界的时代思潮早已六面袭来,而自己还拘禁在三千年陈的桎梏里"[31],自然不可免于这样的悲剧。可惜,周作人本人至终也不理解此中真谛。

在中国现代作家中,没有人比鲁迅更具有强烈的民族感情,也没有人比鲁迅更具有强烈的世界意识。鲁迅对中国传统的封建文化坚持着长期而深刻的批判,但是,他在中国文化方面却有着深厚的功力,并谙熟民族文化的精髓。他对西方文化又涉猎广博,多有研究。尤其可贵的是,他能追随世界上最先进的文化潮流,不断地实现着自我的更新和超越，这就使他能处于以传统文化精髓和世界先进文化潮流为经纬编织成的文化意识网络之中。作为"民族魂"，鲁迅的思想体现了中华民族的最高利益，又符合世界上最先进的潮流。作为中国现代文学的主将，其创作既不背弃传统，又不排斥异流，既不闭锁在僵硬的传统之中，又不拜倒在外来的文化偶像之前，而是借助世界上先进的文化思潮反顾中国的文化传统，又在中国传统文化的源头上收纳世界文化的新潮。因而，鲁迅的创作是最民族化的，又是最具有世界性的。鲁迅无愧为中国文化史上的伟人。

而周作人，同样具有深厚的传统文化的功底，又有广博的外国文化的知识。可惜，由于他缺乏立足于世界先进文化潮头的卓识，使他既未真正地把握住传统文化的精髓；又对西方文化的研究走入了迷宫。他从反叛传统起始，又虔诚地回归到传统中来，像蝇子一样，"飞了一个小圈子，便又回来停在原地点"。他先是拜倒在外国文化之前，后又拜倒在传统之前。周作人和鲁迅迥然有异的文化心态，使他们走了截然不同的两条生活和创作道路。周作人的向传统复归，集中而强烈地反映了"五四"退潮后，一大批中国知识分子向传统复归的社会思潮，只是周作人的向传统复归表现得更为曲折，更为复杂，也更为彻底，因而也就更有典型的意义。周作人的道路，带有极大的悲剧色彩，他的教训从反面启示给人们许多生活、价值和创作的哲理，有着难以估量的意义。

注释：

1 周作人 1902 年 3 月 9 日日记。

2 鲁迅《摩罗诗力说》。

3 转引自鲁迅博物馆鲁迅研究室编《鲁迅年谱》第 1 卷第 102 页。

4 鲁迅《文化偏至论》。

5 周作人《现代小说译丛·第一集·序言》

6 周作人《日本的衣食住》。

7 周作人《三个文学家的纪念》。

8 鲁迅《随感录四十八》、《随感录五十四》。

9 鲁迅《随墨录四十六》。

10 鲁迅《忽然想到五、六》。

11 鲁迅《这个与那个》。

12 鲁迅《未有天才之前》、《忽然想到十一》。

13 鲁迅《看镜有感》,《未有天才之前》。

14 周作人1966年2月19日致鲍耀明信。

15 周作人《可怜悯者》、《道学艺术家的两派》、《净观》。

16 周作人《思想界的倾向》、《读经的将来》。

17 周作人《喝茶》、《北京的茶食》、《十字街头的塔》。

18 周作人《雨天的书序二》、《艺术与生活序一》。

19 周作人《生活的艺术》。

20 周作人《外行的按语》。

21 周作人《北沟沿通信》。

22 李大钊《东西文明根本之异点》,《言治季刊》第3册,1918·7。

23 鲁迅《拿来主义》。

24 鲁迅《思想·山水·人物题记》。

25 周作人《杜牧之句》。

26 周作人《自己所能做的》。

27 周作人《中国的思想问题》《汉文学的传统》。

28 周作人《树立中心思想》、《华北教育家笔上座谈》,1942年6月2日《晨报》。

29 周作人《汉文学的传统》。

30 周作人《日本之再认识》、《日本管窥之四》、《过去的工作》。

31 鲁迅《当陶元庆君的绘画展览时》。

（载《鲁迅研究动态》1988年第1期）

27. 鲁迅周作人早期作品署名互用问题考订

鲁迅周作人兄弟在他们早年的作品中，署名有时是互相借用的，即：有的作品为鲁迅所作，却以周作人的名义发表；也有的作品虽为周作人所写，发表时却署了鲁迅或周树人的名字；有的作品则属于他们兄弟两人合写，发表时却随便地署上了一个人的名字。对这类问题，有的在周作人生前已经予以澄清，而有的至今尚需进一步考订。周作人在《知堂回想录》中曾说："……那篇《怀旧》，由我给取了名字，并冒名顶替了多少年，结果于鲁迅去世的那时声明，和《会稽郡故书杂集》一并退还了原主了。我们当时的名字便是那么用法的，在《新青年》投稿的时节，也是这种情形，有我的两三篇杂感，所以就混进到了《热风》里去，这是外边一般的人所不大能够理解的。"[1]这种情况，从一个侧面反映了周氏兄弟之间早年怡怡和睦的亲密关系，但也给我们的研究工作带来了一定的麻烦。本文拟就这些问题做些梳理考订，以尽可能理清究竟哪些是鲁迅的作品，而哪些又是周作人所写。

一、署周作人之名或周作人之笔名，实为鲁迅作品的：

1.《古小说钩沉·序》

《古小说钩沉》，是鲁迅约于1909年6月至1911年底辑录的古小说佚文集，共收周《青史子》至隋侯白《旌异记》等36种，由周作人先后于1912年10月7日、11月18日在绍兴将鲁迅所辑该书草稿寄给鲁迅，鲁迅于10月12日、11月23日陆续收到。这篇序文最初发表于1912年2月绍兴刊行的《越社丛刊》第1集，借署周作人名。1938年6月《古小说钩沉》首次印入鲁迅纪念委员会编辑的《鲁迅全集》第8卷时，未收本序文。后据鲁迅手稿首次收入1981年版《鲁迅全集》第10卷。

2.《怀旧》，这是鲁迅最早的一篇小说，以文言写成。最初发表于1913年4月25日上海《小说月报》第4卷第1号，署名周逴。鲁迅逝世后,周作人在1936年10月24日所写的《关于鲁迅》一文中说:"他(按指鲁迅)写小说其实并不始于《狂人日记》,辛亥冬天在家里的时候曾经写过一篇,以东邻的富翁为'模特儿',写革命的前夜的事,性质不明的革命军将要进城,富翁与清客闲汉商议迎降,颇富于讽刺的色彩,这篇文章未有题名,过了两三年由我加了一个题目与署名,寄给《小说月报》,那时还是小册,系恽铁樵编辑,承其复信大加赞赏,登在卷首……"[2]据《周作人日记》,这篇小说于1912年12月6日由周作人加上题目与署名寄往上海《小说月报》社。12日,"得上海小说月报社函",收到了稿件。28日,周作人得到上海《小说月报》社寄的稿费5元,而刊物则是在1913年4月出版。周作人于7月5日得知"怀旧一篇已载小说月报中,因购一册",21日"又购一册"。1936年撰文声明,该文为鲁迅所作。

3.《云谷杂记·序》

《云谷杂记》,南宋张淏撰著的笔记。鲁迅于1913年5月31日和6月1日从明抄本《说郛》第30卷辑其遗文,写成初稿本一卷,称《说郛》本,并作"跋"。之后,陆续校订并作批注,1914年3月16日开始誊清,至22日誊清毕,成为定本,未印行。1914年3月11日,鲁迅写《云谷杂记·序》,借署"会稽周作人"名。《云谷杂记》抄定稿并"序"与"跋",于1980年5月在《鲁迅研究资料》第5辑中刊出。据鲁迅手稿,该序文收入1981年版《鲁迅全集》第10卷。

4.《会稽郡故书杂集》及序

这是鲁迅早期搜集整理散佚的会稽古籍,共收会稽先贤的著作佚文八种。由鲁迅撰写序文。序文最初发表于1914年12月周作人主编的《绍兴教育杂志》第2期,后印入1915年2月在绍兴木刻刊印的《会稽郡故书杂集》中,均署周作人的名字。1938年该集及序编入复社版《鲁迅全集》第8卷。后,序文又收入1981年版《鲁迅全集》第10卷。《会稽郡故书杂集》所收的8种佚文,大都辑自唐宋类书及其他古籍,并经相互校勘补充。该杂集在辑录过程中,周作人曾做过一些工作。鲁迅早年在绍兴时,曾抄录过越人著作的佚文。1912年10月7日,周作人将鲁迅所辑越人著书草稿寄给鲁迅,鲁迅于12日收到。这是《会稽郡故书杂集》最早的底本。1914年顷,周作人又抄录过《会稽记》、《会稽旧记》、《会稽先贤传》等资料，后均为鲁迅收入《会稽郡故书杂集》中。1914年11月3日，鲁迅将《会稽郡故书杂集》稿编定并作序，于11月10日、12日先后将草本三册及初稿三册寄给周作人。周作人收到后，于当月25日至绍兴清道桥许广记刻字铺定刻木版，第二年5月21日刻成，由周作人校对。题叶为陈师曾所写。全书85页，6月14日印刷完毕，共印100册，付洋48元。15日，周作人将印好的《会稽郡故书杂集》20本寄给鲁迅。据周作人回忆："查书的时候我也曾帮过一点忙，不过这原是豫才的发意，其一切编排考订，写小引叙文，都是他所做的，起草以至誊清大约有三四遍，也全是自己抄写，到了付印时却不愿出名，说写你的名字吧，这样便照办了，一直拖了二十馀年。现在觉得应该说明了，因为这一件小事我以为很有点意义。这就是证明他做事全不为名誉，只是由于自己的爱好。这是求学问弄艺术的最高的态度……"[3]

5.《域外小说集·序》

《域外小说集》是鲁迅与周作人在东京留学时期合译的外国短篇小说集，共16篇，分为两册，于1909年3月、7月先后在日本东京出版，鲁迅为之撰写序言一篇。该书出版时署"会稽周氏兄弟篡译""周树人发行"。1921年上海群益书社将两集合为一集，并增收新译小说21篇，后附"著者事略"；全书署周作人译。重印出版，鲁迅写了新序，这篇序亦署"周作人记"。鲁迅逝世后，1936年11月7日周作人在《关于鲁迅之二》中对此加以说明："过了十一个年头，民国九年春天上海群益书社愿意重印，加了一篇新序，用我出名，也是豫才所写的……"[4]

二、署鲁迅或鲁迅之笔名，收入或曾收入过鲁迅的文集，实为周作人所写或代拟的：

1.《惜花四律》，周作人约作于1901年2、3月间。诗成后交给鲁迅，鲁迅删改、圈点后于4月14日附致绍兴家信中寄还周作人。4月20日（阴历三月初二），周作人收到鲁迅函及寄回的《惜花四律》，将之录入日记。该诗原未发表。唐弢搜集鲁迅的佚文于1948年出版《鲁迅全集补遗》后，于解放初期，周作人将鲁迅早年的诗作《别诸弟三首庚子二月》、《别诸弟三首辛丑二月并跋》和《惜花四律》抄录给唐弢,唐弢将之辑入 1952 年 3 月上海出版的《鲁迅全集补遗续编》,后收入 1981 年版《鲁迅全集》第 8 卷:《集外集拾遗补编·附录二》。1951 年 4 月 25 日,周作人以"十山"为笔名,在上海《亦报》上发表的回忆文章《鲁迅的惜花诗》中称:

"在旧日记中找出抄存鲁迅旧诗四首,系辛丑(一九〇一)年春天所作,题曰'惜花四律,步湘州藏春园主人元韵'。藏春园主人不知其真姓名,原作载当时的'海上文社日录'上,大抵是流寓文氏,大家结社征诗,以日录(或是什么报的附张吧)为机关报,鲁迅看见偶尔拟作,未必是应征的。"[5]

1953 年周作人汇编《鲁迅小说里的人物》一书时,翻阅旧日记,抄录了一些关于鲁迅的记事作为"附录",其中《一四辛丑二》关于《惜花四律》一节又云:

"'三月初二日……,接大哥廿六日函,并《惜花诗》四首'这诗也抄存在日记里,题云'惜花四律,步藏春园主人元韵'不知道这人是谁,只在介孚公带回的'海上文社日录'上见到原唱,上系'湘州'字样,可能是湖南人吧,鲁迅看见便来和了四首,也并未寄去,因为文社征诗还是以前的事情,这时早已过期了。"[6]

周作人虽说《惜花四律》为鲁迅所作,但查《周作人日记》,惜花诗系录于周作人辛丑(1901)年日记所附的"柑洒听鹂笔记"中,诗题为"惜花四律步藏春园主人元韵",署名"汉真将军后裔",诗的眉批上明确地写着:"都六先生(按:此系周作人早年的别号)原本,戛剑生删改,圈点悉遵戛剑生改本。"并于诗的第一首上注明:"第一句原本;第二联原本,'茸碧'原作'新绿';第末联原本,'不解'原作'绝处',结句成语。"第二首上注明:"首句原本,第二联原本。"第三、第四首上未有批注。

又据《惜花四律》所咏内容上看,通篇所咏赏花、护花、惜花之情,也与周作人此时家居闲情相合。诗中诸如"关心茸碧绕阶生","四檐疏雨送秋声","且踏春阳过板桥","深院荼䕷已满枝","繁英绕甸竟呈妍","室外独留滋卉地"等句,似皆吟诵江南水乡庭院风物,而非南京路矿学堂风光。诗的通体风格与此前此后周作人所作《游赵园有感》、及集句而成的词《浣溪沙》、《菩萨蛮》及《四时村居即景》等诗，皆似一脉相承，而与鲁迅此时所写《别诸弟三首 庚子二月》、《别诸弟三首 辛丑二月 并跋》等诗的风骨相异。

综上所述，可以确定《惜花四律》诗原为周作人所作，后由鲁迅大加删改，改定稿原并未在报刊上发表，仅录入周作人日记。写作的时间，可以考订为1901年2、3月间。而鲁迅1901年1月20日至3月15日期间，恰在绍兴休假。周作人将诗交给鲁迅，鲁迅带回南京修改后，于4月14日（阴历二月廿六日）寄给周作人，周作人于4月20日（阴历三月初二日）收到。[7]

那么，周作人又为何在解放初回忆惜花诗的文章中，认定为鲁迅"拟作"呢？这显然不是周作人的误记，因为他在写该文时，是"在旧日记中找出抄存鲁迅旧诗四首"，既然查找了旧日记，当然不会忘记该诗为"都六先生原本"，误记的推测可以排除。据笔者揣测，个中原因大概是：《惜花四律》的今存本，已经鲁迅大加删改，仅就周作人日记所注明的来看，该诗的第一首的八句中，仅第一句、第二联、第末联为周作人原作，其中尚有两词鲁迅作了修改。第二首中只首句和第二联为周作人原作。前两首中周作人原作只保留了八句。第三、第四首，改动情况，尚不可考。既然经过了鲁迅的大大改动，这一诗可视为兄弟二人合作。且该诗从未发表，在当时的周作人看来，此时假鲁迅之名发表出去，未为不可，因而他将此诗抄录给唐弢，待唐弢将之辑入《鲁迅全集补遗续编》后，解放初期的周作人已不便、也不敢再从鲁迅作品集中收回此诗的著作权了。

今天，我们本着尊重历史，尊重事实的唯物主义态度，应将此诗从《鲁迅全集》中撤下，而收入周作人的作品集中，自然也应注明原作与修改的情况。

2.《维持小学的意见》，这是一封致绍兴县议会议长张琴孙的信，写于1911年11月，发表于1912年1月19日《越铎日报》，后收入《鲁迅手稿全集》书信部分。据手稿，这封信底稿为周作人代拟，经鲁迅亲笔修改。在《越铎日报》上发表时署名周树人、周建人。这封信虽为周作人代拟，但经鲁迅修改审定，并以鲁迅名义发表，改定稿可视为鲁迅作品或合作作品。

3.《蜕龛印存·序》，《蜕龛印存》为山阴县杜泽卿所作，"蜕龛"

是杜泽卿书斋的名称。据《周作人日记》、《鲁迅日记》记载：1916年3月25日，张梓生将《蜕龛印存》二册交周作人，嘱其为之作序。周作人于5月21日草拟序文后，于6月7日寄给鲁迅修改，鲁迅13日收到。6月21日，鲁迅将改定稿寄还周作人，周作人于6月25日收到。该文最初发表于1917年绍兴《㸑社丛刊》第4期，原稿上署名会稽周树人，发表时改署启明，曾收入1958年版《鲁迅全集》第7卷《集外集拾遗》。据以上情况，这篇序文实为周作人所写，鲁迅修改，应视为周作人作品。

4.《随感录三十八》，该文最初发表于1918年11月15日《新青年》第5卷第5号，署名迅，后收入《鲁迅全集》第1卷《热风》。周作人在《知堂回想录》中曾说："我们当时的名字便是那么用法的，在《新青年》投稿的时节，也是这种情形，有我的两三篇'杂感'所以就混进到《热风》里去……"1958年5月20日，周作人致曹聚仁的信中又更明确地说："鲁迅著作中有些虽是他生前的编订者，其中夹杂有不少我的文章。当时《新青年》的随感录中多有鲁迅的名字（唐俟），其实却是我做的，如尊作二一二页所引，引用Le Bon的一节乃是随感录三十八中的一段，全文是我写的。其实是在文笔上略有不同，不过旁人一时觉察不出来。"[8]查《周作人日记》，在1918年10月30日的日记中确曾记有："作随感录一则予杂志。"而在1918年10月30日以后，周作人并未以自己的署名发表过任何随感录作品，因此可以确认，《随感录三十八》确系周作人所作。

5.《随感录四十二》、《随感录四十三》，这两篇文章最初都发表于1919年1月15日《新青年》第6卷第1号，前文署名唐俟，后文署名鲁迅，均收入《鲁迅全集》第1卷《热风》。如前所述，周作人曾说，他的两三篇杂感，"混进到《热风》里去"。查《周作人日记》，1919年1月10日日记中，确曾记有："作随感录二则。"1月13日又记："致新青年稿。"而周作人在1919年1月10日以后至"五四"期间，在《新青年》上据现有记载，除发表过一些论文、新诗、书信和译文外，并没有发表过《随感录》作品。周作人1月10日日记中所记"作随感录二则"，极有可能即为随感录四十二、四十三。

从这两篇文章的内容上看，也可证明上述推测。《随感录四十二》

中，对"蛮人的文化"、对中国人"自大与好古"的批评与周作人随后在1919年2月23日《每周评论》第10期上，以"仲密"的署名发表的《祖先崇拜》（后收《谈虎集》[上]）中所表述的思想，完全一致。如《随感录四十二》中说："试看中国的社会里，吃人，劫掠，残杀，人身卖买，生殖器崇拜，灵学，一夫多妻，凡有所谓国粹，没一件不与蛮人的文化（？）恰合。"而《祖先崇拜》一文中开篇便说："远东各国都有祖先崇拜这一种风俗，现今野蛮民族多是如此，在欧洲古代也已有过。中国到了现在，还保存这部落时代的蛮风……"《随感录四十二》中说："自大与好古，也是土人的一个特性。"并举英国人乔治葛来任新西兰总督时所作《多岛海神话》中说的：新西兰土人"是不能同他说理的。只要从他们的神话的历史里，抽出一条相类的事来做一个例，讲给酋长祭师们听，一说便成了"。而《祖先崇拜》一文，则正是批判了这种"一味崇拜祖先，想望做古人"的"倒行逆施"，说："倘如古时的文化永远不变，祖先永远存在，那便不能有现在的文化和我们了。""所以我们不可不废去祖先崇拜改为自己崇拜——子孙崇拜。"

《随感录四十三》与其随后于1919年3月2日在《每周评论》第11期上以"仲密"的署名发表的《思想革命》（后收《谈虎集》[上]）一文，在思想上也是一脉相承的。如《随感录四十三》中批评美术界存在着"皮毛改新，心思仍旧"的情况，提出："美术家固然须有精熟的技工，但尤须有进步的思想与高尚的人格。"而在《思想革命》一文中，则从文学创作的角度上指出："表现思想的文字不良，固然足以阻碍文学的发达，若思想本质不良，徒有文字，也有什么用处呢？"又说："中国人如不真是'洗心革面'的改悔，将旧有的荒谬思想弃去，无论用古文或白话文，都说不出好东西来。"文章明确地提出"思想革命"的命题，指出"这单变文字不变思想的改革"是不能"算是文学革命的完全胜利"的。不难看出这些思想正是《随感录四十三》中所表述的思想的延伸与发展。根据以上考据，可以断定《随感录四十二》、《随感录四十三》确系周作人的作品。

三、鲁迅和周作人合作翻译或撰写的作品：

鲁迅和周作人合作翻译的作品除早已被确认的《域外小说集》、

《现代小说译丛》、《现代日本小说集》外，尚有：

1.《造人术》，为美国路易斯·托·仑的科学幻想小说，鲁迅译述，由周作人寄给《女子世界》，于 1905 年春《女子世界》第 4、5 期合刊发表，署名索子。《造人术》译后附言却为周作人所写，也发表于《女子世界》第 4、5 期合刊，附言署名萍云。

2.《红星佚史》，原为英国作家哈葛德、安特路朗（兰格）合著的小说《世界欲》(The world's desire)。1907 年春由周作人翻译，译名改为《红星佚史》，商务印书馆 1907 年 11 月出版，署名周逴。书中有十几首诗歌，由周作人口译，鲁迅用离骚体笔述。译诗后收入 1958 年版《鲁迅译文集》第 10 卷《译丛补》附录。周作人在《知堂回想录》中说："（书里的诗歌）大概总该有十八九首吧，在翻译的时候很花了气力，由我口译，却是鲁迅笔述下来；只有第三编第七章中勒·多列庚的战歌，因为原意粗俗，所以是我用了近似白话的古文译成，不去改写成古雅的诗体了。"[9]

3.《劲草》，原为俄国作家阿·康·托尔斯泰（1817-1875）所著历史小说《克虐支绥勒勃良尼》（现译《谢列勃良内公爵》），英译本名为《可怕的伊凡》。约 1907 年冬，由周作人翻译起草，鲁迅修改誊正。1909 年，鲁迅又为之写序。译本改名为《劲草》。序文现只存残稿，收《鲁迅全集》1981 年版第 8 卷《集外集拾遗补编·附录一》。周作人在《知堂回想录》中说："这部小说很长，总有十多万字吧，阴冷的冬天，在中越馆的空洞的大架间里，我专管翻译起草，鲁迅修改誊正，都一点都不感到困乏或是寒冷，只是很有兴趣的说说笑笑，谈论里边的故事，一直等到抄成一厚本，蓝格直行的日本皮纸近三百张，仍旧以主人公为名，改为《劲草》，寄了出去。"但该书当时因有别人译出，未能出版，稿本保存到民国初年，由鲁迅带到北京"送给杂志社或日报社，计划发表，但是没有成功，……后来展转交付，终于连原稿也遗失了"。[10]

4.《镫台守》，原为波兰作家显克微支所作短篇小说，由周作人翻译，其中的诗歌部分由鲁迅翻译。最初收入 1909 年 7 月东京神田印刷所出版的《域外小说集》第 2 集。译诗后收入 1958 年版《鲁迅译文集》第 10 卷《译丛补》附录。

5.《欧美名家短篇小说丛刊·评语》,《欧美名家短篇小说丛刊》原名《欧美名家小说丛刊》,周瘦鹃译,1917年3月中华书局出版,共收欧美14国47位作家的50篇小说,全书分上、中、下三卷,有一册是专收英、美、法以外各国,如俄、德、意、匈牙利、西班牙、瑞士、瑞典、丹麦、荷兰、塞尔维亚、芬兰等国的作品。当时通俗教育研究会第41次会议议决给该书颁发乙种褒状。该书出版时中华书局呈送教育部审查注册,发到鲁迅手里审查。据周作人回忆:"鲁迅看了大为惊异,认为'空谷足音',带回会馆来,同我合拟了一条称赞的评语,用部的名义发表了出去。"[11]该文发表于1917年11月30日《教育公报》第4年第15期,未曾收入《鲁迅全集》。

以上综述了鲁迅、周作人早期作品署名互用的大致情况,是否妥当,尚希方家批评指正。为使眉目清晰,便于读者、研究者查阅时一目了然,现将正文中涉及的周氏兄弟的有关译著,以时间先后为序,列一简表如下:

篇名	文体	著译日期	署名	实际著译者	备注
1、《惜花四律》	诗	约1901年3月		周作人	曾收81年版《鲁迅全集》(8)。据《周作人日记》
2、《造人术》;"译后附言"	译文跋	约1905年春	索子 萍云	鲁迅周作人合作	据1905年《女子世界》第4、5期合刊
3、《红星佚史》《红星佚史》译诗	译文	约1907年春	周逴	周作人 鲁迅合译	译诗曾收《译丛补》附录据1907年11月商务版《红星佚史》、《知堂回想录》
4、《镫台守》《镫台守》译诗	译文 译诗	约1909年	会稽周氏兄弟	周作人鲁迅合译	译诗曾收《译丛补》附录据1909年7月《域外小说集》(2)
5、《劲草》《劲草》译本序	译文 序	约1907年冬 约1909年春		周作人 鲁迅合作	序(残稿)曾收81年版《鲁迅全集》(8) 据《知堂回想录》、《鲁迅手稿》
6、《怀旧》	文言小说	约1911年冬	周逴	鲁迅	曾收81年版《鲁迅全集》(7);《集外集拾遗》据周作人《瓜豆集·关于鲁迅》等文

续表

篇名	文体	著译日期	署名	实际著译者	备注
7、《维持小学之意见》	书信	约1912年1月	周树人 周建人	鲁迅周作人合作	未曾收入《鲁迅全集》据《鲁迅手稿全集·书信》
8、《古小说钩沉·序》	序	约1912年	周作人	鲁迅	曾收81年版《鲁迅全集》(10)据1912年2月《越社丛刊》第1集、鲁迅手稿
9、《云谷杂记·序》	序	1914年3月11日	周作人	鲁迅	曾收81年版《鲁迅全集》(10)据鲁迅手稿
10、《会稽郡故书杂集·序》	序	约1914年10月	周作人	鲁迅	曾收81年版《鲁迅全集》(10)据1914年2月《绍兴教育杂志》第2期、周作人《瓜豆集·关于鲁迅》等
11、《蜕龛印存·序》	序	约1916年6月	启明	周作人	曾收58年版《鲁迅全集》(7)据《周作人日记》、1917《燕社丛刊》第4期
12、《欧美名家短篇小说丛刊》评语	书评	约1917年	"教育部"名义发表	鲁迅周作人合作	未曾收入《鲁迅全集》据《教育公报》1917年11月30日第4年第15期、周作人《鲁迅的青年时代》
13、《随感录三十八》	杂文	1918年10月	迅	周作人	曾收《热风》据《知堂回想录》、周作人日记、书信等
14、《随感录四十二》	杂文	1919年1月10日	唐俟	周作人	曾收《热风》据《知堂回想录》、周作人日记等
15、《随感录四十三》	杂文	1919年1月10日	鲁迅	周作人	曾收《热风》据《知堂回想录》、周作人日记等
16、《域外小说集·序》	序	1921年3月20日	周作人	鲁迅	曾收81年版《鲁迅全集》(10),据1921年群益书社出版《域外小说集》全一册、周作人《瓜豆集·关于鲁迅》等

（本文草成后，曾承张小鼎先生审阅并提出重要的修改补充意见，特此致谢。）

注释：

1 《知堂回想录》第275页，三育图书有限公司1980年11版。

2、3、4《关于鲁迅》，收《瓜豆集》，岳麓书社1989年10月版。

5 该文收《鲁迅的故家》一书时，改名《惜花诗》，人民文学出版社1957年9月第1版。

6 《鲁迅小说里的人物》，人民文学出版社1957年8月第1版。

7 《周作人日记》（影印本），大象出版社1996年12月版。

8 《周曹通信集》，周作人、曹聚仁著，香港南天书业公司1973年8月版。

9 《知堂回想录》第208页，同上。

10 《知堂回想录》第211页，同上。

11 见《鲁迅与清末文坛》，收《鲁迅的青年时代》，中国青年出版社1957年版。

（载《鲁迅研究月刊》2002年第6期）

28. 概论胡适

在群星璀璨的中国现代文坛上,胡适也许算不上是一颗最耀眼的明星。尤其是在政治斗争尖锐复杂的中国近现代历史上,胡适以其对蒋家王朝的拳拳忠心,始终充当着对国民党政府"忠言极谏"的铮臣、蒋氏父子政治舞台上高级"票友"的角色。这就足以使持着不同政见、观点的学者们难以冷静、客观、公允地对他进行研究、评价。

然而今天,当胡适应该被"盖棺定论",胡适研究已经可以成为一个纯然的"历史命题""学术命题"的时候,当我们的学术视野已可能越过避眼浮云跃上历史峰巅的时候,我们重新检索全部材料,力求对这样一个复杂的历史人物做出尽可能客观、公允、符合历史主义的评价,这不啻是一项十分迫切而饶有趣味的任务。

胡适是谁?在今天青年们的眼中,也许是一个有些陌生的名字。然而,诚如老作家冰心所言,在"五四"时代大学生们的心目中"胡适先生是我们敬仰的'一代大师'[1]"。他在哲学、文学、历史、宗教、社会学、教育学等等方面的成就,奠定了他在中国近现代文化史、学术史上无可替代的历史地位。他首举义旗发动了一个以白话代替文言的运动;倡导并尝试新文学创作,创作出中国现代诗史上第一部白话诗集,创作出中国现代话剧史上的开山之作,他将现代文化意识和现代哲学、文学、史学观念引入哲学、文学、历史、宗教研究领域,写出中国第一部哲学史、第一部白话文学史、第一部禅宗史以及大量的古典小说研究考证文章,尤其是他的《红楼梦》研究,更开一代"新红学"之风。他对传统文化的整理和重构,在中国近现代的文化史、学术史上,有着承前启后、继往开来的不朽意义,并使他毫不逊色地成为中国现代学术史、中国现代文学史上的奠基人之一。

一

　　胡适,安徽绩溪县人,1891年12月出生在上海,原名嗣穈,行名洪骍。胡适,是他的二哥胡洪骓在他应考出国留学时,为他更改的名字,取适者生存之意。

　　胡适的祖辈世代乡居,靠小本经营为生。父亲胡传(1841-1895),资质聪颖,曾进学秀才,笃信宋儒理学,先后在东北、广州、郑州、苏州、上海、台湾等处任职。胡适5岁时,父亲因病故于厦门。

　　胡适幼时,很得父母亲的钟爱,其父遗嘱称:"穈儿天资颇聪明,应该令他读书[2]。"胡适5岁起,便进家塾读书,读的是四书五经。然而最吸引他兴趣的却是《幼学琼林》中那些有趣味的神话、故事的注文。之后,他又读了《水浒传》《三国演义》《红楼梦》《儒林外史》《聊斋志异》以及一些弹词、传奇、笔记小说等。从中,他既深得中国传统文化的滋养,又受到白话散文方面的训练,帮助他"把文字弄通顺了",这为他后来倡导白话文学,进行古代小说方面的研究,奠立了最早的基石。徽州文化传统的熏陶,从父亲那里接受的程朱理学遗风的影响,母亲的严格管束以及她那仁慈、温和又很刚强的性格,这些都在胡适的成长与性格的形成中打上了深深的烙印。

　　1904年春,胡适离开家乡到上海就学。先进梅溪学堂,后入澄衷中学。在此期间,他读过邹容的《革命军》,梁启超的《新民说》、《中国学术思想变迁之大势》,严复译的《天演论》,受到杨千里新思想的影响,开始接触了自然科学知识和西方的文化。这些都使他大开眼界,知道了四书五经之外,还有那么多新鲜的学术、思想。尤其是梁启超的《中国学术思想变迁之大势》,第一次给了他"一个学术史的见解",他发心要为之续作,"这一点野心"就成了他后来"做《中国哲学史》的种子"[3]。

　　1906年夏,胡适考入中国公学。公学试行民主制度,一切大事由评议部集体讨论决定。胡适深受这里民主空气的影响,在这里他也增长了不少新的见识。不久,他参加了以改良社会为宗旨的"竞业学会",在该会创办的《竞业旬报》创刊号上,胡适以"期自胜生"为笔名发表了第一篇白话文《地理学》。从此，他一发而不可收，先后又以铁儿、希疆、适之、冬心等署名，发表小说、翻译小说、随感、札记、丛话、传记文、议论文、诗歌等作品多篇。《竞业旬报》第24期后由胡适接编，至40期停刊。有时全期的文字，从论说到时闻，差不多都是他作的，这给了他一个整理思想、作白话文的极好训练机会，为他日后的学术、文学成就打下了较好的功底，白话文从此便成了他熟练掌握的一种工具。

在中国公学期间，他因病休养而得到读大量古诗的机缘，他自己也发愤作诗并多与同学们唱和，一时间在校颇有"少年诗人"之名，这又决定了他一生"从此走上了文学史学的路"[4]。

1908年秋，中国公学发生风潮，多数学生愤而退学另组"中国新公学"，胡适也随之转入。不久，新公学解散。正当胡适感到前途茫茫、忧愁烦闷的时候，他遇上了一班"浪漫的朋友"，便跟着他们玩麻将、吃花酒、捧戏子、打茶围，几个月之中，终日在"昏天黑地里胡混"。终于有一日，因在一家"堂子"里醉酒后与巡捕厮打，被送到巡捕房。而这却成了他精神上的大转机。从此他十分懊悔，决心闭门读书，预备赴考第二期庚款"留美官费生"。

1910年夏，胡适考取留美官费生并于这年8月赴美求学。初在绮色佳康南耳大学选读农科，一年半后又转习文科，攻哲学、文学。1915年9月转入哥伦比亚大学哲学系研究部，师从实用主义哲学大师杜威，笃受其影响而至终生。

胡适在美国留学期间，对美国的社会政治宗教文化等方面做了深入的考察，在政治思想、哲学思想、文化思想乃至治学方法等诸方面，都深受影响，形成了他以民主、自由、科学、人道为核心的民主主义世界观。留学期间，他参加过许多次的政治集会，这影响到他终生对政治的浓厚兴趣，他对西方各种哲学思潮也都广撷博采，其中用力最勤的是对杜威派的实用主义哲学的研读。在哥伦比亚大学，他选读了杜威的两门课：《论理学之宗派》《社会政治哲学》，并精读了他的各种著作。尤其是杜威的《思维术》一书，对胡适更产生了深远的影响。该书中，杜威认为有系统的思想，通常要通过五个阶段：一困惑疑虑阶段；二、决定这疑虑与困惑究在何处；三、寻找一个解决问题的假设；四、在这些假设中选择其一作为对他困惑和疑虑的可能解决的办法；五、求证出最满意的解决。胡适据此，又据自己及中国学者们的经验，将治学的法则概括为"大胆的假设，小心的求证"。诚如他自己所说，这一方法"主宰了我四十多年来所有的著述""这一点实在得益于杜威的影响"[5]。

在美国留学期间，胡适曾主编《学生英文月刊》《留美学生季报》。他还选修了训练讲演的课程，并开始了他后来的讲演生涯，这一兴趣对他历四五十年而不衰。

1917年上半年，胡适完成了他的博士论文《中国古代哲学方法的进化史》的写作，结束了他的留学生活，于7月初返回祖国。9月受聘为北京大学教授，主讲中国哲学史。这时正当新文化运动的发轫时期，胡适以其在美国所接受的科学、民主、人道、自由的新文化意识，登上新文化运动的历史舞台，成为新文化运动的先驱者和倡导人之一，做出了广有影响的贡献。他将早在美国期间即与友人讨论过的关于文学革命的意见，写成《文学改良刍议》一文，成为他提倡白话文学的正式宣言，得到了新文化运动其他倡导者们的热烈响应。之后，他接连发表了一系列鼓吹文学革命的文章及创作，结集出版了白话诗集《尝试集》、白话散文剧本《终身大事》、白话的翻译小说集《短篇小说》等等。这些著译，尽管带着尝试性的特点，显示出白话文学运动初期的某些稚气与缺陷，然而它们在新文化运动发展史上的拓荒作用，却是功不可没、永载史册的。

胡适还积极参与了《新青年》《每周评论》《新潮》等杂志的编辑工作，并撰写了一些批判旧道德、提倡新道德，批判旧文化、提倡新文化的文章。如《易卜生主义》《贞操问题》《论贞操问题》《"我的儿子"》等，在新文化运动初期都具有一定的积极意义。

1917年7月，胡适发表《多研究些问题少谈些主义》一文，遂与李大钊等人展开了一场关于"问题与主义"的论争。1921年初，胡适致信陈独秀，主张《新青年》"注重学术思想艺文的改造，声明不谈政治"，又受到鲁迅等的反对，从此新文化阵营发生分化。1922年5月，胡适创办《努力》周报，并在该刊上发表诗文，鼓吹好政府主义，主张对恶势力作"一点一滴的改良"。1923年，胡适与徐志摩等组织"新月社",创办《新月》月刊。该刊因发起对人权问题的讨论,对国民党政府曾稍有微词。1932年5月,胡适与丁文江等人又创办《独立评论》,标榜"不依傍任何党派"的"独立精神"。但在阶级斗争尖锐剧烈的情势下,超政治的自由主义立场只能是一种自欺欺人的幻想。实际上,胡适对国民党政权的依附也日益明显。30年代中期,胡适责难反政府的爱国学生运动,支持反动军警镇压学生的暴行,并公然赞颂蒋氏政权"剿共"之胜利,彻底表现了他对蒋氏王朝的拳拳忠心。

抗战爆发后,胡适曾出任国民党政府驻美大使。在此期间,他奔走于美国及西欧各国之间,往来游说,争取世界舆论对中国的同情、支持和援助,为中华民族的抗日战争,竭尽了一己之努力。

抗战胜利后,胡适被国民党政府委任为北京大学校长,并参加了国民党政府的"制宪国民大会"。1948年国民党统治行将崩溃,胡适在国民党第一届国民代表大会上,以预备会议临时主席的身份与吴敬恒等200人联名拥蒋介石为"总统"。不久,蒋介石宣告引退,胡适也于北平解放前夕,被国民党专机接往南京,4月赴美,寓居纽约。

1950年5月,胡适被聘为美国普林斯顿大学葛思德东方图书馆馆长。1954年7月,国民党政府委任胡适为"光复大陆设计委员会"副主任委员。1958年4月,回台湾就任"中央研究院"院长,定居台北。1962年2月,因心脏病猝发,在台北病逝。

胡适的一生,走过了一条漫长、复杂而又充满矛盾的人生历程。

在政治道路上,他的气质、学识、经历和处境,使他对政治始终保持着历久不衰的兴趣,然而,他毕竟又是一位忠厚质直、勤勤恳恳的学者。他努力地寻求着解救中华民族的道路,然而,他的经历和地位又使他毕竟不能真正了解工农疾苦和里巷民情,这就使他对中国共产党所领导的人民革命运动,始终处于背离的立场并抱着反对和敌视的态度,直到晚年流落到台湾后,他还屡屡发表文章与演说,攻击中国共产党及其领导的中国革命和社会主义建设。对蒋氏王朝,他虽忠心不二,但诤言、闲语也不少,这又使他一生都未能成为蒋氏父子的"重臣",而只能算得上是个幕僚与诤友。

在文化的选择上,他"旧学邃密",深染于孔孟之教,而又"新知深沉",尤笃信实验主义。因而在他身上,既有着中国士大夫阶级的儒雅气，又兼有浓厚的自由主义的欧化绅士风。他既对传统的中国文化做过深厚的温情脉脉的维护，又对现代的西方文明礼赞讴歌不绝。他一方面孜孜不倦地整理国学古籍，又一方面勤勤恳恳地翻译介绍西方哲学思想和文学作品，甚至大声疾呼，要使我们民族"衰老"的文明"充分世界化"！唯其如此，胡适才成就为一位由"传统中国"向"现代中国"发展过程中继往开来的启蒙大师，中西学问俱粹的一代学人。

二

胡适是中国现代白话诗的开山之人。自1916年7月他写《答梅觐庄》这第一首白话诗以来，共约200余首白话诗问世。1920年3月，他的白话诗集《尝试集》出版，这是胡适生前自己编选的第一本、也是唯一出版了的一本诗集。1964年，台湾商务印书馆影印出版了一册《胡适之先生诗歌手迹》，共收1922年以后胡适所写的诗词67首。其中44首曾由胡适自己初选为《尝试后集》。《尝试后集》胡适生前并未付梓，1971年才由台北胡适纪念馆编辑出版，首次面世。

1916年7月以前，胡适曾写了不少旧体诗词，这里姑不论列。

1916年7月22日，正在美国留学的胡适在与友人任叔永、梅觐庄探讨可不可以"俗语白话"入诗的论争中，写下了第一首一千多字的白话游戏诗《答梅觐庄——白话诗》，这首诗后面的跋语中说："实地试验，前不必有古人，后或可诏来者。知我罪我，当于试验之成败定之耳。"从此，胡适便把能否成功地用白话写诗看作文学革命成败的最关键的问题来对待，并由此而开始了他在白话诗创作道路上筚路蓝缕的跋涉。1920年3月，他的第一部白话诗集，也是中国现代文学史上白话诗的开山之作《尝试集》问世。《尝试集》出版后毁誉不一，一班守旧派的批评家们，讥其使用"引车卖浆者语"入诗，而大加嘲笑诋讽。而梁启超先生却以极大的热情，盛赞了这一前无古人的尝试，他曾致信胡适说："《尝试集》读竟，欢喜赞叹得未曾有，吾为公成功祝矣。"至上世纪40年代，《尝试集》的再版竟达十五六次之多。此后，胡适曾自谓，他在白话诗的写作方面是"提倡有心，创造无力"。因而，他并没有用很多精力再去致力于白话诗的写作，只在其他的研究写作之余,偶或又陆续写下100多首白话新诗。

综观胡适的白话诗作,具有这样一些特色:

清顺达意的诗风

胡适曾自评:"吾诗清顺达意而已",这确系贴切中肯之言。他主张诗的"第一条件便是'言之有物'"[6],注重之点在言中之物,在质不在文,至于那表现物之言,质之文,他以为愈明白清楚愈好。他极推崇白居易的《道州民》、黄庭坚的《题莲华寺》、杜甫的《自京赴奉先咏怀》等一类的诗,尤其深爱通俗小说中浅近的诗词乃至打油诗,而极厌恶那些无病呻吟、故弄玄虚之作。他以为那些看不懂而必须注解的诗,都不是好诗,只是笨谜而已,因而他把"明白清楚"立为写诗的第一个律条,并决绝地认为"凡是好诗没有不是明白清楚的"。固然,这并不等于说"明白清楚就是好诗"[7],自然意旨不嫌深远,写诗要有寄托,但意旨、寄托之外,言语必须明白清楚。

这样的诗论主张确已贯穿在胡适自己的白话诗创作之中。他以明白清楚、朴实无华的文字,写下了一首首清新流利,时而显出一些逸趣或韵致,时而又显得过于浅露质直、缺乏含蓄的诗歌,在中国现代白话诗坛上形成了胡适所独有的清顺达意的一派诗风。如他的《窗上有所见口占》一诗:

> 两个黄蝴蝶,双双飞上天,
> 不知为什么,一个忽飞还。
> 剩下那一个,孤单怪可怜,
> 也无心上天,天上太孤单。

作者用朴实无华的白描,写下了他看到一双蝴蝶分飞后的寂寞感受。这里没有很深藏的意旨,也没有更幽远的蕴蓄,文字却清新、流利、明白、畅达,绝无艰涩拗口的迂腐气和刻意雕饰的绮靡风。

写于1923年12月的《秘魔崖月夜》,也是用清新晓畅的文字,抒写了对友人的怀念:

> 依旧是月圆时，
> 依旧是空山、静夜，
> 我独自踏月归来，
> 这凄凉如何能解！
>
> 翠微山上的一阵松涛，
> 惊破了空山的寂静，
> 山风吹乱了窗纸上的松痕，
> 吹不散我心头的人影。

作者把对友人怀念的挚情，寄托在对空山、静夜、松涛的描摹记写之中，清新质朴的文字之间流荡着一种情感的韵律。这种寓情于景的描写是中国传统诗词的表现手法，但在文字表达上却全然跳出了传统诗词的格律与限韵，显示出白话诗歌的自由与清新。

然而，应该承认的是，胡适的白话诗歌虽然有清顺达意之长，但又往往流于过于清浅直露，不够含蓄，缺乏幽深，寡于韵味。诗歌固然不可艰深难懂、雕饰斧凿，使读者莫知所云，非详加注解不能领会其中三昧。但诗歌也不必过于浅露质直，毫无蕴蓄。一切艺术作品表现生活时都应"以一当十，十分'吝啬'"，更何况形式短小的诗歌。诗歌较之于其他文学样式应该更讲究韵味、含蓄、幽深、朦胧，这早已成为中外古今诗人和读者们的共识。

胡适的诗却是明白清楚有余而蕴蓄幽深不足，缺乏朦胧之美，因而也少有余香和韵味。在他的笔下，白云的飘浮，明月的高照，雨后的沉闷，游子的乡情，都写得那么直露、清浅，一览无余，使人读之如见一片清浅的池水，一眼见底，毫无蕴藏，因而也享受不到艺术创作引发出的联想、韵味乃至再创造而带来的美感和愉悦。

胡适诗风这种清浅的流弊，也许是缘于白话诗在尝试和探索之始，作者故意要与太"文"的古诗拗一调，故意要以极白的白话入诗，以显示文学革命的胜利。然而，不意中它却使胡适的诗走上了另一魔道，在一定程度上背离了诗歌创作的规律。

剪裁得当的诗体

胡适自称,他做诗的第二个律条便是:"用材料要有剪裁。消极的说,这就是要删除一切浮词凑句,积极的说,这就是要抓住最扼要最精采的材料,用最简练的字句表现出来。"[8]他的诗,诗意有时虽显浅露,但绝不冗长、累赘,用浮词凑句堆砌成篇。成诗后,有时还大砍大削,以留下最扼要最精采的材料,如1924年1月,他写下这样一首小诗:

坐也坐不下,
忘又忘不了,
刚忘了昨儿的梦,
又分明看见梦里那一笑。

这首诗的初稿曾是三段十二行,后来改削为两段八行,后又删成一段四行。这一段四行的小诗却也十分精练地表现出对挚友相思、绵绵不绝的那份情意,洗伐得十分精粹而得当,的确令人感到"增之一分则太长"。胡适的白话诗一般地说,写得都极短小精当,即或稍长的诗也经过了比较严格的剪裁,将可有可无的段、句都做了认真的锤炼删削,令人感到内容充实而辞语简练,绝无铺陈堆砌或庸音足曲之弊。如写于1919年12月的《上山》一诗,作者通过写上山时通常遇到的几个环节,表现了不避荆棘劳乏、努力攀登高山的意象,全诗虽有十二个段落之长,但每一段落意象简洁,词语精练:

努力!努力!
努力往上跑!

我头也不回,
汗也不揩,
拼命的爬上山去,
……

树桩扯破了我的衫袖,
荆棘刺伤了我的双手
我好容易打开了一条路爬上山去。
……
我在树下睡倒,
闻着那扑鼻的草香,
便昏昏沉沉的睡了一觉。
……
猛省!猛省!
我且坐到天明
明天绝早跑上最高峰
去看那日出的奇景!

就诗歌所包孕的内容、意象来说,全诗剪裁得还是很精粹而得当的。

然而,胡适的诗有时又显得过分注意剪裁而致稍嫌拘泥,写得不够放情和潇洒。这自然与胡适的个人气质不无关系。胡适是一位理智的、具有考据癖的学者型的诗人。他的诗,往往显得理性有余而挚情、激情不足,矜持、冷静有余而飘逸、热烈不足。剪裁固然在一切文学样式中都是必要的,然而诗却更多的是激情的产物,登山则情满于山,观海则意溢于海,才能写出激动人心的好诗。以理性剪裁的工夫,扼杀情感的奔腾流泄,并不是诗歌创作的上乘之道。在这方面,胡适诗剪裁得当的诗体,却又显示出负面的效应。

平实淡远的意境

胡适曾经说过:"在诗的各种意境之中,我自己总觉得,'平实'、'含蓄'、'淡远'的境界是最经得起咀嚼欣赏的。'平实'只是说平平常常的老实话,'含蓄'只是说话留一点余味,'淡远'只是不说过火的话,不说'浓得化不开'的话,只疏疏淡淡的画几笔。"又说:"我决不敢说我近十多年来的诗都做到了这种境界,不过我颇希望我的诗不至于过分的违反我最喜欢的意境。"[9]可以看出,胡适的诗的确是在着意地追求那种平实而淡远的意境,并且达到了一定程度的成功。1931年 12 月,友人徐志摩遇难身死后,胡适写下这样一首诗:

> 狮子蹲伏在我的背后,
> 软绵绵地他总不肯走。
> 我正要推他下去,
> 忽然想起了死去的朋友。
> 一只手拍着打呼的猫,
> 两滴眼泪湿了衣袖:
> "狮子,你好好的睡罢——
> 你也失掉了一个好朋友。"

作者没有浓笔重墨地去抒写对挚友的痛惜、悼念之情,没有着意地去刻写听到友人猝死后感到的哀婉与遗憾,而是把对好友怀念的感情,寄托在这样平淡的抒写之中,这不加雕饰的、睹物思人的平实意境,却很质朴地表达了对友人绵长怀念的那份真情,很耐人咀嚼和体味。

写于 1925 年的《也是微云》,也是如此:

> 也是微云,
> 也是微云过后月光明,
> 只不见去年的游伴,
> 也没有当日的心情。
>
> 不愿勾起相思,
> 不敢出门看月,
> 偏偏月进窗来,
> 害我相思一夜。

作者借助微云、淡月这些平实的景物描写,创造出诗的境界,意在表达对友人相思怀念的深情。诗中没有表述那些热烈的炽情,没有

"浓得化不开"的语句，但在疏疏淡淡的景物描写中，自有一份质朴而纯真的感情，令人反复吟咏、思味。

应该指出的是，胡适固然有不少诗注重创造平实淡远的意境，但他的诗中也有一些却别无意境可言，这便使他的一些诗作平实有余而淡远不足。如1920年胡适在病中写的一首诗：

> 三年了，
> 究竟做了些什么事情，
> 空惹得一身病，
> 添了几多年纪！

这诗太平实，太素朴，但却少了些意境，少了些诗味，因而，也少了些诗歌吸引读者的韵致和魅力。

综观起来，胡适的白话诗具有清顺达意、剪裁得体、平实淡远等特色，但毋庸讳言，他的诗也有清浅直露、拘泥矜持、平实有余，激情韵致不足等缺陷，远未达到中国现代白话诗发展的高峰或白话诗至善至美的境界。然而，胡适的白话诗在中国现代诗歌发展史上却有着其不可忽视的价值和无可代替的历史地位，这就是它在中国现代白话诗创作道路上前无先例的尝试的价值，尝试成功的价值，为中国现代白话诗歌创作开辟出一条广阔道路的价值。能够写成清浅而平实的，被世人所认可的白话诗，这在今天看来，也许是件轻而易举、并不烦难的事情。然而，在当时，用白话写诗在那些守旧派的人士及习惯于诵读传统诗词的广大读者看来无异于白日说梦的境况下，胡适能够冲破重重阻力，敢于单枪匹马、坚持不懈地去试验，并大胆放言："自古成功在尝试！"这正如第一位敢于吃螃蟹的人一样，那勇于试验，勇于探索，敢于冒天下之大不韪的精神却是十分珍贵的。

在《尝试集》中，有不少"刷洗过的旧诗"，有些"变相词曲"，正如胡适自己所说："我现在回头看我这五年来的诗，很像一个缠过脚后来放大了的妇人回头看他一年一年的放脚脚样，虽然一年放大一年，年年的鞋样上总还带着缠脚时代的血腥气。"[10]而这正记录了胡适在白话诗试验道路上的里程。反映了在一个新事物诞生途程中的艰难过程，记录着尝试者的种种探索、种种失败与种种艰辛。可喜的是，他的尝试毕竟成功了。他的白话诗集的问世、流传就是明证。这一成功，确立了白话新诗的文学地位，标志着新文学运动在韵文领域里的胜利，并为后来的新诗创作开辟了一个崭新的天地，大大推动了白话新诗创作的发展。在胡适的影响和带动下，文坛上出现了一大批白话诗的作者，并相继产生了不少优秀的新诗作品，使白话新诗运动从此蓬勃地发展起来，成为新文学运动中一个不可忽视的重要方面。

先驱者之功，历史不会抹杀。

三

胡适在文学创作方面的成就，除了白话诗之外，就要数散文了。他自1906年10月在《竞业旬报》上以"期自胜生"的笔名发表第一篇白话文章《地理学》以来，近60年中笔耕不辍，写下了大量的散文，并在许多方面有着开创性的成就。

在散文体式上，胡适曾做过多方面的探索与尝试。

胡适是中国现代随笔和杂感文的开创者之一。早在1907年，他就以笔记的形式写过《自胜生随笔》，记载下他当时的所见所想。新文化运动初期，胡适又在《新青年》杂志上发起《什么话》专栏，引当时报刊上一些荒诞不经的言论或资料，加以简短的评语，达到讽刺、抨击时弊的效果。在当时的《新青年》上，这是与随感录相近的一种匕首、投枪般的杂文体式，曾产生过不小的影响。1919年以后，他又以适、天风等笔名发表过不少随感录、杂感、短评等文章，或抒写衷情，或感怀时事，或针砭社会痼疾，文风朴实、尖锐，成为中国现代散文史上最早的一些有影响的杂感作品。

胡适的日记开了中国现代日记文的先河。1911年至1917年，胡适在美国留学期间，曾写下大量的日记札记，1939年4月曾以《藏晖室札记》之名由上海亚东图书馆初版，后又更名为《胡适留学日记》再版。这些日记朴素而诚实地记下了作者彼时彼地之所言所行所思，是作者灵魂的自白，是极富个性的文字，也为后人研究作者本人提供了极其珍贵的第一手材料。

胡适在讲演文的写作上有着独特的贡献。在留学美国期间，胡适曾专门选修过训练讲演的课程，并参加过各种各样的讲演活动，虽此耽误过不少课程，但他仍"乐此不疲"。他的讲演精彩而具有鼓动性，梁实秋曾赞之为"邱吉尔式的演讲"。1970年，台湾胡适纪念馆曾将他的讲演文辑为《胡适讲演集》上中下三册出版，这大约是中国现代作家中出版的唯一的一部讲演文专集。

胡适又是中国现代传记文学的大力倡导者和创作者。他深感于"中国最缺乏传记的文学"，因而倡导作家们"写他们的自传"[11]，写"模范人物的传记"，他认为好的传记文"可以做少年人的良好教育材料"，可以给他们"介绍一点做人的风范"[12]。在传记文学方面，他曾做过多方面的尝试与实践，写过自传体的《四十自述》，编过《章实斋先生年谱》《齐白石年谱》，写过中外人物传记多种。《中国第一伟人杨斯盛传》《世界第一女杰贞德传》《中国爱国女杰王昭君传》《康南耳君传》《丁文江的传记》等等。并在传记文学的写作方面发表过不少极为有益的见解。

此外，胡适还创作过不少各种各类体式的散文，如政论、短评、游记、序跋、通讯、书信、杂记等等，不一而足，开拓了中国现代散文的体式，表现了中国现代白话散文的趋向成熟。

此外值得一提的是，胡适一生写下了大量的学术性的论文和考据性的文章。这些文章考据缜密，论述谨严，曾被一代学人誉之为文章的"楷模"，在中国学术史上具有很高的地位，也标示着作者的非凡的学养。

综观胡适散文的风格，可以这样八个字来概括，即：平实清新、明白晓畅。具体表现为这样一些特色：

平实厚重的内容

胡适的散文，不论长短，都是有所为而文，没有言之无物之作，没有无病呻吟之作。他在提倡文学革命的第一篇文章《文学改良刍议》中，开宗明义地提出："文学改良，须从八事入手。"八事者，即包括"须言之有物""不作无病之呻吟"二事。他进一步解释所谓"言之有物"的"物"，即指"感情"与"思想"二物，并说："文学无此二物，便如无灵魂无脑筋之美人，虽有浓丽富厚之外观，抑亦末矣。"所谓"无病呻吟"之作，即指那些"对落日而思暮年，对秋风而思零落，春来则惟恐其速去，花发又惟恐其早谢"的无聊感喟之文。他说这样的作品"其流弊所至遂养成一种暮气，不思奋发有为，服劳报国，但知发牢骚之音，感喟之文"，这样的作品只能使作者"促其寿年"，使读者"短其志气"。

胡适的散文，状物写意记人记事，都实实在在、谆谆恳恳，没有浓艳的装点，没有华丽的辞饰，没有繁冗得令人发腻的叙写，没有哗众取宠的让人肉麻的抒情，而是以记写事实、表述己见、抒发衷情为任。这些散文总体上给人以平实而厚重的感觉，绝非消闲的小摆设似的作品，绝非华而不实的无的放矢之作。因而，每读一篇，不论长短，必有兴会，必有所获。

胡适散文的平实厚重之风，源于这些散文多有事实为据，论议问题往往都从事实入手，不从空论出发，让读者感到实实在在，有根有据。如《四十自序·自述》，开门见山阐明作者写《四十自述》的由头是"我在这十几年中，因为深深地感觉中国最缺乏传记的文学，所以到处劝我的老辈朋友写他们的自传"，从而说明这一自述"只是我的'传记热'的一个小小的表现"。《逼上梁山》一文叙写了文学革命开始的情况，开篇便从事实入题："提起我们当时讨论'文学革命'的起因，我不能不想到那时清华学生监督处的一个怪人。这个人叫做钟文鳌……"在《老章又反叛了》中，文章起始便谈到章士钊《评新文化运动》一文的"不值一驳"，并以此入题，痛快淋漓地揭露与驳斥了章士钊对文学革命的"诈降"与"反叛"！

胡适的散文在说理时也绝无空疏浮阔的议论，而是从事实出发，以事实说理。因而所述之理，有事实为据，令人信服。在《爱情与痛苦》这篇不足200字的短文中，即以陈独秀被捕的事实阐明"爱情的代价是痛苦，爱情的方法是要忍得住痛苦""不但爱情如此，爱国爱公理也都如此"。文章中的道理，因有事实为据，讲得朴素实在，令人信服。《写在孔子诞辰纪念之后》一文，批评了当时蒋介石政府"忽然手忙脚乱的恢复了纪念孔子诞辰的典礼，很匆遽的颁布了礼节的规定"，指出，这其实是"做戏无法，出个菩萨"可怜而笨拙的老例的重演。

作品中列举大量事实阐明：中国最近20年的进步，并不是"借重孔夫子"而取得的，"不是孔夫子之赐，是大家努力革命的结果"。因而改变今天落后的现状，"孔圣人是无法帮忙的""开倒车也决不能引国家至'黄金世界'里"。由于阐述这些道理时，引用的是发生在人们周围的事实，因而，文章显得很实在、很厚重，道理论述得很透彻，绝不给人以空疏浮阔、夸夸其谈之感。

胡适散文内容上的平实厚重，还在于它具有广博的知识性，而且，这些广博的知识又都是自自然然、平平实实地表现出来的。胡适是一位有着历史癖与考据癖的学者，广博丰富的知识铸就了他的散文。而在援引与表述这些知识时，又是那样的平实自然，绝无掉书袋、炫耀学问之弊，他在论述问题时随手引用的是中外典籍、著作。他在驳斥某种观点中，据以立论的也是广博的知识。如《什么是文学》一文中，他阐明文学有三个要件，第一要明白清楚，第二要有力能动人，第三要美。为了阐明这三个要件，他各举了一些正反面的作品为例加以说明，很清晰明白又有说服力地阐明了文学的这三个要件，给读者以极深刻的印象。又如《信心与反省》一文，批评了《独立》杂志上寿生先生的《我们要有信心》一文中提出民族信心的根据是"因为我们的固有文化太丰富了，富于创造性的人，个性必强，接受性就较缓"的谬论，指出这是"懒惰的中国士大夫捏造出来替自己遮丑的胡说"。"事实上恰恰是相反的，凡富于创造性的人必敏于模仿，凡不善于模仿的人决不能创造。"作者在论述这一论点时引用了中外历史上学琴、学画及望远镜与显微镜创造等方面的大量知识；又进而以中国历史发展的事实为例，说明凡肯模仿四邻的时代就是最伟大的富有创造精神的时代，到了不肯学人的时候，就"已走上衰老僵化的时期了"。经过了这样古今中外的论证博引，作者的观点得到了令人信服的证实，也使读者大开眼界，丰富了自己的知识领域，大大增强了文章的知识性与文化品味。

质朴清新的格调

阅读胡适的散文有一种质朴清新之风扑面而来。也许你会觉得这些散文写得不够幽深、缺乏含蓄，但你绝不会感到它有什么八股腔、迂腐气。尤其是当一些"文学大家"争相模仿古人,写文章必"下规姚曾,上师韩欧""取法秦汉魏晋",不能摆脱于八股格套或桐城义法,只习惯于做人云亦云的滥调文章之时,胡适独能摆脱此种种奴性,另辟蹊径地用自己的语言写出质朴清新的文章,更觉难能可贵。胡适在《文学改良刍议》中曾明确提出"不模仿古人""务去滥调套语"均为文学革命的一些根本问题,这也确是切中当时文学上的时弊之谈。

胡适自己的文章绝不模仿古人的滥调套语,也从不用深奥难懂的典故。他是以自己"耳目所亲见亲闻所亲身阅历之物,自己铸词以形容描写之"[13]。所以读他的文章,如同平时与人的亲切对话,给人以质朴清新的感受。这方面的例子俯拾可视,兹不赘述。

不仅文风上质朴清新,更重要的还是识见上的质朴清新。胡适是一位旧学功底深厚,但又受到西方近现代进步文化洗礼的学者,因而他的许多观念与识见不同于中国传统的封建礼教与道统,而带着民主、科学、自由与人道的新风。这就使他的散文没有那些封建道统气的迂腐说教,而是充满了尊重人、尊重人的个性,倡导民主、自由、法权的进步意识,这就为几千年封建礼教和道德统治下的中国思想界和中国社会吹进了一股股清新的空气,给人以耳目全新之感。如《归国杂感》一文中,作者怀着沉重的心情,叙述了留美七年归来后的种种感受;"七年没见面的中国还是七年前的老相识。"上海的大舞台"真正是中国的一个绝妙的缩本模型":"你看这大舞台三个字岂不很新?外面的房屋岂不是洋房?里面的座位和戏台上的布景装潢又岂不是西洋的新式?但是做戏的人都不过是赵如泉、沈韵秋、万盏灯、何家声、仪金寿这些人。没有一个不是二十年前的旧古董!"这对换汤不换药的辛亥革命后的中国现实,是多么切中要害的批评!

还是在这篇文章中,作者又叙写他回中国后所见的种种怪现状:在出版界,几年来"竟可以算得没有出过一部哲学书""实在找不出一部可看的小说""最普通的是'时间不值钱',中国人吃了饭没有事做,不是打麻雀,便是打'扑克'。有的人走上茶馆,泡了一碗茶,便是一天了。有的人拿一只鸟到处逛逛,也是一天了。更可笑的是朋友去看朋友,一坐下便生了根了,再也不肯走"。这些尖锐的、建筑在全新意识上的批评,对于长期禁锢在封建"文明"中,视这些现象如"日月经天、江河流地"般不可更改的中国人民,无疑如一支强力的清新剂。

再如《追悼志摩》一文,作者以人道与自由的全新意识,批评了社会上对徐志摩在爱情婚姻问题上的种种不谅解,指出徐志摩的人生观"是一种'单纯信仰',这里面只有三个大字,一个是爱,一个是自由,一个是美","他的离婚和他的第二次结婚","都是他实现他那'美与爱与自由'的人生的正当步骤"。胡适又以一个智者的理性与清醒,指出,徐志摩的失败"是一个单纯的理想主义者的失败",因而"他的失败,也应该使我们对他表示更深厚的恭敬与同情。因为偌大的世界之中只有他有这信心,冒了绝大的危险,费了无数的麻烦,牺牲了一切平日的安逸,牺牲了家庭的亲谊和人间的名誉,去追求,去试验一个梦想的神圣境界,而终于免不了残酷的失败"。胡适还进一步指出:徐志摩的可贵之处,还在于面对失败,"他不曾低头,他仍旧昂起头来做人,他仍旧是他那一团的同情心,一团的爱","在苦痛之中,仍旧继续他的歌唱"。胡适以全新的性道德观,冲破封建伦理的桎梏和社会上种种不公平的舆论,剖析了徐志摩恋爱婚姻中的悲剧,并投给他以巨大的同情和热烈的赞颂。这在上世纪30年代初封建传统观念充斥于人们头脑的窒闷的中国社会,无疑是惊世骇俗的一片春色,一道闪光!

明白清楚的语言表达

胡适散文在语言表达上最大的特点就是明白清楚,明白清楚之至。这是构成他的散文平实质朴风格的重要因素。胡适是首倡白话文的作家。他的文学主张中极重要的一个方面,就是提倡用最大多数人看得懂的语言去写文学作品。在《文学改良刍议》一文中,他以历史进化的眼光,将白话文学立为"中国文学之正宗","将来文学必用之利器",主张用家喻户晓之俗语俗字作文。在《什么是文学》中,胡适提出文学的三个要件中,第三个要件就是文学要美。在解释"美"时,他又说:"孤立的美,是没有的。美就是'懂得性'与'逼人性'二者加起来自然发生的结果。""美在何处呢?也只是两个分子;第一是明白清楚,第二是明白清楚之至,故有逼人而来的影象。"可以看出,胡适是把明白清楚视为文学作品首要的美的标准的。

胡适的散文确已具备了"明白清楚之至"的品格。这首先是由于在创作观念上,他主张要将文学"普及"至"最大多数的国人",因而提倡写出"最大多数人看得懂、听得懂的文章"。着眼于这一点,他曾称赞大科学家赫胥黎最会作通俗的科学讲演,赫胥黎说这是因为他得力于科学前辈法拉第的一句话:有人问法拉第,你讲演科学的时候,你能假定听众对于你讲的题目先有了多少知识,法拉第回答"我假定他们全不知道"[14]。胡适作文便常常取这样的态度,他假定他的读者对他所述的问题全不知道,因而他善于从最浅近之处入手作文,使一切读者读他的文章无不明白清楚。

为了表达得明白清楚,胡适散文常常借助一些贴近生活、浅显易懂的事例阐明问题。1919年8月,他为《新生活》杂志做了一篇题为《新生活》的文章,他认为,"新生活就是有意思的生活","有意思的生活又是什么样子的生活呢"?他举了这样浅显的例子:"前天你没有事做,闲的不耐烦了,你跑到街上一个小酒店里,打了四两白干,喝完了,又要四两,再添上四两。喝的大醉了,同张大哥吵了一回嘴,几乎打起架来,后来李四哥来把你拉开,你气忿忿的,又要了四两白干,喝得人事不知……"像这样"说不出为什么这样做的""糊涂生活""便是没有意思的生活"。"反过来说,凡是自己说得出'为什么这样做'的事,都可以说是有意思的生活。"总之,"生活的'为什么'就是生活的意思"。这通俗的人人能懂的事例,使文章的道理明白易懂,了无晦涩难解之处。

在语言的具体使用上,胡适的作品也能做到一清如水,明白如话,毫无掩藏,没有雕饰,不讲婉曲,真正是有什么话,说什么话,话怎么说,就怎么说,不避日常一切俗话俚语。如:他称赞杨斯盛"能睁开了眼睛料事,立定了脚跟吃苦,驼起了肩头做工"[15],他赞誉王小航"是一个肯说老实话的傻子"[16],他批评章士钊带头反对新文化运动是因为他"总想在落伍之后谋一个首领做做"[17],他告诫人们"应该早点预备下一些'精神不老丹'方才可望做一个白头的新人物"[18],他指点青年人应深信"今日的努力必定有将来的大收成"[19]……类似的用语,没有一点刻意雕琢、故作深奥之处,可谓通俗之至。一切市井乡人、村妇老妪,莫不能解,真正达到了使最大多数人看得懂、听得懂的境地。

总之，平实清新、明白晓畅的风格，使胡适的散文在中国现代白话散文的百花园中，独树一帜，永放光华。然而，毋庸讳言，胡适一生，尤其在他的晚年，也写下过一些过分讴歌西方政治、文明，反对中国革命的文字，读者当须明鉴，这类文章我们自不予以选入。

1992 年 7 月于南开园

注释：

1 冰心《回忆中的胡适先生》，载《新文学史料》1991 年第 4 期。
2 胡适《四十自述》。
3 胡适《四十自述》。
4 胡适《四十自述》。
5 《胡适口述自传》，唐德刚评注，1981 年 3 月台北传记文学出版社版。
6 胡适《尝试集·自序》。
7 胡适《谈谈"胡适之体"的诗》。
8 胡适《谈谈"胡适之体"的诗》。
9 胡适《谈谈"胡适之体"的诗》。
10 胡适《尝试集·四版自序》。
11 胡适《四十自述·自序》。
12 胡适《领袖人才的来源》，见《胡适论学近著》第一集。
13 胡适《文学改良刍议》。
14 胡适《大众语在哪儿》。
15 胡适《中国第一伟人杨斯盛传》。
16 胡适《王小航先生文存序》。
17 胡适《老章又反叛了》。
18 胡适《不老》。
19 胡适《赠与今年的大学毕业生》。

（载河南出版社 1994 年 1 月出版《胡适代表作前言》）

29. 胡适与周作人二三事

胡适和周作人同是"五四"时期新文化运动的元老，同是中国封建传统文化与西方资产阶级现代文化相交融而哺育出来的一代知识分子，他们又各走了自己漫长而复杂的人生道路。在中国近现代思想文化史上，胡适是一位又新又旧、不新不旧，既具封建性，又具民主性，既具国粹性，又具买办性的学者。周作人也是一位既超前，又落伍，既对中国传统的封建文化做过理性的观照、批评，又终于完成了对传统文化的复归，既曾经是"五四新文化革命的骁将"，又确曾沦落为帝国主义附庸的复杂而矛盾的历史人物。从胡适和周作人之间的某些交往中，可以使我们看到在新旧文化交融中哺育起来的这一代知识分子，他们那复杂而充满矛盾的精神世界，以及他们在两种文化观念的夹缝中所演出的忽而前进，忽而落伍，有时是那样的清醒，有时又如此之昏愦——多元多变的人生悲喜剧。

上世纪 20 年代前半期，接受西方人道主义与个性主义思想的影响，又感受着"五四"时代浪潮冲击的周作人，在反封建、反礼教方面，比之于虽曾在美国镀金 7 年的洋博士胡适来得激进。那位喝过洋墨水的胡适，毕竟是 3 岁入塾，拜过孔子，染上了脱洗不掉的"国粹气"，因而对千年积腐的旧社会，有着割剪不断的同情。段祺瑞执政后，他不仅曾出任段执政善后会议的议员，还曾于 1922 年、1924 年两次进紫禁城看望已经逊位的宣统皇帝溥仪。胡适的这些举动，曾引起全国舆论界的大哗。一时间，京中各报纷纷刊出"胡适请求免拜跪""胡适为帝者师"等新闻。在沸沸扬扬的舆论声中，1922 年 7 月胡适发表了《宣统与胡适》一文（载《努力》周报第 12 期，1922 年 7 月 23 日出版），自作辩解，说什么："清宫里这一位十七岁的少年，处的境地是很寂寞的，很可怜的。他在这寂寞之中，想寻一个比较也可算得是一个少年的人来谈谈，这是人情上很平常的一件事，这件本来很有人味儿的事,到了新闻记者的笔下,便成了一条怪诞的新闻了。"而就在胡适二次谒见宣统皇帝之后的几个月,冯玉祥率国民军发动了北京政变,民国政府并派鹿钟麟等去没收了清宫,修改了《清室优待条件》,永远废除了皇帝尊号,并将溥仪赶出紫禁城。这种为了彻底结束帝制的断然措施,无疑是符合民心、符合时代潮流的。然而,国民军对清宫的这些处理,却遭到胡适的强烈反对。就在鹿钟麟去没收清宫的当天下午,自称爱说公道话的胡适,便致信给民国政府,抗议民国政府驱逐清室这一举动,说什么"清室的优待乃是一种国际的信义,条约的关系",这样没收清室乃是"欺人之弱,乘人之丧,以强暴行之,这真是民国史上的一件最不名誉的事"。胡适还亲自去到溥仪暂寓的北府慰问,并当着溥仪一班人,大骂国民军。胡适的这些举动,理所当然地遭到一些有识之士的批评。周作人没有公开地批评胡适,却于1924年11月9日致信胡适,对他进了中肯的谏言。信中他说:"从报上看到你的意见,我怕你不免有点为外国人的谬论所惑,在中国的外国人大抵多是谬人","这些帝国主义的外国人都不是民国之友,是复辟的赞成人,中国人若听了他们的话,便上了他们的老当。"又说"这次的事从我们的秀才似的迂阔的头脑去判断或者可以说是不甚合于'仁义',不是绅士的行为。但从经过二十年拖辫子的痛苦的生活、受过革命及复辟的恐怖的经验的个人的眼光来看,我觉得这乃是极自然极正当的事,虽然说不上是历史上的荣誉,但也决不是污点"。此时的周作人毕竟是"五四"精神的余绪未泯,比之于胡适,他对封建复辟的危险性有警觉得多,对帝国主义与封建主义相勾结敌视中国人民革命这种客观事实的认识要清醒得多,可惜当时十分自负的胡适并没有接受周作人的谏言、此后他的一系列言行,更足见其对封建势力、对大资产阶级势力的依附和被"外国人的谬论"所迷惑。

　　1927年,蒋介石发动了"四一二"反革命政变,其时,胡适正欲离美返国。4月下旬胡适到达日本,听从了高梦旦、丁文江等友人们的劝告,他没有立即回国,而是暂居日本,观察时局变化。在日本,他仔细地研读了几个月的报纸,多方了解国内情况之后,竟对国民党的清党表示了同情。他认为清党的举动能得到一班元老(如吴敬恒、蔡元培等)的支持,说明这个新政府是站得住的。回国后他在上海发表演说，绝口不批评蒋介石的残酷清党屠杀，而只说中国还容忍人力车所以不能算是文明国。当时日本《顺天时报》对胡适的演说也同声相应地表示"佩服"。在国内感受着白色恐怖严峻气氛的周作人，对胡适的态度大不以为然。7月中旬，他在《语丝》杂志发表《人力车与斩决》一文，批评了胡适的论调，指出在"江浙和广州的党狱中，被捕者多人""枪毙之外还有斩首""而斩决这一种刑法是大清朝所用的"，民国以后"这种野蛮的刑法不是绝对没有""胡先生当世明哲却只见不文明的人力车，而不见也似乎不很文明的斩首，此吾辈不能不甚以为遗恨者也"。周作人此时虽是从人道主义的立场出发抨击蒋介石清党中残暴罪行的，但他毕竟与站在蒋介石一边的胡适不能同道，且以直言相讥，足见他的同情还是在反政府的人民革命这一方面。可惜，周作人的战斗精神，此时也已是强弩之末。不久之后，他便感到：老是发表这样一些抨击时弊的言论，"对于日本人与南京政府""说些闲话""真是危乎殆哉，有如跳舞于火山之上""还不如趁此刻闭起乌嘴，爬下火山来吧"（《火山之上》，载《语丝》第48期）。此后不久，他便宣布要"趁现在不甚适宜于说话做事的时候""闭户读书"（《闭户读书论》，收《永日集》），开始了他的追求隐逸的生活。

如果说胡适与周作人20世纪20年代的这段交往，胡适更多地显示了他的封建性和对蒋氏王朝的依赖性，周作人则更多些民主主义、人道主义的色彩。到了抗日战争时期，当日本帝国主义的侵略魔爪伸向中国的国土、民族矛盾上升之际，倒是周作人不顾民族大义，因贪图安逸而终沉沦为附逆于日本帝国主义的汉奸，虽胡适等人曾向他谏言，却终不为周作人所纳。历史是这样无情地考验着人们，也无情地嘲弄着人们。

卢沟桥事变后，周作人因贪图北平书斋的安逸生活，没有随北京大学南迁，且于1938年2月出席了日本大阪每日新闻社在北京召开的"更生中国文化建设座谈会"，发出了他附逆侍敌的信号，引起了文化界人士们的普遍关注。5月，茅盾、郁达夫等18位作家联名致周作人公开信，敦促他离平南下，参加抗敌救国工作。8月4日，远在伦敦的胡适，也写来白话诗一首：

> 藏晖先生昨夜作一个梦，
> 梦见苦雨斋中吃茶的老僧，
> 忽然放下茶盅出门去，
> 飘然一杖天南行。
> 天南万里岂不大辛苦，
> 只为智者识得重与轻。
> 梦醒我自披衣开窗坐，
> 谁知我此时一点相思情。

胡适不远千里，寄来白话诗，也是意在敦促周作人，不要贪恋八道湾的安逸，以大局为重，不避辛劳，离平南下。

可惜，昏愦的周作人此时并没有听从胡适等人的劝告。9月21日，他作了十六行白话诗，回答胡适：

> 老僧假装好吃苦茶，
> 实在的情形还是苦雨，
> 近来屋漏地上又浸水，
> 结果只好改号苦住，
> 晚间拼好蒲团想睡觉，
> 忽然接到一封远方的话。
> 海天万里八行诗，
> 多谢藏晖居士的问讯，
> 我谢谢你很厚的情意，
> 可惜我行脚却不能做到，
> 并不是出了家特地忙，
> 因为庵里住的好些老小，
> 我还只能关门敲木鱼念经，
> 出门托钵募化些米面，
> 老僧始终是个老僧，
> 希望将来见得居士的面。

诗中，周作人还是托言家累太重，不便离平，并婉曲地表示了他绝不会变节，"老僧始终是个老僧""将来见得居士的面"。然而实际上，此后周作人却在侍敌的道路上愈走愈远，并终于在汪伪汉奸的政治舞台上袍笏登场，出任了伪华北教育总署的督办，犯下了不能取谅于国人的汉奸罪，并于抗战胜利后，因汉奸罪被国民党政府逮捕入狱。解放前夕，国民党政府行将倒台之际，周作人才被保释出狱。

出狱后，周作人暂住在上海老友尤炳圻家里。而胡适，则早在北平解放前夕便与夫人江冬秀乘蒋介石专机仓皇逃离北京，飞往南京。这时，蒋介石政权已处于风雨飘摇之中。4月，胡适从上海乘船逃离祖国去往纽约，赴美前，在上海小住期间，得悉周作人出狱在上海，曾两次派人约周往谈，都为周作人婉辞谢绝。所以如此者，周作人曾对人说："我与胡博士私人毫无仇怨，但他近来有点自己说过的话忘记，我只好不识抬举。"据说，胡适在北平解放前曾说："周作人为北京大学牺牲，我胡适也要留在北平仍为北大努力。"谁知不过几时，他就专机南下。之后，胡适又曾托人劝周作人，力保周无论到香港或去台湾，一定有教授位置。周作人则对来人笑谢，说："我当年苦住北平，曾以苏武自况。这次倘离上海，难道自居白俄，还是自称政治垃圾。"

这次，周作人没有听从胡适的劝告，回到了北平，在人民政府的关怀下，开始了他晚年的译著生活。而一心追随蒋介石的胡适，则流亡于纽约，后又定居于台湾。

在不同的境遇中，他们又各走完了自己漫长的人生之路。

是耶，非耶？历史该当如何结论？

（载《徽学通讯》1991年第1期）

后 记

收入本书的绝大多数篇章，都是上世纪八九十年代我在各种学报、刊物上发表的论文。笔者虽然在 60 年代中期已然毕业从教，然而由于接连不断的政治运动，我们这代人在那个时期根本无暇从事真正意义上的学术研究和论文写作，直到 80 年代以后才开始较为正规的教学和科学研究。然而，长期以来囿于"左"的思潮的束缚与影响，思想已相当僵化和板滞，因而所做的学术研究难免打上那个时代的烙印。正是因为这样，这部书稿虽早已编就，但却迟迟不愿付梓出版，生怕其中一些早已过时的观念贻害予后人。

然而，由于朋友们的督促和鼓励，现在还是把它们结集出版了。对于自己也算是一个小小的了结，藉以证明自己在这一领域里曾经生活过、跋涉过，且曾认认真真地做过一些研究、思考，留下了这一点点雪泥鸿爪。

本书付梓之际要特别感谢老同学崔国良、汪新，是他们热情的鼓励和帮助，疏懒的我，才决心将这一书稿，重新整理结集。自然还要感谢南开大学出版社纪益员和张彤编辑，为玉成本书的出版所付出的辛勤劳作。

张菊香

2015 年 1 月